主办：
四川大学法学院刑法学科
四川大学刑事政策研究中心

刑法解释

Criminal Law
Interpretation Review VOL.7

魏 东 主 编

2022
总第 7 卷

法律出版社
LAW PRESS · CHINA

图书在版编目(CIP)数据

刑法解释. 总第7卷 / 魏东主编. -- 北京 : 法律出版社, 2022
ISBN 978-7-5197-6612-2

Ⅰ. ①刑… Ⅱ. ①魏… Ⅲ. ①刑法－法律解释－中国－文集 Ⅳ. ①D924.05-53

中国版本图书馆CIP数据核字(2022)第058149号

刑法解释(总第7卷)
XINGFA JIESHI (ZONG DI-7 JUAN)

魏　东　主编

责任编辑 周　洁　韩梦超
装帧设计 贾丹丹

出版发行 法律出版社
编辑统筹 司法实务出版分社
责任校对 王　丰　郭艳萍
责任印制 胡晓雅
经　　销 新华书店

开本 787毫米×1092毫米 1/16
印张 22.75　　字数 443千
版本 2022年7月第1版
印次 2022年7月第1次印刷
印刷 唐山玺诚印务有限公司

地址:北京市丰台区莲花池西里7号(100073)
网址:www.lawpress.com.cn
投稿邮箱:info@lawpress.com.cn
举报盗版邮箱:jbwq@lawpress.com.cn

销售电话:010-83938349
客服电话:010-83938350
咨询电话:010-63939796

书号:ISBN 978-7-5197-6612-2
定价:85.00元
凡购买本社图书,如有印装错误,我社负责退换。电话:010-83938349

目　录　　刑法解释（总第7卷）

卷首语

魏　东

《刑法解释》(总第7卷)共设5个栏目,载文17篇。其中“特稿”栏目和“刑法解释学”栏目共载文7篇,专题研讨刑法解释学理论问题;“判例刑法学”栏目载文5篇,专题研究类案检索和类案同判中的一些价值理念以及操作技术问题、聚众斗殴罪和殴打型寻衅滋事罪的判例分析和解释适用问题;“刑法教义学”栏目载文4篇,专题研究过失犯、违法性认识、刑法上的因果关系判断等刑法教义学理论问题;“外国刑法学”栏目载文1篇,系德国刑法学者的最新研究成果的翻译作品。

本卷“特稿”和“刑法解释学”栏目刊载的7篇文章,主要研究了文义解释方法、当然解释方法、以刑释罪方法、法律解释方法体系等内容。“特稿”栏目刊载了2篇文章:王政勋教授所著《刑法的语义解释与语用解释》一文指出,刑法解释包括语义解释和语用解释两个步骤,即先进行语义解释,再进行语用解释,语义解释是在刑法文本的范围内考察刑法用语的可能意义、静态意义,语用解释是在此范围内通过对语境因素的应用,将刑法用语的意义落到实处,得到刑法用语的现实意义、动态意义;刑法解释是语义解释和语用解释的结合,结合的方式是解释论循环。魏治勋教授撰文《法律解释方法体系的批判性重构》,文中指出,以文义解释和论理解释为主体框架的法律解释方法逐渐得到了学界和实务界的接受和认可,但法律解释方法体系化却大为滞后,如何系统地界定和处理不同具体法律解释方法的关系并用以指导法律实践,进而构建起一套涵盖法律解释一般理论和具体操作规则的科学的法律解释方法体系成为当下紧迫的任务;有必要重申法律解释的方法体系,对法律解释方法的基本理论进行正本清源式的梳理和重构,彻底划清诸法律解释方法之间、法律方法与“法律续造”之间的功能范围和运用机制,为司法实践操作者提供切实可用的有效解释工具和操作规程。“刑法解释学”栏目中刊载了以下5篇论文:一是魏东教授在《刑法的文义解释:一般法理、概念与特点》一文中指出,文义解释的概念,在法律解释学上有多种界定方式,有纯粹的文义解释概念与不纯粹的文义解释概念之分,也有完整意义上的文义解释概念与非完整意义上的文义解释概念之别;作为纯粹的、完整意义上的文义解释概念,刑法的文义解释是指根据语言学知识(如语用学理论等)阐释刑法文本规定的具体含义的解释方法;刑法的文义解释的特点包括方法论特点和功能论特点两个方面,刑法的文义解释的方法论特点是指刑法的文义解释在方法论上所具有的个性特点，刑法的文义解释的功能论特点是指从刑法的文义解释方法的功能作用上看它所具有的个性特点，刑法的文义解释仅仅具有确定解释结论合法性范围(合法空间)的有限功能。二是程荣博士的论文《刑法的文义解释:语言学视域下的法理分析》提出:在语言学视域下，文义并非狭义的字面含义而是包括语法意义、语义意义和语境意义在内的语言学意义;语言学视域下的刑法文义解释就是对刑法条文所进行的语言学分析，语法意义分析除了狭义的词语性质意义和句法意义以外还包括词语类型意义，语义意义分析其实是在明确系争词语之概念内涵意义的基础上明确系争语词的肯定类型、否定类型和中间类型，语境意义分析旨在通过明确系争语词的言内语境意义、言伴语境意义和言外语境意义，进而可以兼顾体系解释、"以案释法"、目的解释等论理解释;语法意义是作为解释起点的文义，语义意义是作为解释核心的文义，言伴语境意义是作为解释结果的文义，言外语境意义分析则是对解释结果的校对和审视。三是郑兰旭硕士的论文《刑法的当然解释之法理》指出，当然解释是以"法律没有明确规定"为解释前提，以事物本质、规范目的和构成要件的当然为解释依据，以"举轻以明重"和"举重以明轻"为判断模式的一种严格的论理解释方法;当然解释既可以是实质的解释理由，也可以是形式的解释方法，当然解释不是类推解释，规范与事实的对应要素之间不是简单的类比推理，而是通过轻重相举，判断概念之间在逻辑上的层升或层降关系;对待决事项做入罪解释时，不是必须还原为扩大解释才能获得认可，罪刑法定原则是当然解释的基本遵循和内在要求，在司法实践中，刑法不反对适用"举重以明轻"的解释原理得到的有利于行为人的出罪结论，但是，根据"举轻以明重"的解释原理得出不利于行为人的入罪结论，必须接受罪刑法定原则的检验。四是袁珍硕士的论文《刑法当然解释之研究》指出，当然解释的适用前提不是刑法规范"没有明确规定"，而是"没有明示";当然解释在刑法领域既是"解释理由"也是"解释技巧"，"解释理由"是适用当然解释结论的必要条件，而"解释技巧"是适用当然解释结论的充分条件;当然解释的适用规则中的总体规则为"举轻以明重"和"举重以明轻"之定"型"，具体规则分别为定"性"规则、定"位"规则、"轻重比较"规则、定"向"规则、排除适用规则。五是陈昊明博士在《作为刑法解释方法的"以刑释罪"》一文中指出，"以刑释罪"是"以刑制罪"旗下众多观点中最为保守的，它区别于导入刑事政策的"结果主义";就形式正当性而言，它虽然不单独构成与传统解释方法并列的新方法，但可以作为一种论证方法的辅助技巧帮助传统解释方法更好说理;就实质正当性而言，刑罚的两种正当化根据可以为其提供正当化根源，同时也并不违反罪刑法定原则的明确性要求，并且在承认刑法典罪刑结构不合理的情况下依然有其合理存在空间。

本卷"判例刑法学"栏目刊载5篇文章。最高人民法院法官刘树德博士和胡继先副处长合著的《类案检索制度的法理研讨与实践探索》一文，以最高人民法院印发的

《关于统一法律适用加强类案检索的指导意见(试行)》主要内容为中心,对类案检索制度涉及的类案的界定、类案强制检索的情形、检索平台、检索范围和顺序、结果运用、法官回应、法律适用分歧解决等主要问题进行研究探讨,相信对类案检索工作大有裨益。王恰副检察长和邵新教授合著的《"类案类判"视域中串通投标"报价"的解释》一文,针对串通投标罪案的类案裁判的检索和分析,提出并论证了这样一种学术观点,即主张"投标'报价'"宜解释为投标人为响应招标,通过投标文件等所报出或出示的可能影响中标结果的实质性事项或条件所具有的价值或作用。魏东教授和金俊含硕士合著的《聚众斗殴罪的司法裁判与法理阐释》一文,针对司法实践中真实发生的聚众斗殴典型案例进行实证分析和学理研讨,理论上主要针对聚众斗殴罪的行为定型论、违法论、责任论、共犯论、转化犯论等展开具体讨论,重点从"多众犯"和"对向犯"两个方向切入以有效解决诸多疑难问题。何强硕士在《殴打型寻衅滋事罪的司法裁判与法理分析》一文中指出,"随意殴打他人"是寻衅滋事罪的四种类型中适用最多、争议最大、理解最难的情形,解决殴打型寻衅滋事罪的理解适用困难关键在于否定其"口袋罪"的属性,立足于教义学原理,厘定本罪的客观、主观层面构成要件的内涵;明确殴打型寻衅滋事罪的保护法益是人们对在社会交往中其人身安全不会受到不确定侵害的制度性信赖,主观要件是行为人选择不特定侵害对象的这种"随意"的心理态度,行为方式"殴打"为行为人以自己的身体或者借用其他工具对不特定他人身体进行打击,"殴打"本身与伤害结果无必然联系,作为入罪标准的"情节恶劣"是与保护法益相联系的。白晟院长(博士生)在《疑罪的刑法解释适用》一文中指出,我国学界和实务界通常将疑罪分为事实认定存疑和法律适用存疑两种情形,但从法官对证据的认定角度对疑罪进行界定,可以将疑罪分为定罪证据不足和量刑证据存疑两种情形,并从证明标准与证明方法的适用上对案件事实的认定进行具体探讨,同时提出对定罪证据不足的案件严格适用疑罪从无原则,对量刑证据存疑的案件适用有利于被告人原则进行处理。

本卷"刑法教义学"载文4篇。魏东教授和赵天琦博士合著的《过失犯的结果回避义务》一文认为,结果回避义务的本质是社会义务规范,其机能在于要求行为人按照共同确立的社会基准行为规范行事,是沟通个体主观责任与社会客观分配责任的中间项;作为过失犯客观的违法要件判断标准的"可避免性理论"与"风险升高理论"之间并非"对立"或者"对应"关系,而是"补充关系";应当以结果回避义务作为基准行为之前提要素,以风险升高作为过失实行行为的衡量要素,以规范目的违反关联以及结果回避可能性作为行为与结果之间的可归责性;在填充结果回避义务时,为坚持罪刑法定原则对于新型过失犯应当引入"首次裁判案件免责"规则,以有效确证刑法意义上新型过失犯罪注意义务的正当性。王濛博士撰文《过失犯的实行行为》指出,过失犯的实行行为是一种独特的行为类型,与故意犯的实行行为属于并列关系,应当对过失犯的实行行为进行科学分类;客观归责理论与注意义务违反说并不是互相对立的两种理论,认定过失犯的实行行为不仅是一个事实判断,也是一个法律评价意义上的规范判断,立足于行为无价值与结果无价值的二元论立场,过失犯的实行行为可以被界定为违反注意义务且具有实质上不被允许的引起法益侵害的危险的行为。周树超博士在《违法性认识的实践认知与理论回应》一文中,强调违法性认识与违法性认识可能性在我国法定犯的审判实践中分别发挥着影响量刑和定罪的机能,结合我国语境,应当分别从犯罪论和刑罚论中寻求违法性认识可能性和违法性认识的理论归宿,在犯罪论体系内,将违法性认识可能性作为影响犯罪成立的责任要素,采取缓和的区别说;在犯罪论体系外,将违法性认识理解为影响刑事责任的酌定量刑情节,从而为违法性认识争议案件提供合理可行的实践进路。王德政讲师撰文《介入因素下的刑法因果关系判断重大作用说及其展开》,明确主张重大作用说,认为实行行为与结果之间具备因果关系时必然表现为实行行为对结果发生起到了重大作用,如果实行行为对结果发生没有重大作用,就不能认定两者之间有因果关系;实行行为与结果之间的因果流程共有14种模型,在不同的因果模型中,重大作用说都有不同的具体判断理论;面对案例,重大作用说可演变为具有五个步骤的判断程序,以渐进、清晰的思路得出判断结论。

本卷“外国刑法学”栏目刊载了黄礼登博士翻译的德国学者托马斯·冯鲍姆所著《作为宪法规范的刑法》一文,文中提出了通过宪法防止刑法扩张的思想,从技术上、刑法的透明性和罪刑法定原则角度看,应当将减轻或排除处罚的刑法条款(规范)纳入基本法的附件;就可纳入基本法附件的罪名而言,冯鲍姆方案采用分级的做法,将所有配置了自由刑的罪名强制性纳入,而对没有配置自由刑但是达到了绝对多数门槛的罪名选择性纳入,其他没有纳入基本法附件的犯罪构成只需要简单多少通过即可;由此人们可以把两类不同位阶的刑法规范分为犯罪法典和违警法典,这种分类会对原来刑法总则和分则的原则带来一定影响。

【特稿】

刑法的语义解释与语用解释

王政勋*

【内容摘要】刑法解释包括语义解释和语用解释两个步骤，即先进行语义解释，再进行语用解释。语义解释是在刑法文本的范围内考察刑法用语的可能意义、静态意义，语用解释是在此范围内通过对语境因素的应用，将刑法用语的意义落到实处，得到刑法用语的现实意义、动态意义。刑法解释是语义解释和语用解释的结合，结合的方式是解释论循环。

【关键词】语义解释　语用解释　解释论循环

基于语言论哲学，刑法解释包括语义解释和语用解释两个步骤，即先进行语义解释，再进行语用解释。语义解释划定了刑法意义的大致范围，解释结论必须受该语义范围的限制而不能脱逸之，否则就违反了罪刑法定原则、滑向了法律虚无主义的泥潭，导致对法治的破坏；语用解释通过文本和读者的结合使刑法文本的意义落到了实处，在遵守罪刑法定原则的前提下实现了个案的正义，以避免法律教条主义。刑法解释是语义解释和语用解释的结合。

一、"作者——文本——读者"的解释结构

任何理解和解释的活动都离不开"作者——文本——读者"这个三方结构，不同的解释立场在处理三方关系时存在差异。在刑法解释领域，作者是立法者，文本是刑法典，读者则是解释和适用刑法的法官。在刑法解释领域，应当如何处理"立法者——刑法——法官"三者之间的关系呢？

早先学界存在主观解释和客观解释的争论。主观解释认为法律解释的目标在于探求立法者制定法律时真实的、正确的意思，解释结论是否正确，应当以其是否准确地

---

* 王政勋，法学博士，西北政法大学教授，博士生导师。

体现了立法者当时的意思为标准。客观解释论则认为法律文本是和立法者相分离的一种独立的存在,具有独立的意义,解释目标不在于探求历史上的立法者曾经有过的意思,而是探求和阐明法律的意义和目的。社会在变化、社会需求在变化,法律的词义也在变化,这种探求、阐明活动必须随着社会的变迁而变化,只有这样才能使对法律条文的解释适合现在社会的实际情况。很显然,主观解释论重视作者、立法者,客观解释论重视文本和读者。

以前这两种观点都有人坚持,但随着人们对法治意义的认识的逐渐深化,目前采取主观解释论的学者已经罕见,学界的主流立场都是客观解释论;包括最高人民法院在内的实务部门也都采用了客观解释的立场。

在客观解释论内部,又有重文本的形式解释论和重读者的实质解释论之争。大致说来,在文本和读者、刑法典和法官的关系上,形式解释论强调罪刑法定原则,特别重视文本、刑法典的意义,尽可能地排斥法官的自由裁量;实质解释论则强调读者的作用、强调法官在刑法解释和适用中的地位,对罪刑法定原则的重视不如形式解释论。

目前,我国的形式解释论者和实质解释论者对于出罪问题都不反对或者认为应当采用实质解释,即在不具有实质的违法性时即使行为该当于构成要件,也应当作无罪处理;但对于入罪,两者的观点则大相径庭——形式解释论始终坚持形式解释的立场,实质解释论则认为应当根据实质的犯罪观,将值得处罚的行为解释为该当于构成要件的行为。关于构成要件和违法性的关系,形式解释论者强调构成要件的首要性,认为违法性只有补充的意义、出罪的意义,实质解释论者则认为法益侵害性是犯罪的本质特征,应当以违法性的有无作为构成要件的解释依据,甚至将构成要件和违法性合二为一,统称为“不法”,以强调构成要件的实质特征。

事实上,任何解释都是文本和读者的结合,刑法解释是刑法文本和法官的结合。彻底的形式解释论是不存在的,因为刑法文本的意义并非自明,需要有读者的挖掘和解读,要将隐含的意义解读出来并使幽微的意义显现出来,不可能离开读者(法官)主动性的发挥;彻底的实质解释论也是不存在的,因为所有的解释都是对文本意义的阐释,离开文本就没有解释可言,刑法文本的基本意义必然对解释者的理解和适用产生制约作用。如果用数学上坐标轴的方式来进行直观的表达,假设彻底的形式解释论是0,彻底的实质解释论是100,则任何一种解释立场都在0和100之间的某一个点上——如果用这种方式,那么,目前学界采用形式解释论立场的观点在30~40的位置,更强调刑法文本对刑法解释的限制作用,采用实质解释论立场的观点在70~80的位置,更强调刑法解释者能动性的积极发挥。

站在语言论哲学的理论框架上审视这一争论,形式解释其实是刑法的语义解释,实质解释其实是刑法的语用解释。语义解释和语用解释通过解释论循环而结合起来,这一结合点,如果用前述坐标轴上的数字来表示,大致在50的位置。

二、静态地分析:刑法文本有形式意义吗?

(一)普通语言学的考察

语言是人类的寓所,刑法存在于语言之中。语言具有模糊性,其模糊性来自世界的混沌性。人生活在世界之中,融合在世界之中,为了使自己走向澄明、祛除遮蔽,人类发明了语言,通过语言来揭示事实、显示事物。但语言并不是世界的图像和摹画,不是若合符节、具体而微地反映那个本来与其同构的世界,而是通过语言使混沌未分的世界呈现出来——语言通过词语、句子、概念、命题,使事物和事实显示出其存在。任何词语和概念都是对事物、现象和事实进行切分的结果,“没有虫这个概念,现实中的东西就不是作为虫来显现的,虫这个概念把现实中某些模糊不清的东西转变为明确界定的虫。”现实并没有自己分为鸟兽虫鱼、春夏秋冬以便我们来“反映”。如果要说语词反映现实,那无非是说,语词把现实分离成一些因素以便使现实能够以某些因素相结合的方式得到反映,也就是说,使现实能以语句的方式得到反映。①

这种切分使现实在人们面前呈现出来,未被语言切分的世界是没有意义的。人们以语言切分世界时却带有很大的任意性。这种切分基本反映了客观事物的本来面目,但是语言建立的世界和现实世界并不是同构的,而只是通过任意切分的方式建立起了一个可能世界。未被语言切分的现实世界是没有意义的,也不存在什么模糊与否的问题。一旦现实世界进入语言世界,人类必然要对世界进行范畴化、类属化的切分,从而降低、减少认知的复杂性,使思维得以顺利进行,但这样做的同时也带来了范畴的模糊性、类属的模糊性、特征和性质的模糊性。西红柿就在那里生长着,并不发生模糊与否的问题,但当人们发明了“水果”和“蔬菜”这两个词语、建立起这两个范畴后,西红柿到底是蔬菜还是水果,就不能不引起语言学家、法学家的思考和争论。②

由人类的认知顺序所决定,人类最先认识自己周围立体的、有形的、具体的东西,包括人体本身及其器官,当认知进入更高级阶段,人类已经熟悉的东西(包括人体器官)就成了人们认识、体验和描述世界其他事物,尤其是无形的、抽象的、难以定义的事物的基础,③所以才有“山腰”“心肝”“瓶颈”“码头”“军心”“目的”“手段”“进出口”“首要分子”“空头支票”等指代、隐喻的具体词或抽象词。我们对那些与自己密切

---

① 参见陈嘉映:《语言哲学》,北京大学出版社2003年版,第84、398页。

② 参见袁毓林:《词类范畴的家族相似性》,载《中国社会科学》1995年第1期;张志毅、张庆云:《词汇语义学》,商务印书馆2001年版,第179页;[美]波斯纳:《法理学问题》,苏力译,中国政法大学出版社2002年版,第332页;苏力:《解释的难题:对几种法律文本解释方法的追问》,载《中国社会科学》1997年第4期;陈金钊主编:《法律方法论》,中国政法大学出版社2007年版,第119页。

③ 参见卢卫中:《人体隐喻化的认知特点》,载束定芳主编:《语言的认知研究——认知语言学论文精选》,上海外语教育出版社2004年版,第472页。

相关的、自己熟悉的事物切分得更为细致,对那些我们比较陌生的现象则切分得较为粗略。我们所面对的世界其实并不是客观世界本身,而只是我们用语言构筑起来的周围的世界。

语言具有概括性,语言的概括性来自思维的概括性。世界上的事物、运动和状态千差万别,人们在认识、命名时总是要对其属性进行抽象。思维在进行概括时只能抽象出现象某一方面的属性——当时认识到的那个最重要的属性,而不可能、不必要认识到、表述到其全部性状。在理解和解释时,这些被语言所舍弃的属性需要得到也必然得到补充和完善,并在特定语境中显现出来。这种补充和完善与理解者个人的生活经历密切相关,北方的孩子无法想象"烟雨江南"是什么样子,城里的孩子估计也无法理解"今年的小麦丰收了"是什么场景。所以,语言对事物特征和属性的抽象固然加深了人们对事物的认识,但也使人类认识的有限性得到展现。

思维的概括性产生了"二值思维",语言的概括性导致了语言中的"二值倾向"。人常常把世界本来存在的"多值倾向"简化为"二值倾向",[①]如把温度简化为冷热,把空间简化为大小、远近,把行为性质简化为罪与非罪,把犯罪情节简化为情节之"轻"和情节之"重",把犯罪数额简化为"多"与"少"。但这种"二值倾向"或者导致两者之间没有确切的界限,如同样是20摄氏度,有时是"温暖",有时是"凉爽",罪与非罪之间的界限往往很难区分;或者导致其意义、界限处于游移不定的状态,"这个国家很小"和"他的眼睛很小"是不一样的"小","情节严重"的抢劫罪和"情节严重"的赌博罪中"严重"的意义完全不同,法官在审委会上汇报案件时说"被告人的行为非常恶劣",也许是说被告人应该被判处死刑,也许是说他不能被判处缓刑,也许只是指他的行为刚刚构成犯罪。"二值倾向"使语言的意义更加游移,没有解释者和理解者的参与,其意义是无法确定的。

语言符号是有限的,现实世界的事物、事实、状态、性状则是无限的。1988年国家语言文字工作委员会和原国家教委联合发布的《现代汉语常用字表》只选了3500个字,其中常用字2500个,次常用字1000个。汉语的常用词只有10,000左右。研究表明,在汉语中,3000个常用词可覆盖一般语料的86%,5000个常用词可覆盖一般语料的91%,8000个常用词可覆盖一般语料的95%。[②] 要用有限的词语表现盘根错节、丰富多彩的现实世界,又要做到细致入微、毫芒毕现,就不能不靠语言对现实世界的高度概括和抽象,不能不靠大量的多义字、多义词,不能不靠上下文之间的联系,不能不靠语言之外的想象和知觉。

语言还有"说不出"的意义。维特根斯坦在讨论心理感觉时要求我们描述一下咖

① 参见张志毅、张庆云:《词汇语义学》,商务印书馆2001年版,第178~182页。
② 参见曹炜:《现代汉语词汇研究》,北京大学出版社2004年版,第53页。

啡的芳香,[①]但事实上,无论我们的语言多么丰富、描述多么逼真,这种描述总是显得苍白无力,言不尽意,我们无法把咖啡的芳香传递给一个从来没有品尝过咖啡的听者,他也无法理解这种味道——除非是他亲口尝一下。一个从来没有失恋过的人无法理解其别人失恋后的痛苦,男法官和女法官对强奸犯的态度不一样,没有婚姻经历的法官对婚内强奸罪的分析肯定不到位,资深法官和年轻法官对很多案件的判断必然有差别。

语言的意义可分为四个层次:(1)由语言和所指对象之间的关系决定的客观意义;(2)由语言系统中各个表达式之间的关系决定的语言学意义;(3)由语言和语言使用者的意向活动之间的关系决定的精神意义;(4)由同一语言表达式的两个不同理解者之间的关系决定的社会意义。这四种层次的意义形式上由低到高,内涵上由简单到复杂。[②] 这四种意义往往纠缠在一起,理解者如果没有相当的细致态度和丰富经验,很难对其做出明确的区分,或者很难把这种区分明晰地表达出来。词的义位一直处于变化中,其变化包括深化、扩大、缩小、移动、转变、引申等各种方式,从而形成了共时上的多义词。多义词、语境、联想,固然使语言的表现力更加强大,但也增加了语言的模糊性,并进而使不同的人产生不同的理解。

所以,"语言根本不是镜子,我们在语言中所看到的并不是我们和一切存在的映像,而是对与我们共在的、和劳动及统治真正联系的、构成我们世界的东西的解释和发挥。"[③]语言切分世界的任意性、语言的概括性、语言的保守性、语言的有限性、语言的"说不出"的意义、语义的复杂性,这一切都带来了语言的模糊性。以语言来表达、在语言中存在的法律就像哈特说的,到处都存在"空缺结构",语言和规则具有开放性,在词语的核心地带,其意义是清晰的、确定的,但在词语外延的边缘部分,语言和规则则具有不确定性。[④]

刑法存在于书面语之中,书面语的理解和解释具有开放性。任何言说当中都存在着隐含。即使将这种隐含说出来,仍然还会有隐含的存在。口语中由于有语音、语调、重音、停顿等副语言表达系统的存在,由于可以使用手势、表情、眼神、身体的空间距离等非语言表达手段作为补充,由于说者和听者面临共同的语境,更由于双方在对话中可以不断询问、不断补充,听者一般都能理解这些隐含,许多歧义都能得到避免。但在书面语中,说者和听者在空间上、时间上已经分开,既没有身体语言可供使用,双方也无法进行询问和补充,并且书面语失去了语音这一重要的语言因素,无法使用语调、重音、停顿等语音手段,因而这些隐含只能永远成为隐含。要理解这些隐含,不能不依靠

① [奥]维特根斯坦:《哲学研究》,李步楼译,商务印书馆1996年版,第241页。
② 参见江怡:《维特根斯坦:一种后哲学的文化》,社会科学文献出版社2002年版,第15页。
③ [德]伽达默尔:《真理与方法》(第2卷),洪汉鼎译,上海译文出版社1999年版,第243页。
④ 参见[英]哈特:《法律的概念》,张文显等译,中国大百科全书出版社1996年版,第123页。

听者(读者)的想象,从而使对书面语的理解必然产生不同的理解。

法律文本的起草、讨论和通过往往由许多人经过许多年才能完成,不同人在不同时间段对文本或深或浅地参与,使其成为各种“合力”共同作用的产物,任何参与者的意图都不可能单独在文本中得到最终实现。所以,利科才说,“在文本中,作者的意图与文本的意义并非一致。……读者的作用就是去实现文本的意义,没有读者将它的重新实现,文本的意义始终是‘不定的’”。[①] 伽达默尔才认为,话语一旦变成了文字,它所包含的思想就已不再是作者原来的思想,“通过文字固定下来的东西已经同它的起源和原作者的关系相脱离,并向新的关系积极地开放。像作者的意见或原来的读者的理解这样的规范概念实际上只代表一种空位,而这空位需不断地由具体理解场合所填补。”[②]德里达才做出了这样的论断:“文本之外无他物”。在文本中,没有主观和客观的对立,没有作者和读者的对立。文本是向作者和读者同样开放的意义领域;作者的写作和读者的阅读是同样的创造文本的过程,但没有任何一方、任何一个人是文本意义的最终决定者和裁判人。[③]

书面语“是独白式的而不是对话式的”,[④]它打破了说者(作者)的语境,增加了听者(读者)的语境,在减少了语言信息的同时却又增加了大量的信息。开放的文本,众多的读者,表达手段的减少,语境的分离,都增加了书面语的理解难度;读者必然以各种方式参与到文本意义的建构中,书面语的理解必然出现见仁见智的境况。

中国刑法以汉语表达,汉语是世界上使用人口最多的语言,是伟大的中华文明的载体。学者认为,汉语具有如下特征:(1)词义的浑圆性。汉语词汇的语素单纯、用法灵活,一个词往往有多个意义(义项),而每一个意义往往又模糊宽泛,浑沦圆融。(2)语法的意合性。汉语语法以意组合,略于形式,虚实自如,脉络深蕴,句法规则的控制能力显得较弱,语义语用的制约作用显得很强。(3)修辞的空灵性。中国古代典籍的修辞,总是尽可能切合情景,守约施博,淡化形式,隐含技巧,其形式是空灵的,其意义也是空灵的。[⑤] 刑法中一些词语也不能不说带有语义的浑圆性、修辞的空灵性、语法的意合性的特点,如“贪污”,本指欲望强烈、肮脏污浊,本来是一个形容词,在刑法中却成了一种犯罪行为而成为动词;“贿赂”“伤害”“赌博”“侮辱”“遗弃”“诽谤”“虐待”“敲诈”“淫秽”“猥亵”“破坏”“歧视”“徇私舞弊”“玩忽职守”,对于这些“言约而旨远”“语少而意广”、充满“浑圆性”和“空灵性”的刑法词语,它们的形式意义、文本原义、立法平义到底是什么,如果只从文本本身入手,恐怕“想破头皮”也得不出

---

① 参见张汝伦:《现代西方哲学十五讲》,北京大学出版社2003年版,第305页。
② [德]伽达默尔:《真理与方法》(第1卷),洪汉鼎译,上海译文出版社1999年版,第189页。
③ 参见赵敦华:《现代西方哲学新编》,北京大学出版社2001年版,第272页。
④ [美]彼得·古德里奇:《法律话语》,赵洪芳等译,法律出版社2007年版,第168页。
⑤ 周光庆:《中国古典解释学导论》,中华书局2002年版,第46~51页。

准确答案。

立法语言是一种特殊的书面语，在立法用语中存在和口语、其他书面语体迥然有别的现象。凝重朴实的立法语言少了新颖鲜活，少了形象生动，其表达力、表现力远不如文学语言，这使得法律条文的概括性、模糊性大大增加，"法条犹如橡胶所作，有无限度牵扯的可能性"。[①] 可以说，文学语言本来不如法律语言那样更追求明确性，但由于使用了丰富多彩的语言表现手段，反而实现了描述的准确性；立法语言一直对明确性孜孜以求，结果却使语言的模糊性变本加厉地表现了出来。

法律是一种实践理性，在法律文本中夹杂着大量日常语言。相对于科学语言，生活语言更具有模糊性。由于"系统压力"的作用，生活语言进入科学语言体系后可能变得精确化，科学语言进入生活语言后却可能变得模糊化。虽然一些法律术语的日常意义和规范意义有所区别，但日常意义毕竟是规范意义的基础，日常语言的模糊性特征因而也进入到法律文本之中，使其和科学语言相比更少了许多精确性——虽然科学语言的精确性也是有限的、相对的。

所以，从普通语言学的角度考察，法律文本必然是有缺陷的，其意义必然是模糊的。文本只划定了意义的基本范围、大致范围，要将语言的意义落到实处，仅靠文本是远远不够的。

（二）认知语言学的分析

根据认知语言学的范畴理论、语言哲学的家族相似性原理，刑法范畴都是以典型原型为核心建立起来的原型范畴而不是特征范畴，原型范畴有明确的核心和不确定的边缘，无法用共同的语义特征来描述其内部所有成员。

认知语言学把范畴分为特征范畴和原型范畴。自亚里士多德以来，人类对范畴的认识一直停留在特征范畴的范围内。特征范畴的基本假定是：范畴是根据一组充分必要特征/条件来下定义的。这种理论还有以下这些假定：(1)特征是两分的，某一范畴具有或没有某一特征泾渭分明；(2)范畴之间有明确的边界；(3)同一范畴内的成员地位相等。这种根据共有特征而概括出来的范畴就是特征范畴。[②] 在特征范畴中，事物的属性是范畴的决定因素——它是根据共同的属性建立起来的，共同属性是一系列充分必要条件，是抽象的包容物；事物、现象要么在范畴之内——如果它充分且必要地具有范畴的特征，要么在范畴之外；为同一范畴所包容的事物、现象地位平等，范畴所属的每一事物、现象都平等地分享着该范畴的特征和属性，范畴是明白无误、界限分明的。

---

① 黄茂荣：《法学方法与现代民法》，法律出版社 2007 年版，第 301 页。

② 参见袁毓林：《词类范畴的家族相似性》，载《中国社会科学》1995 年第 1 期。

维特根斯坦提出的语言游戏说、范畴的家族相似性理论[①]颠覆了经典的特征范畴理论。根据维特根斯坦所述,人类建立范畴的基础是相似性而不是共同性,一事物、现象与另一个事物、现象之间的相似之处使其同处于一个范畴之中,但其相似之处未必为范畴中的其他成员所共享;范畴各成员之间存在互相重叠、交叉的相似关系之网;范畴中的成员越多,各成员的相似之处将越少。正是这种相似关系——类似人类家族成员间的那种相似关系——维持了该范畴的存在。所以,在人们赖以认知世界的日常语言中,范畴具有这样一些属性:(1)无法用一组共同的语义特征来描述该语义范畴内的所有成员。(2)语义范畴的边界是开放的,无法对其加以明确界定;范畴的边界、范围是变化的、不固定的,随着世界的变化和人们认知模型的改变,原来属于该范畴的事物可能被剔除出去,原来处于范畴核心的可能被边缘化。(3)范畴内各成员的地位不平等,在范畴中存在中心和边缘、典型原型和非典型原型、好的样本和差的样本,范畴是围绕着该范畴内的典型原型、核心事实建立起来的,范畴内的其他事物和该典型原型、核心事实存在程度不一的相似性;与典型原型、核心事实的相似性越多,就越处于该范畴的中心,越少的,就越处于边缘;如果某一事物、现象既与此一范畴有一定的相似性,又与彼一范畴有一定相似性,它就处于两个范畴之间的边缘位置,人们就会为其到底属于哪一范畴发生争论。

家族相似性理论准确揭示了人类的认知规律。在语言产生之时,生存在世界上的人类在和世界打交道的过程中发现很多事物、现象之间有相似性,于是以自己最熟悉的事物、现象为原型,将与其相似的事物、现象范畴化、类属化,将世界归类,为世界"立法",从而产生了语言世界,使现实世界由无序走向有序。人并不是从先验的概念出发去认识事物的,而是依靠人类的整体经验,"近取诸身,远取诸物",建立起了语言这一可能世界。语言世界和现实世界并不一一对应,语言对现实世界的反映是通过人的认知为中介的,人在认知过程中的范畴化、类属化的活动以最简省的语言、最小的思维加工得到了最大的认知效果。

人接触到某类事物中的某一种具体事物时对其第一印象越深刻,越被反复强化,该印象就越容易成为刻板印象,成为认识该类事物中其他具体事物的标准样板。在该样板中,人的认知会分析、归纳出其显著特征,忽视或略去一些细节,使该显著特征成为核心事实。这样,人们往往以典型原型的显著特征作为这类事物的基本特征、基本属性,作为其他事物是否属于该类事物的判断标准——具有典型原型的显著特征的属于该范畴,不具有该显著特征的事物则不属于,在"是"与"不是"之间不存在中间状态,"是"与"不是"也没有程度上的差异。

特征范畴是形而上学的体现,其中很多"特征",包括"本质特征",其实都是通过

---

① [奥]维特根斯坦:《哲学研究》,李步楼译,商务印书馆1996年版,第47~48页。

归纳得出的。“天鹅都是白色的”“鸟都会飞”在未发现例外之前都被认为是该类属的本质特征，但当发现反例之后，该特征就会被修改；针对不同特征的反例越多，原来基于刻板印象总结出的“特征”存在的概率越小，最终人们会发现很难总结出能够涵盖该类属中所有事物的特征，某些事物之所以同属一类，是由于彼此之间存在相似性，而不是由于其存在共同性，不是由于其分享了基于不完全归纳、基于刻板印象而提出的“特征”“属性”。

一般认为，特征范畴和原型范畴虽然互相矛盾，但它们分别有利于说明不同现象：特征范畴对说明科学概念可能是合理的，但原型范畴对说明日常概念显然更加合理。①

维特根斯坦开启了分析哲学由逻辑语义哲学向日常语言哲学的转向。在日常语言哲学看来，对于我们在日常生活中碰到的很多情况，事先定义得毫厘不爽的概念都派不上用场；日常语言中的词语、概念的多义性是一种丰富性而不是含混性，一个语词在不同语境中意义的变迁是自然概念的本质而不是偶然具有的缺陷；应该重视对日常语言的研究，通过对日常语言的分析，可以达到对哲学更为准确的理解，从而建立更加靠得住的哲学理论。② 家族相似性理论通过日常语言哲学对法学研究产生了重大影响。日常语言学派的哲学家如奥斯汀等都是牛津大学教授，和同在牛津的法学院教授哈特关系密切，哈特的法理学深受牛津日常语言学派的影响，他所提出的法律的“确定性核心和非确定性边缘两重性”“空缺结构”等，③都体现出和维特根斯坦、日常语言哲学的学术渊源。哈特的《法律的概念》在中国法学界产生了较大影响，其中的“空缺结构”等术语也为中国法学界所熟悉。大陆法系法学家提出了和原型范畴理论相似的类型理论，认为“类型一方面与抽象一般的概念相异，一般概念，透过一个有限数量的‘特征’被加以‘定义’（被限制），并因此依康德的意思，与直观相对的。类型在它与真实接近的以及可直观性、有对象性来看，是相对地不可以被定义，而只能被‘描述’。它虽然有一个确定的核心，但却没有确定的界限，以至于对于一个类型存在的特征‘轮廓’或多或少有所缺少……概念是封闭的，而类型则是开放的……要将类型精确的描述是不可能的，描述只能够尽量靠近类型，它无法对最细微的细节加以掌握。因为类型往往较抽象定义的概念在内容上更丰富、更人文、更有意义、更可直观性。”④拉伦茨探讨了类型在法学方法中的意义，认为“法学只能以下述方式来进行：先探求——由多数法规范有意义之结合状况所显现之——类型的‘主导形象’，然后以此

① 参见黄希庭、郑涌：《心理学十五讲》，北京大学出版社2005年版，第205页。

② 参见陈嘉映：《语言哲学》，北京大学出版社2003年版，第217、227页。

③ ［英］哈特：《法律的概念》，张文显等译，中国大百科全书出版社1996年版，第13、123、130页。

④ ［德］考夫曼：《法律哲学》，刘幸义等译，法律出版社2004年版，第190～192页。

为基准来解释个别规范。”①考夫曼、拉伦茨的著述近年来深受中国法学界的认可和喜爱。类型理论与原型范畴的内容几乎完全一致,也是对特征范畴(概念理论)的超越。

刑法中相当多的概念都存在“空缺结构”“中心的确定性与边缘的模糊性”,其中所包含的事物、现象中都存在“好的样本”和“差的样本”,刑法范畴都是原型范畴而不是特征范畴。

法律用来规范人们的日常生活,使人们建立起对未来生活、对社会秩序的合理预期,并以此安排和筹划自己的生活。生活是“活生生”的,生活形式不是在概念的支配下展开的,而是由千千万万人在长期的共同生活中反复博弈、磨合,经过长期发展才逐渐“长成”的,生活语言不受特征、属性等形而上的逻辑图景的支配。所以,不同于科学语言,在法律语言中充满生活语言。生活语言中的词语绝大多数都属于原型范畴,那么规范、安排人们日常生活的法律语言,其中当然也就广泛分布着原型范畴。

日常生活是经验的世界而不是逻辑的世界,经验世界的认知模式是通过原型范畴建立起来的。立法者制定法律之前不可能穷尽某种犯罪的所有样本——既不可能未卜先知地对未来可能出现的样本进行研究,考察其和典型样本的相似度,也不可能对已经出现的所有样本之间的形似与区别进行深入、系统、全面的分析,人类的认识能力不可能做到这一点。所以,立法者只能求助于日常经验,以已经发生的、立法者比较熟悉的样本作为典型原型,建立起刑法分则中具体罪名的类属体系。在该类属体系中,属于同一罪名的具体犯罪分别处于该原型范畴的中心和边缘,越到边缘其和典型原型的相似度越小;不同范畴之间必然存在交叉、模糊的状态,就像西红柿到底属于蔬菜还是属于水果的问题一样。司法活动中确定其类属时,只能根据案件的具体情况,根据其和核心事实的相似度,确定其是否构成犯罪、到底属于何种罪名。在这一过程中,离不开法律解释者的前见的作用、能动性的发挥,离不开案件事实对法律文本的作用,解释时也不能不考虑社会情势的要求,不能不考虑案件的判决结果是否会得到人们的认可,是否会有利于符合正义要求的秩序的建立。在这一过程中,原来基于不完全归纳所形成的刻板印象必然会在某个时候、被某个解释者打破,原来总结出的范畴特征必然会被修改。

在考察一个新的样本是否属于某刑法范畴时,只能将该样本和范畴的典型原型进行实质性对比,根据相似度确定其是否属于该范畴,在该过程中立法原意、刑法文本的字面意义均提供不了帮助,而只能由法官结合具体语境并根据自己的前见对文本进行客观解释、实质解释。

三、动态的考察:刑法文本的意义如何实现?

前文通过普通语言学和认知语言学的分析,得出了刑法解释不能只限于语义解

① [德]卡尔·拉伦茨:《法学方法论》,陈爱娥译,商务印书馆2003年版,第344页。

释，文本和解释者应该结合起来的结论。接下来，本文将从文本和解释者、刑法文本和司法者的结合，从司法运行的角度，对刑法的解释和理解进行动态的考察。

（一）立法者和司法者的合作模式

刑法的理解和解释是司法者和刑法文本的对话。文本的理解和解释意味着读者进入到文本，对文本提出问题，在文本中寻找问题的答案；得出初步答案后，根据理解和解释时的情势检验该答案是否准确、可靠，为此他必须往返穿梭于问题、文本、情势之间，经过多次循环后，解读出文本的意义。基于此，现代诠释学认为，文本虽然是独白式的，但理解也是读者通过文本和作者的对话。在对话过程中，对话的双方须遵循合作原则——在交谈过程中，交谈者有共同的目的和方向，所有的话语都围绕着这个目的和方向进行，参与者提供的信息应当彼此依赖、互相吻合。①

在立法机关（说话人）和司法机关（听话人）的对话中，制定和适用法律的双方都遵循着合作原则。他们的目的是共同的：通过法律的制定和适用，给人们提供行为规范，促成符合正义的秩序的建立。立法者制定法律时相信司法者——不是具体的司法者，而是司法者整体——能够理解它所制定的法律，会遵守法律的规定并以该法律作为裁判规范；它也知道个别司法者可能素质低、品德差，知道司法者也是人，也会有人性的弱点，会受到利益的驱使，在特定情况下会误解、曲解甚至践踏法律，所以它才设定了系统化的司法制度、诉讼制度以约束、规范司法者的法律适用行为。司法者作为一个整体在适用法律时，必然会尊重立法者制定的法律文本，努力使自己的判决看起来是“合法”的、体现了立法者的意志的，“如果立法者自己来审理案件，也会做出这样的判决”。司法者在理解文本时即使通过语用解释对法律文本“添油加醋”了，“添枝加叶”了，它也会努力使用教科书上列举的各种法律解释方法、求助于不同的法律理论，把这说成是法律文本本来就具有的意思；即使个别司法者企图曲解法律，也会尽力使其判决从表面看来“像那么回事”——在当代社会，恐怕很难碰到公然蔑视法律的权威、在适用法律时肆意地践踏法律、毫无顾忌地置法律于不顾的法官吧？不管是哪种情况，不都说明司法者对法律还是尊重的这一态度吗？

司法和立法是社会给法律实践确定的两种不同分工，这种分工一旦形成，任何人进入该分工体系后，就必然会明确自己的角色定位，履行自己的角色职能。对其不同职能的履行，事实上就是在遵守对话时必然遵守的“合作原则”。

所以，对刑法文本没有言说的，司法者必须保持沉默。但保持沉默并不意味着无所作为，并不预示着法律教条主义可以畅通无阻。“法官在司法活动中不是木偶与摆

① 参见［美］格赖斯：《逻辑与会话》，载［美］马蒂尼奇主编：《语言哲学》，商务印书馆1998年版，第300～302页。

设,其能动性是应该承认的”。[①] 司法者应该假定并相信根据刑法做出的判决不会违反基本正义的要求,不会违反善良人的心理预期,刑法绝不可能把对社会无害甚至有益的行为规定为犯罪,不可能对无害行为、有益行为追究刑事责任。司法者的有所作为正如同拉德布鲁赫的比喻,法律似船,虽由领航者引导出港,但在海上则由船长指导,循其航线行驶,不受领航者支配,否则将无以应付惊涛骇浪——司法者在法律航船的行驶过程中,必须扮演船长的角色。[②]

司法者的有所作为包括两个方面。其一,补充刑法文本所省略的信息,通过对文本的文字表述进行结构分析、语义分析以求扩展文本的隐含意义,这属于语义分析的范畴。其二,也是更为重要的,要完整理解话语所传递的信息,仅理解言语形式的“字面意义”是不够的,司法者还必须依据当时的语境推导出言语形式的“言外之意”——解释者在扩展、限定或阐发话语的意义时,必然结合语境要素,对话语意义进行语用推理,以求领会话语的动态意义、实质意义、语用意义。对话离不开一定的语境,话语只有在一定语境下才能产生交际效果,说话人在表达时会考虑到语境的要求并预期听话人在理解时必然会结合语境因素对话语进行语用推理,听话人也预期说话人已经预料到并允许甚至期望、要求自己根据语境因素对话语进行语用分析以解读出话语的实质意义。语言的意义从来不仅仅是纯语义学的,语义学和语用学必须结合起来。

有两种意义观。静态的意义观仅仅在语言结构、词汇的规约意义等方面探索话语意义,但事实上,如果脱离了语境,脱离了具体的交际情景,话语、文本至多只能有潜在的、可能的意义。只有在语言的使用过程中,在说者和听者、文本和读者的动态对话过程中,话语、文本才因为和情景的交融、听者的领会、读者的理解而产生完整意义,这一意义是动态的意义、现实的意义。维特根斯坦说,“一个词的意义就是它在语言中的使用。”[③]哈贝马斯认为,“自然语言的意义依赖于语言环境,言谈主题只能在特定范围内明确把握话语的意义,这个范围就是那种预先给定而又无法摆脱的语境,而且前理解或者先入之见也是不可避免的。”[④]“要把握语言交际的具体完整的本质特征,就要坚持动态的意义观”,应“把意义看成一种过程,一种形态上的转化过程”。[⑤] 静态意义为动态意义划定了大致范围,在交际过程中听者、读者通过对话语的语用推理,静态意义才转化为动态意义。

静态意义向动态意义的转化依赖于两个条件,一是进行语用推理时对常规关系的利用,二是话语、文本与对其进行理解和解释时的当前情景等语境因素的结合。听者、

---

① 陈兴良:《刑法理念导读》,法律出版社 2003 年版,第 306 页。

② 参见舒国滢等:《法学方法论问题研究》,中国政法大学出版社 2007 年版,第 353 ~ 354 页。

③ [奥]维特根斯坦:《哲学研究》,李步楼译,商务印书馆 1996 年版,第 31 页。

④ 转引自涂纪亮:《现代西方语言哲学比较研究》,中国社会科学出版社 1996 年版,第 200 页。

⑤ 吕公礼:《含意界说的元语义特征探讨》,载《外语研究》1997 年第 2 期。

读者在追寻话语、文本动态意义的过程中必然把话语、文本放置在当下情景之中，把话语、文本和现实情景结合起来，并根据自己所掌握的常规关系，从实质上领会、解读话语、文本的意义。会话含义需要听者结合语境进行的领会，法律文本的意义需要司法者结合当下语境进行语用推理，该意义和所谓的“立法者原意”——如果有这样的原意的话——其实毫不相干，至多只能认为，立法者制定的文本为司法者的语用推理，为实现静态意义向动态意义的转化，提供了线索和航标，划定了大致的意义范围。司法者必然会根据语境因素对刑法文本的意义进行语用推理，解读出字面意义之外的隐含意义、形式意义之外的实质意义，并且在不同语境下解读出不同意义。

（二）司法者的思维模式

根据心理学家鲁姆哈特的理论，图式是人大脑中对某一范畴的事物的典型特征及关系的抽象，是一种包含了客观环境和事件的一般信息的知识结构。人大脑中有多种图式，这些图式形成了他的认知框架，代表了人脑中已有的对外界环境与事件的了解的知识，以及与自己有关的已经发生的事件的经验。图式有四个特征：(1)图式中含有变化，如典型的飞机有共同的典型特征，但不同的飞机仍有不同特征；(2)一个大的图式可以包括其他小图式，如在“大学”的图式中，就包含着“教室”“实验室”“教授”“宿舍”“超市”等许多小图式；(3)图式可以按照层级组织起来，也可以嵌入另一个图式之中，如在公共汽车的图式中，方向盘、车厢等图式是其下一级图式，而司机、乘客、座位等图式则是嵌入在公共汽车的图式中的；(4)图式具有抽象性，图式表示的是知识，不是定义，图式能够促进推论，可以据以评判外来刺激信息是否与某个图式匹配。图式是心理实体，它检验并确认输入大脑中的刺激信息为何物。当图式与输入的刺激信息进行比较以后，再以最合适的图式对刺激信息做出解释。①

不具有相应图式的人很难理解与该图式相关的事物。北方人不能理解“江南烟雨”的状况，城里的孩子不能想象“今年小麦丰收了”的情景，是因为他们没有这样的认知图式；咖啡的味道只能体验不能传达，要知道梨子的味道只有亲口尝一尝，盲人不可能认知象，夏虫不可以语冰，你即使没有吃过猪肉，至少也得见过猪跑。经验越丰富、知识越多，脑子中存储的图式也越多，感知得就越全面、越准确，对文本的阅读速度、理解水平也就越高，记忆也就越准确、越长久。

所以，图式在理解过程中主要起三方面的作用②：(1)剪辑作用。包括一级剪辑和二级剪辑，前者是指外界刺激只有经过事先存在于大脑中的图式剪辑之后才能为人所感知，对同样的信息材料不同人会产生不同感知，其原因就在于图式对信息的一级剪辑作用；后者指图式对输入到大脑中的知识进行整理、归类和组织，从而建构成一个自

① 参见梁宁建：《当代认知心理学》，上海教育出版社2003年版，第206～208页。

② 参见鲁忠义、彭聃龄：《语篇理解研究》，北京语言大学出版社2003年版，第120页。

己的理想网络。(2)预测和推理作用。当观察到事物后对合适图式的选择就包含着推理;图式被激活后使图式的各变量具体化也需要进行推理;根据图式对未观察到的事物作合理预测,使理解超出观察的范围,更是在进行推理。(3)计划提取作用。具有不同立场的人阅读同一语篇后得到的信息不一样,就是因为激活的图式不一样,从而使其从语篇中提取的信息有所不同,这就是通常说的"屁股决定脑袋。"

在诠释学哲学中,图式被称为"前见"。古典诠释学哲学否定前见的价值,认为人应该抛弃一切前见去进行理解和解释。在伽达默尔看来,前见是一切理解得以产生的基础,在阅读文本之前,总是对该文本有一个完全性的预期,正是在这种完全性的预期的指导下才开始了对文本的理解。前见是历史的产物,人对历史敞开而不可能脱离历史,理解是把自己置于传统的过程,在这个过程中,过去和现在不断融合。"我们存在的历史性产生着前见,它实实在在地构成我们全部体验能力的最初直接性。前见就是我们向世界敞开的倾向性。"[①]但这并不是顽固地坚持前见,而是把他人的见解放入自己的前见中,把自己的前见放入他人的见解中,时刻准备着修正前见。当解释者的视界和文本的视界相融合,即达到视域融合时,也就达到了理解。

根据认知心理学和诠释学哲学,解释者的前见以图式方式在理解和解释过程中发挥作用。那么对于法官来说,他既然在进行认知活动,在进行理解和解释活动,他的前见也必然通过图式对刑法文本的理解、解释和适用起作用。解释者不是被动地接收文本信息,而是在其图式的指引下,经过材料驱动和概念驱动,通过文本信息的剪辑和整合、预测和推理,解读出文本的意义。每一个解释者的前见不同,大脑中的既有图式不同,从而这种解读必然带有浓厚的个人性、历史性,解释结论也必然是文本和解释者的结合。

在司法实践中,不同法官对同样刑事案件的处理意见有时相同、有时不同,控、辩、审三方对同一案件的解释结论可能大相径庭。之所以相同,是由于法律的规定和通常的社会正义观念一致,之所以不同,则是由于法律人既有认知图式和普通人的认知图式有差别,不同的法律人也具有不同的认知图式,其司法经历、社会经验、知识背景等都会对判断的形成产生影响,从而使文本在不同境况下产生不同意义。

法官在其社会化过程中建立了符合一般社会正义要求的图式,根据这些图式对不太复杂的案件能够做出大致合理、准确的处理。在其习得法律知识、积累司法经验的过程中,既有图式会发生同化和顺应,使其建立法律人特有的、法官特有的图式,该图式在处理疑难案件过程中会产生较大作用。图式的同化和顺应取决于法学理论所提供的智力资源。疑难案件多是形式理性和实质理性发生冲突的案件,对于这样的案件,法官首先会根据其图式做出是否有罪的初步判断,然后再去寻找法律根据;如果现

① 参见涂纪亮:《现代西方语言哲学比较研究》,中国社会科学出版社1996年版,第557页。

有法律根据不支持其初步判断，法官会寻找理论根据以限制或扩大该法律条文的意义，以使其判决兼顾形式理性和实质理性的要求，使其法律适用活动成为实现正义的途径，使其适用结果既符合自己对社会正义的一般确信，也符合普通人对正义、对法律的心理预期——“绝大多数当事人并不了解法律。他们虽然名义上要求法官‘依法’裁判，可是实质上他们要求的是‘公正’，或者说是‘正义’而不是‘法律’。之所以出现这样的现象，是因为在他们心目中，法律就是正义的化身”；[①]如果不能做到这一点，法官只好无奈地放弃实质理性，做出“合法”而不合理的判决，但他们会为此感到内疚，感到失落。

对法律条文的意义追寻仅仅只是为了给判决寻找合法性依据，法官适用法律时没有“大前提——小前提——结论”的三段论推理过程，而只有根据初步判断寻找法律根据的过程。就像美国法官哈奇森说的，法官实际上是通过感觉而不是通过判断来判决的，是通过预感而不是通过推理来判决的，这种推理只出现在判决理由中。对判决最重要的推动力是在一个一个具体案件中关于是非的知觉感。一个机灵的法官，一旦这样判决后，就动员他的全部才智和心神，不仅要对他本人证明这种知觉的正当，而且要使这种直觉能通过他的批评者的检查。因而他就要回想直接或间接的有用的一切规则、原则、范畴和概念，以便选出在他看来能证明他所希望的结果是正当的那些东西。[②]

所以，在现实的司法实践中，法官在理解、解释和适用法律时并不采取主观解释、形式解释的立场，他们不会去寻找什么立法者原意，也不会拘泥于刑法文本；他们在其既有图式、前见的引导下做出初步判断，在初步判断的指引下寻找法律根据，限制或扩大法律的适用范围，都是出于对实质理性的追求，是为了使法律规定能够和案件事实、客观情势、大众预期相适应。刑法解释必然是刑法文本和解释者的视域融合。

（三）司法活动和大众期待

司法活动应当符合大众期待，国民的预测可能性是罪刑法定原则的基石之一，法官的解释结论不能逾越公民的预测可能性即判决的可接受性——解释结论应该和一般人的预期基本一致，大家都认为是犯罪的，法官应该也认为是犯罪；大家都认为不是犯罪的，法官也应该认为不是犯罪。

“一般人”“大家”指社会上的“中等”人，他的认知水平、智商处于中间状态；他的道德水准既不是很高，也不是很低，人性的弱点他都具备，但人性中的闪亮点他也都有；他的法律知识水平显然不能和受过专门训练的法科学生乃至法官、律师等法律家相比，但也不可和那些尚未社会化或社会化水平还不高的人相提并论——他能够适应

---

① 舒国滢等：《法学方法论问题研究》，中国政法大学出版社 2007 年版，第 358 页。

② 参见沈宗灵：《现代西方法理学》，北京大学出版社 1992 年版，第 337～339 页。

正常的社会生活,具有正常的是非善恶感,知道我们的社会推崇什么、宽恕什么、蔑视什么、否定什么。

他们根据什么判断他人已经实施的行为是否构成犯罪?法律对他们来说是不可认知的,他们也许根本就没有见过刑法文本、法律判决;他的朋友中也许根本就没有法律家,他不可能从别人那里得到法律方面的智力支持。他所凭依的,只能是自己在社会化过程中所接受的是非善恶的观念,只能根据自己的道德理念。

这一道德理念是在其社会化过程中,由他的家庭、学校等小环境和大环境强加给他的。人刚一出生时,他的心灵是一块白板,在社会化过程中这个白板被涂上了各种颜色,形成了各种图案(图式)。通过这种涂抹,他知道了什么是对和错,什么是应当和不应当。这种涂抹是历史的积淀,是文化的积累,所涂抹的是社会共同体在千百年共同生活中形成的爱与憎,追求与理想,与人和谐相处的箴言和个人天性发挥的规则。它更是现实的体现,社会生活中各种政治的、经济的、社会的因素都在这一涂抹过程中留下了痕迹。

这一道德理念是做人的根本,他靠这种理念安身立命、审视社会、评价是非善恶。所以,任何人都知道杀人、强奸、盗窃、诈骗行为是不能被容忍的,对这样的行为应该按犯罪处理;任何人都知道在被无辜殴打时有权保护自己,知道在情非得已的情况下做错事可以被原谅而不值得被处罚,法无可恕,情有可原。甚至,对于一些在法律家看来比较难以处理的案件,他们凭直觉也能大致准确地做出判断,例如,两个人落到大海后争抢一根救命木头的行为是否值得处罚,许霆的行为是否属于情节特别严重的盗窃行为而应当被判处无期徒刑,“于欢案”是否具有防卫性质,等等。①

但道德理念毕竟不是法律,两者虽然存在重合之处,但绝不能以道德代替法律。所以,判决符合公民的预测可能性是有限度的,在“许霆案”、“于欢案”中,虽然大众期待中有合理之处,但也存在很多非理性的声音,法律人公认正确的判决结果也存在不甚符合甚至根本不能符合大众期待的情况。在“许霆案”中,很多网民认为自己在面临类似场景时也会做出和许霆一样的行为,因而许霆的行为不构成犯罪;在煽动抗拒国家法律实施的行为中,既然群众能被煽动起来,说明相当多的人对该行为的评价是正面的。总不能因为群众有这样的“预期”而不认为该行为构成犯罪吧?在这些情况中,显然不能根据“一般人”的预测来认定案件性质。从法律和道德的关系看,司法机

① 国外的陪审团制度、中国的人民陪审员制度的合理性根据即在于此。陪审员一般没有法律知识,但他们凭借自己社会化过程中形成的正义观念,对许多犯罪案件特别是自然犯罪案件往往能做出准确的判断,并且对职业法官的形式理性思维模式形成制约。学者指出,“公民参与司法活动所依靠的不是法律知识,除了专业技术案件需要运用公民的专业知识外,最主要的是凭借公民的社会正义感、公平感。在司法活动中。公民根据自身在社会生活中积累的经验以及对人情义理的了解,对案件的是非曲直进行判断,常常能够做出深具说服力的裁判,真正体现法律维护社会正义的精神。因此,公民参与司法活动有助于对法律做出正确的解释和运用”。(熊秋红:《司法公正与公民参与》,载《法学研究》1999 年第 4 期。)

关要“司”的是国家法律而不是道德，在“天理、人情、国法”中，司法者当然更应该看中“国法”，而不能被道德牵着鼻子、缚住手脚。从认知心理学看，法律是一种专门知识、专门技能，没有经过系统法律训练的人只能有一些法律感觉、法律直觉而不具有专门的法律技术，大众心理中认为的“犯罪”只是犯罪范畴中最基本、最核心的典型原型，是最好的样本，而法官要处理的很多案件并不属于典型原型，是犯罪中差的样本甚至很差的样本。对于这些情况，法官既要超越法律，又要超越民众的预测可能性。

但在这种情况下仍然有判决的可接受性问题。虽然一般民众因不懂法而做出了错误的预测、因一时的判断失误而被“蒙蔽了双眼”，法院对某一行为性质的认定出乎民众的意料，事先民众没有想到甚至不可能想到会做出这样的判决，但在判决做出来后，民众是否会接受该判决，其态度是“我虽然没想到，但确实该这样判”“虽属意料之外，但在情理之中”的豁然开朗，还是百思不得其解的困惑和吃惊、被愚弄之后的愤懑和恼怒，这中间大有分别——前者是应该努力追求的，后者则是应该极力避免的。

民众的“意料之中”，或者民众觉得判决在“意料之外、情理之中”，都涉及解释结论的可接受性，都和公民的预测可能性相关。所以，预测可能性、判决的可接受性是指判决结论在一般人的“意料之中”，或者使其觉得在“情理之中”。

这两种感觉反映了民众对判决的评价，是“人民意志”的体现。而民众在评价判决时所根据的只有自己的是非善恶感，这种感觉和“立法原意”毫无关联，法官判断民众是否会接受该判决，从所谓的“立法原意”中找不出任何线索。这种感觉和刑法文本也关系不大，一般人既未看过刑法文本，也不了解刑法文本中那些让外行甚至内行都不知所云的词语、句段的确切意义和细微差别，法官仅仅根据刑法文本无法判断公民是否可以接受自己的解释结论。

法官在处理刑事案件时，首先会根据自己的直觉对案件做出大致判断——该大致判断很可能和一般人的判断一致，但也可能因为法律人特有的训练而与一般人不同；以该初步判断为指引，法官再到文本中去寻找法律根据，在这一过程中，案件事实对法律文本意义的确定起着重要作用。经过在事实和规范之间的多次穿梭，法官认为自己在文本的某一条文中解读出了可以适用于当下案件的意义，认为该意义可以使当下案件得到合适的处理。在此之后，一般公民的预测可能性开始发挥作用：法官将考察如此解释、如此判决是否会被社会所接受，考察该判决是否在一般人的意料之中或使其觉得在情理之中。法官此时需要揆情度理，需要将心比心，如果他做出否定的判断，他将重新考察自己的解释是否合理、判决是否妥当；如果他确信该判决能够为民众所接受，最终判决的决心才会做出，但他仍需要给出合法、合理的充分理由，以杜绝民众可能产生的任何怀疑——法律推理的意义其实在于说服民众，它并未反映法官的思考过程。

法官预测公民的预测可能性的过程,就是法官对社会情势、社会大众心理的分析把握过程。该过程也是对理解、解释和适用刑法的言伴语境、言外语境的分析、把握过程。法官判断民众是否会接受该判决,只能在法律文本和案件事实、规范要求和社会情势之间来回穿梭,他应该对决定一般人是非善恶感觉的案件具体情况、社会客观情势予以充分重视,既要站在普通人的立场上思考问题,又要超越普通人的立场,“物物而不物于物”,对这些言伴语境、言外语境因素进行法律考量、法理分析,从而使其判决既能体现文本意义,又能体现时代要求,既不是僵化教条的延伸,也不是随心所欲的擅断,既使其判决既符合法律的要求,也符合民众的期待。

任何一个有经验的法官在做出判决时都会经历该过程,虽然该过程的具体表现未必那么阶段分明,虽然法官本人未必能把该过程准确地描述出来。该过程不是“应当如此”,而是“本来如此”。

四、刑法解释的达成:解释论循环的刑法运用

基于以上分析,刑法解释是刑法文本和法官的结合,是语义解释和语用解释的结合。语义解释是在刑法文本的范围内考察刑法用语的可能意义、静态意义,语用解释是在此范围内通过对语境因素的应用,将刑法用语的意义落到实处,得到刑法用语的现实意义、动态意义。语义解释和语用解释应当也必须结合起来,结合的方式是解释论循环。

解释论循环包括语篇内循环和语篇外循环。语篇内循环指词语的意义必须在句子中把握,句子的意义必须在文本的整体中来把握,而文本的整体意义又必须通过对组成文本的个别句子、词语的准确理解而得到把握。在刑法解释过程中,解释者必须往返穿梭于刑法文本的部分和整体之间,最终达到对法律概念、法律规范和法律精神准确、完整的理解。语篇外循环指解释者应该穿梭于案件事实和法律规范、法律文本和社会现实之间,以文本确定事实的价值,以事实确定文本的意义,实现解释者和刑法文本、案件事实和法律规范、判决结论和社会效果的融合。语篇内循环适用于语义解释,立足于文本之内,语篇外循环则适用于语用解释,立足于文本之外。语篇内循环和语篇外循环相辅相成、相得益彰,共同保证了刑法解释的达成和刑法意义的实现。

1. 语义解释寻找的是文本的静态意义,划定了解释结论的大致范围,保证了罪刑法定原则的实现

语义解释遵循语篇内循环。语言作为一个整体,本身就是一个巨型结构,只有在语言系统中,每一个语言成分才获得了其意义、功能、性质。现实世界盘根错节地纵横交织在一起,每一个事物都依赖于他事物。对现实世界进行切分并使其得到存在的语言因此而形成了一个由一系列符号组成的完整结构,在该结构中,每一个成分都和其

他成分紧密联系在一起，它的意义取决于其他成分的意义。这些语言成分和它们所指称的事物一样处于互相关联、互相依存之中，只有理解了它们之间的互相联系，才能理解它们各自的意义。在语义学上，任何一个义位都有其指称意义和系统意义。指称意义是义位指称各种对象如事物、行动或状态、性质和特征等所形成的意义，这是其概念意义，如“大”表现占据空间位置较大的状态，“走”表示位置的移动；系统意义则指词语在和其他词语的意义联系、在语言的整体结构中获得的意义，仅有指称意义还不足以使该词的意义明朗化，只有在与“小”的比较中才能知道什么是“大”，只有理解了“跑”“跳”“坐”“立”才能明白“走”的意义。

通过这种比较得出的意义仍然较为抽象，需要在组合过程中使其意义具体化。一词多义的现象在语言中都大量存在，要确定词在文本中到底出现的是哪一个义位，就需要把词放在句子中考察。“组织”在“基层组织”“间谍组织”中作“为”名词，有时则作“为”动词，如“组织他人卖淫”“组织他人偷越国（边）境”；“报告”在“财务会计报告”中是名词，在“不及时报告”中是动词，只有在语句中才能确定其意义。同一个义位在具体使用中其具体含义也有所不同，如“破坏”一词在刑法中多次出现，除了在“造成珍贵文物严重破坏”“造成矿产资源破坏”等表述中做名词外，在做动词时其具体意义也不完全相同：在“破坏经济秩序”“破坏社会秩序”“破坏选举”等表述中意义比较虚，指犯罪行为引起了经济秩序、社会秩序、选举秩序的混乱，“破坏”只是具体实行行为所引起的对社会现象造成的危害；在“破坏交通工具”中意义则比较实在，是特定犯罪的实行行为，指向了物质实体，而“破坏交通工具”“破坏界碑、界桩”“破坏武器装备、军事设施、军事通信”等词语中的“破坏”同为特定犯罪的实行行为，其具体意义也因行为指向的对象不同而有明显差别，做主语或宾语的名词的语义渗透、流淌到动词之中，使同样的动词因上下文下语境的差别而在具体意义上出现了细微的或明显的区别。

单字组成词语，词语组成句子，句子组成段落，段落组成文本。词本身有一定意义——对现实世界的指称意义、在语言系统中的聚合意义，正是词语具有其自身意义，才使由词构成的句子具有了意义。但是，句义不是组成句子的词的义位的简单相加，不是量的增添，而是一种质变。词语之间因为义位的搭配，不仅满足了语法上、语义上和修辞上的要求，而且表现出了更多的意义。语言是一个有结构的整体，语言的意义是由它的整体结构决定的。语言的表达价值不是从它由以构成的那些词的局部价值中产生的，相反，词本身只有通过整个语言系统才能获得价值，一个词只有在与其他词的对立与联系中才具有意义，一定的意义只不过是某种与词的使用相关的价值。一个词的意义不是存在于这个词本身之中，而是存在于词与词的相互关系中。

在句子中，任何义位都并不严格地局限在本身意义的范围内，义位的每一部分仿佛溢出并流到别的有关义位中去了，句义的义位互相渗透，互相联系，互相规定，互相制约。这就是“语义的溢出”。[①] 同样道理,篇章的意义也不是句义的简单相加。刑法文本通过结构衔接、词汇衔接和逻辑衔接,形成了一个完整的语篇,具有语篇性——语篇内部的各个组成成分必须连接合理、逻辑严密、语义通顺,这种组合既要依靠语言表层结构中的合理排列,又要符合语用和认知规则。[②] 在刑法语篇这个整体中,对每一犯罪之构成要件的把握都需要把总则中的一般规定和分则中的具体规定结合起来,把规定该犯罪的正条和提示性条款、拟制性条款结合起来,在对该种犯罪与相关犯罪的比较中理解其构成要件的范围——界定绝大多数犯罪的内涵时,需要考察、比较它和其他犯罪的关系和区别,如贪污罪和受贿罪、挪用公款罪,包庇罪和包庇毒品犯罪分子罪,妨害公务罪和抗税罪、扰乱法庭秩序罪、妨害军人执行职务罪、聚众阻碍解救被收买的妇女、儿童罪等,过失致人死亡罪和交通肇事罪、重大责任事故罪、医疗事故罪等,等等。

在解释刑法用语时,应当根据“语义溢出”的原理,把这些词语放在语句当中、条文当中、章节当中,乃至放在刑法典整体体系中,考察其含义。更重要的是,刑法和其他部门法一起构成了完整的法律体系,在刑法文本之外形成了一个更大的巨型文本,这一文本各部分之间存在密切的联系,体现着共同的精神、价值和追求。研究、解释刑法,不能不对刑法和其他部门法相异而又相通的特征予以充分考虑。只有把刑法放在整个法律体系中去考察,以背景显示对象的存在,以周边界定中心的意义,才能去除遮蔽,使刑法的意义得以显现。

所以,刑法的言内语境既包括刑法文本,也包括其他部门法文本,刑法文本是刑法条文的言语近境,其他部门法文本是刑法条文的言语远境。解释刑法时,除了应当在言语近境即刑法文本中的字、词、句、段、章、篇之间进行循环往复外,还应该把刑法文本放在整个法律体系——言语远境中,充分注意到刑法文本和其他法律文本相互之间的联系、作用和影响,以达到法律发现的澄明境界。

2. 语用解释使刑法文本产生了动态的意义、现实的意义,使文本的意义落到实处

仅通过语义解释解读出的意义仍然是空泛的、笼统的、脱离具体案件的,因此要将有关刑法条文作为适用于具体案件的法律根据并据此做出既符合刑法要求又符合民众期待的判决,即在语义解释之外,还应该进行刑法的语用解释。离开语用的语义是僵死的,离开语义的语用是虚幻的。

语用解释应当实现解释论循环中的语篇外循环,即解释者的前见和刑法文本、案件事实和法律规范、判决结果和大众期待之间的循环。要实现这一循环,需要重视语境的作用,在文本和语境之间循环往返,寻求文本在具体语境中表现出来的语用意义。

---

① 参见贾彦德:《汉语语义学》,北京大学出版社1999年版,第218、220页。

② 参见鲁忠义、彭聃龄:《语篇理解研究》,北京语言大学出版社2003年版,第33页。

语境是解释论循环赖以存在的前提，语言学上一般把语境分为言内语境、言伴语境和言外语境。① 言内语境指由文章的段落、语篇等所构成的语境，解释法律时应当在法律文本的字、词、句、段、章、篇之间不断地循环往复，语义解释时须进行这种语篇内循环。言伴语境又分为现场语境和伴随语境，前者指和交际现场直接联系的因素如时间、地点、场合、景况、话题、事件等所构成的语境，后者指和交际者个人特点相联系的因素如语体、风格、目的、体态、关系等所构成的语境。在刑法解释过程中，言伴语境是司法者解释法律时所面临的具体情况，即当下正在审理的案件事实。和理解一般言语行为时需要联系说话时的伴随环境一样，理解、解释刑法时也需要考虑司法时的具体环境。言外语境包括社会文化语境和认知语境，理解刑法文本、解释和适用刑法时不可能离开对社会心理、时代环境、思维方式、民族习俗、文化传统、认知背景等言外语境的把握。

（1）言伴语境：事实和规范的互动。

相对于生活现实，规范性的法律总是显得抽象、模糊、笼统、大而化之，在特定境遇下理解并执行法律的司法者面对的首要问题就是要根据他所面对的情势对抽象的法律做出具体的解释，丰富文本的意义——从字面意义中解析出隐含意义，从抽象意义中发现具体意义，以使法律条文能够和案件事实相符合，使法律条文能够涵摄案件事实。就像战场上的下级在理解上级残缺不全的命令时必须根据战场上的情势对命令作语境分析和语境推理一样，司法者理解立法者的成文法这一命令时，除了依据抽象概括的法律文本之外，也必须依靠他当时面临的境遇，依靠理解时的言伴语境。

司法裁判的目的在于解决争端，刑事法官的任务是使当下的刑事案件得到公正处理。所以，司法者理解文本时的言伴语境即当下案件的具体情况。正如伽达默尔说的，“法律在其规范应用中所表现的意义，从根本上说，无非只是事实在本文理解中所表现的意义。”②司法者应该在文本和案件、事实和规范之间穿梭往返，实现自己的视域和文本视域的融合。

司法者面对的案件事实并不是“裸”的事实，而是他们挑选、剪裁之后的语言事实。当一个案件发生后，富有经验的侦查人员会在初步了解案件事实的基础上凭借其直觉做出初步判断，大致确定该案件的性质；如果他认为该案件可能构成犯罪，他会根据该判断确定侦查方向，努力寻找能够证明其初步观点的证据；如果发现自己的初步判断是错误的，此路不通，他会根据新的证据和事实重新确定初步结论，并进一步寻找证据以证明该结论。侦查人员会多次在事实与法律之间进行循环往返。在审查起诉

① 参见王建华：《关于语境的构成与分类》，载《语言文字应用》2000年第3期；王建华等：《现代汉语语境研究》，浙江大学出版社2001年版，第91页以下。

② ［德］伽达默尔：《真理与方法》，洪汉鼎译，上海译文出版社2004年版，第403页。

阶段,检察官的目光和思路也会像侦查人员一样在事实与规范之间进行多次穿梭。成熟的法官也是如此。当案件起诉到法院后,法官首先阅读起诉书这一文本,通过该文本,法官了解了起诉书表述的文本事实,知道了案件可能构成的罪名。随后,法官在其"前见""是非的直觉感"的指引下,根据罪名、根据有关的法律条文来审视、选择、剪裁事实,根据事实来考量或重新考量法律文本的意义,并且根据其所理解、所重新理解的法律文本的意义,根据证据所陈述的事实——语言所表达的事实,对起诉书的表述进行补充或者删减。经过这样多次、反复地在事实与规范之间的循环往返,最终认定的事实得以用语言重新建构出来。该事实一旦表述为"经审理查明"之后的判决语言,案件的处理结果——构成何种罪名、应该判处什么刑罚,其实已经不问而知。

在这一过程中,并没有以法律条文为大前提、以案件事实为小前提,最终得出结论的三段论演绎推理,这种推理只是出现在判决理由之中,法官用该推理方式只是为了证明所作判决的合法性。法官所认定的案件事实并不是原初的、"裸"的事实,而是由证人、被告人、被害人,当然更重要的是由侦查人员、公诉人和法官,由他们共同塑造出的主观和客观、主体和客体、事实判断和价值判断合而为一的语言事实、法律事实。法官也不是在纯语义学上理解法律文本的意义,而是根据当下的案件事实赋予了条文以或新或旧的意义,该意义在很大程度上是法官根据自己的"前见",根据当下案件这一言伴语境所重新确定的。就像美国犯罪学家科恩所说,越轨行为有助于澄清规范的意义并定义规范的内涵,许多社会规范在被破坏之前还模糊不清,是群体对越轨行为的反应澄清了社会规范。[①] 这一主体和客体相融合而解读出的规范的意义是在当下案件事实的参与之下出现的,如果没有该案件,规范的这一意义也许永远不会为人们所知晓。从原型范畴理论的角度考察,正是由于这些"差的样本"的出现,才使具有家族相似性的原型范畴的范围变得更清晰,内容变得更丰富,表现形式变得更具体。法官处理案件时所适用的法律不是原始的法律条文,而是和当下案件事实融为一体的法律条文。

正是在法官千千万万次对案件事实"格式化"、对法律文本语境化的过程中,在主体和客体、语境和文本、语义和语用的互相作用中,法律规范的意义才不断丰富和完善化,从而使僵硬的法律条文适应了不断变化的、丰富多样的案件现实。法官结合当下审理的案件这一言伴语境所理解的法律条文的意义,也许是立法者当初根本没有考虑到的,是任何一本刑法论著都未涉及的,但又是刑法文本所能涵盖的。是法官根据言伴语境给平淡无奇的文字增添了亮丽的色彩和丰富的含义。所以,在法律的理解和适用过程中,法律文本的语用意义并不是原来的立法者给予的,而是在千千万万司法者

---

① 参见梁根林:《从绝对主义到相对主义》,载北京大学法学院编:《刑事法治的理念建构》,法律出版社 2002 年版,第 236 页。

适用法律的过程中,法律的意义才得以凸现;由于司法者和法律文本的视域的融合,由于形形色色的案件对法律文本意义形成过程的参与,才使本来由于语言的模糊性、概念的原型范畴化而包含着"差的样本"、存在"空缺结构"的法律文本获得鲜活的生命,使其意义的获得处于无限发展的过程中。

(2)言外语境:言内与言外的循环。

司法者的目光不能局限于刑法文本和案件事实,政治、经济形势,社会文化传统和历史传统,主流的政治理念、道德观点和意识形态,社会大众心理,等等,这些言外语境因素也参与了刑法意义的形成。诠释学哲学中的前见理论和认知语言学中的图式理论解释了言外语境对解释结论产生影响的机制。

根据诠释学哲学,前见对于理解和解释具有重要作用,理解和解释是解释者的前见和文本视域融合的过程,视域融合的实现标志着意义的生成。在任何理解中都有前见存在。在文学欣赏中,有"经学家看见《易》,道学家看见淫,才子看见缠绵,革命家看见排满,流言家看见宫闱秘事"的现象;[①]即使是科学家在研究和人类社会无关的科学问题时,他们的头脑并不是洛克所说的"白板",而是已经具有一定的知识、理论观点和价值取向,所以科学家总是自觉或不自觉地用某种观点来观察事物。[②] 法官在理解和解释法律时必然受其前见的影响,正是其前见和文本的融合,文本的意义才得以产生;正因为有前见的作用,才会使不同法官对同一条文有不同理解。

在我国几十年来的司法运作中,最高人民法院深谙前见对理解和解释的重要性,为了将其承担的法制统一功能落到实处,最高人民法院一直在努力影响、引导乃至重建法官的前见,通过对法官前见的统一实现法律理解的统一、法律适用的统一,最终实现法制的统一。影响、引导、重建法官的前见的措施,是充分强调提高法官政治素质的重要性。最高人民法院作为行使法制统一功能的最高审判机关,它有责任引导法官改变其不符合党和国家要求的前见,从而使法官在前见和法律文本的视域融合之下产生的法律意义能符合党和国家的要求;作为国家机关的组成部分,它必须根据党的思想路线、政治理论统一全国法官的前见,从而使法官基于视域融合而解读出的法律文本的意义能够符合党的路线、方针和政策,能够适应改革开放和经济发展的需要,能够服务于党和国家的大局。

几十年来中国的刑事审判实践一直强调刑事审判应当沿着正确的政治路线、在正确的指导思想之下进行。最高人民法院一直强调,在刑事审判中仅仅有法律文本是不够的,没有正确的政治路线、指导思想,审判工作将失去灵魂;在理解和解释刑法时如

① 鲁迅:《集外集拾遗补编·〈绛花洞主〉小引》,载《鲁迅杂文全编》(六),人民文学出版社2006年版,第355页。

② 参见林德宏:《科技哲学十五讲》,北京大学出版社2004年版,第198页。

果不围绕国家任务,刑事审判将失去方向和目标,也无法完成党和国家赋予审判工作的历史重任和伟大使命。在理解和解释刑法文本时,在适用刑法以做出刑事判决时,必须结合当时的政治、经济形势,必须服务于国家的根本任务,必须坚持正确的政治方向,必须以正确的理论作为理解、解释和适用刑法的指南。最高人民法院认可、赞赏、倡导、推广言外语境——政治经济形势、主流的政治理念、道德观点和意识形态等——对刑法的理解和解释的作用和影响,要求刑事审判必须考虑言外语境的要求。

认知语言学中的图式理论也确认了言外语境在理解和解释中的作用。根据图式理论,图式是人对某一范畴和事件的典型特征及关系的抽象,是一种包含客观环境和事件的一般信息的有组织的知识结构,是围绕某个主题组织起来的认知框架和认知结构。① 人在以往的人生经历中接受了不同的知识结构,形成了不同的图式,这种图式的差异反过来又影响了对文本的不同理解。个人在认识事物时并不必感知事物的所有方面,对于事物中的一些信息不需要直接感知,图式会将其填充、补足;图式还会对外界刺激进行筛选和过滤。对同一种信息,不同的人可能会进行不同的填充和补足、不同的筛选和过滤,从而产生不同的理解。实际上,一旦图式对情景做出了不适当的评价,我们很难确定我们的理解是直接观察到的,还是图式提供给我们的。②

最高人民法院要求法官学习党的路线、方针、政策,学习有关政治理论,正是引导法官重建图式、将全国法官的图式格式化、统一化的过程。对法官"法律人化"的过程,既包括使其建立法学的、法律的图式,也包括使其建立其正确的"政治图式",实现"政治人化"——"法律人化"中应当也必须包括"政治人化"的内容。法官在强制性的政治学习和教育活动中,或者增加了新的图式,或者打碎其原有的、在最高人民法院看来是错误的图式,建立起新的、被认为是正确的图式,使其能够根据新理论提供的图式去解读法律,使模糊的条文在统一图式的概念驱动下明晰化,使模棱两可的界限清楚化,使可能引起歧义的条文统一化,使千千万万法官所理解的刑法文本的意义不再多元化、私人化,从而实现全国法制的统一。

提高法官政治素质的过程就是改变法官的前见、引导法官建立能够实现党和国家的任务的图式的过程。这一被改造、被引导后重建的法官前见、法官的图式服从于国家的政治、经济形势,受制于党的路线、方针和政策。所以,这些言外语境因素通过法院的队伍建设,通过法官的学习教育,得以进入法官前见、图式,法官的前见、图式再进一步融入刑法文本,成为形成文本意义不可或缺的因素。

近代以来的中国面临着富国强兵的艰巨任务,司法工作是建设现代化国家的重要方面,因而更强调言外语境对刑法文本的理解和解释的影响。在近现代中国急速现代

① 参见梁宁建:《当代认知心理学》,上海教育出版社2003年版,第206~208页。
② 参见鲁忠义、彭聃龄:《语篇理解研究》,北京语言大学出版社2003年版,第120~124页。

化的过程中，社会政治、经济环境、国家的政治任务等既决定了中国法治的使命，也决定了法官在中国理解和解释法律的基本走向。清末修律、民国期间在战火频仍的情况下仍然制定颁布洋洋大观的“六法全书”，均表露出抛弃中国以往的法律传统、学习西方的决心，表明法律制度也被纳入现代化的进程中，成为重建国家、重新“中心化”的重要步骤和重要组成部分。中华人民共和国成立后，法院作为上层建筑的重要组成部分、作为在政治和社会生活中“兴功拒暴”“定分止争”的“政法”机关，当然更应该被组织起来，动员起来，为国家任务的实现服务，围绕着国家的总任务开展审判工作。在这种情况下，刑法要适应社会的迅速发展，要在刑法文本保持稳定的情况下持续地服务于国家任务，法官就不能不在理解和解释刑法时充分考虑言外语境的作用，以国家的政治经济形势、党和国家的政治理论和政策、意识形态和主流道德观念等言外语境因素对静态刑法文本的意义予以补充，予以完善，以保证国家任务的实现——迅速实现富国强兵的理想，迅速实现国家的现代化，迅速建成富强、文明、民主、和谐、美丽的现代化中国。

所以，在中国的现代化进程中，法官解释和理解刑法时充分考虑言外语境的作用，有其充分的理由，有其存在的必然性，也取得了显著的成效。中国的法官不仅必须精通法律，做一个法律家，还必须坚持正确的政治方向，必须对国家大势有透彻的认识，成为一个政治家。

法律解释方法体系的批判性重构

魏治勋*

【内容摘要】自我国确立“依法治国，建设社会主义法治国家”制度目标始，学界对法律方法的研究日益重视，法治建设对法律方法产生了强烈的需求，法律方法、法治思维逐渐成为助力法治建设的强大推进器。而作为法律方法研究领域最基础最重要的法律解释方法，尤其成为学界研究的热点和重中之重。经过长期的经验积累与学术探究，具体法律解释方法研究已经形成了较为深厚的积累，以文义解释和论理解释为主体框架的法律解释方法逐渐得到了学界和实务界的接受和认可，但法律解释方法体系化却大为滞后，如何系统地界定和处理不同具体法律解释方法的关系并用以指导法律实践，进而构建起一套涵盖法律解释一般理论和具体操作规则的科学的法律解释方法体系成为当下急迫的任务。因此，有必要重申法律解释的方法体系，对法律解释方法的基本理论进行正本清源式的梳理和重构，彻底划清诸法律解释方法之间、法律方法与“法律续造”之间的功能范围和运用机制，为司法实践操作者提供切实可用的有效解释工具和操作规程。

【关键词】法律方法　法律实务　法律解释　方法体系　文义解释　论理解释

近年来，随着中国法治建设事业的不断推进和公民权利意识的逐渐觉醒，对法律方法的研究受到学术界、实务界和社会大众的广泛关注和日益重视。法治中国建设和法律方法研究之间具有内在契合性，一方面法律方法的精细化和实用化研究有力地推动了法治建设的开展，另一方面法治建设也内在地提出了对严格科学法律方法的要求。可以说，深入研究法律方法尤其是以法律解释为中心的基本法律方法体系，是当下我国法学理论研究的一个中心任务，对于指导司法实践、健全法治建设来说至关重要。尽管有不少学者积极投身于法律方法的学理研究中去，取得了相当可观的科研成就，但法律方法发展的整体态势不容乐观，法律方法的研究仍面临不少“瓶颈”与障碍。困扰我国法律方法研究的一个根本性问题就是法律方法科学体系建构存在不足。

* 魏治勋，法学博士，上海政法学院教授、博士生导师。感谢青岛科技大学法学院赵玉增教授和山东大学法学院博士生郑曙光同学在本文修改和校对过程中给予的帮助和支持。

法律方法研究存在突出问题并非学者们忽视了科学体系的客观建构，恰恰相反，不少学者为之付出了巨大的心血，但这一艰难的探索仍有待完成。基于近些年国内学者对法律方法科学体系建构的积极尝试以及司法实践和社会发展的现实需求，本文试图重构法律解释的基本理论与方法体系，以期为整个法律方法科学体系构建的进步作出微薄的贡献。

一、法律解释方法的概念、对象与目标

法律解释方法的概念、对象和目标三者之间是层层递进、逻辑递升的关系，法律解释对象外延的确定取决于对法律解释概念的界定，法律解释目标的实现依赖于对法律解释对象的理解和解释。因此，在本文第一部分笔者尝试对法律解释的概念、对象和目标依次给出确定的定义，为法律解释问题的深入研究奠定良好的基础。

（一）法律解释方法的概念

由于认识视角的不同，学者们给法律解释所下的定义非常多。[①] 大部分国内教科书对法律解释的定义过于粗浅，简单地将其定义为“对法律含义的说明”，这种定义方法不仅法律解释的主体不明，而且法律解释的对象也不甚明晰，极易让人产生误解。实际上，只有以法官为主体的解释活动才是有效的法律解释，即有权解释主体的解释活动才是真正的法律解释活动。关于“法律解释的对象”这一概念，不同学者有不同的定义。有学者以“法律解释权的对象”[②]命名之，还有学者称为“法律解释权的客体”或“法律解释权的标的”。陈金钊教授认为法律解释权的对象包含三个方面的内容：一是能够作为法官法源的各种法律形式；二是能纳入法律调整的各种事实及其法律意义；三是司法过程中法律与事实之间的互动关系。[③] 这一认识是建立在较为广义的法律解释概念基础上的对法律解释对象的确定。较为广义的法律解释概念，是建立在对法律解释概念划分为三个层面的认知基础上的界定。

最为广义的法律解释概念，涵盖了解释主体对法律解释客体所进行的任何性质的解释性活动，这种解释性活动也包括借助法律解释的名义进行的法律漏洞填补活动；中观意义上的法律解释，则不包括漏洞填补等创制法律规范的行为，但其解释活动所指对象不仅限于各种法的形式和法的渊源，而且还涉及法律事实及其与法的形式、法的渊源的关系；最为狭义的法律解释概念，仅仅将法律解释的行为指向法的形式，也就是法律规范本身。笔者在本文所谈及的法律解释，完全是以法官为解释主体的最为狭

---

① 参见张志铭：《法律解释操作分析》，中国政法大学出版社 1998 年版，第 11 ~ 15 页。

② 陈金钊教授认为，法律解释权由三大要素构成：法律解释权的主体、法律解释权的内容、法律解释权的对象。这里所谓“法律解释权的对象”即本文即将阐释的“法律解释的对象”。参见陈金钊：《论法律解释权的构成要素》，载《政治与法律》2004 年第 1 期。

③ 陈金钊：《论法律解释权的构成要素》，载《政治与法律》2004 年第 1 期。

义的规范性的解释活动。从这样的视角看来,那种以法律事实为解释对象的解释活动,当以“事实解释”名之;而那种以法的渊源为对象的解释活动,由于法的渊源并非实然的法的形式,而不过是有可能上升为法律的法的预备性素材,对此类对象的解释不应纳入法律解释的范畴,它只能是“法律发现”的对象。如此而论,我们就只能在实在法的范围内,把各种法的形式纳入我们探讨法律解释对象的视野,予以深入分析并确定其范围。

(二)法律解释方法的对象

法律解释(方法)的对象应当是法律文本或其负载的文字,这里所讲的法律文本,其范围是指各种法的形式的法定文本,也就是某一国家正式法律的文本总和,它构成了法律解释活动所指向的有意义的形式,即法律解释的对象。另外,在法律解释的对象上,应当区分法律文本与“语境材料”。张志铭教授和黄茂荣教授都认为,法律解释的对象包括法律文本和语境材料。语境材料,是指立法时产生的立法文献,如立法理由书、立法草案、立法说明、审议记录以及立法时的政治、经济、社会、技术等附随情况在内的文献资料。笔者认为,应当严格界定法律解释的对象,法官作为法律解释权的独立解释主体,他只能以有效的法律规范文本为唯一的、直接的解释对象,语境材料只能是他为了更好地达致解释法律的目的而予以参考的资料,并不属于直接的、有效的法律文本。所以说,对法律方法的探讨都是将法律文本的解释视为中心环节,而对语境材料的解释可以视为辅助性的解释活动。

从形式上看,法律文本是法律解释的对象,而从内容上来理解则法律条文才是法律解释具有实质意义的对象。因此,法律解释的对象在形式上是法律文本,在实质上是法律条文,两者共同构成了法律解释的对象。法律文本既具有一般文本的特点,同时具有自身独特的属性,后者是其区别于一般文本的主要表现。法律文本具有以下典型属性:其一,法律文本是权威性的文本,只有国家才有资格去依法确立和通过法定程序来改变它;其二,法律文本是规范性的文本,是按照固定的形式加以表现的,在语言表达上遵循着与其他文本不同的强制性标准;其三,法律文本只向拥有法律解释权的有权主体开放,并经由有权主体解释才能发挥规范效力。法律解释的实体对象是法律条文,法律条文是法的要素的具体表现形式,法律条文的属性在根本上就是法律的属性。法律条文的属性,主要有以下典型特征:其一,法律是立法者为了规范人类的行为实现其设想的理想秩序而制定的规则体系,法律的首要属性就是法律的“应当性”或法律的“规范性”;其二,法律是人为设定的引导人的行为趋向于立法者所希望的状态的人定性规则体系,法律本身具有人为创设性的属性;其三,法律的规范性与道德的规范性享有相同的价值指向,真正的法律和道德都以正义性为其根本的价值指向;其四,法律具有道德所不具备的国家强制性。

（三）法律解释方法的目标

通过解析法律文本、法律条文与法律规范之内涵的不同，我们明确了法律解释的对象是法律文本和法律条文，而符合法律推理要求并作为其大前提的法律规范，则是法律解释活动力图达到的目标，因为“法律解释所探求的‘法律意旨’，所指的就是法律条文所包含的规范含义或内容。所以我们对法律的解释就是揭示法律条文的规范意思，这是法律解释的目标而不是它的对象”。①

法律解释的具体目标在很大程度上会受到法官所抱持的解释立场的深刻影响，不同解释立场下的法律解释目标会存在一定的差异。如果法官采取“主观主义的解释立场”，按照该立场要求：“主观论的真理在于：法律与自然法则不同，它是由人类为人类所创造的，它表现立法者创造可能的——符合社会需要的——秩序的意志。法律背后隐含了参与立法之人的规定意向、其价值、追求，以及其对于事物的考量。”②那么，法官进行法律解释的目标在于发掘法律文本所包含的立法者的原意，于是法官就会倾向于看重那些包含或者反映立法者原初意图的语境材料，甚至会将这些语境材料归入法律解释的对象；而如果法官在解释法律的时候采取“客观主义的解释立场”，那么“客观论的真理在于：法律一旦开始适用，就会发展出固有的实效性，其将逾越立法者当初的预期。法律介入——立法者当时不能全部预见的——多样而且不断变更的生活关系中，对一些立法者根本没有考虑到的问题，法律必须提供答案。一段时间以后，它逐渐地几乎发展出自己的生命，并因此远离原创者原本的想法。就此而论，法律与其他精神创造并无不同。适用中的法律属于客观精神的存在阶层。”③所以说，不同解释立场下的法律解释目标存在较大差别，但不论怎样，我们都可以不失一般地说法律解释的目标在于通过对法律文本的解释得出适用于司法判决的规范前提。

二、法律解释的类型界分

法律解释的类型，从不同的角度出发可以作出多元区分。从解释主体的视角来看，法律解释可以分为有权解释和无权解释；从解释立场的视角来看，法律解释可以分为原意主义和客观主义；从解释方法的视角来看，法律解释可以分为文义解释和论理解释等。

（一）解释主体：有权解释和无权解释

学者林诚二从法律解释发出机关的角度将其划分为立法解释和司法解释，其中，立法解释包括直接解释和间接解释，司法解释包括独立解释和审判解释。④ 但这种划

① 张志铭：《法律解释原理》（上），载《国家检察官学院学报》2007年第6期。
② ［德］卡尔·拉伦茨：《法学方法论》，陈爱娥译，商务印书馆2003年版，第198页。
③ ［德］卡尔·拉伦茨：《法学方法论》，陈爱娥译，商务印书馆2003年版，第198页。
④ 参见林诚二：《民法总则》，法律出版社2008年版，第49页。

分仅具形式价值,并不能真正析清法律解释的实质类型及其功能分别。目前国内学界一般从是否隶属法律解释体制或从法律性质的角度,对法律解释的类型作出明确区分:法律体制内的解释和法律体制外的解释。其中,法律体制内的解释又可以具体区分为立法解释、司法解释和行政解释。从其共同特征看,此类解释都是有权机关且是在法律授权下作出的有效的、单向的法定解释,故又可称为有权解释,并可归入独断解释的范畴。与独断性解释或有权解释相对的,则是任意性解释或学理解释,此类解释是指不拥有法律解释权的社会团体或个人就法律法规作出的基于其个别理解的阐释或说明,故又称为无权解释。无权解释的主体类型很多,主要可以分为学者解释、公民解释和团体解释(社会组织解释)等。

日本学者山田卓生根据解释者的身份将法律解释区分为裁判解释、学说解释和当事人解释,并以之为基础考察了不同解释类型的特性:裁判解释属于有权解释,具有较强法律约束性、紧迫性和便宜性;学说解释作为无权解释类型,较具抽象性、理论性与相对自由性。① 而同属无权解释的当事人解释则具有具体场域性(在特定的案件审判场域中解释)、与事实的结合性(在具体案件中结合特定事实解释,具有事实与规范互解的特性)、利益取向性(任何一方当事人的解释都有为己方利益辩护的特性)等特性。但所有无权解释都共享着非官方性和无效性的特征,这才是其具有根本性意义的标签。关于这一根本性区分,职业法官的解说可谓一语中的:"司法解释是法律规定的有权解释,其解释具有法律约束力,而非正式解释则不具备这些特点。"②

有权解释和无权解释主要存在两方面的重要区分。一方面,有权解释具有官方性和有效性,无权解释具有民间性和无效性。有权解释的主体皆有法定的法律解释权或事实上行使着法律解释权,其解释对法律意义的寻求或对个案的判决都是决定性的、有效的,社会主体必须予以遵守。无权解释的主体在法律解释体制中不具有合法的地位,不拥有解释的法定权力,其解释也不发生法律上的效力,而仅具有社会学意义上的民间影响力。另一方面,有权解释具有规范性,无权解释具有非规范性。有权解释必须是规范性的:解释必须基于法律规范;解释的结果要符合法律的精神与目的;其所进行的法律解释必须有助于社会正义的实现;其所采用的法律解释方法必须是明确的、合理的、规范的。通常来看,有权解释主体在解释立场和方法上都具有稳定性的特征。而无权解释并非基于法律的立场或运用规范的方法进行解释:民众对法律的解释更多的是基于其朴素的自然正义观和历史传统、风俗习惯、社会文化等对法律的"非实证的"理解,其价值立场和方法都十分复杂。社会团体和社会组织对法律的解释则往往

---

① 参见[日]山田卓生:《法解释的主观性》,载《民法学的历史与课题》,第100~103页。转引自梁慧星:《民法解释学》,中国政法大学出版社1995年版,第194~195页。

② 董皞:《司法解释论》,中国政法大学出版社1999年版,第282页。

与其所在的行业与营业范围密切联系,因而容易带有利益色彩和目的倾向,具有明显的现实主义特征。学者的学理解释,首先会因为学者自身的政治哲学背景而殊分,其次还会因为不同的学者的不同学科倾向而有较大差异,如法社会学的学者往往会从社会事实的角度、从外部理解和解释法律,持有法实证主义立场的学者则往往力求从逻辑、概念和技术的立场去解释法律而避免与价值关涉,而从事法哲学研究的学者则倾向于对法律作出价值的评判。

(二)解释立场:原意主义和客观主义

在对法律解释立场进行区分时,首先要积极借鉴域外国家的典型做法,尤其是对"原意主义"法律解释立场进行深入探究。鉴于在当今各国司法实践中,以过去为取向的"原意主义"法律解释立场及其争议,更多是以美国的宪法司法实践为背景展开的,这里关于法律解释立场的讨论就主要以美国的宪法司法实践为考察对象。其次是对我国的法律解释立场进行探讨,特别是对在我国法学理论界占主导地位的客观主义解释方法进行研究,以比较中美两国不同的法律解释立场,并探讨一条符合中国国情的法律解释路径。

原意主义解释方法是宪法与法律解释方法中的一种,但近年来国内学界冠以"原意主义"之名的解释方法理论探讨却主要是围绕宪法解释进行的,并且反过来深刻地影响了法理学与法律解释方法的一般理论研究。从思维进路来看,既然原意主义解释方法是"解释主义"的,而"解释是对某种对象的解释。也就是说,在解释者开始其解释活动之前必然先有需要解释的对象存在,如果在先不存在解释的对象,就无所谓解释"。① 米彻尔·伯曼根据解释的客体标准对原意主义进行的分类,为我们科学研究原意主义宪法解释方法打开了方便之门。伯曼根据原意主义理论家对宪法解释的客体认识存在的分歧,将原意主义的类型按照时间序列划分为:起草者意图(the intent of framers)的原意主义、批准者理解(the understanding of ratifier)的原意主义和原初公共含义(the original public meaning)的原意主义三种主要类型。② 原意主义客体分类的第一个类型是"起草者意图"的原意主义,其根本特征是将宪法起草者的意图作为解释宪法基本含义的权威性根据;这种宪法的原初意图具有私人性的特征,很容易让人将其与宪法起草者个人的心理活动联系起来。这种原初意图理论曾经在相当长的时间内占据主导地位,但这种理论自身也存在以下重大缺陷:一是这种理论误将宪法起草者当作了立宪主体,从而有可能将极少数人意志或意图以"我们人民"的名义强加给宪法条款;二是原初意图理论在很大程度上依赖于一个理论假定,即宪法起草者是

---

① 刘国:《原旨主义方法的困境与出路》,载《浙江社会科学》2009 年第 9 期。

② Michell N. Berman, *Originalism is Bunk*, SSRN(July 5, 2021), http://papers.ssrn.com/sol3/papers.cfm?abstract_id = 1078933.

代表人民在起草宪法,因而起草者的原初意图必然是作为被代表的全体人民的意图;三是这种理论面临着如何寻找和确定起草者的原初意图这一现实困难。

批准者理解的原意主义强调要将宪法解释的重点放置于批准者的集体理解上,在他们看来,是宪法的批准者而非宪法的起草者才是宪法有效与否的真正决断者,因而,批准者对宪法条款的理解构成了宪法原意的主要支撑。“批准者的理解”这一类型同样存在不足和缺陷:要想确定批准者的理解或意图,至少法官们需要去考察各州在批准宪法时的会议记录;即使法官们具备处理历史资料的能力,也很难想象他们有时间去做这样的工作,因而也就不可相信法官们能够从如此纷繁复杂的历史资料中获得可用于案件判决的确实的批准者理解或意图。① 另外,批准者理解的原意主义与起草者的原初意图理论共享着一个同样的前提假设:(作为批准者的)国会或州议会议员们对宪法的理解或意图与他们所代表的人民具有同一性。“原初公共含义的原意主义”的基本内涵是:对宪法条款含义的理解应当以宪法文本的原初公共含义为标准,而这种对宪法文本的理解又是以立宪时期广大民众对宪法语句含义的理解为依据的。也就是说,是“我们人民”赋予了宪法条款以确定的含义。在当今许多秉持原初公共含义原意主义的学者中,惠廷顿的论述更为系统详细。惠廷顿指出:“原旨主义*的核心原则是,美国宪法应当按照起草和批准时公认的理解予以解释,这些理解的主要渊源就是包括语词和结构在内的宪法文本自身。不过宪法文本还被多种次级信息渊源所补充。”②惠廷顿经过详细系统的论证,确认原意主义的宪法解释必须以其原初的公共含义为标准。如此可以确定,“原旨主义的指导性原则就是,法官应该试图弄清楚‘法律在制定时的含义’”③,从惠廷顿关于“原初公共含义”的阐述来看,这种解释方法较其他两种原意主义理论有突出的优越性:一是原初公共含义的原意主义是一种真正意义上的法律解释理论,因为它符合法律解释的一个核心信条,即任何法律解释的方法都必须将法律的含义限定在法律概念字面语义的射程范围之内;二是这种将宪法含义的来源寄托于立宪时期公众理解含义之上的做法,充分表达了现代民主宪法的一个核心内涵:宪法必须是大众民主意志的反映,人民主权原则不可违逆。正是在上述双重原则的基础上,可以说,“原初公共含义的原意主义”是原意主义宪法解释理论迄今为止最具合理性也是最完善的一个版本。

我国关于法律解释的立场争议与美国的情况有明显的不同。在我国,宪法不能作

---

① 参见张翔:《美国宪法解释理论中的原旨主义》,载《山东社会科学》2005年第7期。

* 原旨主义即原意主义,为 Originalism 的不同译法。——编者注

② [美]基思·E.惠廷顿:《宪法解释:文本含义,原初意图与司法审查》,杜强强、刘国、柳建龙译,中国人民大学出版社2006年版,第32页。

③ [美]基思·E.惠廷顿:《宪法解释:文本含义,原初意图与司法审查》,杜强强、刘国、柳建龙译,中国人民大学出版社2006年版,第32~33页。

为司法裁判的依据,中国宪法对国家的政治经济和社会生活发挥着间接调整的功能。中国关于法官解释的立场问题,完全是以法律法规为对象指向的。又由于中国法院和法官对司法活动的进程和结果起着决定性作用,民众、律师和学者等无权解释主体的作用相对有限,使得中国有关法官解释立场的讨论没有成为法律解释的核心问题。尽管学者和法官的立场可能存在明显的对立,学者的意见并不能显著影响法官的立场,但我们还是有必要阐明我国学者解释立场和法官解释立场的基本意涵。在我国法学理论界占主导地位的是"客观说",国内大多数学者都倾向于以法律的字面意义为基础、辅之以有效的法律方法去探寻法律规范的客观含义。持"客观说"的学者群体主要基于以下理由:一是法学是一门面向社会的实践科学,它关注当下社会主体的权利和权益及其法律保障,并以公众认可的社会正义为基本追求;二是法学者并非法律体制中人,其在理解与解释法律的立场上基本上不受法官那种体制和官方立场的束缚。然而我国的法官群体,在法律解释方面却普遍地持有"主观说"的立场,主要有以下原因:一是这种解释立场是由我国的基本政治制度所决定的,人民代表大会制度是我国的根本政治制度,"一府一委两院"都是人民代表大会的派生机关。作为法院系统的成员,法官在解释各级人大制定的法律法规时难免会维护立法机关的权威,以立法者的原意作为法律意义的立场。二是法官的解释立场并非个人自由选择的产物,必须体现出以体制所要求的价值定位与社会目的为基本限制的官方行为模式。

(三)解释方法:文义解释和论理解释

从解释方法的视角来看,法律解释无疑是一种很重要的法律方法,对于引导法官依法裁判、实现司法公正来说有很大裨益。大体上看,法律解释方法主要可以区分为文义解释和论理解释。文义解释是法律解释的基础性方法,是法律解释最常用的方法,是阐明法律的一般含义的有效工具。然而,在当今中国法学界关于文义解释的内涵与范围的讨论中,并没有完全一致的认识。有学者认为,文义解释方法包括字面解释、限缩解释、法义解释、合宪解释、当然解释、语法解释、体系解释和比较解释,并认为最典型的文义解释是字面解释,其他解释方法之所以被纳入文义解释的范畴,因为论者坚持这样一个标准,即只要解释的对象是法律语词,所使用的方法是发现,姿态是对法律的服从,解释的结果没有背离可能的文义,就属于文义解释。① 从学者对法律解释这一宽泛界定来看,这里的文义囊括了远超过一般理解范围的其他众多法律方法或法律解释的原则,在某种意义上可视为最为广义的"文义解释"。

根据国内学者的一般认识,所谓的文义解释就是一定主体针对法律条文语词的字面含义所进行的通俗化的说明活动。在实质上,这种说明活动既包括对法律条文中某个语词的内涵所作出的解释,也包括对条文中某些字词的组合甚至整个条文语句的字

① 参见陈金钊:《文义解释:法律方法的优位选择》,载《文史哲》2005 年第 6 期。

面含义所作出的解释。在进行此类解释的过程中,解释主体将不可避免地对法律条文的语词含义、语法构成、语境、逻辑等多个方面的解释要素有所涉及。因此,文义解释方法又在不同的情况下被称为字面解释、语法解释、文法解释或文理解释。在这诸多有关文义解释的命名中,仍以“文义解释”为最佳方案,因为它透露出解释的目标指向——文字的意义。其他名称只不过强调了文义解释的某方面要素而已,并不能全面概括文义解释的内涵。因此,应以“文义解释”统一命名那种用以对法律规范的字面含义进行通俗化说明的解释活动。文义解释方法主要具有以下典型特征:一是文字的含义是文义解释的基础,离开了法律条文所使用的具体文字,就不能成立真正的法律解释。二是文字的通常含义是文义解释的优先选择。三是法律文本的语法规则是文义解释必须遵循的基本法则。四是文义解释所针对的法律文本的语词,其目的在于通过说明这些语词所代表的概念的含义来明确其外延范围。

与文义解释方法相对应的是论理解释方法,学者们对论理解释方法的定义也一直争执不休。相比之下,学者林诚二关于论理解释的界定较好地把握住了其内在特质,他指出:“论理解释,即以立法之目的与原则及社会之需要,通盘就法典之组织及其他参考资料,本逻辑推理之方法来决定法律应有之意义。按解释法文之顺序,应先从文字解释(文理解释或文义解释)着手,必也文字解释不能达探求法文之真意时,方采论理解释之方法。”①林诚二的界定完整地揭示了论理解释四个方面的重要特质和内涵:一是论理解释的本质且要害之处在于“本逻辑推理之方法”,所谓“论理”即是强调逻辑与推理,论理解释是建立在概念和文本的逻辑与推理之上的意义探求方法。二是文义解释之不能,同时也就是论理解释的起点,在文义解释无法达成解释目标时,根据“黄金法则”而转换至论理解释,论理解释的目标同样在于“探求法文之真意”。三是论理解释应“依立法之目的与原则及社会之需要”,即论理解释必须以满足社会需要为目的,解释过程和结论不能有违法的宗旨,为此“通盘就法典之组织及其他参考资料”作为解释的重要依据就具有了必要性。四是通过论理解释方法得出的解释结论,应当是“法律应有之意义”或“法文之真意”,这是司法正义追求的必然要求。结合林诚二关于论理解释的界定,笔者认为论理解释乃是文义解释无法达成解释时的新方法,即文义解释的结论存在明显不合理和悖谬之处时,根据“黄金法则”而转换至通过分析法律概念的逻辑关系或进行概念推理而寻求解释结论的严格解释方法。通常来看,论理解释的具体解释方式包括扩张解释、限制解释、反对解释、类推解释和当然解释等。

三、文义解释方法的地位与解释规则

与其他解释方法相比,文义解释方法自身具有显著的优越性,是法官的法律解释

① 林诚二:《民法总则》,法律出版社2008年版,第52~55页。

方法的优位选择。文义解释方法不仅在法律解释方法体系中居于核心地位,同时也是引导法官适用法律的首位选择。因此,科学阐明文义解释方法的地位及其解释规则对于推进法学理论研究和司法实践运用来说意义重大。

(一)文义解释方法的地位

为证明文义解释方法功能的突出性,我们有必要从实施和功能两个视角入手来审视这种地位的合法性。从实施的角度看,文义解释方法无论在大陆法系还是在普通法系国家都已经取得了决定性的优越地位。从功能的角度看,“在视解释论点的冲突为正常现象的国家,语义论点即普通含义或专门含义的论点在解决论点冲突过程中往往最具有决定性。”①也就是说,当法官解释法律面临诸种法律方法的解释结论发生冲突的状况时,通过文义解释方法获得的解释结论往往是决定性的、优位的选择。这主要取决于以下三个方面的主要因素②:

一是建构语义论点所需要的解释材料最少,过程最简洁,最具经济合理性。与其他解释方法需要更多的整个法律体系或语境材料为解释材料不同,语义解释所需要的主要解释材料就是直接作为解释对象的制定法条文,而其所需的语言背景及其这一语言背景的普遍性与合法性证明,对于作为解释主体的法官而言实则是不证自明的,因为解释主体与社会大众一样也时刻地处于这种语言背景之中,这种语境预设了某种规范性框架,它使得各方“总是在进行一种相互协作的信息交流,这种信息交流的通常目的是使对话各方遵循某种特定的规范……它表达的内容不能过多或过少;它必须是一种有条理的表达”③。二是当语义论点与其他解释论点对峙时,语义论点比较难以被消除或者基于其优先性规则而经常处于主导性地位,或者不那么容易在重要性上被其他解释论点超越。在大陆法系强调立法权的至高性和制定法优位的情形下,法官的法律解释权要么被否定,要么受到严格限制,语义论点相对于其他解释论点的优越地位基本不受挑战。在普通法系,业已发展出了一种得到普遍认可的形式性规则用以确保文义解释的优越地位,这就是“黄金规则”(golden rule)。按照国内学者的概括,除非文义解释方法得出了荒谬的结果,法官不得放弃文义解释而采用其他解释方法。④三是语义论点所具有的“正常效力”(normal force),又往往得到其他解释论点如系统论点、目的论点甚或意图论点等的支持而强化其地位。基于日常语言习惯的语义解释,往往会因其与立法者处于共同的语言系统而获得语义理解上的一致性,从而使语义论点在绝大多数情况下都会获得系统论点的支持。

① 张志铭:《法律解释的操作分析》,中国政法大学出版社1998年版,第164页。

② 参见张志铭:《法律解释的操作分析》,中国政法大学出版社1998年版,第164~165页。

③ Andrei Marmor, *Philosophy of Law*, Princeton University Press, 2011, p. 141.

④ 参见魏玮编译:《英国法律解释三大规则之应用》,载《法律适用》2002年第2期。

(二)文义解释方法的解释规则

文义解释作为主要的法律解释方法,在长期司法实践运用的过程中,也形成了一套颇具实用性的操作技术规则。我们大致可以将文义解释操作技术规则分为文法规则、语义学规则、概括性法律用语规则三类。另外,在普通法历史实践中发展出来的对文义解释予以限制的“黄金规则”,对于中国法官的文义解释活动意义重大,也应当是一种值得研究的形式性准则。因此,我们主要围绕这四类解释规则进行研究。

首先,关于文义解释的文法规则。文义解释的文法规则具体可以划分为三种类型:一是文义解释的句法规则。具体语法规则主要涉及对语词和标点等语言要素进行合理安排以形成语句的问题。在语法规则中,语词的衔接、搭配和位置的安排就成为语法规则的重要问题。法律语言根本上属于日常语言的一部分,对法律语句中主要是法律条文的结构组织方面,必须重视对句法规则的研究。二是文义解释的词法规则。中国现行有效的法律都是以现代汉语为表达载体的。现代汉语在词法构造上的一个重要特点,在于其基本词汇的绝大部分都是复合词。这些复合词在其构成方式上也是多种多样的,既有同一词性的结合又有不同词性的结合,既有平行结构也有偏正结构。汉语语词的这些词法构造的特点,要求法官在对法律语词进行语义解释的时候,必须从某一语词的具体构造特点入手,运用相关的词法规则作出恰如其分的分析,以期探明其真义。三是文义分析的语句逻辑。作为一种实践智慧的客观化成果,法律文本非常注重自身的逻辑化,以尽量消除内部的矛盾,这是追求理想治理秩序的立法者必须确立的一个文本基础,只有具备了严整的内在秩序的法律文本,才能导向有条不紊的现实世界的法律秩序。

其次,关于文义解释的语义学规则。哈特在阐明法律的概念这一理论工程中所使用的根本方法就是语义学分析,他的理论模式又可以称为一种语义学范式。从哈特对法律概念的语义分析的理论阐述中,可以引申出以下关于语义解释的操作性规则:一是“通常含义”规则,即法律语词的核心意义是某一语言体系中的普通人共同接受的一般含义。根据张志铭先生的界定,通常含义或普通含义论点对解释(arguments from ordinary meaning)的要求是:“如果法律规定所用的是普通语词或词组,而且在普通语言中是明白的(intelligible),那么除非有充分理由作出其他不同解释,就应当以普通说话者的理解作出解释;如果可供选择的普通含义不止一个,那么在解释中应该优先考虑和采用相对比较明显的普通含义——最常见的是运用……上下文和谐论点,指明哪一种含义最为适当。”①二是“次要含义”规则。一般情况下对法律语词的理解必须采纳其“通常含义”,在按照通常含义理解出现不合理结果的特殊情况下,可以采纳其“次要含义”,但次要含义也应当符合普通人的语言使用习惯,而不能凭借法官的价值

---

① 张志铭:《法律解释的操作分析》,中国政法大学出版社1998年版,第108页。

观念主观地予以决定。三是“专门含义”规则。法律概念语词的专门含义是指法律专家包括立法专家、职业法官、律师、检察官、法学者等法律人赋予它们的具有专业性的内涵。它要求:“如果法律规定所用的是专门语词或词组,或者具有专门含义的普通语词或词组,那么就应该从专门含义的角度进行解释。”①四是“技术含义”规则。所谓技术含义规则,是指对特定法律语词进行解释的时候,应该按照某一特定科学技术领域专家的普遍理解去界定其含义。五是“三步舞”的程序规则,避免“先入为主”和“第一眼现象”。这一规则既是一种规范文义解释的程序性规则,又是一种告诫解释者避免解释的时候先入为主和凭第一眼就主观地决定解释对象含义的提示性规则。六是避免“自然主义谬误”。在文义解释过程中,“自然主义谬误”也是解释者应当谨慎防范的陷阱,文义解释中常见的“自然主义谬误”有两个类型:(1)在解释抽象的概念语词时倾向于以直接列举这类概念语词所指的具体事物的方式来定义概念本身,其结果不但违背了文义解释方法通过界定概念的内涵来明确其外延的思维路径,而且会因为将具体事物的诸多属性杂糅进该概念语词标识某种单一属性而犯下认识范畴的错误;(2)对于法律规范中存在的规范性的或价值性的概念,采取以自然实体列举或置换的解释方式,从而混淆了“是”与“应当”的区分。

再次,关于概括性法律用语的文义解释规则。在法律文本中,存在大量诸如“……等”“……类”“其他……”等缩略表达形式,我们称为“概括性法律用语”。一般地,在解释法律文本中的概括性用语时,应当遵循以下几种具体的操作性规则:一是对于以“……等”“……类”“其他……”等为标识的概括性法律用语,一般应当遵循“同类规则”按照被列举事物的特定特征对其作出平行性解释。同类规则是罗马法上的一项重要解释性规则,它是指在证书、制定法等文件中先载明特定的事项,然后在附加一般事项时,在解释的时候应当将一般事项的范围只限定于与特定事项具有某种共同的具体特征的同类或类似事项。二是“普遍性词语不影响特定化词语的意义”(Generalia Speclialibus Non Derogent)的规则。按照维基词典的解释,其含义为:如果一个特殊性的规定在与之有关的一般性规定颁布之前已经发生效力,那么,该一般性规定的颁布并不影响特殊性规定的效力,即前者并不排除后者的适用。三是防止概括性用语绝对化的规则。“立法机关运用这些概括用语的目的之一就是给法官一定的自由裁量权,由法官根据案件的具体情况作出更加公平的决定,从而避免绝对化,体现灵活性。所以,我们的法官应当充分认识这一职权,运用自己的公平意识,发挥自己的才智,实现立法者的真实意图。”②

最后,关于文义解释的基本限制——“黄金规则”。按照我国学者对“黄金规则”

① 张志铭:《法律解释的操作分析》,中国政法大学出版社1998年版,第108页。
② 致远:《文义解释法的具体应用规则》,载《法律适用》2001年第9期。

的引介,黄金规则是指:如果运用字义解释规则出现荒谬的结果时,法官应当寻求字词的其他含义以避免荒谬结论(absurd result)的出现。在维基辞典中,"黄金规则"被界定为,"为了避免荒谬的裁判结果,法官遵循'黄金规则'可以脱离某语词的正常含义(normal meaning)去对该语词进行解释"。对文义解释在某些情形下具有导致荒谬结果的可能性的担心构成了支持以"黄金规则"限制文义解释的主要理由。总言之,"黄金规则"自身是基于文义解释的缺陷发展起来的,法官对"黄金规则"的应用有利于消除荒谬结果的发生。基于以上认识,笔者认为,黄金规则事实上已然具有了限制和引导文义解释的两个完全不同的规范向度,黄金规则由此成为从文义解释向其他法律解释方法让渡的寰转之枢。黄金规则由此意味着:它首要的要求是,除非解释结果出现了明显脱离法律精神和社会普遍理解的荒谬结论,法官应当坚守文义解释的优位性并以解释结论进行法律推理;而一旦运用文义解释方法得出荒谬的结果时,法官应当寻求字词的其他含义以避免荒谬结论的出现,既然在文义解释的方法规则范围内解决不了问题,则此时法官寻求其他解释方法就是合理之举和自然之事了。

四、论理解释的理论基础与操作机制

论理解释方法作为法律解释的严格形式,对于引导法官处理疑难案件来说裨益甚大,具有很高的学术研究价值。要深入探究论理解释方法,首先要厘清其理论基础,掌握论理解释的基本机制和原理,其次是分析各具体论理解释方法,并重点探讨五种具体方法的操作机制,为其在司法实践中的良好运行扫清障碍。

(一)论理解释的理论基础

论理解释方法绝不能将主观的或外在的因素作为其方法论的决定性因素,而只能够基于内在的逻辑和推理等因素来建构自身。总体来看,论理解释的理论基础可以从其方法论基础和具体运作机理渐次展开,这两部分内容是论理解释理论研究的关键所在。

一是论理解释的方法论基础:内涵与外延的关系。论理解释的学理基础在于概念分析,它是以分析哲学和语言哲学的语义论为其理论基础对法律文本进行分析并给出解释的方法系统。对法律概念内涵和外延关系的合理界定,是论理解释研究的逻辑前提。长期以来法学界普遍对法律概念的内涵和外延的关系抱持一种"常识性谬误",其代表性观点是:"在形式逻辑中,一个概念的内涵,是其所反映的事物的本质属性的总和。和内涵相对应的是外延。所谓外延,是指概念所确指的对象的范围。内涵和外延之间是一种反比例关系。内涵越大,则外延越小;内涵越小,则外延越大。"①而关于

① 刘志远:《刑法解释的限度——合理的扩大解释与类推解释的区分》,载《国家检察官学院学报》2002年第5期。

论理解释的诸多方法,尤其扩张解释和限缩解释意义范围的界定,则是直接以概念的内涵与外延的关系原理为理论基础的。如果概念的内涵和外延之间成立“反比关系”,则意味着扩张解释的功能在于缩小外延,而限缩解释的功能在于扩大外延。这种界定结论不仅不符合普通人的常识,而且与语义学基本原理完全背反。所以,不解决这一前提性问题,是不可能阐明论理解释方法的运作机理的。

笔者认为,概念的内涵和外延之间成正比关系,即概念的内涵越大,所指向的事物的范围越广,反之亦然。比如,对于“人”“女人”“留着长发的女人”这三个概念,其内涵显然呈现递减的趋势,而其所指向事物的范围也同样是递减的,因而概念与外延之间成正比关系,反之亦然。但问题在于,为什么诸多学者会将概念的内涵和外延之间理解为反比关系呢?就前述举例而言,从“人”到“女人”再到“留着长发的女人”,在语言表述形式上发生的一个明显变化就是,限定词的数量在增加,从而导致“人”的内涵因为这些意义限制而不断收窄,使得限定词的数量和概念内涵呈现一种反比变化的关系,但由于概念内涵和外延之间本质上是一种正比关系,那么很容易就在概念限定词的数量这一形式特征与外延之间就建立起反比关系。不幸的是,概念内涵和外延之间的真正关系却被这种形式上不恰当的“反比关系”遮蔽掉了,这是违背语义学的基本原理的。因此,必须恢复对概念内涵和外延之间关系的正确认识,这就是:概念内涵和外延之间成立正比关系。

二是论理解释的运作机理:逻辑、推理与结构。论理解释承担着比文义解释更加复杂和艰巨的解释功能,是解决疑难法律案件时确立法律推理规范前提的主要方法。论理解释机制功能的发挥主要是通过逻辑、推理与结构这三种重要思维工具实现的。(1)从逻辑角度来看,论理解释方法是否成立与可行,在很大程度上是根植于概念之间的逻辑关系。其中,当然解释的展开和成立,主要是基于法律规范中的重要概念与事实要件中的相关事物概念之间成立“递进或递减逻辑关系”;而反对解释之可行,则完全在于确定条件下解释结论与原法律命题成立“反对关系”或“同向否定关系”,这种反对关系纯粹是形式逻辑的。至于其他三种方法——扩张解释、限制解释和类推解释,前两者尽管更多地受限于法的宗旨或目的的考量,但这种考量也只能通过对概念内涵的合理限制进而影响对其外延范围的确定,因而必须遵循“概念——外延”间的线性的正相关关系,这是其最重要的方法论基础。(2)从推理角度来看,论理解释据以运作的基本方法乃是概念推理。当通过概念的合理重构以确定其应有内涵以及对应的外延时,推理的因素必不可少。就类推解释、当然解释而言,前者基于隐含上位概念进行推理,后者基于递进关系而推理;反对解释则是在必要条件下,基于否定关系做出的反对推理;至于扩张解释、限制解释,虽然服从规范宗旨是内涵取舍的动因,然而对概念内涵的解释根本上要服从于概念自身的逻辑,即要根据概念所涵括的事物本质进行合理抽象,要服从归纳推理的逻辑,在根据对概念内涵的解释确定外延而涵摄法律事实时,则要服从演绎推理的逻辑。(3)从结构角度来看,论理解释的内在机理存在于"事物本质"之中,即法律的规范"构成要件"是解释得以运作的基本中介。"事物本质"即法律规范的"构成要件",它不仅为法律三段论推理过程所必须,同时也是论理解释的推理环节必须借重的用以在概念间判断逻辑关系的基本工具,进而成为做出解释性判断的桥梁和中介。正是借助于法律的"构成要件"和待决事实的"事实构成"的对应关系来判断二者之间逻辑关系,论理解释得以展开和推进,无论反对解释、类推解释、当然解释都是如此;扩张解释、限制解释虽然有所不同,但是在通过界定法律概念内涵以确定外延范围的解释思路中,其实同样蕴含着规范结构与事实构成之间的对应,只不过这种对应一般情况下未能被充分结构化和具体化而已。

(二)论理解释各主要方法的操作机制

论理解释方法包括扩张解释、限缩解释、当然解释、反对解释和类推解释这五种具体方法,它们构成了论理解释的主体性部分。当前学界对这几类解释方法的看法存在重大分歧甚至严重对立,严重干扰了各论理解释方法的理论研究和司法适用。因此,澄清和明晰各种具体解释方法的基本内涵、应用条件和操作方法对于法律方法尤其是法律解释方法的研究是十分必要且紧迫的。

一是关于扩张解释和限缩解释的原理与操作机制研究。扩张解释和限缩解释在法律方法论中是作为一对重要范畴存在的,两者存在紧密联系,在具体的操作方法中也大体上遵循相同或相近的操作原理,将其放在一起集中进行研究是可行的。另外,在研究扩张解释、限缩解释的同时,也不能回避与此相关的目的性扩张、目的性限缩这两类操作手段。对扩张解释和限缩解释的研究,主要可以从具体操作性规则与方法和司法实践中的具体运用准则两方面入手。

一方面,对扩张解释和限缩解释的具体操作性规则与方法进行基础分析。从已有的讨论来看,大多数学者都是从语义学的路径进入,并围绕法律概念的核心语义而作语义层次的划分,并以之为确定扩张解释与限缩解释之合理位置与功能的主要依据。例如,北欧学者佩岑尼克就是从这样的路径进入,对限缩解释和扩张解释以及与之有关的解释方法作出了语义层次的大致区分。他是以法律概念的核心语义为中心和出发点,将限缩解释看作对这一核心语义范围中的某些意义予以合理排除以寻求法律规范含义的解释方法,而将扩张解释看作覆盖核心语义基础并将意义范围扩大至其外围某些区域的解释方法,两种解释方法都以核心语义为中心并作适当的伸缩性选择;目的性限缩虽在形式上与限缩解释具有相似性,但其出发点是不同的,前者是基于某种法外目的而对法律意义进行探求的主观选择,而后者则是按照语言学规则对法律规范意义的合理探求。佩岑尼克的语义学解析对我们具有重要的启发意义,笔者的研究同样是从语义学视角出发,并对概念的"核心含义""意义扩张"等有关语词进行更为详尽的分析。从语义学来看,所谓概念的"核心含义",所指向的是社会大众在日常语言基础上所普遍认知到的最常用的意义,也可以包括常用的第二含义、专家含义、行业含义和专门含义。[①] 在此强调"核心含义"意在表明,它是扩张解释"意义扩张"的基础和限缩解释意义选择的基本界限。所谓"意义扩张"是指,扩张解释所指向的意义范围超越了"核心含义"的界限。"核心含义"并不是法律概念全部的合理意义,而只是人们根据日常语言的理解所框定的概念的"最常用意义",在此意义范围之外,(法律概念)还可以有较大的意义范围可供选择。以"乌鸦"这一概念为例,其"核心含义"是"黑色的鸦"(暗含"所有乌鸦是黑色的这一判断"),这是几乎所有人在看到这个概念时的共同理解或意义选择。但是,如果从语义学的角度界定"乌鸦",则乌鸦包括符合其生物学标准的所有相关对象,无论"灰乌鸦""白乌鸦"都在乌鸦概念所涵括的范围之内,因为它们都符合"乌鸦"这一概念的内涵所表达的生物属性。所以,当将"乌鸦"的范围通过其内涵界定扩展到"灰乌鸦"和"白乌鸦"时,这种认识方法就是扩张解释。

同理,我们也可以用同样的思路来界定限缩解释及其指向的意义范围。限缩解释的界定也必须以文义解释的意义界限为依凭,限缩解释不过是将文义解释意义范围内那些有悖于法的精神和目的的意义选项予以排除,则剩余的意义集合就是限缩解释的意义范围。当然,限缩解释在功能上主要以阐明法律概念的意义为追求,但同时也可以适用于对整个法律命题的解释。我们以"许霆案"中的"盗窃金融机构"这一概念的界定为例:"盗窃金融机构",按照普通大众根据日常语言所做的一般理解,凡是盗窃金融机构中的任何物品的行为,都属于"盗窃金融机构"。然而,前述理解并不是"盗窃金融机构"的规范含义,它特指那种盗窃金融机构的货币、有价证券等特定对象的违法犯罪行为,盗窃金融机构的桌椅、办公用品、服务设施等不属于"盗窃金融机构"这一概念的意义范围。由此可见,"盗窃金融机构"这一概念,是对普通大众所理解的"盗窃金融机构"这一核心含义的限缩或特定意义的择取,属于典型的限缩解释。

接下来,我们来界定"目的性限缩"和"目的性扩张"的概念。根据前文的表述,当"目的"是法律的内在目的或者符合法的基本精神的时候,则无须以"目的"这一语词限定解释的方法,因为所有的解释方法都必须符合法的精神和目的,法的精神和目的本身就应当内在于法律方法的指导思想之中。而当我们以"目的"这一术语来限定某种法律方法的时候,这里的"目的"专指那些外在于法的精神和目的的"特定目的"。正如佩岑尼克所言,目的性扩张与限缩的问题,关键不在于它排除掉多少文义解释所覆盖的意义范围,而在于这种排除并非基于语言学的规则,而纯粹是一种目的性取向所导致的选择性后果。[②] 当某种关于法律概念或者法律条文的所谓"解释",被视为指

---

① 参见魏治勋:《文义解释的司法操作技术规则》,载《政法论丛》2014 年第 4 期。

② Aleksander Peczenilk, *On Law and Reason*, Kluwer Academic Publishers, 2005, p. 388 – 391.

向某种不符合法的精神和目的的判决方向以达成某种特定结论时,则此种所谓"解释"就不再是真正意义上的"法律解释",而成为受某种法外目的操控的"法律续造"的方法。"目的性扩张"和"目的性限缩"就是受法外目的支配的、为达成某种特定目标而实施的法律续造方法,因而其"解释"出来的所谓意义,必将不在法律的规范含义之内,这种解释的结论也必定不是任何语义学理论所能够合理解释的,而只能是主观臆造出来的所谓"解释结论"。

至于颇令法学界感到困扰的扩张解释和类推(适用)的区分问题,在此也会因扩张解释的清晰界定而得到解决。扩张解释的要义在于将法律概念的意义扩展到超越于一般人基于日常语言的共识性理解之外,但又必须落点于法律概念的内涵之内,扩张解释的本质不过是对法律概念的本有含义的挖掘,因而完全符合语义学原理的基本要求。而类推(适用)则与之完全不同,类推的本质在于,在没有法律条文可以规范既有法律事实,即所面对的案件事实无法找到合适的法律规范予以涵摄的情况下,寻求类似的法律规定用以解决当下案件。可见,类推的核心之点在于既有法律事实之构成与法律规范要件之构成的"相似性"而非完全对应。因此,依据某一法律规范对法律案件做出的类推判断,必然只能是一个"近似合理"的结论,而不可能是一个基于正确规范前提的合理决定。那么一般地讲,对于根据类推做出的司法判决,原则上都应当进行"价值衡量",以权衡这一判决的结论是否契合于法的精神和目的。从扩张解释和类推的比较来看,由于扩张解释的意义择取点一定是落在法律概念的内涵之内的,而类推方法对法律概念意义的择取,则不可能落在法律概念的内涵之内。所以,扩张解释是真正意义上的法律解释,而类推本质上已经进入"法律续造"的领域,尽管它并没有创造一条全新的规范,但将既有的规范适用于其涵摄范围之外的法律事实,本质上已与创制新规范无异了。

另一方面,科学厘定扩张解释与限缩解释在司法实践中的基本操作准则。在前文对扩张解释、限缩解释以及容易与之混淆的概念作出清晰区分后,纯粹学理方面的探究大体上已经完成。随之而来的是扩张解释和限缩解释在司法实践中应当遵循哪些基本准则的重要问题,其在司法实践中操作规则的科学归纳对于引导法官裁判和达致司法公正来说意义重大。因此,有必要对这些应当注意的基本准则做出如下具体解析:

(1)在运用扩张解释与限缩解释时,必须以文义解释为基础,只有那些超出文义解释合理限度的法律概念或条文,才是运用这两种解释方法的可能之处。就文义解释而言,实践中常以"黄金规则"作为考察其适用界限的标准。"黄金规则"的基本含义是,在将整个成文法看作一个统一的体系的前提下,如果采用文义解释得出的法律概念或术语的含义,会导致相当不合理或者荒谬的错误判决,那么法官就可以不选用文义解释择取的意义,而转向其他解释方法。笔者认为,"黄金规则事实上已然具有了限制和引导文义解释的两个完全不同的规范向度，黄金规则由此成为从文义解释向其他法律解释方法让渡的寰转之枢”。[①] 而扩张解释与限缩解释的运用就是建立在“黄金规则”这一“寰转之枢”基础上，可以说文义解释构成了扩张解释和限缩解释的逻辑起点和意义边界。

(2)扩张解释和限缩解释受到法的精神和目的的支配，但却区别于法外的目的和利益。在现实司法判决过程中，法官一旦基于法外的目的和利益而做出考量，则其在事实上已经滑向了目的性扩张、目的性限缩或类推的范畴，而不再是运用扩张解释或限缩解释的严格法律解释方法，这在根本上违背了法律解释的基本准则，从而无法做出符合法律真正内在精神和目的的正当判决。因此，必须警惕被超越于法律之外的目的或利益所支配，在扩张解释和限缩解释的实践运用问题上，必须注意不受那种功利化的实用主义观念的影响，尽管“实用主义将政治决定视为实现社会大众全体幸福的工具”[②]，但法外的目的和利益不应当是司法判决的目标取向。

(3)司法者对法律概念的内涵及其合理边界应当有正确的理解。只有正确理解了法律概念的内涵和外延间的正比例关系，才能够建立起根据内涵的意义择取界定外延范围的科学方法论基础，而不至于混淆扩张解释和限缩解释的概念与功能。在此基础上，也才能够进一步将扩张解释和限缩解释与其他法律方法做出明确界分。

二是关于当然解释的内在机制及其操作规则研究。当然解释是一种十分重要的论理解释方法，然而法学界对论理解释的理解还存在不少争议，影响了当然解释的司法运用。为扭转这种被动局面，有必要采取一些措施来积极改观当然解释的研究境况。特别是要对当然解释的应用情况予以澄清与解析，并给出其具体的操作方式与程序。

首先是对当然解释应用前提的分析。当然解释作为一种严格意义上的解释方法，并不能随便应用，而要遵循一定的前提条件才能启动。总体来看，当然解释的应用要符合以下条件：(1)当然解释要以“法律没有明确规定”为应用前提，但又必须有相应的法律规定，只不过相关法律规定在意义上不够清晰确定，又不能通过文义解释予以澄清；但因条文的规范含义与待决事实之间存在逻辑上的“递进关系”，因而适于以当然解释澄清其意义。(2)当然解释在总体上要受到法律规范意义范围的制约或以法律规范含义为意义择取的外部限制，在刑法上则表现为符合“罪刑法定原则”，但应避免对“罪刑法定”的形式化和绝对化的理解。(3)当然解释是在文义解释无法达成解释目标情况下采用的更加复杂的解释方法，因而以语义解释意义范围为其意义择取的内部边界。

---

① 魏治勋：《文义解释在法律解释方法中的优位性及其限度》，载《求是学刊》2014 年第 4 期。

② Ronald Dworkin, *Law's Empire*, The Belknap Press of Harvard University Press, 1986, p. 288.

其次是对当然解释应用条件的解析。当然解释的应用条件是建立在其应用前提之上的,应用条件主要阐述的是在司法实践过程中具体运用当然解释时必须接受的判断标准、判断基础和判断依据。笔者认为,当然解释的依据应当是事物本质、实质逻辑和规范宗旨相统一的标准体系,这就是当然解释运行依据的“统合三点论”。(1)关于“事物本质”。在考夫曼看来,法律意味着对话和对应,在法律规范和法律事实之间应通过某种中介形成正确对应,才能解决法律推理的合理性问题。而“事物本质”就能在其两端分别沟通规范和事实,同时具有规范的属性和事实的指向。考夫曼认为,“事物本质”就是法律的“构成要件”。法律的构成要件的特殊性在于,一方面它是法律规范的具体化,是按照结构性思维对法律规范内容的不同方面予以具体呈示的结果,因此它自然具有规范属性;另一方面,正是因为它是法律规范的具体化,这种具体化使得它能够以概念的形式分别指向法律事实的不同方面,此即概念内涵与外延关系一个例证。从另一端看,对自然事实的解释和重构的结果形成法律事实,而法律事实同样是具有特定结构的,这就是“事实构成”,它在结构形态上完全对应于法律规范的“构成要件”。由此,法律的“构成要件”就能够作为中介物,一方面和“事实构成”形成对应,另一方面直接反映或者等值于法律规范本身。正是由“构成要件”所中介的这种法律规范与法律事实之间的对应,才使得法律推理成为可能,并因此具有了合理性。(2)关于“递进关系”的这一“实质逻辑”。递进关系,并非法律事实与法律规范的直接对比,而必须以规范构成要件和事实构成要件的对应为基础;同时,对应要素之间的对比是受制于整个规范结构和事实结构的限定的,在其他对应要素具有涵摄关系的情况下,根据这种限定才能确定待定事实要素与对应规范构成要素之间是否成立真正的递进关系;此外,对应要素之间的递进关系绝非形式逻辑关系,而只能是实质性的进阶或降阶关系。(3)关于“规范宗旨”。事实上,如果仅凭“事物本质”,很难判断事物之间的递进关系;即使以“事物本质”和“递进关系”两个依据也很难判断事物之间的关系。如狗和狮子之间并不存在概念的递进关系,但在实践中却有可能存在递进关系①。在这种情况下,如果我们引入法律的目的或“规范宗旨”作为判断的参照,可以发现狗和狮子在威胁游园者安全方面是存在递进关系的,也符合法律规范的整体目的。

基于以上分析可见,规范宗旨、事物本质和递进关系其中的任何一种都不能单独成为当然解释的充分依据,只有三者共同发挥作用,才能为当然解释及其结论的合理性奠定基础。其中,规范宗旨是当然解释的目的性、价值性标准,事物本质是当然解释

① 例如,狗和狮子之间不存在概念上的递进关系,但如果城市的公园管理法规规定禁止将狗带入公园,那么就可以当然解释出如下结论:不能将狮子、老虎等猛兽带入公园。这样看来,狗和狮子之间就存在某种递进关系。

的内在基础，而递进关系是当然解释的实质逻辑依据，三者共同规范着当然解释的运作方向和最终结论。

最后是对当然解释的具体运作机理的分析。在某种意义上，当然解释的具体运作是在坚持基本前提的基础上，将这些应用条件充分运用于司法过程，通过严格的“轻重相举”的推理程序为待决事实确立合理的法律规范前提。在充分吸纳学者们对当然解释的内在机理和规范落脚点予以分析基础上，笔者认为，进行当然解释应遵循如下具体步骤：

第一步：对待决事实所蕴含的“法律关系”进行定性分析，根据法律关系的性质主要事实细节则可以找到对应的法条，对应的法条可能不止一种，须根据“事物的性质”予以检验，由此进入下一步。

第二步：将对应的法条和待决事实分别予以结构化，得出规范的构成要件和事实的构成要件，就两种构成要件的要素进行对应性比较，如果双方所有的构成要件都能够一一对应，则表明成立涵摄关系，一般语义模糊问题则可通过文义解释解决；如果两种以上要素不能形成对应，则不能进行法律解释；如果双方各自有一要素且可以形成对应，但这种对应不属于涵摄关系，而是根据规范宗旨判断出具有递进关系，则可以运用当然解释。需要指出的是，在待决事实对应两种以上法律条文时，则需要在规范构成要件与事实构成要件之间进行循环往复的审视，直至判断出二者之间是否成立实质性递进关系——进阶抑或降阶关系，同时也不排除出现规范竞合的现象。但只要能够判断出对应要素之间成立递进关系，就可以运用当然解释方法。

第三步：对可以运用当然解释的规范与事实的对应关系，是否成立当然解释，还需要进行规范是否有确定落脚点的判断。根据前述阐发，进行当然推理后的意义范围可能具有确定的落脚点，此时自然成立当然解释；如果根本找不到落脚点，即待决事实与规范之间存在质的差别，此时不能成立当然解释；但如果落脚点本身不够明确，则需要根据规范宗旨做出衡量，确保判断的结论符合法的精神和目的。

第四步：在已成立的当然解释的基础上，根据“轻重相举”的原则，判断不同推理方向的法律后果。如果规范与事实的对应要素存在进阶关系——程度加重的递进关系，则适宜以“举轻以明重”的模式判断承担义务或责任的情形，相关行为主体承担规范所指向的义务与责任；如果规范与事实的对应要素存在降阶关系——程度减轻的递减关系，则适宜以“举重以明轻”的模式判断享有权利或减轻责任的情形，相关行为主体享有规范所确认的权利或依法减轻责任。

三是关于反对解释的原理与应用规则的分析。反对解释遵循的是一种严格的形式逻辑的推理方法，国内对反对解释的研究还不够深入，而且还存在不少学理问题，如将法律方法的“反对解释”和非法律方法的“反对解释”予以混淆使用等都限制了反对解释的理解和运用。因此，我们有必要对既有学术观点进行梳理、综合和提炼，并形成关于反对解释更为条理清晰的脉络。本文关于反对解释的研究大致可以从反对解释的学理依据、判断识别和具体运用三方面入手,尝试勾勒起关于反对解释研究的详尽轮廓。

首先,反对解释的学理依据分析。所谓反对解释,“是指依照法律规定的命题(判断),推断其反方面命题(判断)的一种法律解释方法,所以也有人称为反对推论、反面解释等”①。也就是说,反对解释就是对法律条文中所包含的法律命题进行反面解释或反对推论。例如,我国《民法典》第1019条第2款规定:“未经肖像权人同意,肖像作品权利人不得以发表、复制、发行、出租、展览等方式使用或公开肖像权人的肖像。”对之作反面解释或反对推论,则可以得到如下命题:“经过肖像权人同意,肖像作品权利人可以以发表、复制、发行、出租、展览等方式使用或公开肖像权人的肖像。”显然,这是一个能够成立的反对解释,但并非所有的反对推论都成立反对解释。从形式结构形式来看,一个得到完善解释的法律规范结构主要由行为模式、假定、法律后果三部分组成,反对解释通常是在行为模式和法律后果部分作出同方向的否定。如果我们以“在假定条件M下,有M则有P”(M→P)表达法律规范结构,则反对解释的表达式就应当是“在假定条M件下,非M则非P”(-M→-P)。可见,根据法律规范结构理论,反对解释在形式上表现为:对行为条件和行为的法律后果进行同方向的否定。这就排除了那种逆向的否定,也就是说不能把反对解释结论理解为原命题的逆否命题。原命题的逆否命题是必然成立的,但对法律命题却没有任何意义,因为法律命题表达的是行为条件和行为后果之间的逻辑联系,反向的表达并不能使得行为条件和行为后果之间实现逻辑位置的转换。

其次,反对解释逻辑条件的识别。反对解释的成立与否根本上取决于行为条件与法律后果之间的逻辑关系。法律后果是既定的,反对解释命题的成立与否,最终取决于对行为条件的考察。在条件和后果之间,一般有三种逻辑关系存在,这就是充分条件、必要条件、充要条件。

(1)在充分条件的情况下,原法律命题成立,反对推理得出的否命题不一定成立,不能进行反对解释。例如,有关合同解除条件的命题,就不能进行反对解释。原因在于,无论“当事人协商一致”,还是“一方当事人不履行”,这些单一的条件都只是合同解除的充分条件。当我们进行反对推论,得出“当事人协商不一致,不能解除合同”的结论时,并不能否定和排除“一方当事人不履行,仍然可以解除合同”这一判断。因此,对充分条件的法律命题,不能进行反对解释,否则会得出不正确的结论。以逻辑公式进行表达,就是:A→P,B→P,-A→-P和-B→-P都不能成立。

(2)在必要条件的情况下,原法律命题成立,反对推理得出的否命题也成立,可以

① 吕曰东:《反对解释:规则与适用》,载《山东审判》2006年第2期。

进行反对解释。所谓必要条件的法律命题，是指成立该命题的条件要素虽然有多个，但必须所有的条件要素结合起来，才能够成立相关的法律后果；否定了其中的任一条件要素，就不能成立相关法律后果，因此可以进行反对解释。比如，按照我国《民法典》第 143 条的规定，民事法律行为有效的必要条件有三个：第一，行为人具有相应的民事行为能力；第二，意思表示真实；第三，不违反法律、行政法规的强制性规定，不违背公序良俗。如果否定了其中任何一个条件，则民事行为都不能成立。如果用逻辑公式表达，就是：$A+B+C\to P$，则 $-A\to -P$，$-B\to -P$，$-C\to -P$。

(3)在充要条件下，原法律命题成立，反对推理得出的否命题必然成立，可以进行反对解释。例如，《刑事诉讼法》第 112 条中规定，“认为有犯罪事实需要追究刑事责任的时候，应当立案”。在这一规定中，有犯罪事实发生需要追究刑事责任是刑事立案的全部条件，或者说二者之间互为充要条件，所以反对推论的结论“没有犯罪事实发生不需要追究刑事责任，就不应当立案”。概言之，在充要条件下，法律命题的条件部分和后果部分是一种唯一对应关系，这就意味着：$M\to P$，则 $-M\to -P$。

最后，反对解释的具体规则应用。在反对解释应用过程中如何寻找恰当的法律命题条件的问题中，有学者提出了以下三个方面寻找法律命题反对解释成立条件的判断方法①：

(1)结合法律体系判断必要条件的方法，即体系性判断方法。如《民法典》第 527 条第 2 款规定：“当事人没有确切证据中止履行的，应当承担违约责任。”对该条文进行体系性判断，即联系上下文进行判断，即该条第 1 款中的第 1、2、3、4 项规定，可以发现“当事人没有确切证据中止履行”不是“应当承担违约责任”的必要条件，而只是充分条件，故不能做反对解释。

(2)根据立法目的识别必要条件，即以规范宗旨衡量必要条件是否成立以及能否进行反对解释。例如，在“泸州遗赠案”中，争议的焦点在于，一个完全具备形式要件的“遗嘱”可否成立的问题。从形式上看，被遗赠人留下的遗赠合同是符合法定形式要件的，一审法官就是据此做出了该遗产由遗赠人的情妇继承的判决。但在二审法官看来，一个遗嘱行为成立的条件除了形式要件而外，还必须符合立法的目的，这一立法目的在民法中已经得到明确体现，这就是公序良俗原则。因此，对于一个遗赠行为是否成立，实际上应当满足两个条件：法律原则和规定该遗赠行为形式要件的法律规则。该遗赠行为显然意味着对公序良俗原则的否定，那么否定了这一条件，遗赠行为自然不能成立。

(3)基于利益衡量识别必要条件。利益衡量作为重要的法律方法，其实际应用事实上很少以独立的形式出现，而更多地镶嵌于其他法律方法之中，以其他方法成立与

① 参见吕目东：《反对解释：规则与适用》，载《山东审判》2006 年第 2 期。

否的衡量标准出现。在判断反对解释的成立条件方面,利益衡量方法同样可以发挥作为衡量标准的作用。如《民法典》中的善意取得规定,“无处分权人将不动产或者动产转让给受让人的,所有权人有权追回”。但在“受让人受让该不动产或者动产时是善意”的情况下,体现于法律条文中的利益衡量即在受让人和原物权人之间产生了比较,出于保护交易的考量而支持善意受让人的权利。这里就构成了对一般情形(维护原物权人)的反对推理。

在此基础上,笔者进一步概括出了寻找反对解释所需要的必要条件的几种简易方法:

(1)法律规范的构成要件与法律后果之间成立必要条件。即是说,对法律规范构成要件的任一要素进行否定,或对构成要件整体进行否定,都可以推论出与原命题相反的结论。因此,在法律规范的构成要件与法律后果之间,成立反对解释。

(2)法律条文如果对法律命题成立的充分条件进行了全部列举,或者虽未进行充分列举,但能够根据体系性标准、法的目的和利益衡量将隐含的条件予以明示列举,则在这些条件总和和法律后果之间,可以进行反对推理,导出反对解释。其逻辑形式为 $M(M=A+B+C)\rightarrow P$,则 $-M[(-A)+(-B)+(-C)]\rightarrow -P$。

(3)如果不能在体系性、法的目的和利益衡量的基础上证明对充分条件的列举是完整的,那么就不能在条件与后果之间进行反对解释。

(4)对于成立必要条件和充要条件的法律命题,反对解释必然成立。

四是关于类推解释的原理与应用规则的分析。类推解释是一种被普遍混淆的法律方法,迄今为止的研究没有完全将类推解释与类推(适用)和类型推理区别开来。以至于有学者认为类推解释自身的界定及其与其他方法的区分是“一个世界性的难题”①。可以说,类推解释、类推(适用)与类型推理三者的概念在国内存在较为严重的混淆,干扰了我们对类推解释的科学认识。为此,有必要对这三对近似名词的概念和思维结构分别进行分析,以明确区分三者的不同。

首先,对类推解释的概念和思维结构进行分析。类推解释方法起源于古罗马的一个著名的司法判决:北非的鸵鸟被当作战利品带回罗马,随后一只鸵鸟伤害了他人,被害人将鸵鸟的所有人告上法庭,要求对其损害进行赔偿。但罗马的《十二铜表法》对于动物伤人仅作出了一般性规定:四脚动物的所有权人就该四脚动物出于其兽性对他人所引起之损害,负赔偿损害责任。从当时的“两脚鸵鸟案”的具体事实来看,两脚的鸵鸟和《十二铜表法》中的“四脚动物”具有“上位的共通性”,可以对两脚鸵鸟和“四脚动物”根据其共通性进行进一步的抽象,从而得出一个能够涵盖二者的上位概念“危险动物”,这一概念是对前两个概念的上位抽象物,能够成为在两个概念之间进行

① 刘明祥:《论刑法学中的类推解释》,载《法学家》2008年第2期。

推理的合理中介者,这种推理也完全符合法的宗旨。如果能够在"危险动物"这一概念的基础上进行具体化运用,或者说进行演绎推理,则任何伤害他人的危险动物,不管是四脚的猛兽,还是两脚的猛禽,都完全在法的规范范围之列。这种建立在"上位概念"基础上的进行演绎推理的解释方法,就是所谓的"类推解释"。类推解释方法所解决的问题是在待决案件中的事物类型与相应法律规范中规定的事物类型之间根据"上位的共通性"寻找到两者共同的上位概念,并以之为推理的"中介物",从而完成对待决案件判决的思维过程和思维方法。

以类推解释在我国刑法问题中的应用为例进行分析。我国现行《刑法》第 125 条规定了"非法制造枪支罪"。按照本条规定及相关司法解释,这里的"枪支"指的是"军用枪支","以火药为动力发射枪弹的非军用枪支"或者"以压缩气体等为动力的其他非军用枪支"。假定某民营公司私自制造一批小型山炮,欲出售牟利。案发后,被公诉机关起诉,但在适用何种罪名方面,法官遇到了难题。从罪刑法定的原则出发,法官发现很难直接将"非法制造枪支罪"这一罪名直接适用于该民营公司制造山炮的行为。对于此行为,完全可以通过类推解释的方法使之涵摄于《刑法》第 125 条之下。具体的思维过程为:作为具体概念,"山炮"与"枪支"之间存在"上位共通性",这种共通性直接指向其共同的上位概念——"违禁火器",从立法目的来看,禁止私自生产枪支和山炮等武器,本质上并无差异。可见,通过"违禁火器"这一上位概念作中介的推理,完全可以解决对私自制造山炮行为的规范依据的确定问题,因而是类推解释方法的一个合理运用。

其次,对类推(适用)和类型推理的概念与思维结构进行分析。在阐明类推解释的概念及其思维运作结构的基础上,需要对类推(适用)和类型推理的本质内涵、思维结构予以阐明,然后对三者之间的概念进行本质性的区分。(1)对类推(适用)的概念与思维结构进行解析。类推(适用)的思维结构在于,待决事实的"事实构成"与相应规范的"规范构成"之间,除某一结构要素呈相似性关系而外,其他规范要素能够形成一一对应的关系,在这种条件之下,则可以根据该规范对待决事实做出"类似性判断";但鉴于这仅仅是一种类似性判断,而非严格意义上的法律涵摄,因此这种判断结果并不具有严格意义上的"合法律性",为此需要引进法的目的和价值对判断的结果进行衡量和矫正,直至该结果与法的宗旨相一致。简言之,类推适用方法的思维结构是:待决事实的"事实构成"与相应规范的构成要件有且仅有一项构成要素不相契合,但两者之间具有相似性,在利益衡量的判断之下,适用近似规范能确保目的或宗旨的实现,因此将这一规范直接适用于该待决事实。(2)对类型推理的概念与思维结构进行解析。"类型推理"有时也被简称为"类推",但它既不是一种具体的法律解释方法,也不是基于"类似性"将法律规范适用于待决事实的类推(适用)方法,而是一种根据"事物本质"(规范构成要件)为中介,在规范与事实间寻求对应关系,进而根据事实确定规范、同时根据规范择取事实的法律思维过程。这种思维方法,本质上是为消解在大小前提间进行推理导致的“休谟难题”而提供的一种思维进路,它对其他具体法律方法的思维结构的认识都具有指导意义。在考夫曼看来,法律思维本质上是建立在对类型的归纳和认识之上的,立法的过程就是类型归纳的过程,而司法的过程则是在认识和重构法律类型的基础上将法律事实涵摄于其下的思维过程,因而“法原本带有类推的性质”①。

最后,对类推解释、类推(适用)和类型推理的基本区分。在科学阐明三者的基本概念和思维结构后,对三者的特性有了大致的理解。接下来对三者做出整体性的区分。(1)类推解释建基于以上位概念为中介的严格推理之上,待决事实中的事物与规范中的事物乃是统属于上位概念“类”的不同的“种”,因而可以涵摄于相应规范之下;而类推适用则以概念与事物的“相似性”为基础,待决事实的“事实构成”与法律“规范构成”仅具“相似性”而非相同属性,因而无法直接涵摄到相关规范之下,只能作类推适用。(2)类推解释是基于概念推理的严格的论理解释方法,一旦符合类推解释条件,则推理结论即可成立;而类推适用不然,这是一种基于相似性进行的非严格法律方法,其结论必须受到法的目的和价值的检验、考量和矫正,使之符合规范宗旨,而不能够单独运用。(3)类推解释作为一种严格的解释方法,自然可以运用于包括刑事法律在内的一切法律实践领域,是法官可以依赖的法律解释利器;类推适用则不然,其运作机理的不严谨性和判断结论界限的不清晰性,是其被基于“罪刑法定原则”的刑事法律严格排斥的根本原因。质言之,类推解释与类推(适用)是两种本质不同的法律方法,将二者做严格界分是其得以被合理运用的必要前提。而类型推理则不能纳入具体法律方法之列,更类似于一种最为基础的法律推理思维形式,它构成诸种法律论理解释方法的思维基础和思维进路。

五、法律解释方法的范围与方法性原则

从国内法学界对法律解释的研究现状来看,文义解释是学界最具确定性的法律解释方法,但文义解释方法过于单一直观,不足以应对疑难案件,从而需要通过“黄金规则”向论理解释方法过渡,但关于论理解释方法的具体问题在学界还未能达成统一共识,甚至与其他近似概念之间存在严重混淆。因此,有必要对严格的法律解释方法与“法律续造”主观工具进行严格区分,明确法律解释的范围,并在此基础上对五种方法性原则做出重要说明,以消除人们对法律解释方法的认识偏见。

(一)法律解释方法的范围

法律解释方法必须是“解释主义”的(对既定法律文本的语义说明)、逻辑的(基于

---

① [德]亚图·考夫曼:《类推与“事物本质”——兼论类型理论》,吴从周译,台北,学林文化事业有限公司1999年版,第1页。

逻辑关系进行解释）、推理的（基于概念推理进行解释），因而是一种有着明确的学理基础、结构机理和操作规则的严谨的方法体系。超越这一方法体系进行的所谓法律解释，都是假冒“解释”之名的“法律续造”，借用郑永流教授的说法，就是“出释入造”①。只有文义解释和论理解释属于严格的法律解释方法，其符合法律解释的一般要求和基本原理。而这些冠以“解释”之名的所谓法律方法，如目的解释、体系解释、历史解释、合宪解释，还有目的性扩张、目的性限缩、类推适用以及沿革解释、比较解释等，都不是真正意义上的法律解释方法，对此分别做如下区分和说明：

（1）目的解释、体系解释、历史解释和合宪解释，这些冒领“解释”之名的所谓法律方法，本身并没有方法的向度。仅凭法的目的，或者体系的一致性，或者参照历史渊源的理解，或者对宪法精神的探求，都不可能为相关待解释的法律概念或法律条文提供具体的意义；法的目的、体系、历史发展以及宪法精神，只能为具体解释方法提供价值指引和宏观指导，因而它们都只能算作法律解释的标准或者原则，而不可能是严格的解释方法。

（2）目的性扩张、目的性限缩和类推适用，这三种法律方法都不是严谨的法律解释方法。当某种法律方法冠以“目的性”一词时，则只能说明法外的特殊目的对方法运用和意义选择的支配性，法律方法就不再是严格意义上的。因而，目的性扩张和目的性限缩都只是“法律续造”的方法而已。关于类推适用，只是基于“类似性”操作的不严谨的法律方法，必然受到“罪刑法定原则”的排斥。这三种法律方法都属于“法律续造”的范畴而非法律方法之列。

（3）沿革解释和比较解释。沿革解释基本上可视为等同于历史解释，无非是指根据法律概念或法律命题的历史沿革，寻求其现在可能的意义，它只能够为相关法律解释方法提供历史语境资料，而不能从方法论意义上决定其应择取何义，因而既不是真正的法律方法，更无法成为严格的解释方法。而所谓比较解释，是指通过参考外国法律和法律解释来确定本国法律意义的方法。② 这种解释的实质其实是“法律借鉴”甚至“法律移植”，本质上属于法的创造或制度创新之列，而不是严格意义上的法律解释方法。

（二）法律解释的方法性原则

所谓法律解释的方法性原则，是指贯穿于各种法律解释方法的过程并对运用这些法律方法得出的解释结论予以衡量以判断其合理性和正当性的那些基础性原则。这些原则主要包括：体系性原则、目的性原则、历史性原则和合宪性原则。按照传统的法

① 郑永流：《出释入造：法律诠释学及其与法律解释学的关系》，载《法学研究》2002 年第 3 期。

② 韩大元对宪法比较解释的界定是：“通过参考外国的宪法与宪法解释来确定本国宪法的意义”的方法。参见韩大元：《比较宪法学》，高等教育出版社 2003 年版，第 406 页。

律解释理论,体系或系统解释、目的解释、历史解释和合宪解释都被视为与文义解释方法并列的法律解释的具体方法。笔者认为,前述所谓的法律解释方法,其本身并不是直接指导法律适用的法律方法,这些“法律解释方法”的运用恰恰需要具体法律方法,将其称为法律解释方法的原则更为恰当。鉴于这些所谓“法律方法”所具有的“法律解释原则”的属性及其体现出的方法意蕴,笔者称为“法律解释的方法性原则”。

(1)法律解释的体系性原则。法律解释之所以应当遵循体系性或系统性的原则,其原因正如法律执业者所言:“任何法律条文、法典乃至法律体系与制度,都由若干个具体成分构成,形成整体与部分的关系。两者互为依托,不可分割。从法律规范的意义上来说,每一个构成元素都表达着整个规范或制度的含义,而这些规范或制度又赋予每一个构成元素特有的含义。系统解释法则是正确把握元素与整体之间的关系,使法律文本的含义冲出了被解释的法律文本本身,并通过存在于周围的其他文字、规范、制度乃至事实背景,发现其最为合理的含义。”①从上述阐述来看,系统解释法或系统性原则,并非文义解释方法的范畴,它指示的是应当在法律规范或法律制度的体系之内寻求法律解释的妥当性,但它自身并不直接包含具体的解释方法,因此,将其界定为法律解释的方法性原则是具有明显的合理性的。

(2)法律解释的目的性原则。按照国内学者的理解,所谓的目的解释法,是指法律解释者运用法律的目的来确定法律文本的真实含义的理论与方法,在目的解释的视野下,解释者的任务并非仅仅去发现法律文本表面上包含的意义,而是要到法律条文的背后去探寻立法者制定该法时意欲达到的法律的目的或目标。这些目的或目标也就是立法者希望通过该法的实施所欲达成的社会目标或社会效果。② 在法律解释过程中,目的性原则发挥着如下重要功能:指导并辅助文义解释和论理解释;修正法律解释的明显错误;消除法律的不确定含义;在某些情况下由于法律语词的可能外延过大或过小,需要通过对概念内涵的限制以影响其外延所指,才有可能实现立法者设定的秩序目标,这就是法律解释方法中的限缩解释和扩大解释。

(3)法律解释的历史性原则。仅仅明晰了法律发展的背景因素以及对立法有重要影响的历史事件、历史问题、历史时期以及重要的历史资料,并不能为法律解释直接提供一个具有历史向度的解释结论,历史解释事实上只能提供一个解释的背景资料和语境,至于从上述要素中能够提炼出何种意义或限制性条件以有利于对当今相关法律制度的理解,还要取决于其他更具基础性的法律解释方法,如文义解释或论理解释。就此而言,历史解释并不能算作一种真正的解释方法,而是各种法律解释方法都应当予以参照的方法性原则,即对合法有效的法律条款作出的解释应当具有历史的语境,

---

① 致远:《系统解释法的理论与应用》(上),载《法律适用》2002年第2期。
② 蒋惠岭:《目的解释法的理论及适用》(上),载《法律适用》2002年第5期。

能够得到相关历史资料的证成和支持,或者在时代变迁比较显著的情况下,使得法律解释可以因为历史因素的引入而证成不同解释结论的合理性。

(4)法律解释的合宪性原则。在我国学者中,已有不少人将合宪解释视为法律解释的一种具体方法。[①] 但总体上,法学理论界更多地将合宪解释视为一种衡量法律解释方法之合法性的解释原则,其基本观点为:合宪性解释乃是司法过程中当法律规范依照其文义及脉络关系产生多数可能解释方案时,法官依照其职权倾向于选择最符合宪法原则并使该规范得以维持的一种解释策略,它是基于现代文明社会突出强调宪法的基本价值而发展出的一种法律解释方法,其实质在于通过为法律解释提供一种解释的准则,以保证解释结论的合法性。[②]

六、小结

随着法治建设在我国的加快推进,尤其是法律体系在我国业已基本形成的时代背景下,法律解释方法之于法治中国建设的重要性逐渐得到凸显和强化,并成为近年来学界最引人注目的焦点之一。自人类制定法律以来,法律解释也就随之产生了。经过长期的学术研究与实践检验,法律解释方法的研究已经走向成熟,逐渐从具体的法律解释方法研究向整体的法律解释方法体系过渡。尽管法律解释方法体系化的研究是一条颇为艰辛的道路,但只有走体系化、系统化的研究道路,才能真正打破当下法律解释研究过于封闭和保守的学术壁垒,向学术界、实务界和社会大众等提供开放的、有益的法治资源。尽管有些学者也针对法律解释方法进行了自身的努力和思考,并取得了一定成果,但是在法律解释方法研究中同时也存在不少值得反思和克服的问题,这些认识上的偏差造成了法律解释方法概念之间的严重混淆,亦不利于法律解释方法的司法实践操作。究其原因,端在于部分学者们过于追求具体法律解释方法的精致化研究,而忽视了法律解释方法的整体性建构。事实证明,法律解释方法的研究必须坚持体系化建构的整体方向,从理论到操作、从抽象到具体,渐次有序地展开法律解释方法的具体步骤。另外,在建构自身研究体系的同时,要明确法律解释方法的边界和范围,注意区分法律解释方法与方法性原则,树立起科学的法律解释方法观。

---

① 参见梁慧星:《民法解释学》,中国政法大学出版社1995年版,第17页;梁慧星:《裁判的方法》,法律出版社2003年版,第31页;孔祥俊:《法律解释方法与判解研究》,人民法院出版社2004年版,第78页。

② 参见姜福东:《司法过程中的合宪性解释》,载《国家检察官学院学报》2008年第4期。

【刑法解释学】

刑法的文义解释:一般法理、概念与特点

魏　东*

【内容摘要】文义解释的概念,在法律解释学上有多种界定方式,有纯粹的文义解释概念与不纯粹的文义解释概念之分,也有完整意义上的文义解释概念与非完整意义上的文义解释概念之别。应当采用纯粹的、完整意义上的文义解释概念对刑法的文义解释进行概念界定,即刑法的文义解释,是指根据语言学知识(如语用学理论等)阐释刑法文本规定的具体含义的解释方法。刑法的文义解释的特点有以下两个方面:一是刑法的文义解释的方法论特点,二是刑法的文义解释的功能论特点。刑法的文义解释的方法论特点,是指刑法的文义解释在方法论上所具有的个性特点。刑法的文义解释的功能论特点,是指从刑法的文义解释方法的功能作用上看它所具有的个性特点。刑法的文义解释仅仅具有确定解释结论合法性范围(合法空间)的有限功能。

【关键词】刑法的文义解释　方法论　合法性

一、刑法的文义解释作为刑法解释方法的一般法理

刑法的文义解释是一种刑法解释方法。刑法解释方法,是指在刑法解释中所具体运用的各种法律解释方法的总称。文献检索发现,法学界对法律解释方法的称谓和理解并不一致。德国的拉伦茨称为法律解释的标准。① 日本学者则在法律解释方法之下区分解释的参照事项与条文的适用方法,我国有学者主张借鉴日本观点将法律解释方法区分为法律解释技巧与法律解释理由,认为应将解释方法中的平义解释、宣言解释、扩大解释、缩小解释、反对解释、类推解释、比附、补正解释等(条文的适用方法)称为解释技巧,将解释方法中的文理解释、体系解释、历史解释、比较解释、目的(论)解释等(解释的参照事项)称为解释理由。② 其中,宣言解释,是指法律的含义不明确,或

---

* 魏东,法学博士,四川大学法学院教授、博士生导师。

① 杨艳霞:《正当性刑法解释路径研究》,中国政法大学 2004 年博士学位论文,第 127 ~ 128 页。

② 参见张明楷:《刑法学》(上)(第 5 版),法律出版社 2016 年版,第 34 页。

者对法律存在争议，或者以往对法律的解释不妥当时，解释者通过论理分析、体系解释、历史解释等，主体性地确定不明确的法律的含义，或者选择与以往不同的更为妥当的含义，或者对以往的解释进行修正的一种解释技巧。[①] 除此之外，我国大陆学者一般称为法律解释方法，而我国台湾地区学者则既有法律解释方法之称，亦有法律解释规则之谓。黄茂荣称为法律解释的因素，并解释说“所说明的只是法律解释时，必须考虑的因素，它根本就不是解释的方法”。[②] 张志铭认为，法律解释方法是法律解释操作的可行路径，是法律解释操作所应该遵循的准则，是法律解释操作结果——法律解释论点或主张——的形态，是支持法律解释论点或主张的理由。这就是法律解释方法的四种“面相”：(1)规范类——解释的准则、规则、规范、标准、原则、指令、预设或格言等；(2)路径类——解释的路径、方式或方法等；(3)形态或结果类——解释论点；(4)理由类——解释的理由、论据、根据、前提、要素、因素、渊源等。并且指出，上面四种名称均反映了法律解释方法某一方面的特性，四者是“既是……也是……”的关系。[③] 综上可见，法律解释方法，同时还有法律解释的路径/方式/技巧、法律解释的标准/规范/规则/准则/原则、法律解释的理由/论据/根据/前提/要素/因素/渊源之称谓。可能正是受哲学诠释学“只要有理解，理解便不同”理论的影响，法学界对法律解释方法的不同称谓和理解本身就代表了某种多样性和任意性。可以认为，法律解释方法的四种“面相”，展示出了法律解释方法的四种不同特点：规范类“面相”展示的是法律解释方法的严格性、规则主义的特点，路径类“面相”展示的是法律解释方法的方法论性质的特点，结果类“面相”展示的是法律解释方法的价值导向特点，而理由类“面相”展示的是法律解释方法的逻辑性、说理性特点。当我们对“法律解释方法”所反映的内涵有所了解之后，我们对法律解释方法的理解和运用无疑更加透彻了。

法律解释学认为，通常所说的法律解释方法是指狭义的法律解释方法。凡是在可能的文义范围内进行法律解释的方法，都是狭义的法律解释方法。[④] 因为，狭义的法律解释，就是在待决案件已有法律规定的情况下，裁判者在法律文本的可能文义范围之内进行的解释，它是在法律文义范围之内，采用文义解释、论理解释等方法来确定法律文本的含义。[⑤] 狭义的法律解释方法的具体表述各不相同，存在较大争议，例如，萨维尼曾经归纳了四种，即文义解释、逻辑解释、历史解释和体系解释；[⑥]拉伦茨提出，法律解释方法包括文义解释、关联解释、历史解释、目的解释、合宪性解释。[⑦] 狭义的法

① 参见张明楷：《刑法学》（上）（第5版），法律出版社2016年版，第39页。
② 参见杨艳霞：《正当性刑法解释路径研究》，中国政法大学2004年博士学位论文，第127～128页。
③ 参见张志铭：《法律解释学》，中国人民大学出版社2015年版，第46～47页。
④ 王利明：《法律解释学导论——以民法为视角》（第2版），法律出版社2017年版，第220页。
⑤ 杨仁寿：《法学方法论》，台北，三民书局1986年版，第119～123页。
⑥ 参见王利明：《法律解释学导论——以民法为视角》（第2版），法律出版社2017年版，第221页。
⑦ ［德］卡尔·拉伦茨：《法学方法论》，陈爱娥译，商务印书馆2003年版，第225页以下。

律解释方法的最大特点,就是其必须处于法律文本的可能文义范围之内,即解释结果不能超出法律文本文义的可能范围或者说射程范围,包括核心文义和边缘文义,核心文义(又称为概念核心)是指法律文本的最基本含义,边缘文义是指法律文本中除核心文义的部分;狭义的法律解释方法的突出特点还包括:它适用于法有规定的情形,它在本质上是解释性而非创造性的方法,它是最为基础、最为常用、最先适用的法律解释方法,必须从文义解释出发并且最终要回到法律的文义的范围之内,当出现复数解释结论时要运用多种方法相互验证并进行充分的说理论证,要考量立法目的、兼顾法律的安定性和妥当性、遵循各种狭义的法律解释方法的规则。①

归纳起来,狭义的法律解释方法主要有文义解释、平义解释、体系解释、历史解释、目的解释、当然解释、反对解释、同质解释、同类解释、同一解释、补正解释、比较解释、软法解释、扩张解释、限缩解释、合宪性解释、法社会学解释等多种方法。这些狭义的法律解释方法可以进一步进行归类,有的学者将其分为文义解释方法与论理解释方法两大类(二分法,又称为经典二分法),有的学者将其分为文义解释方法、论理解释方法、法社会学解释方法三大类(三分法,又称为经典三分法),②德国学者将其分为文义解释、体系解释(逻辑解释)、历史解释、目的解释四大类(四分法,又称为经典四分法)。③ 除此之外,还有其他一些归类方法,例如,将法律解释方法分为内在解释和外在解释两大类,或者分为基础性的解释方法和非基础性的解释方法两大类。所谓内在解释,是指依据所要解释的法律文本自身的要素(如法律文本及其内在逻辑和目的等)而进行的法律解释;所谓外在解释,是指依据所要解释的法律文本之外的要素(如立法资料和社会学效果等)而进行的法律解释;所谓基础性的解释方法,主要是指文义解释,因为文义解释是法律解释的基础;所谓非基础性的解释方法,是指在法律解释中并非起基础性作用,而只是发挥辅助、验证、协助等作用的解释方法,其常常是配合其他方法发挥作用。④ 本文按经典三分法(将刑法解释方法分为文义解释方法、论理解释方法、法社会学解释方法三大类)的立场对刑法解释方法进行分类介绍。

广义的法律解释方法,是指法律解释的思路、方式和程序,既包括准确阐释法律的具体方式和路径也包括完善法律的具体方式和路径,既包括狭义的法律解释方法也包括解释性填补和价值补充(不确定概念和一般条款的具体化)。有学者认为,"从广义上理解,法律解释方法是以狭义的法律解释、价值补充和漏洞填补三种基本类型来构

---

① 王利明:《法律解释学导论——以民法为视角》(第2版),法律出版社2017年版,第221~232页。

② 参见魏东:《刑法解释学基石范畴的法理阐释——关于"刑法解释"的若干重要命题》,载《法治现代化研究》2018年第3期。

③ 参见[德]汉斯·海因里希·耶赛克、[德]托马斯·魏根特:《德国刑法教科书》(总论),徐久生译,中国法制出版社2001年版,第191~195页。

④ 参见王利明:《法律解释学导论——以民法为视角》(第2版),法律出版社2017年版,第148~149页。

建法律解释学的基本体系”，[①]但是这种观点在“学理上还没有形成共识”。[②]

价值补充，即不确定概念和一般条款所进行的具体化，是指在不确定概念和一般条款所作的概括性、抽象性价值判断框架下，针对特定待决案件的纠纷，就此种价值判断予以进一步的具体化、类型化和明确化。法律解释学认为，不确定概念和一般条款的具体化主要是指类型化，[③]是“就此种价值判断予以进一步具体化和明确化”，可以将价值补充和具体化“这两个概念等同使用”，[④]学理上多称为“价值补充”。[⑤] 不确定概念和一般条款的具体化可以分别进行阐释。

不确定概念的具体化，是指通过法律解释的过程，使不确定概念的内涵和外延得以明晰，从而能够作为裁判依据，适用于具体个案。不确定概念是作为与确定概念相对应的术语被提出来的，是指在内涵和外延上都具有不确定性的概念。不确定概念最早是由奥地利法学家特纳茨（Tenzer）针对行政法上的自由裁量权问题所提出来的，[⑥]后来这一概念被法律解释学所采纳。[⑦] 不确定概念可以区分为描述性不确定概念与规范性不确定概念、事实型不确定概念与价值型不确定概念、量的不确定概念与质的不确定概念。[⑧]

一般条款的具体化，是指将一般条款所涵盖的情况类型具体化，使之可适用于特定的具体案件。一般条款是指在成文法中居于重要地位的、能够概括法律关系共通属性的、具有普遍指导意义的条款。[⑨] 一般条款可以区分为法律原则性一般条款与裁判规则性一般条款、直接作为价值补充依据的一般条款与作为兜底条款的一般条款。[⑩]

漏洞填补，又称为法律补充、解释性填补，是指在存在法律漏洞或者法律规定之间相互冲突的情况下，通过运用习惯法、法律的基本原则、类推适用、目的性扩张和目的性限缩等方式方法填补法律漏洞，确定待决案件中的大前提。[⑪]

需要注意的是，法律解释方法的广义与狭义之区分具有相对性，例如，比较法的方法既可以作为狭义的法律解释方法又可以作为漏洞填补的方法，“某些法律解释方法在适用中究竟属于狭义的法律解释方法还是属于漏洞填补，并非泾渭分明”，[⑫]法律解

① 王利明：《法律解释学导论——以民法为视角》（第2版），法律出版社2017年版，第127～128页。
② 王利明：《法律解释学导论——以民法为视角》（第2版），法律出版社2017年版，第220页。
③ 王利明：《法律解释学导论——以民法为视角》（第2版），法律出版社2017年版，第523页。
④ 王利明：《法律解释学导论——以民法为视角》（第2版），法律出版社2017年版，第489页。
⑤ 杨仁寿：《法学方法论》，台北，三民书局1986年版，第167页。
⑥ 参见翁岳生：《行政法与现代法治国家》，台北，三民书局2015年版，第37页。
⑦ 参见王利明：《法律解释学导论——以民法为视角》（第2版），法律出版社2017年版，第497页。
⑧ 参见王利明：《法律解释学导论——以民法为视角》（第2版），法律出版社2017年版，第500～501页。
⑨ 参见张新宝：《侵权行为法的一般条款》，载《法学研究》2001年第4期。
⑩ 参见王利明：《法律解释学导论——以民法为视角》（第2版），法律出版社2017年版，第507～519页。
⑪ 参见王泽鉴：《民法总则》，中国政法大学出版社2001年版，第64页；王利明：《法律解释学导论——以民法为视角》（第2版），法律出版社2017年版，第147页。
⑫ 王利明：《法律解释学导论——以民法为视角》（第2版），法律出版社2017年版，第148页。

释中需要谨慎处理好法律解释方法之间的关系。

刑法解释方法具有非常重大的理论和实践价值,主要内容有以下三方面:[①]

一是限制解释过程的任意性,恪守罪刑法定的人权保障价值原则。法律解释学的漫长历史中,解释态度总是在严格解释和灵活解释之间摇摆。“权力会一直行使,直到遇到障碍为止。”法律解释也是一样,它总是呈现一种扩张的、不愿意受到束缚的面相。“以解释为核心的方法助长了权力与权利扩张的趋势,并为权力与权利的争夺提供了方法论的支撑”。[②] 而法律解释方法便是作为解释的“障碍”而出现。当前,实质解释论正在成为理论界和实务界较为认同的解释理论,但是过度实质化的现象值得我们警惕。如将冒充军警人员抢劫中的“冒充”解释为“假冒”和“充当”,就是某种意义上的过度实质化(解释)。在过度实质化的解释论中,可能存在不重解释方法、随意超越既有的解释方法、以泛价值化的解释方法取代规则主义的解释方法的现象。所以,坚守解释方法的底线,即是对过度实质化、过于任意的法律解释的限制。

二是确保解释结果具有预测可能性,限定刑法漏洞的司法填补范围。预测可能性是整个法治的内涵之一。法律解释是对法规范含义的阐明,自然涉及阐明之后的法条含义是否超越一般人预测可能性的问题。虽然预测可能性是针对解释结果,但是如果解释结果是完全依照既定的解释方法(解释规则)而得出的必然结果,我们几乎可以肯定,这种结果是符合预测可能性的。相反,在无解释方法、解释方法不明确、不遵守既定解释方法的情况下做出的解释结果,则有可能超出国民的预测可能性。

三是具有独立的方法论意义,适当平衡秩序与自由的紧张关系。目前,越来越多的学者逐渐认识到法学方法论对于法治的重要意义。[③] 法治既要关注结果的合理性,也要关注过程的合理性。“刑法教义学”“刑法解释学”都关注从微观的层面以规范的方式来解释刑法,这其实是对法学方法论的提倡。法律解释学本身就属于法学方法论的范畴,[④]如果说解释立场、解释目标是宏观层面的价值引领,解释方法就是微观层面的方法论。

二、刑法的文义解释的概念界定

文义解释的概念,在法律解释学上有多种界定方式,有纯粹的文义解释概念与不纯粹的文义解释概念之分,也有完整意义上的文义解释概念与非完整意义上的文义解释

---

① 魏东、田馨睿:《刑法解释方法:争议与检讨》,载赵秉志主编:《刑法论丛》2018年第3卷(总第55卷),法律出版社2018年版,第119~151页。

② 陈金钊:《法律解释学——权利(权力)的张扬与方法的制约》,中国人民大学出版社2011年版,第4页。

③ 舒国滢:《并非有一种值得期待的宣言——我们时代的法学为什么需要重视方法》,载《现代法学》2006年第5期。

④ 参见王利明:《论法律解释学》,载张桂琳主编:《中国法学教育研究》第5卷第1辑,中国政法大学出版社2010年版,第79页。

释概念之别。所谓纯粹的文义解释概念，是指仅限于法律规范文本的文义范围内所进行的文义解释；不纯粹的文义解释概念，是指不限于法律规范文本的文义范围，而是融入了法律规范目的和价值判断等文义之外的因素所综合进行的论理解释。可见，不纯粹的文义解释概念，超越了纯粹的文义解释范畴，混淆了（纯粹的）文义解释与论理解释的界限，在逻辑分类上存在界限模糊的疑问。所谓完整意义上的文义解释概念，是指以穷尽阐释法律规范文本的全部含义为特点所进行的文义解释；所谓非完整意义上的文义解释概念，是指仅以阐释法律规范文本的字面含义、通常含义、核心含义等为限度，但是不以穷尽阐释法律规范文本的全部含义为特点所进行的文义解释。可见，非完整意义上的文义解释概念，人为地限缩了文义解释的应有范围，遗漏了部分文义的应有内容，违背了文义解释的语言学原理，也不具有合理性。因此，文义解释的概念，应当采用纯粹的、完整意义上的文义解释概念进行逻辑界定。

基于上述分析，笔者认为：刑法的文义解释，是指根据语言学知识（如语用学理论等）阐释刑法文本规定的具体含义的解释方法。语言学发展的最新动向是语用学（理论），可以将刑法的文义解释称为语用解释。语用学理论，根据格莱斯、莱文森等人的会话含义理论，在理解会话含义时理解者必然进行语用推理，根据语境信息扩展说话人的话语内容，推导出话语在会话中的含义；根据马林诺夫斯基等人的语境理论，语境对于语言意义的产生、形成，对于语言意义的理解和解释具有至关重要的作用，语言只有在特定语境中才有意义，只有和特定语境结合起来才能理解话语的意义。[①] 由于语言学认为“语境可以分出言内语境、言伴语境和言外语境三种”，[②]因此，我国有学者指出，刑法文义解释的语境可以分为以下三种情况：言内语境是指由文章的段落、语篇等所构成的语境，它受语言知识规则如语言结构规则、语义搭配规则、语用适合规则等的制约，由于上下文的意义依赖于具体的词语、句子，而每个句子、词语的意义又必须通过上下文来显现，所以言内语境对于理解和诠释具有决定性意义；言伴语境包括现场语境和伴随语境，现场语境是指和交际现场直接联系的语境因素如时间、地点、场合、境况、话题、事件等所构成的语境，伴随语境是指和交际者个人特点相联系的因素如语体、风格、目的、体态、关系等所构成的语境，言伴语境对于理解刑法具有重要价值；言外语境，是指包括社会文化语境和认知语境，理解文本时不可能离开对社会心理、思维方式、民族习俗、文化传统、认知背景等言外语境的把握，通过对这些言外语境因素的把握，能够更加准确地理解文字的意义，刑法的言外语境对于确定刑法文字的意义，对于正确进行刑法的文理解释，也具有重要意义。[③] 因此，语用解释，作为纯粹的、完整

---

① 参见王政勋：《刑法解释的语言论研究》，商务印书馆 2016 年版，第 57 页。

② 王建华：《关于语境的构成与分类》，载《语言文字运用》2000 年第 3 期。转引自王政勋：《刑法解释的语言论研究》，商务印书馆 2016 年版，第 308 页。

③ 参见王政勋：《刑法解释的语言论研究》，商务印书馆 2016 年版，第 308～309 页。

意义上的文义解释概念,是指根据语言学知识的语用论立场阐释刑法文本规定的具体含义的解释方法。

如前所述,刑法的文义解释,传统理论上又称为刑法的文意解释、文理解释、语意解释、语义解释、语言解释、语用解释、语法解释、文法解释、字面解释(严格解释)、平义解释等。我国有学者使用刑法文理解释概念,认为文理解释又可分为字面解释和语法解释两种,指出:所谓刑法的文理解释方法,是指从词义后语法结构上对刑法规定的含义和内容予以注释阐明的方法;字面解释,是指从词义上对刑法规定所使用的词汇予以注释,从而阐明刑法规定的含义;所谓语法解释,是指对刑法规定的词组关系、句子结构、文字排列和标点符号等进行语法上的分析,从而阐明刑法规定的含义和内容。[①] 这种观点将"文理解释"限定为字面解释和语法解释两种,不符合语言学的语用论立场,应当注意从语用论立场来界定文理解释的实质内涵。字面解释在有的论著中又称为严格解释、平义解释,例如,有学者认为:严格解释,是指按照法律规范的字面含义对法律规范所做的解释;[②]平义解释,是指以文本的通常字义、最平白的字义为基本依据,对刑法文本的具体含义所做的解释;平义解释一般是针对法律规定中的日常用语而采用的解释方法,但是对于专门的法律术语(如"故意""过失"等)则不宜采取平义解释方法,而只能按照刑法的解释性规定进行解释。[③] 显然,不能将文义解释(以及文意解释、语意解释、语义解释、语言解释)简单地等同于平义解释、字面解释、文理解释和严格解释。文义解释的各种称谓和概念界定中,有的称谓和概念仅仅描述了文义解释所应有的部分内容或者部分特征,并不具有全面性,属于非完整意义上的文义解释概念。如"语法解释""文法解释"等称谓,仅描述了作为语言学知识的语法与文法等知识的运用,而没有将语义、词义、语用等内容涵摄在内;"字面解释""平义解释""严格解释"等称谓,仅描述了作为语言学知识的"字面""通常含义"等知识的运用,而没有将"语用含义""语义射程(范围)"等内容涵摄在内,因此,语法解释、文法解释、字面解释(严格解释)、平义解释、文理解释等称谓仅能够部分反映"文义解释"的应有内涵,仅可以作为"文义解释"之下的若干具体类型,而不能直接将它们简单地等同于文义解释本身。相对而言,刑法的文义解释、文意解释、语意解释、语义解释、语言解释、语用解释等称谓所表达的意思较为周全,在没有特别声明的情况下可以作为纯粹的、完整意义上的文义解释概念并交替使用。文义解释(以及文意解释、语意解释、语义解释、语言解释)在当代社会语境下秉持了语用论立场,只是没有特别强调语用论立场而已,而语用解释则直接宣示了语用论立场。本文通常情况下沿用语义解释称

---

① 参见李希慧:《刑法解释论》,中国人民公安大学出版社1995年版,第97~104页。

② 参见孔祥俊:《法律方法论》(第2版),人民法院出版社2006年版,第724页。

③ 参见张明楷:《刑法学》(上)(第5版),法律出版社2016年版,第39页。

谓时,其实质含义是指语用解释,换言之,本文通常在相同意义上交替使用语义解释和语用解释的称谓。

三、刑法的文义解释的基本特点

传统法律解释学认为,文义解释的突出特点是解释法律文本的字面含义。例如,有学者认为,文义解释具有以下五个特点:第一,文义解释旨在解释法律文本的字面含义;第二,文义解释是对法律文本的字面含义所进行的具体化的阐释;第三,文义解释原则上不考虑法条字面含义以外的因素;第四,文义解释应当在可能文义的范围内进行解释;第五,文义解释原则上要求按照通常的理解进行解释。① 但是笔者认为,传统法律解释学对于文义解释的特点归纳仅适用于狭义的文义解释(字面解释),并不符合作为纯粹的、完整意义上的文义解释(概念)所体现出的特点。文义解释(作为纯粹的、完整意义上的文义解释概念)的特点有以下两个方面:一是刑法的文义解释的方法论特点,二是刑法的文义解释的功能论特点。

(一)刑法的文义解释的方法论特点

刑法的文义解释的方法论特点,是指刑法的文义解释在方法论上所具有的个性特点。刑法的文义解释的方法论特点具体有以下三点:

1. 刑法的文义解释以"根据语言学知识"解释文本含义为根本特点

文义解释的根本特点,是根据语言学知识(如语用学理论等)来阐释刑法文本规定的具体含义,而不是根据语言学知识以外的其他因素来阐释刑法文本规定的具体含义。因此,所有那些根据语言学知识来阐释刑法文本规定的具体含义的方法,例如,根据语法、字面含义、语用学理论等来解释刑法的方法(语法解释、字面解释、语用解释),都属于文义解释范畴。所有那些根据语言学知识以外的其他因素来阐释刑法文本规定的具体含义的方法,都不是文义解释。例如,在解释刑法文本规定的具体含义的方法中,根据刑法立法体系和逻辑来解释刑法的(体系解释与逻辑解释),根据立法史和法文化传统来解释刑法的(历史解释),根据刑法立法规范目的来解释刑法的(目的解释),根据法社会学、刑事政策知识来解释刑法的(法社会学解释、刑事政策解释),根据软法规定来解释刑法的(软法解释),根据比较法知识来解释刑法的(比较解释),根据宪法规定和宪法精神来解释刑法的(合宪性解释)等,都属于根据语言学知识以外的其他因素来阐释刑法文本规定的具体含义的方法,因而都不属于文义解释范畴。

2. 刑法的文义解释以文本的语用意义为解释限度

文义解释只能在可能文义的限度(范围)内进行解释,文义解释方法所得出的结论通常具有多样性。文义具有一定辐射范围和多样性,但是文义必须在可能文义的限

---

① 参见王利明:《法律解释学导论 以民法为视角》(第2版),法律出版社2017年版,第235~238页。

度与范围之内,恪守“文义”这一本质属性;超出“文义”所可能辐射的限度与范围的,就超出了文义解释范畴。因此,文义解释又被学者称为“范围性因素”。①为了确保文义解释不超出应有的范围(限度),法律解释学提出了“文义的可能范围”“文义射程范围”“核心文义”“边缘文义”“通常文义”“可能文义”“字面含义”“语用意义”“语境意义”等概念,这些概念均强调根据语言学知识(如语用学理论等)来阐释刑法文本规定的具体含义这一根本特点,因而这些概念有利于确保文义解释(作为纯粹的、完整意义上的文义解释概念)的充分性、多样性和逻辑自洽性。应当说,“字面含义”“核心文义”“通常文义”等相对比较容易确定,有时可以通过查阅字典、词典来确定,有时可以通过语言的经验法则来确定,但是也应当注意随着社会生活和语言实践的发展而发展、变化;而“文义的可能范围”“文义射程范围”“边缘文义”“可能文义”“语用意义”“语境意义”等相对比较容易出现争议,因此应当注意运用语言学,尤其是语用学理论来谨慎确定。从奠定刑法解释的合法性基础的立场来看,应当全面确认文义解释中“字面含义”“核心文义”“通常文义”,以及“文义的可能范围”“文义射程范围”“边缘文义”“可能文义”“语用意义”“语境意义”等的多样性存在和合法性基础。

因此,那种强调文义解释只需要解释法条的“字面含义”“核心文义”“通常文义”的观点是不合理的。我国有学者指出:“文义解释原则上不考虑法条字面含义以外的因素。文义解释是一种独立的法律解释方法,其与其他法律解释方法的区别就在于,它仅仅考虑法条的字面含义,而不考虑其他因素。”②这种观点是不符合文义解释的基本原理的,因为如果文义解释只需要解释法条的“字面含义”“核心文义”“通常文义”,那就实质上否定了文义解释的多样性特点,否定了文义解释中“文义的可能范围”“文义射程范围”“边缘文义”“可能文义”“语用意义”“语境意义”等的合法性存在,这种观点将“非法”限缩文义解释的应有内涵和基本功能。

至于在刑法解释的某些场合下,解释者认为需要特别地选择法条文义中的“字面含义”“核心文义”“通常文义”,或者认为需要特别地排除法条文义中的其他“文义的可能范围”“文义射程范围”“边缘文义”“可能文义”“语用意义”“语境意义”,则只要解释者不跳出文义解释方法而增加选择其他解释方法(如目的解释方法、体系解释方法等),则均无法“有理有据地”否定各种文义解释结论的合法性,这也说明了文义解释方法的有限功能性,即文义解释仅具有确证合法性的功能,但是文义解释不具有确证合理性和合目的性的功能。换言之,解释者若欲否定法条文义中的其他“文义的可能范围”“文义射程范围”“边缘文义”“可能文义”“语用意义”“语境意义”的(实质)合法性,就不能仅停留于文义解释范畴之内,而必须运用论理解释进行进一步的说理

① 参见黄茂荣:《法学方法与现代民法》(第5版),法律出版社2007年版,第334页。
② 王利明:《法律解释学导论——以民法为视角》(第2版),法律出版社2017年版,第236页。

才能完成解释任务。

3. 刑法的文义解释应遵循特别的解释规则

文义解释应遵循特别的解释规则，主要有以下十项：尊重文本的规则，解释法律不可拘泥于文字，按照通常理解进行解释的规则，专业用语应依据专业含义进行解释，误载不害真意，不可断章取义，指示规则，同一解释规则，尽可能采纳用语清晰的文义，尽可能选择最有利于纠纷解决的解释方案。[①] 这些解释规则主要归纳了传统的方法论、认识论法律解释学中文义解释方法的特点，但实际上有些内容可能已超出了文义解释范畴（而属于论理解释范畴），需要进行适当甄别和重新诠释。

（1）尊重文本的规则

"尊重文本的规则"的完整表达是"尊重法律文本的规则""尊重成文法文本的规则"，它强调法律的文义解释必须尊重法律文本（成文法文本）并对法律文本的语义进行解释，而不能脱离法律文本进行文义解释，否则就会导致裁判权的滥用。法律解释学上"文本中心论"实质上也是强调尊重文本的规则，只不过文义解释强调对文本的语义进行解释，而客观解释强调对文本的客观意思进行解释，主观解释强调对文本的立法原意（立法者意思）进行解释。

（2）解释法律不可拘泥于文字

这一解释规则同法谚"法官不可拘泥于文字"表达了相同的意思，它表达的含义是"法律解释不可拘泥于文字的字面意思"，而是要考虑语境、语用等语言学因素的影响来确定的语义。有学者认为，"解释法律不可拘泥于文字"规则是在强调法律解释必须尊重法律文本的前提下，进一步强调"尊重文本并不是说，要拘泥于文字而死抠字眼，关键是要考虑立法者的立法目的和意旨，准确地阐释法律的真意"。[②] 不过值得注意的是，"考虑立法者的立法目的和意旨"的法律解释方法已经不属于文义解释范畴了，而是属于论理解释范畴（主要是法律价值判断）。

"黄金规则"作为文义解释的基本限制，与"解释法律不可拘泥于文字"规则有较大程度的相似性。我国法理学者指出：①"黄金规则"，又称"不列颠规则"，是指如果运用自己解释规则可能导致荒谬的结果时，法官应当寻求字词的其他含义以避免荒谬结论的出现。也就是说，为了避免荒谬的裁判结果，法官遵循黄金规则可以脱离某语词的正常含义去对该语词进行解释，尽管黄金规则看似介于平义规则（字面规则）和除弊规则之间，但是在严格意义上黄金规则却不是对两者（平义规则和除弊规则）的调和。②黄金规则作为一种指示和限制法官文义解释的形式性规则，它同"字义规则""除弊规则"一起构成英国法律界推崇的三大法律解释规则。它是经由一系列有

① 参见王利明：《法律解释学导论——以民法为视角》（第2版），法律出版社2017年版，第272～279页。

② 王利明：《法律解释学导论——以民法为视角》（第2版），法律出版社2017年版，第272页。

关文义解释的判例而被逐渐确立并精练的,从最开始强调语词的语法与通常含义可以被修正但是不可过度引申,逐步发展到后来趋于更多语言学知识的综合运用,比如,黄金规则的运用需要强调将整个成文法看作一体并附加"语境"条件,并且可以在狭义和广义两种意义上予以运用。狭义上的黄金规则针对的是语词意义模糊或者包含荒谬后果的情形,广义上的黄金规则针对的是有悖于公共政策价值取向的荒谬结果的情形,在这两种情形下均需要运用黄金规则以避免出现荒谬的结果。③黄金规则具有限制文义解释和引导文义解释两种完全不同的规范向度,由此,黄金规则成为从文义解释向其他法律解释方法过渡的寰转之枢。黄金规则首要的要求是,除外解释结果出现了明显脱离法律精神和社会普遍理解的荒谬结论,法官应当坚守文义解释的优位性并以解释结论进行法律推理;而一旦运用文义解释方法得出荒谬的结果时,法官应当寻求字词的其他含义以避免荒谬结论的出现,既然在文义解释的方法规则范围内解决不了问题,则此时法官寻求其他解释方法就是合理之举了。[①]

(3)按照通常理解进行解释的规则

这一规则又称为避免荒谬解释的规则,它要求原则上应按照文本的通常理解和特定语境来解释法律的语义。因此,文义解释必须坚持大众化、通俗化,依照社会一般观念来解释法律文本的语义,对于特定概念、术语等已经有一致认识的共识性结论应当予以尊重,对于不同的时代法律文本的不同含义也应当予以尊重,不得作出违背常理的、背离时代精神和特定语境的荒谬解释,也不得作出与客观文义相反的解释。

(4)专业用语应依据专业含义进行解释

这一规则要求对法律文本中的专业用语的语义,必须按照法律文本的明确规定和概念体系逻辑进行专门解释,应当解释它的特定含义、立法者的真实意思,而不能按照社会一般人的通常理解来解释专业用语的语义。[②] 例如,刑法文本中规定的"犯罪""共同犯罪""单位犯罪""刑事责任""刑罚""数罪并罚""以上""以下"等专业术语,必须严格按照刑法文本规定和概念体系逻辑来解释这些专业术语的特定的专业含义。

(5)"误载不害真意"

罗马法"误载不害真意""矛盾行为不予尊重"的规定应当在法律解释中适用,准确解释出法律文本应当表达出来的文义,而不应拘泥于法律文本的错误表述。[③] 例如,《刑法》第270条第2款规定"将他人的遗忘物或者埋藏物非法占为己有,数额较大,拒不交出的"构成侵占罪,其中"遗忘物"的文义解释应当遵循罗马法"误载不害真意""矛盾行为不予尊重"的规定,将"遗忘物"解释为"遗失物"更符合文义解释的规

① 参见魏治勋:《法律解释的原理与方法体系》,北京大学出版社2017年版,第173~177页。

② 参见王利明:《法律解释学导论——以民法为视角》(第2版),法律出版社2017年版,第274页。

③ 参见王利明:《法律解释学导论——以民法为视角》(第2版),法律出版社2017年版,第275页。

则。尤其是在我国《民法典》只规定了“遗失物”概念（而没有规定“遗忘物”概念）的法治语境下，刑法解释应当遵循法秩序统一原理来解释侵占罪（这种理由同时带有论理解释的性质），应当对“遗忘物”进行语用解释并将“遗忘物”的语用意义解释为“遗失物”。

（6）不可断章取义

法谚云“最佳的解释，要前后对照”，[①]法律文本的文字表达是一个整体，文义的具体解释必须结合法律文本的整体表达、上下文逻辑关系来进行，这些内容即构成了文义解释不可断章取义的规则。

（7）指示规则

指示规则，又称为指示理论，是指在规范文义不清晰、不明确的时候，只允许得出文义中有所表达的（即使是不完美的）解释结果，也就是有所“指示”的解释结果。[②] 我国学者认为，指示规则确定了指示的范围和指示的对象，指示的范围和对象应当按照法律文本的含义来确定，包括其核心文义和边缘文义，尤其在确定指示对象时，要根据语法、逻辑、生活经验、语境等综合考虑，即文义解释确定了法律解释结论的可能选择范围，按照指示规则的要求，法官解释法律时，要尊重法律条文所表达出来的文义，只能在法律条文所表达出来的可能文义范围之内进行选择，而不能逾越这一范围，因此指示规则表明了文义解释的一个重要功能。[③] 但是值得注意的是，德国学者伯恩·魏德士指出：法律适用不能拘泥于文字，而应当通过解释来纠正或者消除立法者的编撰疏忽和评价矛盾，因为法律适用者对法律的义务不是对文字上的服从，而是有思考地服从，因此指示理论在近来的司法实践和方法论中几乎没有市场了，并且（德国）联邦宪法法院判决说理中特别声明了“基本法并没有规定，法官应当局限于可能的词义来将立法的指示适用于具体案件”；魏德士同时指出，“然而在刑法中，如果解释不利于被告，那就与此不同。”[④]申言之，魏德士认为，指示规则（指示理论）由于是基于“法律文义是探究立法者意志的重要的认识工具”这种主观解释论立场而提出的解释规则，它现在德国“几乎没有市场了”，但是刑法解释（如果解释不利于被告）仍然应当例外地遵循指示规则。

（8）同一解释规则

同一解释规则，是指同一概念在同一法律部门内部（乃至在不同法律部门之中）应当尽可能保持含义的一致性，应当原则上作同样的解释。法律解释学认为，原则上

① 郑玉波：《法谚》（一），法律出版社2007年版，第310页。
② ［德］伯恩·魏德士：《法理学》，丁晓春、吴越译，法律出版社2003年版，第324～325页。
③ 参见王利明：《法律解释学导论——以民法为视角》（第2版），法律出版社2017年版，第276页。
④ ［德］伯恩·魏德士：《法理学》，丁晓春、吴越译，法律出版社2003年版，第324～326页。

应强调同一解释规则,这是体现法律体系一致性和“法律的意义脉络”①的需要,也是保证法律文义解释的客观性、预测可能性和安定性的需要,如果没有特别的理由,原则上承认立法者在同一文本中应该对同一概念赋予同一的意义,解释者原则上应该对同一概念作同样的解释;但是“如果确实有特殊原因,也可以进行不同的解释”。② 例如,《刑法》第236条(强奸罪)“以暴力、胁迫或者其他(手段)”与第263条(抢劫罪)“以暴力、胁迫或者其他(方法)”的解释适用,应在运用同一解释规则的同时,注意区分强奸行为与抢劫行为的具体含义和违法性内涵,精准阐释各自不完全相同的具体含义。强奸罪的“胁迫”手段,包括以“将来我要杀你全家”“立即将你的丑事曝光”等内容相胁迫,但是强奸罪的这些胁迫手段(胁迫内容)不能成为抢劫罪的“胁迫”方法;强奸罪的“其他(手段)”,包括利用妇女醉酒、熟睡、受骗(而冒充情人)等情形,但是强奸罪的这些“其他(手段)”通常也不能成为抢劫罪的“其他(方法)”。又如,《刑法》第237条(强制猥亵、侮辱罪)“以暴力、胁迫或者其他方法强制猥亵他人或者侮辱妇女”与第246条(侮辱罪)“以暴力或者其他方法公然侮辱他人”之中都有“侮辱”概念,对于“侮辱”的解释适用也应注意在运用同一解释规则的同时,适当区分不同法条中“侮辱”的具体含义和违法性内涵,精准阐释各自不完全相同的具体含义。侮辱罪中的“侮辱”只侵害他人的名誉,而强制猥亵、侮辱罪中的“侮辱”侵害了他人的性的自己决定权,前后两罪中“侮辱”的含义是不同的,应当作出不同的解释。

(9)尽可能采纳用语清晰的文义

在存在多个解释方案时,应尽量选择文义清晰且妥当的解释方案,这也是法谚“当法律的字义出现模糊时,应尽可能地采纳没有缺陷的含义”所表达的文义解释的规则。③

(10)尽可能选择最有利于纠纷解决的解释方案

在某个法律规则出现了多个含义时,法律解释应当尽可能地采取有利于解决纠纷的解释来确立法律规则的含义,法谚“如果一个表述包含两种含义,应采纳更适合于事务处理的含义”也表达了这一解释规则。④ 需要注意的是,尽可能选择最有利于纠纷解决的解释方案这一解释规则,在实质上已经不仅仅是一项文义解释的规则,同时也是在文义解释的基础上进一步运用论理解释(以及法社会学解释)时所应遵循的解释规则。

(二)刑法的文义解释的功能论特点

刑法的文义解释的功能论特点,是指从刑法的文义解释方法的功能作用上看它所

① [德]卡尔·拉伦茨:《法学方法论》,陈爱娥译,商务印书馆2003年版,第204页。
② 王利明:《法律解释学导论——以民法为视角》(第2版),法律出版社2017年版,第276~278页。
③ 参见王利明:《法律解释学导论——以民法为视角》(第2版),法律出版社2017年版,第278页。
④ 参见王利明:《法律解释学导论——以民法为视角》(第2版),法律出版社2017年版,第278~279页。

具有的个性特点。刑法的文义解释的功能论特点可以用一句话来概括,即刑法的文义解释仅仅具有确定解释结论合法性范围(合法空间)的有限功能。

文义解释仅具有限定和确证刑法解释结论合法性范围(合法空间)的有限功能,但是不具有证成合理性和合目的性的超级功能。文义解释所具有的确证并限定法律解释结论的合法性这一功能(合法性限定功能、合法空间限定功能),尽管是有限的功能,但是又是非常重要、非常关键的功能,其具体限定了其他任何法律解释方法所得出的解释结论的合法空间,超出了文义解释结论合法空间的任何解释结论都不具有合法性,正是在这个意义上可以说"文义是法律解释的开始,也是法律解释的终点",①可能的文义显示出文义解释方法的范围功能,划出了法律解释活动的最大回旋余地。② 文义解释所具有的合法性限定功能(合法空间限定功能),不能代替论理解释和法社会学解释所具有的价值解释功能(论理解释具有确证解释结论合理性的功能,法社会学解释具有确证解释结论合目的性的功能)。因此,在文义解释的基础上,通常还需要进一步展开论理解释和法社会学解释,以周全确证解释结论的合法性、合理性和合目的性。我国有的学者认为,文义解释的功能是确定文本的字面含义、可能文义范围并"决定是否可以运用其他狭义的法律解释方法",即"如果文义解释的结果是,其核心文义和边缘文义是明晰的,对于核心文义也是没有争议的,就不需要运用其他方法进行解释"。"而对于边缘文义,文义解释往往难以胜任,就必须运用论理解释和法社会学解释方法。对于该区域发生的争议,法官必须借助其他解释方法来解释。"③这种观点将文义解释的限定功能进一步阐释为"决定功能"(认为文义解释具有"决定是否可以运用其他狭义的法律解释方法"的功能),这种观点不符合刑法解释方法确证功能体系化(命题)的基本原理。

① 王泽鉴:《民法概要》,中国政法大学出版社 2003 年版,第 19 页。

② 参见黄茂荣:《法学方法与现代民法》(第 5 版),法律出版社 2007 年版,第 340 页。

③ 王利明:《法律解释学导论——以民法为视角》(第 2 版),法律出版社 2017 年版,第 242~244 页。

刑法的文义解释：语言学视域下的法理分析

程　荣*

【内容摘要】在语言学视域下，文义并非狭义的字面含义而是包括语法意义、语义意义和语境意义在内的语言学意义。因而，语言学视域下的刑法文义解释就是对刑法条文所进行的语言学分析。首先，语法意义分析除了狭义的词语性质意义和句法意义以外，还包括词语类型意义。其次，语义意义分析其实是在明确系争词语之概念内涵意义的基础上，明确系争语词的肯定类型、否定类型和中间类型。最后，语境意义分析旨在通过明确系争语词的言内语境意义、言伴语境意义和言外语境意义，进而可以兼顾体系解释、"以案释法"、目的解释等论理解释。概言之，语法意义是作为解释起点的文义，语义意义是作为解释核心的文义，言伴语境意义是作为解释结果的文义，言外语境意义分析则是对解释结果的校对和审视。

【关键词】刑法解释　解释方法　文义解释　语言学分析

一、问题的提出

在所有的刑法解释方法中，刑法文义解释是最基础、最重要的解释方法，因而具有适用顺序上的优先性。然而，传统理论又往往将文义等同于狭义的字面含义，进而认为文义解释是机械、无用的。其实，根据语言学理论，文义不只是狭义的字面含义，而是文字的语言意义，包括由文字的词法意义和句法意义组成的语法意义，文字的概念内涵意义和概念外延类型意义组成的词汇意义以及由言内语境意义、言伴语境意义和言外语境意义组成的语境意义。因而，需要语言学视域下刑法文义解释对刑法条文进行语言学分析。详言之，刑法文义解释是指将刑法条文视为一种语言现象，从语言的角度，运用语义学、语法学、语用学等语言学理论，以立法描述所选择的语言意义来理解并说明刑法条文含义的思维过程。简言之，刑法文义解释主要包括语法意义分析、语义意义分析和语用意义分析等。其中，语法意义是作为解释起点的文义，语义意义

---

* 程荣，西北民族大学法学院讲师，四川大学法学院 2015 级刑法学博士研究生。

是作为解释核心的文义，言伴语境意义是作为解释结果的文义，言外语境意义分析则是对解释结果的校对和审视。易言之，语法分析是铺垫和辅助，语义分析是基础和核心，语用分析是语义的具体化选择和解释结论的合理性校验。

二、刑法文义解释之语法意义分析

"刑法为成文法，故其表达理应符合语法。"①因此，刑法文义解释的第一步应当是依据词法、句法、标点等进行语法（形）分析明确系争语词的词类和词性等语法意义。具体而言，语法意义分析是指根据语言的组织规律分析系争语词的解释策略，进而明确系争语词的关系意义，应当依次包括词法分析、句法分析和标点符号分析。

（一）词法分析

所谓词法分析，是指通过词语的属性、形成、结构等使用规则进行语法分析，具体又依次包括词类分析、词性分析和构词分析。在此需要说明的是，在语言学中词类一般特指按照语法特性的分类。② 不过，在法律语言学中，词类包括词性类别、应用类别和学科类别。在此，笔者将狭义的词性类别简称为词性，而将剩下的应用类别和学科类别，统称为词类。③

首先是词类分析。而所谓词类分析，是指在明确语词类别的基础上，分析语词的解释策略，进而明确语词的含义。正如有观点所言："弄清刑法规定所使用的语词所属的类别，对于字面解释具有重要的意义，因为不同种类的词汇具有不同的特点，在解释不同种类的词汇时，我们只能根据其自身的特点确定其含义。"④而对于词类，法律语言学认为："法律语言的术语包括常用术语、常用的但在法律中有专门含义的术语、专门法律术语和技术性术语四类。"⑤由是观之，刑法中的常用术语即日常用语，是人们普遍而经常使用的术语，其特点是"不管在什么领域，由什么人使用，其语义都没有差别"，⑥当然，其也不会因为出现在刑法上而有所例外。常用的但在刑法中有专门含义的术语则主要是指刑法从常用术语中借用过来的、赋予其专门含义的术语。刑法中的专门法律术语有刑法所特有的术语、从其他法律引进的术语和与其他法律共有的术语三类。刑法中的技术术语是指刑法从医学、生物学、植物学、生态学、军事学等其他行业领域引进的术语。其实，所谓的词类分析法更准确地说应该是系争语词的学科分

---

① 张明楷：《刑法学》（上）（第5版），法律出版社2016年版，第28页。

② 参见王德春：《语言学通论》，北京大学出版社2006年版，第141页。

③ 在此，我们必须重视词类和词性分析，掌握具体词类和词性对文义解释的指导意义，这一点因为基础和简单，常常为学界所忽略。

④ 李希慧：《论刑法的文理解释方法》，载《中央检察官管理学院学报》1995年第1期。

⑤ 余致纯：《法律语言学》，陕西人民教育出版社1990年版，第30～37页。转引自李希慧：《论刑法的文理解释方法》，载《中央检察官管理学院学报》1995年第1期。

⑥ 李希慧：《论刑法的文理解释方法》，载《中央检察官管理学院学报》1995年第1期。

类,特别是其中的技术术语,可以进一步划分为某一特定学科的术语。例如,《大辞海》将语词依次分为一般语词与哲学、宗教、心理学、政治学社会学、法学、军事、经济学、管理学、民族、中国古代史、中国近现代史、世界历史、文物考古、中国地理、世界地理、中国文学、外国文学、美术、音乐舞蹈、戏剧电影、教育、体育、语言学、文化新闻出版、数理化力学、天文学地球科学、生命科学、农业科学、医药科学、机械电气、化工轻工纺织、建筑水利、交通、环境科学、能源科学、材料科学、信息科学38类。

不同的词类决定了不同的解释策略——只能根据词类自身的特点确定其含义。"常用术语的含义为社会大众所公认,因此,在解释刑法条文中的常用术语时,就只能取其大众公认的含义。"[①]质言之,对于常用术语只能采取大众含义优先的解释策略。常用的但在刑法中有专门含义的术语因为刑法已经对其进行了特别而明确的规定而被赋予了特定的含义,在解释词类术语时就必须采取其特定的含义即采取专业含义优先的解释策略。易言之,只要有官方定义,就必须采取官方定义优先的解释策略。而在解释刑法中的专门法律术语时则要有所区分,刑法特有的术语只能按照刑法理论进行解释;而从其他法律引进的术语则要在充分尊重其他法律理论的基础上再递进性地进行刑法解释,特别是需要注意学科区别而导致的语境差异;而与其他法律共用的术语则要在"用语含义统一"之同质的前提下,对其进行量上的递进性程度界分。简言之,除对于常用术语的解释采取大众含义优先的解释策略外,其余术语的解释应当采取专业含义优先的解释策略,只不过,对于专业含义应当在充分尊重法律明确规定的基础上区分技术专业和法律专业,坚持技术标准和学理通说的递进解释策略。

其次是词性分析。而所谓词性分析,是指在明确语词之语法性质的基础上,分析语词的解释策略,进而明确语词的含义。其实,所谓的词性分析更准确地说是系争语词的语法分类定性。对于词性,"《现代汉语词典》把词分为12类:名词、动词、形容词、数词、量词、代词、副词、介词、连词、助词、叹词、拟声词。其中,名词、动词、形容词各有两个附类,名词的附类是时间词、方位词,动词的附类是助动词、趋向动词,形容词的附类是属性词、状态词。代词分为3小类:人称代词、指示代词、疑问代词"。[②] 其实,在语言学中,语词的分类问题属于传统语法学。根据传统语法学,"适用于各种语言的词类划分标准有三种:一是概括语义标准;二是句法功能标准;三是词法形态标准"。[③] 根据概括语义标准,语词可以分为具有指称客观事实意义的实词和具有关系意义的虚词以及直接表达感情的感叹词和介乎实词与虚词之间的、表示说话者对言语内容实现程度估价的情态词。"实词可以分为表示事物、现象(或名物化的动作、性质

① 李希慧:《论刑法的文理解释方法》,载《中央检察官管理学院学报》1995年第1期。

② 中国社会科学院语言研究所词典编辑室编:《现代汉语词典》(第7版),商务印书馆2012年版,"凡例"第5页。

③ 王德春:《语言学通论》,北京大学出版社2006年版,第141页。

等)的名词;表示动作、状态的动词;表示性质特征的形容词;表示程度、状态范围等的副词;表示数量的数词等;代词则是概括地指称事物、性质、数量的一种特殊实词,可分为代名词、代形容词、代数词。虚词可以分为表示支配关系的介词、表示连接关系的连词和表示语气色彩的语气词。"[①]根据这一标准,既可以划分词类,还可以辨别词性。"划分词类的句法功能标准包括词在句子中的作用和词的结合能力两个方面。"[②]根据句法功能标准,语词可以分为主要充当主语和宾语的名词;主要充当谓语的动词;主要充当定语的形容词;主要充当状语的副词;根据词的结合能力(亦即我们通常所称的语词搭配关系),名词往往用形容词修饰,与数量词搭配,用于介词之后,接受动词支配;副词往往修饰动词和形容词。[③] 这一标准,使得语词进入语句层面,在概括语义的过程中融合了语言使用的因素。"词类形态标准,主要是词缀理论的具体化,分为依据构词词缀和依据构形词缀形态变化体系。"例如,"性"是常用的名词词缀,"化"是常用的动词词缀,"的"是常用的形容词词缀,"然"是常用的副词词缀。对于上述三个标准,概括语义标准是对语词的本体分类,句法功能标准是语词的应用分类,词类形态标准则是语词的生成分类。在此,笔者认为,语词的分类应以概括语义标准为基础,主要以句法功能标准对法律语词进行分类。其中,名词、动词作为中心语词是基本范畴,形容词与副词等程度性语词作为修饰语词是重要范畴。在某种意义上说,动词也是一种特殊的名词。正如有观点所言:"动词是描述动作的名词。"[④]我们还可以将名词进一步划分为专有名词和普通名词,普通名词还可以进一步划分为个体名词、集合(群体)名词、复合名词、物质名词和抽象名词五类。在复合名词性概念下,还可以再细分为正概念与负概念(肯定概念和否定概念),因为复合名词其实是名词化的形容词性概念和名词性概念连在一起形成的概念。在此基础上,我们还可以进一步理解一般与特殊、部分与整体的关系(理论上也称"种属关系"和"组成关系")。而要理解这两组概念的关系就必须要区分集合名词和个体名词。个体名词并不存在一般与特殊的关系,但是存在部分与整体的关系。而一般与特殊的关系则存在于集合名词的分类中。部分与整体的关系是基于某一个体进行的抽象分析。例如,妇女与人是特殊与一般的关系,头和人是部分与整体的关系。又如,政法大学与大学是特殊与一般的关系,法学院与大学是部分与整体的关系。再如,盗窃罪与犯罪是特殊与一般的关系,犯罪主体等犯罪构成要素与犯罪是部分与整体的关系。

同样,不同的词性也决定了不同的解释策略——只能根据词性自身的特点确定其含义。因为名词、动词往往指称实体对象,所以可以运用概念分析的解释策略,明确其

---

① 王德春:《语言学通论》,北京大学出版社 2006 年版,第 142 页。
② 王德春:《语言学通论》,北京大学出版社 2006 年版,第 143 页。
③ 参见王德春:《语言学通论》,北京大学出版社 2006 年版,第 143 页。
④ [奥]维特根斯坦:《哲学研究》,李步楼译,商务印书馆 1996 年版,第 3 页。

内涵和外延。抽象名词、集合名词以及形容性动词的解释则需要在明确标准的基础上进行具体化解释。而对于形容词、副词等修辞语词只能采取比较和列举的解释策略。而比较和列举就意味着要明确标准。质言之,比较和列举要在一定标准基础上进行,或者说比较和列举的过程就是进一步明确标准的过程。更为主要的是,在解释形容词等修饰语的过程中必须结合名词等中心词进行解释,否则将举步维艰。例如,"情节恶劣""数额较大"等术语的解释,如果不能明确情节和数额在具体犯罪中的含义,"恶劣""较大"等术语是无法得以阐明的。同时,解释动词等实词必须结合名词进行解释。例如,对"盗窃""制造/生产、存储、运输、销售/贩卖、购买、使用、持有""危害公共安全"之"危害"等语词的解释,如果离开名词进行解释,无异于"巧妇难为无米之炊"。因而,在解释顺序上,我们应当遵循先实词后虚词,先中心语后修饰语,先名后动再其他的内在逻辑。正如维特根斯坦所言:"我相信,如果你以上述方式来描述语言的学习,那么你首先想到的是'桌子''椅子''面包'以及人名这样的名词,其次才想到某种动作或性质的名称;而把其余各类词当作是自己会照管自己的东西。"①

最后是构词分析。构词分析大体上对应于传统进路中的拆词造句解释方法,但是二者有着本质的区别——构词分析法有语言理据性。在语言学上,构词分析又可以称为语素分析。因为"确定构词方式是语素分析的前提,而能够进行语素分析的是合成词。而合成词的构词方式主要有偏正型、支配型、补充型、陈述型、联合型等五种"。② 同时,根据语言学理论,"同词干结构相应,语言中除基本根词之外,主要构词法有词缀法和复合法两大类。复合词的合成方式分为主谓式、联合式、主从式,主从式又分为限定式、动宾式、动补式"。③ 其中复合法是构词分析法的核心方法。与复合法相关的语素分析法主要依据语言组合关系理论,也就是我们常说的词语搭配关系理论,其主要对象是合成词,分析方法是切分。在此需要说明的是,要区分词汇分析和语法分析,语素分析更侧重于词汇分析,而构词分析更侧重于语法分析。相比较而言,构词分析法比语素分析法更加合理,更能体现语法关系的决定作用,其核心在于分析合成词的构词方式。在上述两个观点中,联合式(型)中的两个词干是平等并列的关系;动宾式中的动词词干支配宾语词干对应于支配型;动补式中的补语词干补充动词词干对应于补充型;限定式中的前一词干限定或修饰后一词干对应于偏正型;主谓式词语采取主语词干和谓语词干的方式构成新词,同时语法学理论又习惯将主谓关系称为陈述关系,因此对应于陈述型。构成分析法在语义解释中至关重要,特别是对于合成词的语义的解释。确定构成方式可以准确地分析合成词的词干关系,进而可以确定合成词的

① [奥]维特根斯坦:《哲学研究》,李步楼译,商务印书馆1996年版,第3页。

② 王政勋:《刑法解释的语言论研究》,商务印书馆2016年版,第233~234页。

③ 王德春:《语言学通论》,北京大学出版社2006年版,第131、136页。

具体含义。例如,对于刑法中"冒充"一词的解释,刑法中存在不同观点。张明楷教授为贯彻罪刑相适应原则,将冒充解释为假冒和充当,认为真的军警人员抢劫也可以解释为"冒充军警人员抢劫"。对此,学界基本持反对意见。王政勋教授则在分析构词方式的基础上,指出张明楷教授对"冒充"一词的解释结论的错误在于没有正确理解"冒充"一词的构词方式,不应将偏正型词语理解为联合型词语。[①]

(二)句法分析

句法分析,简称"析句","是指对句法结构进行语法分析,包括对短语(词组)和句子的结构的分析。句法分析的目的是确定句子类型(如单句和复句、主谓句和非主谓句等)和句子成分(如主语、谓语/述语、宾语、定语、状语和补语等),分清词语之间的层次和关系(如主谓关系、偏正关系、动宾关系、述补关系等)"。[②] 由此可见,句法分析法具体又依次包括句型分析、句子成分分析以及句子层次分析。

首先是句型分析。在分析句子成分之前,必须首先分析句型。根据语言学理论,"句型可以分为不包含分句的简单句(单句)和由两个以上分句组成的复合句(复句)。复合句又可以分为句子成分平等的并列复合句和句子成分有依赖关系的主从复合句;简单句又可以分为同时具备主语和谓语的双部句和只有主语或谓语一个成分的单部句;双部句又可以分为动词谓语句和系动词和表语合成的表语合成谓语句;单部句又可以分为只有谓语一个结构的无主句和只有主语一个结构的独词句"。[③] 在此需要说明的是,复合句不等同于复杂句。在刑法中,简单句较为常见,而且往往是复杂的简单句。例如,刑法分则条文关于罪状的表述其实是复杂的"的字结构"。这一结构往往是复杂的无主句。

其次是句子成分分析。句子成分分析法,又称为中心词分析法,是指从句子出发,把句子的组成成分划分为主语、谓语(或述语)、宾语、定语、状语、补语等,并将词当作句子成分的基本单位,以说明句子的配置关系和结构格局。[④] 其中,主语、谓语(或述语)是句子的主要成分,宾语和补语是连带成分,定语和状语是附加成分。也有观点认为,"句子成分一般包括主语和谓语、宾语和补语、定语和状语,同位成分和独立成分"。[⑤] 在成分搭配方面,省略主语的是动宾结构、没有省略主语的是主谓(宾)结构;主语和宾语之前是定语,谓语之前是状语,谓语之后是补语。在刑法中,刑法分则条文关于罪状的表述其实是复杂的"的字结构",多数条文往往省略主语,所以是动宾结构,理论也称为述宾结构。句子成分分析法主要以单句为分析对象,分析首先找到句

① 参见王政勋:《论刑法解释中的词义分析法》,载《法律科学》2006 年第 1 期。

② 夏征农、陈至立主编:《大辞海 · 语言学卷》,上海辞书出版社 2015 年版,第 238 页。

③ 王德春:《语言学通论》,北京大学出版社 2006 年版,第 157 ~ 158 页。

④ 夏征农、陈至立主编:《大辞海 · 语言学卷》,上海辞书出版社 2015 年版,第 238 页。

⑤ 王德春:《语言学通论》,北京大学出版社 2006 年版,第 153 ~ 156 页。

子的主语和谓语作为中心词,让其他成分分别依附于它们。分析步骤是先分析主要成分,再分析连带成分,最后分析附加成分。正如有观点所言,“句子成分分析法,是传统语法分析句子的重要方法。分析的时候,往往找出主语和谓语作为句子的主干,以其他成分作为枝叶,描述整个句子的结构”。①

最后是句子层次分析。层次分析法又称为“直接成分分析法”“二分法”,是指根据一般的语言片段在结构上具有组成成分两两相对、层层相叠的特点,来对语言片段采取一分为二、逐层剖析的方式来划分其结构的分析方法。② 通过这一分析过程,我们每次分析得到的成分是直接成分,最终得到的成分是词或语素,也称为是终端成分。具体而言,这一分析过程包括两方面的内容:“一是‘切分’,即解决一个语法结构的组成成分到底有哪些,即决定在什么地方切分;二是‘定性’,即解决切分所得的直接组成成分之间在语法上存在什么样的关系。”③

同时,句法分析有助于发现省略和缺少的句子成分,进而能在获得句子的完整意义的基础上明确系争语词的具体意义。易言之,无论是句子成分分析法还是语法结构层次分析法都旨在切分系争语词所在的句子并对其进行定性分析,并最终确定系争语词的句法功能意义。正如王政勋教授所言:“层次分析法除了可以帮助我们确定刑法条文的语法结构,为确定刑法条文的语义打下良好的基础外,还可以发现刑法条文中的歧义,从而为分化歧义建立前提”。④ 另外,句法分析方法的运用往往依赖句法图解,常用的句法图解有符号法、框式图以及树形图等。相比较而言,笔者更愿意适用符号法。例如,用“‖”切分主语和谓语,用“══”标注主语,用“——”表示谓语,用“﹏﹏”标注宾语,用“〔〕”标注状语,用“〉”标注补语。另外,如前所述,在刑法中,刑法分则条文关于罪状的表述其实是复杂的“的字结构”。在这一结构中,句子组成成分往往和犯罪构成要素相对应。“主语表示行为主体,如果主语被省略表明是一般主体;谓语表示实行行为,在条文中多表现为连谓语结构和兼语结构;宾语表示行为对象,定语对主语和宾语的性质进行限定修饰;状语多表示实行行为的时间、地点、方式,原因、目的等;补语多表示实行行为的结果。”⑤概言之,句法结构分析可以明确犯罪的构成要件要素,并且可以针对性地对各个要素之间的关系进行分析。

(三)标点符号分析

在语义解释特别是句子成分分析的过程中,标点符号分析也不可或缺。正如有观点所言:“标点符号在现代汉语中具有非常重要的意义,在一些情况下标点符号会影

① 王德春:《语言学通论》,北京大学出版社2006年版,第156页。
② 参见夏征农、陈至立主编:《大辞海·语言学卷》,上海辞书出版社2015年版,第238页。
③ 王政勋:《刑法解释的语言论研究》,商务印书馆2016年版,第274页。
④ 王政勋:《刑法解释的语言论研究》,商务印书馆2016年版,第279页。
⑤ 王政勋:《刑法解释的语言论研究》,商务印书馆2016年版,第275页。

响到句子的意义,所以语义解释中包括对标点符号的准确理解。”①由此可见,标点符号分析对于文义解释至关重要。根据《大辞海》,“标点符号共有16种,其中具有点断作用的点号有7种,句内点号有逗号、顿号、分号、冒号4种,句末点号有句号、问号、叹号3种;具有标明作用的标号有引号、括号、破折号、省略号、着重号、连接号、间隔号、书名号、专名号等”。② 不过,在对刑法条文的语法分析过程中,具有分析价值的是句号和括号以及4个句内点号。正如王政勋教授所言:“从语言学的角度分析刑法立法用语,可以发现在标点符号的使用上,只有顿号、逗号、分号、句号、冒号、括号六种,没有问号、感叹号两个句末点号,没有破折号、省略号、引号、着重号等标号。”③在这6种符号当中,最为重要的是逗号、顿号和分号。因为句号、冒号和括号虽然在刑法条文中出现,但是3种符号只是立法语言规范的内在要求。句号是唯一的句末点号,在每一刑法条文的结尾部分都有,冒号往往和数字序号出现,冒号在款的结尾部分,带括号的数字序号表示并列的项,当然每一项结束都有分号。而对于逗号、顿号和分号的使用则较为复杂,也容易发生错误。例如,根据《立法技术规范(试行)(一)》关于标点符号使用的规定,“主语和谓语都比较长时,主语和谓语之间加逗号”;“一个句子内部有多个并列词语的,各个词语之间用顿号,用‘和’或者‘以及’连接最后两个并列词语”;“一个句子存在两个层次以上的并列关系时,在有内在联系的两个并列层次之间用顿号,没有内在联系的两个并列层次之间用逗号”;“在多重复句中,各并列分句内已使用逗号的,并列分句之间用分号”。④

第一,逗号的语法分析。根据《大辞海》,“逗号表示一句话中间较长的短语前面或后面的停顿。复句内部各分句之间除了有时用分号外,也用逗号”。⑤ 由是观之,逗号首先是表述句中停顿,逗号是表示点断的句内点号。其次,顿号表示较长的短语前面或后面的停顿。易言之,句号间隔的是比词或词组较长的短语。再次,逗号仅仅表示停顿不表示并列。换句话说,被逗号所分割的短语之间不只是并列关系。最后,在刑法条文中,逗号是最常见的句内标号,应当结合句法分析法对其进行语法分析。第二,顿号的语法分析。根据《大辞海》,“顿号表示句中并列的词或词组之间的停顿。顿号表示的停顿比逗号要小”。⑥ 由此可见,顿号首先表示句中停顿。如前所述,顿号是表示点断的句内点号。其次,顿号表示词或词组之间的停顿。质言之,顿号间隔的是两个词或词组。最后,顿号所间隔的两个词或词组是并列关系,并列意味着词语之

① 王政勋:《刑法解释的语言论研究》,商务印书馆2016年版,第258、284页。
② 夏征农、陈至立主编:《大辞海·语言学卷》,上海辞书出版社2015年版,第261页。
③ 王政勋:《刑法解释的语言论研究》,商务印书馆2016年版,第95页。
④ 全国人大常委会法工委:《立法技术规范试行(一)》,法工委发〔2009〕62号。
⑤ 夏征农、陈至立主编:《大辞海·语言学卷》,上海辞书出版社2015年版,第261~262页。
⑥ 参见夏征农、陈至立主编:《大辞海·语言学卷》,上海辞书出版社2015年版,第262页。

间地位平等,仅此而已,而并非逻辑意义上的并列关系。但是,在此需要明确的是,并列在此是句法功能的并列关系,而非逻辑意义上的并列关系。在语法学理论中,广义的并列关系的复合句也称为联合复句,包括狭义的并列复合、顺承复句、递进复句、选择复句、总分复句等。[①] 因为在刑法学理论中,现有观点将存在顿号间隔的罪名称为选择性罪名。第三,分号的语法分析。根据《大辞海》,"分号表示复句中并列分句之间的停顿。非并列关系的多重复句第一层次的前后两个部分之间也用分号"。由此可见,分号首先表示复合句的句中停顿,分号是表示复合句点断的句内点号。其次,分号表示分句之间的停顿。换言之,分号间隔是两个分句。最后,分号所间隔的两个分句往往是并列关系,但是非并列关系的多重复句第一层次的前后两个部分之间也用分号。同样,并列也意味着词语之间句法功能的地位平等,仅此而已,而并非逻辑意义上的并列关系。

概言之,顿号、逗号、分号、冒号、句号表示法律语言单位之间不断递增的并列(平行结构)。详言之,顿号表示词与词之间的并列;逗号表示短语与短语之间的并列;分号表示段与段之间的并列;冒号表示项与项之间的并列;句号表示款与款之间的并列。

三、刑法文义解释之语义意义分析

狭义的文义是文字的概念内涵意义和概念外延类型意义组成的词汇意义。与之相对,语义意义分析是狭义的文义解释,旨在通过下定义和类型化归纳列举的方式,明确系争语词的概念内涵和概念外延等词汇意义(概念意义而非直觉解释的"字面含义")。因此,刑法文义解释的语义意义分析包括概念内涵意义分析和概念外延类型意义分析。

(一)概念内涵意义分析

就概念内涵意义分析而言,拆词造句、查字典、观点综述、官方定义的再阐释是常见的四种传统路径。其一,拆词造句是较为直观、本能的语言解释路径,是解构和重构的组合过程。申言之,解释就是将待解释的语词拆成最小语素——文字,然后再将解构后的文字组成更为通俗易懂、不易发生争议的新词,最后将所组新词进行重新组织造成句子。其二,查字典是较为科学、快捷的语言解释路径,可以获得较为全面的字义及语词通常含义的语言学方法。通过查字典,我们不仅可以明确系争语词的通常含义,而且可以组成系争语词的文字的所有含义,还可以明确与系争语词相关的语词的意义的区别所在。其三,观点综述是较为专业、常见的学理解释路径,是在总结分析现有观点优点和不足以及共同和差异基础之上形成的"综合"观点。详言之,观点综述是通过文献综述的方法寻找眼下学界对系争语词解释的代表性观点,并明确其中的通

---

① 参见夏征农、陈至立主编:《大辞海·语言学卷》,上海辞书出版社2015年版,第256页。

说或主流观点。当然,更主要是明确现有观点自身的优点和不足以及所列观点的共同点和差异点,特别是与通说观点的共同与差异,并最终求同存异形成解释观点。其四,官方定义的再阐释是最为专业、权威的法律解释路径,是在阐释官方定义的基础上,或者对官方定义直接援用,或者是对官方定义再解释,抑或是对官方定义进行修正或批判,形成最终的解释观点。究其实质,这一路径的根本是对"解释"的再阐释,而且需要区分是立法解释还是司法解释。前者是立法定义,我们必须不加批判地援用;对于后者,我们则可以进行适当修正后再援用。

在上述诸种路径中,官方定义的再阐释应当是首选路径,但是其适用范围较为狭窄——需要建立在"有官方定义且官方定义科学合理"的基础之上。同时,此种路径还需要对官方定义再进行阐释和语言学检视。故而,官方定义的再阐释亦需要其他路径进行强化。观点综述是学界运用较广的一种路径,但是此种"求同存异"的路径缺乏语言的理据性,而且容易令人先入为主,难以跳出已有理论的窠臼,"求同存异"的综合分析未必就是科学合理的解释。查字典可以明确系争语词的语言学含义——通常含义及作为语素的字义以及相关语词的语言含义,但是离"专业领域"较远,需要在区分系争语词是普通语词还是专业术语的基础上进行进一步具体化。拆词造句较为通俗,是"顾名思义"的结果,但是在组词、造句方面缺乏语言的理据性,如果能以语言学的语言聚合理论和语言组合理论进行理论改造,此种路径不失为一种"最佳路径"。质言之,在"有官方定义且官方定义科学合理"的前提下,首先应当查明官方定义,并对其进行再阐释;其次,如果"没有官方定义或者官方定义不合理"的情况下,可以通过查字典和拆词造句的路径进行解释,当然,以语言学的语言聚合理论和语言组合理论进行理论分析是必不可少的环节;最后,在对现有观点进行综述的基础上,将解释结论与通说等主流观点进行"求同存异"的分析,以便使语言学解释进一步专业化。概言之,法律解释可以起到"定分止争",获得系争语词之权威的专业解释的作用。语言解释则可以发现系争语词的"通常含义"及最大限度地"可能含义",进而明确系争语词意义的中心及边缘,是获得系争语词之权威的语言解释的"最佳路径"。而学理解释则是系争语词意义在理论上进一步达成共识的过程,可以印证并使得语言解释专业化。因而,遵循"官方定义——查字典/拆词造句——观点综述"的解释路径应当是概念内涵意义分析的应然选择。词典含义与官方定义的协调是"专业领域"与"大众视角"的沟通调适。

在语言学视域下,概念内涵意义分析主要依赖于词典分析,应当依次分为以下三个步骤:一是通过《现代汉语词典》确定一般确定系争语词的普通语义,进而确定系争语词的核心语义。二是通过《大辞海》等专业词典确定系争语词的专业含义。如前所述,《大辞海》等专业词典不仅可以确定词汇意义,更主要是可以确定系争语词的学科归类,进而确定系争语词的专业含义。三是通过《说文解字》确定系争语词的可能意义。《说文解字》既是中国古代第一部系统分析汉字字形和考究汉语字源的文献精品,同时也是千百年来流传最广和使用最多的中华典藏古文工具书。因此,《说文解字》可以从词源上确定系争语词的古义以及意义变迁脉络进而确定系争语词的最大可能含义。故而,我们应当养成查字典的习惯,而不是想当然地"顾名思义",也并非只是凭借感觉或者经验的直觉解释,[①]或者可以说至少是,在进行文义解释时有查字典的方法自觉。概言之,我们应当通过依次通过法定含义、字典含义、专业含义、学理含义四种方式对系争语词进行概念内涵意义分析。

(二)概念外延类型意义分析

理论上常常用概念、类型、范畴、意义等词语来表示"意义",对此需要进行区分。不过,在逻辑学理论中,有学者提出了"类型概念"。[②] 这一术语的提出解决了概念与类型的关系问题——类型概念是一种特殊的概念形式。同时,在语言学理论中,有学者提出了"概念意义"。[③] 这一术语的提出解决了概念与语词的关系问题——概念意义是一种特殊的语言意义。概念意义又称理性意义、认知意义,对应于语词的指称意义。在语言学中,词的意义包括指称意义和系统意义两个方面。其中,指称意义,又称所指意义,是语词和外部世界的关系决定的意义,是语词指称各种对象(事物、行动或状态、性质和特征)所形成的意义;系统意义,又称结构关系意义,是词汇系统内部各个要素之间的关系决定的意义,是语词在和其他语词的意义联系、在语言结构中获得的意义,包括聚合关系意义和组合关系意义。[④] 理论上所说的"通常的使用方式"其实是语词的通常组合或聚合方式。而且比起概念,类型更准确,而范畴与类型并无二致。其实,无论是概念还是类型抑或是范畴,都不及"含义"一词能指称语言内容或意义。质言之,意义或者说含义应当是元语词,是解释的归宿,是语词指称内容的根本。在意义之下有概念,亦即概念意义只是其中一种意义。在概念之下有类型,亦即概念有内涵和外延之分,内涵是根本性质之抽象,而外延则是具备这一性质之对象列举或范围划定。在此意义上,外延和类型大体对应。只不过,学界有争议的是传统理论一般认

---

① 所谓直觉解释,是指依靠一般国民的是非感来进行解释的解释类型。参见张明楷:《刑法学》(上)(第5版),法律出版社2016年版,第35页。在笔者看来,直觉解释其实是经验判断。在哲学解释学中,经验是先见,是主观的、感性的。另外,我们所说的字面解释往往是直觉解释,不同的解释者会根据自己所谓的经验、朴素的法感情、是非感或直觉进行"想当然的""随意的"解释,因而在语言学上缺乏理据性。

② [德]英格博格·普珀:《法学思维小学堂》,蔡圣伟译,北京大学出版社2011年版,第22页。

③ 王政勋:《刑法解释的语言论研究》,商务印书馆2016年版,第218、232页。

④ 组合关系,又称配置关系,是指语言单位与语言单位前后连缀起来所形成的关系,即线性相互关系或搭配关系。聚合关系又称为联想关系,是指可以出现在一定组合中相同位置上的各语言成分所具有的类聚会同的关系,即替换关系。参见夏征农、陈至立主编:《大辞海·语言学卷》,上海辞书出版社2015年版,第22~23页。也有观点认为"聚合关系是在相同和区别的基础上形成的对立关系,各种类型的语义场都是聚合关系,同义词、反义词、语义相对词、上下位词等,都可构成聚合关系"。参见王政勋:《刑法解释的语言论研究》,商务印书馆2016年版,第219、223页。

为外延是密封的,类型是开放的。其实不然,封闭的外延也是可以伸缩的,如此与开放的类型并无二致。笔者在此将外延和类型统一理解,进而可以分为肯定类型(典型原型是肯定类型中更有代表性的类型)、中间类型和否定类型。① 其实,对类型的如此划分是对概念之外延的进一步厘定。这一划分是对德国学者英格博格·普珀教授的概念划分理论进行借鉴的结果,其认为:"概念可以分为概念核心和概念外围(概念边缘),肯定(积极)选项组成概念核心,概念外围由中立(中性)选项所组成,位于概念之外的是否定(消极)选项。"②在语言分析理论中,"使用模糊的表述,产生以下的情况:对于一些对象,能够明确这个有疑问的表述适用于它们(肯定的候选);同样,对于其他一些对象,能够明确这个表述无疑不能适用(否定的候选);而对于剩下的最后一类对象,不能确定是否适用(中性的候选)"。③ 简言之,在笔者看来,外延是范围、是集合;而类型是对象的初步抽象,是介于概念与对象之间的语词;特征则是对象的属性,本质特征则是概念的内涵。因此,我们应当对内涵与特征以及外延与类型等基本范畴有所区分。

同时,概念外延类型意义分析需要注意区分外延、对象、类型。外延是对象的集合,类型是具有一定外在特征的对象抽象。同时,法律只是规定类型而不直接规定对象,刑法也概莫能外。因而,类型就成为刑法文义解释的重要范畴。我们通常所说的分类之"类"就是类型之"类",新型之"型"就是类型之"型",分类又是通过明确种属关系认识系争语词之概念外延意义的重要方法。在此,我们应当将系争语词的外延区分为肯定类型(典型类型)、中间类型和否定类型。概言之,系争语词文义解释的结论应当是由界定系争语词概念内涵的"定义"(该定义由可以明确其本质特征的概念内涵意义要素组成)与列举系争语词概念外延的"类型"(该类型包括具有系争语词核心含义的肯定类型、具有语词边缘含义的中间类型、具有系争语词反对意义的否定类型)所组成的语句。然而,学界在对系争语词下定义或概念分析时,要么只进行内涵分析不明确"包括什么"和"不包括什么"的问题,有时将内涵分析和特征列举混同,要么只进行外延划定,但是也只进行"包括什么"的外延划定,基本不重视"否定类型"的列举。有时甚至混淆内涵分析和外延划定,将外延划定混同于内涵分析。④ 另外,在

① 典型是语言哲学中的一种研究方法,这种方法认为我们应以典型范例为基础来理解(或讲授)词语的意义。参见[美]布赖恩·H. 比克斯:《牛津法律理论词典》,邱昭继等译,法律出版社 2007 年版,第 169 页。

② [德]英格博格·普珀:《法学思维小学堂》,蔡圣伟译,北京大学出版社 2011 年版,第 53 页。

③ 转引自[奥]恩斯特·A. 克莱默:《法律方法论》,周万里译,法律出版社 2019 年版,第 29 ~ 30 页。

④ 混淆内涵分析与特征列举的例子如我国《刑法》对"黑社会性质组织"的界定。例如,有学者指出:"我国刑法明确规定了'黑社会性质组织''黑社会组织'法定概念(概念法定化),但是具体的问题意识在于:我国刑法并没有明确界定'黑社会性质组织''黑社会组织'的法定内涵(内涵界定缺位);没有明确'黑社会性质组织'的法定特征(法定特征缺位);也没有明确'黑社会性质组织'与'黑社会组织'之间的逻辑关系(组织逻辑关系缺位);也没有明确四个特征之间的逻辑关系(特征逻辑关系缺位)。"参见魏东:《案例刑法学》,中国人民大学出版社 2019 年版,第 217 页。

进行外延划定时,不区分肯定类型、中间类型和否定类型,混淆肯定类型与中间类型,模糊平义解释和扩大解释的界限,甚至混淆中间类型和否定类型,以至于无法区分扩大解释和类推解释、法律解释和法律续造的界限。特别是,当我们要面对介于典型类型之间的中间类型或者是兼具典型类型本质特征的交叉类型所形成的词语时,我们会感觉到解释更为困难,更容易发生混淆。因此,我们可以说,文义解释的难点在于解释处于两个矛盾的典型类型之间的语词或同时具有两个矛盾的典型类型的本质特征的语词。例如,从性别上分类,人可以分为男(性)人和女(性)人,而变性人是处于男人和女人之间的类型,两性人是同时具有男人和女人本质特征的类型。

概言之,我们对系争语词进行文义解释之语义意义分析,至少要明确以下内容:一是通过"解构式下定义"的方式明确系争语词的核心含义(或概念内涵意义、本质特征)及其构成要素;二是通过"归纳式列举"的方式明确系争语词的边缘含义(或概念外延意义、中间类型);三是通过"排除式列举"的方式明确系争语词的否定意义(否定类型)。

四、刑法文义解释之语境意义分析

语境有强大的整合功能和解释能力。"当我们在语用意义上阐释文义解释时,历史、目的、体系等其他解释因素均是为建立文义解释的语境服务的,实际上,其他解释方法作为文义解释的辅助方法,均体现了我们在法律解释过程中合理性和妥当性的追求"。[①] 由此可见,在语言学层面,历史、目的、体系都是语境的构成要素,都融化在语言的使用过程之中进而已经形成语言文字的语境意义。刑法文义解释正是在语境这一范畴内与其他刑法解释方法相互制约并得以融合。在语言学上,"语境可以分为言内语境、言伴语境、言外语境。言内语境指由文章的段落、语篇等构成的语境,又分为言语近境和言语远境;言伴语境分为现场语境和伴随语境,前者指和交际现场直接关联的语境因素等所构成的语境,后者指和交际者个人特点相联系的因素等所构成的语境。言外语境包括社会文化语境和认知语境"。[②] 因而,刑法文义解释的语境意义分析主要包括言内语境分析、言伴语境分析和言外语境分析。

(一)言内语境分析

言内语境分析,即明确系争语词的上下文意义。言内语境是狭义的语境,相当于上下文语境(verbal context)或上下文(co - text),它是指在同一语篇中,出现在特定言语单位前后的其他言语单位。因而,有学者认为,言内语境分析在理论上其实就是传统意义上所说的体系解释。但是,相比较而言,笔者更愿意采用"言内语境分析"这一

---

① 王彬:《法律解释的本体与方法》,人民日报出版社2011年版,第270页。

② 王政勋:《刑法解释的语言论研究》,商务印书馆2016年版,第301页。

术语。正如有观点所言:“目前关于刑法体系解释的理解和运用多将其放在‘中观’的层次,忽视或无视‘微观’‘宏观’‘全局’三个层次。不得不说,当下通行的‘中观’视野既存在理论逻辑上的硬伤,又成为司法实践中争议案件的重要诱因。”①论者在此基础上,进一步提出了刑法体系解释四层次论,“第一层次的体系是微观的刑法条文,第二层次的体系是中观的刑法典体系,第三层次的体系是宏观的整个法律体系或法秩序,第四层次是全局的法律条文的规范逻辑和社会情理价值的有机统一体系”。② 在此,笔者要强调的是,体系解释之体系应当是规范体系,是形式逻辑意义上的体系——相关性要素形成的统一整体、协调一致、不矛盾。其实,规范(形式逻辑)体系既包括法律体系,还包括法理体系,或者说更重要的是法理体系。因此,刑法体系解释不应仅限于刑法体系,而应当限制在法律体系之内但不跨越社会情理价值。而与社会情理价值体系相统一应当在言外语境分析阶段完成。概言之,刑法体系解释之体系不仅仅是刑法内部体系还包括刑法外的法律整体体系。同时,体系还有内在体系与外在体系之分,“通过归纳方法所建构的、显示了利益裁断之间内在关联的体系,黑克将之称为‘内部体系’;为了更好地说明内部体系,立法者需要通过塑造编纂概念并将之构建成外部体系。内在体系涉及认知和规范的问题,而外部体系则是描述的问题”。③

言内语境分析必须同时考虑法条关系、位置以及次序等要素。其实,按照从小到大的顺序,刑法文义解释过程中的言内语境依次应当是系争语词所在的条文、系争语词所在的条文所在的章(节)、系争语词所在的相关刑法条文、系争语词所在的相关法律条文。概言之,刑法文义解释的言内语境其实是法律文本,当然首先是刑法文本。而正如有观点所言:“刑法的言内语境既包括刑法文本,也包括其他部门法文本,刑法文本是刑法条文的言语近境,其他部门法文本是刑法条文的言语远境。”④所谓的言内语境分析,其实是对系争语词所在条文的内部制约关系和相关条文之间的内部制约关系进行的比较分析。不过需要说明的是,言内语境分析必须注意处理好刑法与相关部门法的关系,遵循刑法谦抑性理念和“二次违法”理论等言内语境分析应当是由言语远境到言语近境。详言之,对系争语词言内语境意义的分析,应当首先,明确其作为语词的通常含义;其次,明确其专业术语的特殊含义;再次,明确其作为法律术语的规范含义;复次,明确其作为刑法用语的具体含义;最后,明确其在具体某一条文或罪名中的具体含义。概言之,系争语词的言内语境意义分析应当遵循通常所说的从日常意义上到专业意义上再到规范意义上再到刑法意义上最后到刑法某一条文或罪名意义上的逻辑递进关系,使解释结论能符合刑法法理。不过,前已论及,“意义上”其实是“语

① 王东海:《刑法体系解释存在的问题及补全》,载《人民检察》2018 年第 15 期。

② 王东海:《刑法体系解释存在的问题及补全》,载《人民检察》2018 年第 15 期。

③ 梁迎修:《方法论视野中的法律体系与体系思维》,载《政法论坛》2008 年第 1 期。

④ 王政勋:《刑法解释的语言论研究》,商务印书馆 2016 年版,第 314 页。

境下”,而所谓的语境就是此处的言内语境。因而,言内语境分析就正是理论上所说的依据法理进行解释。同时,在言内语境层面区分文理与法理,要以文理为基础,以法理为具体化手段,从文理到法理进行解释,坚持刑法学知识原理的本体地位。正如有观点所言:“刑法解释论并非全知全能地解决刑法适用中的一切问题,刑法解释论不能替代,更不能影响或忽视整体刑法论原理的一体化研究,唯有如此,方能有效杜绝刑法解释论的‘任性’! 否则,刑法解释论不但在刑法理论研究中形成阻滞,更无法合理解决刑法适用问题。”①

(二)言伴语境分析

言伴语境分析,主要在于明确系争语词的个案语境意义。在语境中,最为重要的语境是言伴语境,而言伴语境其实是个案语境、情境语境。正如有观点所言:“解释推导是一种情境思维或具体化思维,它具有在具体案件情境中塑造或创制法律的意味。它把法律放在具体案件情境中加以考察,由此出发对法律规定加以具体阐释,在具体案件情境中明确案件的裁判标准或规则,即在案件具体情境中把既有法律的确切含义或具体内容借着解释不断发掘出来。”②也有观点认为,“刑法规范的解释,应当是为了在文义的多种含义中依据一定的标准进行选择、判定,发现最适合个案解决的规范含义,作为个案裁判的依据,使得抽象的类型化立法在个案中实现定型化,同时保证这种实现是从抽象的正义走向具体的正义”。③ 由此可见,言伴语境意义的确定过程是以案释法或以案说法的过程。甚至有学者认为言伴语境就是案件事实,其指出:“‘纠缠于事实和法律之间’中的事实,其实指的是法律解释的‘言伴语境’。”④在司法实践过程中,“在本案中”往往是言伴语境意义分析的标志词。在此,我们也可以说事实是法律解释的言伴语境而非对象。同时,在刑法解释学理论研究过程中,指导性案例、公报案例、典型案例、首例等司法案例资源需要值得重视。⑤ 或许正因如此,最高人民检察

---

① 魏东:《刑法理性与解释论》,中国社会科学出版社2018年版,“前言”第4页。

② 王洪:《法律逻辑学》,中国政法大学出版社2016年版,第122页。

③ 王海桥、曾磊:《刑法文义解释探究》,载赵秉志主编:《刑法论丛》第2卷,法律出版社2014年版,第71页。

④ 王政勋:《刑法解释的语言论研究》,商务印书馆2016年版,第331、351、354页。

⑤ 北大法宝按照参照级别依次将司法案例划分为指导性案例、公报案例、典型案例、参阅案例(参考性案例)、经典案例、应用案例、法宝推荐案例、普通案例。特别是其中的关键词(核心术语)和裁判要点(争议焦点+案例要旨)具有重要的解释论意义。在此,需要说明的是,在刑事法方面,指导性案例主要是指最高人民法院和最高人民检察院发布的指导性案例,《刑事审判参考》搜集的案例不是指导性案例而是具有指导作用的案例,应归入参考性案例。而参考性案例主要是指各地高级人民法院发布的具有典型或指导意义的案例。同时,在理论层面,陈兴良教授的《判例刑法学》、魏东教授的《案例刑法学》等便是例证。甚至有学者惊呼:“法治将由规则之治走向案例之治。”当然,我们在“援引”案例进行解释时,要注意各类案例的法律效力顺序和解释论意义。同时,我们还要重视司法观点的解释论价值。而所谓的司法观点是指最高人民法院和最高人民检察院及其工作人员发表的学术观点。据笔者观察,但凡有重要的司法解释或司法政策出台,就会伴随有负责人“答记者问”,最高人民法院和最高人民检察院的工作人员也会发表相关的解读性文章。另外,最高人民法院和最高人民检察院还会就疑难案例形成“裁判要旨”以外的司法观点,我们在解释系争语词时也必须注意相关司法观点的解释论价值。

院通过建构指导性案例与典型案例“一体两翼”的工作格局来用足、用活“案例”。[①] 亦或许正因如此，很多学者在研究某一理论问题或者解释某一语词过程中，都往往关注司法实务有无相关案例。其实，个案不仅是系争语词的言伴语境，而且还蕴含着案件事实发生的具体情况和社会背景。尽管说我们很难实现绝对的“同案同判”，但是我们可以做到“类案类判”、大致相当，使解释结论能符合刑法事理。

（三）言外语境分析

言外语境分析，主要是通过刑法基本原则等法律原则、刑事政策、社会情势等言外语境要素，校验系争语词的“言外语境意义——社会文化意义”。其实，言外语境是法律文本以外的社会背景因素及案件本身之影响力之考虑，也是社会“公众认同”、裁判“社会效果”或可接受性之考虑，本质上是社会学法学或者说法社会学理论以及政治法学或者说是法政治学理论综合运用的结果。对此，有学者认为：“言外语境也可以称为是语言外的知识，后者又包括情景知识和背景知识。背景知识具体包括特定文化的社会规范等、会话规则、关于客观世界的一般知识、参与者的相互了解等内容。”[②]也有学者认为：“言外语境包括社会文化语境和认知背景语境。其中，社会文化语境包括社会心理、时代环境、思维方式、民族习俗、文化传统等；认知背景语境包括整个现实世界的百科知识、非现实的虚拟世界的认识等因素。”[③]其实，在刑法文义解释过程中，言外语境意义分析主要包括文化分析和政策分析两个方面。语言的背后是文化，所谓的“文化分析”，是指基于“文化语境”来确定系争语词之言外意义的方法，其实质是考虑社会环境、规范文化、风俗习惯、社会心理、伦理道德、政治经济形势等整个文化背景的分析方法。而“政策分析”又是指以现行有效的刑事政策为指导来确定系争语词之言外意义的方法，其实质是法官价值权衡、博弈利益、政策选择的结果。例如，刑法上存在宽严相济的整体刑事政策，针对贪污贿赂等腐败犯罪有“零容忍”“打虎拍蝇”等具体刑事政策，还有“扫黑除恶”等都会影响系争语词之言外语境意义的确定。其中，最主要的是情理、道德等社会文化因素以及刑事政策等社会政策的综合考虑。因为，法律也是一种社会现象，以避免纠纷或解决问题为使命，因而解释结论也必须进行“社会接受”的考虑，进而使其符合刑法情理。其实，言外语境分析大体上对应传统解释方法的目的解释、实质解释等非文义解释方法。不过，此处的“目的”是指客观的规范目的而非通常所说的立法目的。在刑法理论上一般认为刑法的目的是法益保护和人权保障，不过具体条文的规范目的则是所要保护的具体法益。质言之，言外语境分析其实是用法律文本以外的其他社会因素校验解释结论，使其能从实质上符合实质正

---

① 参见张杰：《建构指导性案例与典型案例“一体两翼”的工作格局》，载《检察日报》2019 年 8 月 8 日，第 3 版。

② 王政勋：《刑法解释的语言论研究》，商务印书馆 2016 年版，第 365 页。

③ 王政勋：《刑法解释的语言论研究》，商务印书馆 2016 年版，第 365 页。

义和刑法情理。另外,言外语境分析不能脱离成文的法律文本。正如有观点所言:“只有存在成文的刑法文本,才谈得上在理解和解释文本时言外语境对文本意义的作用问题。”①或者我们可以说,言外语境分析一定是建立在言内语境分析和言伴语境分析基础之上的进一步例外性分析或校验。例如,我们可以基于言外语境分析充分吸收出罪解释的解释素材,在入罪场域坚持构成要件形式解释的基础上,突出出罪场域的实质解释,充分考虑补充性法律渊源在出罪方面的解释论意义。

综上所述,刑法解释的语境意义分析其实是在解释过程中融合文理、论理、事理、法理(学理)、情理进而说明道理或裁判理由的过程。详言之,刑法文义解释中的语境分析首先是通过论理(逻辑、体系)与法理(学说、原理)明确言内语境;其次是通过案例(其中包括待评价的具体个案以及与之相关的指导性案例、典型热点案例)明确言伴语境;最后是通过政策(价值、目的)明确言外语境。概言之,语境分析是明确法理语境、事理(个案)语境、政策(背景)语境的过程。这一过程其实也是获取语义、限定语义、选择语义的过程。因此,我们也可以说,语境解释其实是在明确所有语境的基础上限制语境进而选择确定语义的解释。不过,语境解释有着极强的解释力和包容性,也是最需要限制的解释方法。正如有观点所言:“解释者不能简单地以‘追求社会效果’为由,撇开法律文本,而以其自己理解的意思来代替法律的意旨。”②因此,我们必须防止反文义的实质倾向,因为这一倾向会引致“法律虚无主义”。同时,也要防止概念主义的形式倾向,因为这一倾向会引致“法律万能主义”。概言之,说理从解释开始,解释从文义开始。说理即说明道理或理由,在法律层面,道理可以分为文理、法理、事理、情理,通过文义解释说理就是在文理的基础上将法理、事理、情理融合统一的过程。同时,刑法文义解释的语境意义分析还要注意沟通理性和基本共识的理论遵循,处理好解释者与文本之间以及不同解释者之间的关系,进而从根本上促使刑法文义解释结论能够符合“常识、常理、常情”。

五、结语

刑法文义解释其实是刑法的语言学解释,主要包括语法分析、语义分析和语用分析。其中,语法分析是起点和辅助,语义分析是基础和核心,语用分析是语义的具体化选择和解释结论的合理性校验。

其一,语法分析旨在通过词法分析、句法分析和标点符号分析,明确系争语词的词法意义和句法意义等语法意义。具言之,一是通过词法分析,明确系争语词的词语学科类别意义、词语语法性质意义和词语组合结构意义等词法意义;二是通过句

① 王政勋:《刑法解释的语言论研究》,商务印书馆2016年版,第370页。
② 王利明:《法律解释学——以民法为视角》(第2版),中国人民大学出版社2016年版,第45页。

法分析,明确系争语词所在语句的句型和层次以及系争语词在语句中所充当的句子成分等句法意义;三是通过标点符号分析,强化和校验明确系争语词的句法意义。

其二,语义分析是狭义的文义解释,旨在通过下定义和类型化归纳列举的方式,明确系争语词的概念内涵和概念外延等词汇意义(概念意义而非直觉解释的"字面含义")。对系争语词的概念内涵意义进行分析,主要是通过下定义的方式,明确其本质特征。而下定义需要考虑法定含义、专业含义、学理含义以及词典含义四个方面的含义整合。正如有观点所言:"词语的科学含义是通过学理定义、法典定义,内涵定义、外延定义,语词性定义、规定性定义,积极定义、消极定义,完整定义、局部定义等方式揭示出来的。"①申言之,一是通过分析其他部门法等刑法前置法定义、刑法(含刑法立法解释)法定定义和刑法司法解释性文件明确系争语词的法定含义;二是在没有法定含义的时候,针对专业性行业词汇还要考虑系争语词的专业含义;三是通过文献综述,梳理系争语词的学说观点,分析评述系争语词的学说差异,特别注意学界通说观点的界定,进而明确系争语词的学理定义(亦有学者称为教义学定义);四是查字典,明确系争语词的字典含义。对系争语词的概念外延意义进行分析,主要是通过类型化归纳列举的方式,明确系争语词的肯定类型(特别是典型类型)、中间类型和否定类型。概言之,词义分析旨在明确系争语词的定义、包括什么(核心含义:肯定类型——平义解释和可能含义:中间类型——扩大解释)和不包括什么(否定类型——类推解释)。

其三,语用分析是广义的文义解释,是统摄体系解释、历史解释、目的解释等其他法律解释方法的综合解释过程,旨在通过言内语境分析、言伴语境分析和言外语境分析,融合刑事法理(通常所说的法)、事理(通常所说的理)和情理(通常所说的情),进而可以明确系争语词的语境意义。详言之,一是言内语境分析,又称"上下文分析"。我们可以运用语篇分析方法通过对刑法内部体系、刑法相关的法律体系(相关法律法规和司法解释)和刑法原理等法理体系进行分析,明确系争语词的言内语境意义(体系意义)。二是言伴语境分析,又称"以案释法"或"案例分析"。我们首先需要针对具体个案进行分析,再结合相关司法案例资源,尤其是对指导性案例、公报案例、典型案例进行分析,明确系争语词的言伴语境意义(个案意义)。三是言外语境分析,又称为"言外语境校正"或"社会文化解释"。我们通过立法资料分析和立法沿革分析、刑事政策分析、价值导向分析、语用推理等方法,明确系争语词的立法历史意义、规范目的意义和刑事政策意义,进而可以最终明确系争语词的言外语境意义(历史意义和目的意义)。

---

① 张继成:《对"作品"一词内涵外延及其适用方法的法逻辑诠释》,载《求是学刊》2019年第6期。

总言之,对系争语词进行刑法文义解释的结论应当是由可以界定系争语词概念内涵的“定义”(该定义由可以明确其本质特征的概念内涵意义要素组成)与列举系争语词概念外延的“类型”(该类型包括具有系争语词核心含义的典型类型、具有语词边缘含义的中间类型、具有系争语词反对意义的否定类型)所组成的语句。

刑法的当然解释之法理

郑兰旭*

【内容摘要】适用法律的过程就是一个解释法律的过程。当然解释是以“法律没有明确规定”为解释前提，以事物本质、规范目的和构成要件的当然为解释依据，以“举轻以明重”和“举重以明轻”为判断模式的一种严格的论理解释方法。当然解释既可以是实质的解释理由，也可以是形式的解释方法。当然解释不是类推解释，规范与事实的对应要素之间不是简单的类比推理，而是通过轻重相举，判断概念之间在逻辑上的层升或层降关系。对待决事项做入罪解释时，不是必须还原为扩大解释才能获得认可。罪刑法定原则是当然解释的基本遵循和内在要求，在司法实践中，刑法不反对适用“举重以明轻”的解释原理得到的有利于行为人的出罪结论，但是，根据“举轻以明重”的解释原理得出的不利于行为人的入罪结论，必须接受罪刑法定原则的检验。

【关键词】当然解释　实质　形式　轻重相举　罪刑法定

引　言

当然解释作为一种严格的论理解释方法，由来已久。《唐律》规定：“诸断罪而无正条，其应出罪者，则举重以明轻，其应入罪者，则举轻以明重。”此即当然解释的初步映象，还不能算是真正意义上的当然解释。刑法语境下的当然解释理应是一种严格解释，但《唐律》中规定的“当然解释”的随意性较大，且不明其中的“轻重相举”之意。就“轻重相举”的具体内涵可以有两种理解。第一种理解为类型化犯罪中法益侵害的轻重相举，可表述为某一待决事实的法益侵害程度较之构成要件的基础事实的法益侵害程度越严重，就越应当适用既存的刑法规范；反之，则越不应当适用既存的刑法规范。第二种理解为类型化犯罪中规范要素的轻重相举，从法益侵害的外观入手，将待决事实中的要素与构成要件中的规范要素相举，进行必要的剪裁和延伸，使之符合构成要件或不符合构成要件，继而决定刑法规范的适用与否。对“轻重相举”的内涵作这两种区分是否有必要呢？本文认为这是一个关于解释立场的前提性问题，即解释主体进行当然解释时，是站在实质性当然解释的立场还是形式性当然解释的立场，从不

---

* 郑兰旭，四川大学法学院2020级刑法学专业硕士研究生。

同的立场出发,对当然解释的概念、适用前提、依据及其运作机理都会有不同理解。不利于被告人的解释,向来被严格限制,故不利于被告人的当然解释,应当谨慎为之,自不待言。实质性当然解释与形式性当然解释二者之间不是完全割裂,毋宁说实质性当然解释是一种前置性的法益侵害判断,刺激某一既存的刑法规范,形式性当然解释则通过一定的比较规则将待决事项解释进既存规范的构成要件内,并适用之。因此,任何以孤立的视角将当然解释的实质侧面和形式侧面割裂开来的做法都是不可取的,两个侧面均不可偏废。从当然解释的实质侧面和形式侧面出发,更能求得妥当性的解释结论,使法律具体化、明确化、体系化,以增强法的适用。

一、当然解释的概念之争及其展开

概念是问题的基础构造。"解释只适用于规则遇到障碍的地方。"①当然解释是在法律内进行法的解释,旨在填补"表面性的刑法规范不足。"②从应然层面和实然层面解读当然解释的性质,则产生当然解释性质归属之争,无论是作为一种解释理由抑或是一种解释方法存在,实质上并不冲突。

(一)当然解释的概念争议

从表面字义来看,当然解释意为理当、应当是这个样子,所以当作此解释。以纯粹语言学的角度理解当然解释的理所应当、无可辩驳,不足以揭示当然解释的本质所在。当然解释作为一种法律解释方法,应当有效地剥离其自然属性并崭露其解释属性,才可谓之真正的法律解释。理论界关于当然解释的概念界定,各个学者有不同的阐述。张明楷教授认为,当然解释"是以刑法没有明文规定为前提,亦即,在所面临的案件缺乏可以适用的法条时参照各种事项,从既有的法条中获得指针,对案件适用既有法条的一种解释"。③ 如何从既有法条中获得指针呢? 这一"指针"虽未直接拟定在概念中,但似乎不言自明,即轻重类比:"当刑法不处罚某种重行为时,得出对较之更轻的行为也不得处罚的结论,或者当刑法处罚某种轻行为时,得出对较之更重的行为更应当处罚的结论,是合乎事理、情理或者理所当然的"。④ 所谓的重行为和轻行为之界分标准又如何呢? 这一问题似乎也早有答案。行为系法益侵害的表征,一般而言,法益侵害越严重,某一行为就是重行为,法益侵害越轻微则称为轻行为。因此,可以认为张明楷教授谓之当然解释的"指针"系法益侵害的轻重相举,且由此得出的结论在事理和情理上都具有正当性。但事理上和情理上的理所当然不是当然解释的全貌,它只体现当然解释实质侧面的指导形象,只说明了"是什么样"这一个问题,与当然解释的形

① 桑本谦:《法律解释的困境》,载《法学研究》2004年第5期。
② 付立庆:《刑法规范的供给不足及其应对》,载《中国人民大学学报》2014年第2期。
③ 张明楷:《刑法学中的当然解释》,载《现代法学》2012年第4期。
④ 张明楷:《刑法学中的当然解释》,载《现代法学》2012年第4期。

式侧面无涉。我国台湾地区学者杨仁寿指出,“当然解释是法文虽未规定,惟依规范目的衡量,其事实较之法律所规定者,更有适用之理由,而径行适用该法律规定而言”。① 通过这一定义可知,当然解释的核心在于“依规范目的的衡量”,力求实现规范的宗旨或立法旨趣。关于规范宗旨的探寻,一直都是“公说公有理,婆说婆有理”,难以得出定论。所谓立法宗旨的探求“已经成为我们的解说,是我们基于文本中表现出来的诸多似乎不一致条款而作出的解说。这样一来,在法律解释中真正重要的是我们认定的那个立法意图”。② 从我们解说的立法宗旨出发,所阐明的当然解释的核心,仍然处于一种应然状态,且较前述的法益侵害类比更为宏大,得出的结论不必然可靠。陈兴良教授认为,当然解释是指,刑法对待决事项没有明确规定,但实际上已处于相关法条的逻辑概括中,并依据举重以明轻或举轻以明重的推理方式将待决事项适用该条文。轻重相举包括事理上的当然和逻辑上的当然,因此,将某一待决事项适用到既存法条中必须同时具备事理上的当然和逻辑上的当然,否则不得进行解释适用。③ 陈兴良教授在坚持事理上的当然的前提下,觉察到当然解释的形式侧面,以及明确增设逻辑上的当然的要求,强调从法律条文的具体概念出发,进行一定的逻辑演绎,以此寻求法律条文的真实内涵。暂且不论其“逻辑上的当然”的内容是否合理,从事理和逻辑两方面限定当然解释的实质内涵,更具有合理性。

其实,理论界关于当然解释的实质内涵的理解都大同小异,但都未真正触及其本质属性,看到的更多的是当然解释的实质侧面,亦即事理上的当然,但事理、逻辑上的当然不等同于法律逻辑上的当然。要准确地界定当然解释的实质内涵,涉及其性质、前提、依据等方面的问题,还要结合实质侧面和形式侧面对其进行阐明,而其形式侧面的内容又蕴含在具体的操作机理中,所以,仅从事理外观上对当然解释进行阐释,还远远不够。

(二)当然解释的性质归属

通常认为,当然解释属于体系解释,因而也是一种解释理由。当然解释“之所以能成为解释理由,主要是因为当然解释是基于类比得出结论的”。④ 类比的核心在于同等事项做相同处理,基于类比就可以提供一种解释理由。将当然解释视为一种解释理由实际上是遵循了这样一个解释过程:未决案件与已决案件在事实构成方面诸为雷同,既然它可以适用既存法条,未决案件“当然”可以同等地适用该法条。已决案件的处理为未决案件的处理提供一种理由,在这种理由的支撑下,运用某一解释技巧,即可将未决案件事实解释进既存刑法规范中,得以完满的处理待决事项。由此可见,当然

① 杨仁寿:《法学方法论》,中国政法大学出版社 2013 年版,第 120 页。

② 苏力:《解释的难题:对几种法律文本解释方法的追问》,载《中国社会科学》1997 年第 4 期。

③ 陈兴良:《罪刑法定原则的本土转换》,载《法学》2010 年第 1 期。

④ 张明楷:《刑法学中的当然解释》,载《现代法学》2012 年第 4 期。

解释仅为解释技巧的运用提供一种解释理由,通过当然解释得出的结论不能直接用于判断某一行为是否构成犯罪,还要有相应的解释技巧作为媒介才能通往犯罪构成要件。在应然层面将当然解释视为一种解释理由,并无不妥,因为从事理上而言,当然解释为人们提供了一种应该这样做的直观感受,但能不能这样做,不是当然解释本身所要解决的问题。与此相对立的观点则认为,当然解释是一种狭义的解释方法,持该观点的有陈兴良、王利明等学者。当然解释是一种解释方法,某一具体行为虽没有明确的刑法规范可适用,但依据既存刑法规范的意义包摄,可以通过当然解释而直接将这一刑法规范直接适用于该具体行为。王利明教授的观点与之相似,"当然解释仍然属于狭义的法律解释方法,因为当然解释的结论仍然处于法条文意的可能范围之内。法条文意的可能范围,并不限于其字面含义,而是指其射程范围。在当然解释的情况下,虽然法律条文的字面含义不能包括待决案件,但是,通过对其进行'扩张',就可以适用,而且此种'扩张'还处于法条文义的可预测范围内"。[①] 这种观点随即招致批判,根据当然解释得出的结论并不必然处于文义的射程范围内,扩大解释与当然解释的性质不同,处于不同的层面。持解释理由的一方作此批判不无道理,但两种对立观点始终不是处于同一个对话平台对该问题进行探讨,自然会得出不同的结论,难说孰优孰劣。

当然解释是一种能够自给自足的论理解释方法,也就意味着当然解释具有双重属性,它既是一种解释理由,也是一种解释方法。首先,基于轻重相举,当然解释本身就能为自己提供一种解释理由,或称为指导形象,但由此应然预设得到的第一次结论并不可靠,甚至与刑法规范背道而驰,故不能直接做决断。其次,当然解释有其独特的构造,可以通过具体的比较规则得到第二次的解释结论,且该结论能够直接用于判断某一行为是否能适用既存刑法规范,不需要借助其他的解释方法就可产生相应的法律效果。不可否认的是,当然解释作为一种解释方法进行解释时,会对事实构成进行一定的剪裁或延伸,但此种剪裁或延伸不是在做扩大解释或缩小解释,它本身就是当然解释的内容。当然解释集解释理由与解释技巧为一体,单纯地将其看作一种解释理由或解释方法,都不能完整诠释其性质归属。

(三)当然解释与两种解释方法的比较

1. 当然解释与类推解释

当然解释与类推解释在轻重相举的类比外观上高度相似,且当然解释作为一种解释方法时,与类推解释处于同一层面。类推解释作为一种单纯的解释技巧,需要一定的解释理由做支撑时,很可能以当然解释作为其解释依据,尽管如此,也不可将二者等同视之,而且二者在内部构造等方面都不尽相同。首先,当然解释是在法内厘清具体规范条文的意旨,使之明确化,由此作出的解释结论为刑法规范所允许并承认。类推

① 王利明:《法学方法论》,中国人民大学出版社2011年版,第353页。

解释则是在法外进行法的续造，意在填补法律漏洞，另外强行增设规范内容，突破规范原意，不利于被告人的类推解释被绝对禁止，但不禁止有利于被告人的类推解释。其次，当然解释是一种单要素比较，类推解释是全要素比较。所谓单要素比较是指在其他诸要素均相同的前提下，将待决事项中的某一固定的事实要素和与之相对应的某一基础规范要素进行推理比较得出结论；全要素比较是就构成要件加之法律后果进行整体类比，只要存在一个相似点即可，[①]其中蕴含的法理是“类似情况同等处理”。二者的解释方向也存在差异，进行入罪解释时，当然解释的轻重比较是相向而行，若单要素比较时，重者更重，即可入罪；类推解释在多数情况下都是一个从无到有的解释过程，类比时极易出现轻重颠倒，属于欲加之罪。故相较当然解释的严格推理，类推解释的主观随意性较大，不受客观规范的制约。最后，二者的推论形式也大为迥异，当然解释的推论形式为直接推论，类推解释的推理形式是间接推论。

有学者指出，案件事实在刑法规范中存在的“落脚点”是当然解释进行推理的关键。在刑法规范中存在的“落脚点”可分为三种情形：(1)待解释事项在刑法规范中有明确的落脚点；(2)待解释事项在刑法规范中有落脚点，但落脚点不明确；(3)待解释事项在刑法规范中没有落脚点。[②] 当某一刑法规范为概括性或兜底性条款时，就出现上述第一种情形。如《刑法》第 114 条“以危险方法危害公共安全罪”之规定：“放火、决水、爆炸以及投放毒害性、放射性、传染性病病原体等物质或者以其他危险方法危害公共安全，尚未造成严重后果的，处三年以上十年以下有期徒刑。”“以其他危险方法危害公共安全”中的其他危险方法的危险程度应与前述放火、决水、爆炸等手段的危险程度相当，这是体系解释的要求，也是基于合理性和合法性的考量。又如《刑法》第 219 条规定了关于侵犯商业秘密罪的几种作为手段，但未将其详尽列举，“以盗窃、贿赂、欺诈、胁迫、电子侵入或者其他不正当手段”。无论从事理还是法律的角度，此时都应当对“其他不正当手段”作同类解释，即只有与盗窃、胁迫等手段相称的或尤甚的其他不正当手段侵犯商业秘密时才具有妥当性。纷繁复杂的事实难以在规范的有限表达中穷尽，故规范的有意概括或“有意沉默”实质上为当然解释提供了一个明确的落脚点，从文意脉络中就可进行独断性推论，与当然解释的体系性不谋而合。第二种情形较第一种情形更为复杂，因此，解释力度也更大，更能体现出当然解释的形式侧面。在第二种情形下，待解决事项虽然在刑法规范没有明确的落脚点，但只需要稍加解释，就可以将其摄入规范文本的意义内。诸如行为人在盗伐林木过程中，为窝藏赃物、抗拒抓捕或者毁灭罪证而当场使用暴力或者以暴力相威胁的，能否转化为以抢劫罪论处？对此，学界仍有争议，关键在于如何理解普通盗窃罪与盗伐林木罪之间的关

① 参见吕曰东：《当然解释的依据与思维进路》，载《法律适用》2015 年第 2 期。

② 参见李翔：《论我国刑法学中的当然解释及其限度》，载《法学》2011 年第 5 期。

系,即盗伐林木的事实构成在普通盗窃事实中能否找到落脚点。在不考虑数量的情况下,盗窃罪的基本构造为:以非法占有为目的+盗窃公私财物;盗伐林木罪的基本构造为:违反国家保护森林法规+以非法占有为目的+擅自砍伐公有或私有的林木。二者在基本构造上并无不同,且盗伐林木实现了双重法益侵害(财物与森林资源的侵损),因此,可以认为盗伐林木罪转化为抢劫能够在普通盗窃罪转化为抢劫中找到明确的落脚点,通过当然推理,即可解决规范适用问题。当然解释是在刑法规范内对条文进行解释,若待决事项在刑法规范中没有落脚点,就不可能进行当然解释,这是就当然解释的形式侧面而言。

经过对以上三种情形的讨论,可知当然解释是三段论式的直接推论,而类推解释则不然。类推解释的前提是待决事项没有可以适用的条文,在刑法规范中没有"落脚点",因此是一种"类似情况"的平面评价。

2. 当然解释与扩大解释

扩大解释,"指法律规定之文义,失之过于狭隘,不足以表示立法之真义,扩大法律条文的意义"。[①] 按此理解,扩张解释就是扩充法律条文的意义,使条文的意义不仅仅停留在字面意思上,而是以条文的字面意思为基准,以立法宗旨为半径,将其意义往四周辐射,确定一个文义范围,扩充后的文义均落在立法宗旨内。如《刑法》第49条中规定,"审判的时候怀孕的妇女,不适用死刑"。一般来说,仅从字面上理解"审判时",是指人民检察院提起公诉时至人民法院做出判决这一段期间,但如果作此理解,不完全符合特别关照孕妇、保护胎儿权益的立法原意,因此,需要对此进行扩大解释,将"审判时"的节点前移至怀孕妇女因涉嫌犯罪被羁押时的时点,经过扩大解释后,"审判时"的文义为从涉嫌犯罪被羁押时起到人民法院做出判决生效时止。由此,在羁押期间已经怀孕的妇女,不论在此期间内自然流产还是人工流产,人民检察院移送起诉及人民法院审理时都不得适用死刑。需要注意的是,明显超过字面意思的扩大解释将质变为类推解释,扩大解释也不复存在。例如,2017年《刑法》第341条规定了"非法收购、运输、出售珍贵、濒危野生动物、珍贵、濒危野生动物制品罪",但现实中还存在以营利为目的加工利用珍贵濒危野生动物及其制品的行为,成为全面保护野生动物资源的一个缺口。因此,最高人民法院在《关于审理破坏野生动物资源刑事案件具体应用法律若干问题的解释》中,将"出售"解释为"包括出卖和营利为目的的加工利用行为",有学者认为这是一种扩大解释,也有学者认为其本质上是一种类推解释,本文赞同后一种观点。出售应当是一种双向营销活动,不包括单向的加工利用行为,即使行为背后是以营利为目的也在所不问。

当然解释的可比较性是有别于扩大解释的一个核心特质,且扩大解释与类推解释相

① [德]卡尔·拉伦茨:《法学方法论》,陈爱娥译,商务印书馆2003年版,第229页。

同，是一种平面延伸的解释过程，当然解释是立体三维的比较活动。在进行当然解释时，基于比较规则会对事实进行剪裁或延伸，但是，对事实的剪裁或延伸不等于扩大解释。

二、当然解释适用前提的澄清

当然解释作为解释理由时是其实质侧面的内容，作为解释方法时是其形式侧面的内容。将其视为一种狭义的解释方法时，必须以法律文本为解释起点。

（一）适用前提的争议

在法律文本的有限表达中，很难将当下或未来的全部事实考虑周全，并将其囊括到文本中，因此，就会出现法律文本表达不足的缺憾。文本表达不足的缺憾包括“法无明文规定”和“法无明确规定”两种情况。“法无明文规定”是典型的立法漏洞，是立法者无意的疏漏。基于罪刑法定原则“法无明文规定不为罪，法无明文规定不处罚”的要求，立法漏洞只能由立法解决。“法无明确规定”是立法者有意的疏忽，在动态的司法运行过程中，需要借助一定的解释方法，将法律文本进行解构和释明，方可直接将待决事项适用于刑法规范中。张明楷教授认为当然解释的前提是“法无明文规定”，陈兴良教授则认为当然解释的适用前提为“法无明确规定”，两种表述的差异反映出两位学者对当然解释的不同理解。但在相对的罪刑法定主义视域下，将“法无明确规定”作为当然解释的适用前提更为严谨，也符合严格解释的要求。当然解释不是想当然的解释，从法律文本出发，在待解释事项与法律文本之间“顾盼流转”，仍是当然解释必须遵循的解释规则。

（二）适用前提的澄清

1.“法律无明确规定”

若每一法律条文能在字面上涵盖所能设想的全部事实，则不存在解释问题；若每一法律条文无论如何都不能囊括某一待决事实，也不存在解释问题。只有处于中间地段，即法律条文不明确时，才有解释的可能性。在我国刑法体系日趋完善和健全的过程中，遗留更多的是规范条文不明确的问题，这也是成文刑法的一大通病。这也表明，一味地生搬硬套刑法条文不足以应对错综复杂的案件事实。从法的安定性和可预测性角度来看，对刑法条文进行解释时，又不得逾越罪刑法定原则的樊篱。面对复杂的现实世界，罪刑法定原则所要求的刑法的明确性也得到了重新的认识，“我们逐渐发现刑法条文的某些文字的文义并不是非常清楚、毫无争议的，因为文字的含义一般并不是一个具体的点，而是一个意义域”。[①] 将案件事实适用于某一刑法规范的过程中，当遇到“涵摄障碍”时，通过解释能落入刑法条文文字的表示的意义域内的，就是“虚假的涵摄障碍”，实质上是法律规定不明确所致。此时以法律没有明确规定为当然解

---

① 周光权：《罪刑法定原则的司法运用》，载《江海学刊》1999年第6期。

释的适用前提,充分尊重法律文本,符合罪刑法定原则的要求。

2. 语义内复数解释的可能性

以“法律没有明确规定”启动当然解释后,还需要进一步审视在刑法条文语义范围内是否有复数解释的可能性。如果某法律条文的逻辑概括只包括A、B两层含义,但拟解释事项属于第三层的C种含义,则不论在事理上如何“当然”,都不能通过当然解释将C解释为A或B。如《刑法》第236条规定的“强奸罪”的保护法益是妇女的性自主权,但奸淫幼女的行为更为恶劣,更应当遭受刑法上的否定性评价。从生理学上来说,妇女的成熟的生理特征是由幼女的不成熟的生理特征演变、过渡才得以形成,简言之,幼女阶段是成长为妇女的必经阶段。因此,通过当然解释,幼女的性权利更应当受到保护,奸淫幼女的行为也属于强奸行为,理应按强奸罪论处。如果认为男性也享有性自主权,则将奸淫男性的行为视为强奸行为,并以《刑法》第236条加以规制,是不妥当的,因为无论将“妇女”做何种解释,都不可能存在将男性解释为“妇女”这种可能性(排除双性人的情况)。在法律条文语义内有复数解释的可能性是当然解释的适用前提之二,由此可见,法律条文的“意义域”越宽泛,解释所受的限制越小。

三、当然解释的基础依据与规则

解释的基础依据,解决解释的正当性问题。当然解释既然有别于其他解释方法,就需要明确其内在依据如何,仅有一种“当然外观”,还不足以知其所以然。探求当然解释的基础依据,意在“知其然并知其所以然”,在正当性依据的支撑下,当然解释又有它独特的一套运作规则。

(一)当然解释的当然依据

当然依据是在司法实践中运用当然解释的重要依托和判断标准。要阐明当然解释的当然依据,首先要着眼于学界关于这一问题的研究成果,在理论聚讼中梳理和提炼出当然依据的具体内容。目前学界关于当然解释的基础依据的探讨并未达成共识,但主要形成了“两点论”“三点论”“统合三点论”三种观点。

“两点论”的最初形象为“事理上的当然和逻辑上的当然”。陈兴良教授指出,“事理上的当然是基于合理性的推论,逻辑上的当然是指解释之概念与被解释之事项之间存在种属或递进关系”。[①] 事理上的当然是事物本质规律的牵引,是最自然、理想的状态。但理想终究逃不出现实的禁锢,因此,还需要通过逻辑上的当然对其加以限定,使之变得现实可触,符合实际情况。但逻辑上的当然是否包括概念与概念之间的种属关系呢?答案是否定的。种属关系是整体与部分的关系,“属”是关于某事物的总概括,“种”是总概括下的组成要素,“种”本身就是“属”的下位概念,因此种属之间不具有

---

① 陈兴良:《本体刑法学》,商务印书馆2001年版,第35页。

可比较性。当概念与概念之间系种属关系时,仅通过文义解释就可以判断,毋须用上当然解释的比较规则。当然解释以法律文本为起点,在此之前要先进行文义解释,文义解释是按照法律规范中诸法条的字面意思进行直接判断的一种解释方法,如果仅从字面意思能知晓某一概念的真义,解释活动就此结束,阻断其他解释方法的适用;如果通过文义解释不能获得有效的结论,才有当然解释的适用空间。因此,初阶版“两点论”中“逻辑上的当然”的内容存在明显的缺憾,不能完全作为当然解释的应用依据。

理论总是趋于完善的。在初阶“两点论”的基础上,又发展出进阶“两点论”。进阶“两点论”认为当然解释的应用依据为事物本性和规范宗旨。将事物的本性作为轻重相举据以判断的内在依据,规范宗旨则作为当然解释的应用基础,①二者构成当然解释的应用依据。进阶“两点论”仍然没有全面揭示当然解释的应用依据。事物的本性与规范宗旨从某种程度上是挂钩的,况且规范宗旨通常是解释者个人的解读,如果某种犯罪行为基于其事物本性之使然确有处罚的必要,即该行为具有实质处罚性,通常会对规范宗旨换一种理解使其保护该行为侵犯的法益,此时,事物本性和“规范宗旨”就是互相契合的。且仅以事物本性和规范宗旨作为当然解释的应用依据不能体现出它作为一种解释方法的特殊性,亦即,没有体现出当然解释的逻辑推断性。还有学者从人的理性和事物属性的当然道理来衡量刑法规范的宗旨。② 但是,有理性的人能够辨识并把握事物内部之间某种基本关系,人的理性是对事物属性的直观反映,二者并无实质区别,而人的理性先天具有缺陷,仍然不能明晰当然解释的当然依据。

“三点论”是初阶“两点论”和进阶“两点论”相互糅合的结果。“三点论”将初阶“两点论”中逻辑上当然的内容具化为形式逻辑,加之进阶“两点论”中的事物本性和规范宗旨,形成形式逻辑、事物属性、规范宗旨的应用结构。根据前文的评述,事物属性和规范宗旨的外延过于宽泛,只能作为实质性的解释理由,当然解释属于一种严格的论理解释方法,具备逻辑上直接推论的特质,因而需要一定的逻辑演绎对其进行限定。形式逻辑能够限制当然解释的随意适用,凸显其严格解释的品格。不同学者对形式逻辑有不同的理解。有学者认为形式逻辑是指概念之间具有包含关系,“只有当概念之间存在包含关系时才可以适用当然解释”。③ 将形式逻辑理解为概念与概念间的包含关系,实际上又回到了关于种属关系的探讨,当概念间存在包含关系时,适用文义解释就可解决问题,谈不上当然解释的适用。另有学者指出,形式逻辑是待决事实与基准事实之间的轻重相举而形成的理性的评价,该理性评价又是对立法宗旨、法理和事理的反映,概念间的种属关系和递进关系都不是形式逻辑的内容。④ 但是,基准事

① 参见郑永流:《法律方法阶梯》,北京大学出版社 2008 年版,第 198 页。
② 参见欧阳竹筠、杨方泉:《刑法当然解释论》,载《中国刑事法杂志》2005 年第 3 期。
③ 李翔:《论我国刑法中当然解释及其限度》,载《法学》2014 年第 5 期。
④ 参见吕曰东:《当然解释的依据与思维进路》,载《法律适用》2015 年第 2 期。

实与待决事实之间的轻重相举最终还是要落到具体概念之间关系的比较上。结合立法宗旨、事理和法理进行的轻重相举仍然没有落实到某个具体的点,只是泛泛而谈。

有学者对"两点论"和"三点论"的可取之处与不足之处进行扬弃,主张当然解释的应用依据是事物本质、实质逻辑和规范宗旨的标准体系,并对这三个标准进行了系统的阐述。首先,事物本质不是指通常意义上的事物的性质或本质属性,借考夫曼的表述,这里所说的事物本质系法律的构成要件。[①] 在三段论推理中,大前提是法律规范,小前提是法律事实,将法律事实涵摄到法律规范的过程中,需要借助一定的介质才能完成,这个介质就是法律的构成要件,法律构成要件成为应然与实然之间的调和者。[②] 构成要件在法律规范与法律事实之间搭建一座桥梁,形成一个完整的法律适用结构。在一个犯罪中,包含各种各样的事实,但法律规范不考虑那些无关紧要的事实,仅择取符合构成要件的那部分事实,亦即,通过构成要件对案件事实的进行解构和重构,得到具象的法律事实,从而形成较为稳定的规范结构和事实结构。当法律的构成要件能够完全反映事物本质的全貌,二者间可以严丝合缝地对合时,则法律构成要件就是事物本质本身,因此,可以说事物本质就是法律的构成要件。问题在于,解释活动正是由于表面的刑法规范供应不足,才得以触发的。构成要件并不总是能充分地涵盖事物本质的方方面面,有些构成要件恰恰只反映了事物本质的一部分,或者说只看到事物间的此种联系,忽略了事物间的他种联系,因此需要运用解释方法将其未明确的那部分法律事实解释进构成要件内。例如,扒窃也可以是盗窃的表现形式。如果法律的构成要件不能全面地囊括事物本质,就不可将法律的构成要件与事物本质全然等同起来。将事物本质与法律构成要件视为一物的观点,值得商榷。

"统合三点论"的第二个当然依据是实质逻辑,有别于传统的形式逻辑,实质逻辑是指"基于事物属性判断出来的递进关系……递进关系也就是法律的构成要件与法律事实的'事实构成'之间所成立的实质性的进阶或降阶关系"。[③] 但是,如何理解要件之间"实质性、程度上的进阶或降阶关系"?学者对此进行了举例说明,在侵犯商业秘密罪中,在其他要件均相同的情况下,抢劫商业秘密的行为性质和恶性程度明显重于盗窃、利诱、胁迫等侵犯商业秘密的行为,因此,它们之间存在实质的递进关系。在此情形下,抢劫商业秘密的行为在《刑法》第219条中有明确的落脚点,对"其他不正当手段"作实质性的当然解释,就可将其涵盖构成要件内,也不违背罪刑法定原则。但是,如果抢劫商业秘密的行为在该条文中没有明确落脚点时,能否仅以行为手段的行为性质或恶性程度的实质递进关系就得出入罪结论,还值得商榷。此时,抢劫的行

---

① 参见魏治勋:《当然解释的思维机理及操作规则》,载《法商研究》2018年第3期。

② 参见[德]亚图·考夫曼:《类推与"事物本质"——兼论类型理论》,吴从周译,台北,学林文化事业有限公司1999年版,第126页。

③ 魏治勋:《当然解释的思维机理及操作规则》,载《法商研究》2018年第3期。

为性质或恶性程度并不能使之当然成为"侵犯商业秘密罪"构成要件之内的内容,还须从构成要件的内部寻找当然依据。判断事物之间是否具有实质性的递进关系,仅以"事物本质"(构成要件)与"递进关系"两个依据是很难进行判断的,所以还应当将目光转移到"规范宗旨"上,结合规范宗旨进行判断,以规范宗旨作为第三个当然依据,且该带有行为后果预测的依据是更具根本性的依据。例如,某公园禁止游客带狗进入园内,则狮子、老虎等猛兽更不应该被允许带进公园。狗和狮子、老虎之间并不存在实质性的递进关系,也即待决事实与构成要件事实之间不存在任何的进阶或降阶关系,但是,通过衡量该禁止性规定的意旨——基于安全保护义务,避免此类凶猛的动物在园内构成安全隐患,就可以知道狮子、老虎等动物当然也在禁止之列。以规范目的作为当然解释的"兜底性"应用依据,在民法上是可行的,虽然难以在刑法中适用,但并不是说规范目的不能作为当然解释的当然依据。直言之,在刑法学中,当然解释以遵循罪刑法定原则为前提,不能在事实不符合构成要件的基础上,再基于规范宗旨将某一犯罪行为入罪。例如,我国《刑法》第 262 条规定了"拐骗儿童罪","拐骗"的具体行为方式通常是欺骗或引诱,如果行为人在公共场合以暴力手段强行夺走孩童的,是否能以《刑法》第 262 条加以规制呢?很显然,抢夺孩童的行为相较于拐骗孩童的行为更具有实质处罚性,因为拐骗是一种相对平和的手段,而抢夺是直接上升为暴力性质(轻微暴力),严重侵犯了儿童的人身权利,更具有处罚必要性。在外观上似乎可以当然直接适用《刑法》第 262 条对抢夺儿童的行为进行定罪处罚,但并没有评价行为的暴力部分的内容,这样的"入罪"反而是有利于行为人的。但是,拐骗与抢夺只是在行为外观上存在轻重之分,二者的实质内容不一致,拐骗不是抢夺的降阶概念,抢夺也不是拐骗的升阶概念。既然抢夺儿童的事实不能解释为"拐骗儿童罪"的构成要件事实,就不能适用《刑法》第 262 条之规定,只有规范目的之当然而不具备构成要件之当然,是实质层面的当然依据。举此例是想说明,在刑法学中,规范目的不是当然解释的终极依据,构成要件的符合性才是当然解释的最后依据。

本文通过对上述观点的评析和辩驳,并立足于现有研究成果之上,主张当然解释的当然依据是事物本质(事理)、规范目的与构成要件的有机统一,三个应用依据之间形成一个从实质到形式有序推进的结构体系,系"修正的三点论"。

1. 事物本质之当然

事物本质上的当然是当然解释的第一个应用依据。事物的本质就是基于事物的内在规定性而呈现出事物原本的模样,是无法抗拒、不可辩驳的客观存在。① 在自然科学领域,它是某种自然规律牵引的客观存在,比如万有引力的存在;在社会科学领

① 参见[美]E. 博登海默:《法理学:法律哲学与法律方法》,邓正来译,中国政法大学出版社 2004 年版,第 454 页。

域,它是整体社会关系相互联结、相互作用而成的客观存在。“定律是科学家们对自然规律进行认识的主观产品”,[①]牛顿三大定律就是万有引力的认识结果。在某种意义上,我们也可以说制定法就是法学家们对社会关系中蕴含的规律进行认识的主观产品。无论是定律还是制定法都是对事物本质这一本体进行认识活动后得到的结果,区别在于,定律往往是对事物本质进行忠实、精准的认识,被证实的定律就是事物本质本身。而制定法要通过立法者的语言表达向民众传达法律的内容,法律语言要做到避免冗余、高度凝练而又精确无误,绝非易事。一方面,立法者首先对事物本质进行认识,其认识活动可能会受限于自身认知能力的大小;对事物本质进行认识后得到的认识结果又要通过严谨、专业的语言表达出来,此时又可能受限于立法者的语言能力的大小。另一方面,法律的受众是普通的人民群众,考虑到民众的语言理解能力,法律语言不能高度抽象,只有尽可能地使之通俗易懂。因此,将事物本质外化为实在的制定法,要受到立法者的认知能力、语言能力以及民众的语言理解能力这三重限制,三重限制背后又有诸多的交流隔膜,极易形成法律语言的“空缺结构”。正是由于语言的“空缺结构”的存在,才留下了解释的空间。事物本质表现为一种客观存在的必然性,待解释事项如果与刑法规定的事项之间存在某种客观且必然的联系,那么通过当然解释将待解释事项纳入某一具体刑法条文的规制范围内,就具备事物本质上的当然。

2. 规范目的之当然

当然解释中也掺杂有目的解释的内容,因此,在进行当然解释时,必须要考虑刑法规范的目的,对法条所欲达到的目的进行预判,并立足于司法经验、法意识或法感情(正义感)等方面得出结论。[②] 根据前文的阐述,这里所提到的规范目的不是立法原意,而是刑法规范中的客观意思,要探寻刑法规范在当下的客观目的,就不能完全拘泥于法条的字面含义,要超越法条的字面意思进行实质理解。“犯罪是侵害法益的行为,刑罚法规是为了保护法益而存在的。刑法中的目的论解释,就是为了以最适当的形式保护法益而应当怎么办的见地出发解释条文,即以保护法益为基准进行解释”。[③]法益侵害性是犯罪的本质特征,基于对不同法益的保护可划定不同的犯罪类型,此即犯罪的类型化。在不同犯罪类型下,又以具体的法律条文保护某一具体的法益,刑法条文的任务就是周延地保护法益。在司法实践中,之所以出现诸多的疑难案件,是因为现实中的案件事实错综复杂,出现了法律适用障碍,但依具体法条的保护的法益内容来看,待决事项又理应在其规制范围内,这就是规范目的上的当然。例如,我国刑法规定,行为人乘人不备公然夺取国家所有的档案的,构成抢夺国有档案罪,本罪侵犯的

① 方孔:《实在法原理:第一法哲学沉思录》,商务印书馆2007年版,第29页。

② 参见张明楷:《刑法学》(上)(第5版),法律出版社2016年版,第39页。

③ 参见[日]井田良:《讲义刑法学·总论》,有斐阁2008年版,第52~53页。

法益是国家对档案的所有和管理。若行为人实施暴力手段或以暴力相威胁获得国家档案的,同样侵犯了国家对档案的所有和管理,当然也具有实质处罚性,但是抢劫国有档案的行为在刑法中没有明确的法条可适用,通过对抢夺国有档案罪的规范目的的衡量,为了周延地保护法益,当然也可以将抢劫国有档案的行为以抢夺国有档案罪定罪处罚。

3. 构成要件之当然

构成要件之当然是当然解释的最后一道防线。构成要件是区分罪与非罪、此罪与彼罪的唯一标准。这里所说的构成要件不是只表明违法性要素,而是构成犯罪所必需的全部要件,包括违法要件和责任要件。犯罪的事实构成由各自构成要件首先确定下来,不同犯罪的构成要件可能会有重合部分,但绝不可能完全相同,这样一来,某一行为是否构成犯罪,构成犯罪的,是构成此种犯罪还是他种犯罪,都可以通过构成要件进行判断。在构成要件内,有各种违法要素和责任要素,在具体的犯罪类型中,它们都是确定的。在运用各种解释方法对法条进行解释时,都要受到犯罪构成要件的限制,当然解释也不例外。如若不然,再怎么解释都是在做无用功。要想通过当然解释将待解释事项解释进构成要件内,需要将待解释事项与构成要件中所涉要素进行逻辑上的比较,“若待解释事项和刑法规定之间具有逻辑上的递进发展关系,就可以将待解释事项吸纳到刑法用语的规范含义之中”。[①] 本文将“逻辑上的递进发展关系”理解为逻辑上的实质层升关系,假使待解释事项与构成要件中所涉要素之间具有逻辑上的实质层升关系,就当然符合犯罪的构成要件;反之,要素之间只是逻辑上的形式层升关系,就不具备构成要件之当然。例如,抢劫行为与抢夺行为之间属于逻辑上的实质层升关系,而抢劫行为与诈骗行为之间仅属于逻辑上的形式层升关系。

事物本质、规范目的与构成要件是一个有序的结构体系,先有事物本质与规范目的作为实质依据,后有构成要件作为形式依据,当然解释就同时兼具实质层面的当然和形式层面的当然,因而具有正当性根据。

(二)当然解释的运作规则

明晰了当然解释的适用前提和应用依据两个前提性问题后,还要通过具体的运作规则将之应用于司法实践中。当然解释的目的在于将待决事项解释进犯罪的构成要件内(这里仅指入罪),因此,当然解释的运作规则主要围绕着构成要件这一当然依据进行说明。逻辑上的直接推论是当然解释的核心特质,其遵循的仍然是三段论推理方式。

1. 确定可适用的刑法规范

众所周知,三段论推理的第一步是寻找大前提,即确定可适用的法律规范。刑法

① 刘艳红:《走向实质的刑法解释》,北京大学出版社2009年版,第221页。

条文是刑法规范的外在表达,确定唯一的刑法规范就是确定唯一适用的刑法条文。依据事物本质上的当然和规范目的上的当然,可以确定唯一适用的刑法条文。首先,刑法规范是对事物本质进行认识得到的结果,事物的本质可能由多个刑法规范予以反映,这些规范之间就存在某种必然的联系。从行为人的行为外观入手,如果该行为也是事物本质的一部分,它就可能同时符合多个刑法规定。在事物本质的牵引下,可找到相关的法条,而且相关的法条不止一个,这些相关法条都具有适用可能性。其次,刑法分则的具体条文所保护的法益不尽相同,各司其职,要实现的规范宗旨也不同。透过行为外观看法益侵害性,可确定行为侵犯的法益类型,如果该行为刚好落入某一刑法条文法益保护圈内,则排除其他相关法条的适用,就此可以确定能够适用的刑法规范。需要明确地是,有可以适用的刑法规范不等于必须适用该刑法规范,究竟能不能适用该条文还要进一步地分析。

2. 事实与规范的对接

一则刑法条文中包含了规范的违法要件和责任要件,统称为规范的构成要件。在待决案件事实中,除了法律事实外还包含一些生活事实,要先剔除这部分生活事实,将余下的事实予以结构化,才能得到符合规范条文的事实构成。结构化的事实构成与规范的构成要件之间可能会呈现三种不同的情形:第一,结构化的事实构成完全符合规范的构成要件,可以直接完成法律事实与规范条文的涵摄,不需要进行当然解释就可以实现入罪化处理;第二,结构化的事实构成与规范的构成要件之间不是一一对应的关系,有两个或两个以上的要素不能相匹配,这种情况下不能进行当然解释;第三,结构化的事实构成与构成要件的其他要素都能一一对应,可直接进行涵摄,但是在事实构成中存在一个要素与构成要件中对应的要素不具有涵摄关系,但这两个要素之间是实质层升或形式层降关系,这个要素既可以是违法要素,也可以是责任要素。由此可见,作入罪解释时,待决事实与犯罪构成要件之间,不可以在其他对于决定具有重要性的要素上有所差异,且必须存在一个可层升要素,这个要素是以某种特定的程度实现,并且建构或限制了法律效果,[①]这个可层升要素就是待决事项在刑法条文中的落脚点。

3. 同一性的轻重相举

在待决事实与构成要件中确定了互相对应的可层升、可层降要素后,就可说明这一对要素之间存在轻重差别,可以进行轻重比较。同一性的轻重相举,是指将构成要件中的要素作为基准要素,将待决事项中对应的要素与之进行轻重比较。在进行不利于被告人的入罪解释时,事实与规范的对应要素之间是实质的层升关系,基准要素本身是可层升的要素,而待决事实中与之对应的要素是对基准要素进行层升后的当然样

① 参见[德]英格博格·普珀:《法学思维小学堂》,蔡圣伟译,北京大学出版社2011年版,第99页。

态。如果该基准要素此时能够“建构法律效果”，消极入罪，科处刑罚，那实质层升后的要素更能够建构其法律效果，就可将整个待决的法律事实包摄到该规范条文中，进行定罪处罚，这是举轻以明重的判断模式。如 A 罪的规范性构成要件表示为 A = a + b + c + d（d 是可层升要素），待决事项的事实构成为 a + b + c + d（↑），在 a、b、c 三个要素完全对应的基础上，待决事项中的 d（↑）与构成要件中的 d 之间又构成实质的层升关系，假设 A 罪的刑罚后果是 f，待决事项更应该受到 f 的否定性评价。进行有利于被告人的出罪解释时，采取举重以明轻判断模式，仅要求事实与规范的对应要素之间要求具备形式的层降关系。规范条文中的基准要素是可层降的要素，待决事项中对应的要素是对基准要素进行层降后的当然样态，该基准要素能够“限制法律效果”，则经形式层降后的要素不能进入该法律效果的视域内，整个待决事实也不可包摄到该规范条文中。例如，A 罪的构成要件为 A = a + b + c + d（c 是可层降要素），待决事项的事实构成为 a + b + c（↓）+ d，c 与 c（↓）是形式的层降关系，若 A 罪的刑罚后果是 f，待决事项就不应该承受 f 的否定性评价。因此，如果待决事项在刑法规范中有落脚点，但落脚点不明确时，规范与事实中对应要素的同一性的轻重相举是判断当然解释是否有效的核心规则。

四、罪刑法定视域下的当然解释

罪刑法定原则是对当然解释的基本遵循，在司法实践中，根据当然解释原理得到的不利于行为人的结论，必须接受罪刑法定原则的检验。

（一）罪刑法定原则是当然解释的基本遵循

在罪刑法定原则的本土化转换过程中，逐渐实现由绝对的罪刑法定主义向相对罪刑法定主义的转变，这是普遍的共识。绝对的罪刑法定主义主张，按照规范条文的字面意思对某一犯罪行为进行定罪处罚，如果待决事项不符合条文字面上规定的构成要件，无论其违法性和非难可能性的程度如何，都不能认定行为人构成犯罪，并对其科处刑罚。绝对的罪刑法定主义是机械的权力本位思想，企图将犯罪设定为完美、固定且理想的状态，不足以应对客观复杂的现实世界。相对的罪刑法定原则主义兼顾形式合理性和实质合理性。刑法解释学中存在实质解释论与形式解释论之争，但二者不是水火不相容、相生相克的关系，可归为解释顺位的问题，实质论者坚持从法益保护出发，“先做行为是否当罚的实质判断，再考虑是否突破概念的日常语义范围”，[①]如果行为确有处罚的必要性与合理性，也要在符合罪刑法定原则的基础上，对刑法用语进行解释。“不属于刑法明文规定的行为，即使法益侵害再严重，也不科以处罚……如果缺

① 劳东燕：《刑法解释中形式论与实质论之争》，载《法学研究》2013 年第 3 期。

乏构成要件的规定,当然不可能通过实质解释将其认定为犯罪”,[①]基于对法益保护目的扩大解释的空间,但这个解释空间也受限于犯罪的构成要件,需要在构成要件内尽可能探求刑法用语的“意义域”。正如德国刑法学者所言:“正确的解释,必须同时结合符合法律的文言与法律的目的,仅仅满足其中一个标准是不够的”。[②]

当然解释也是遵照这样一个逻辑进程,没有突破罪刑法定的刑事司法理念。首先,“法无明确规定”与“法无明文规定”不冲突,在法律没有明确规定的情况下,进行释法活动,并不违反罪刑法定原则。当然解释是超越被解释的刑法文本语词的通常字面含义范围进行解释,是一种逻辑推理,而非天马行空、纵横驰骋地对刑法文本进行任意和自由的解释。其次,事物本质上的当然与规范目的上的当然都是当然解释实质侧面的内容,侧重保护法益,提供一种解释理由;构成要件上的当然限定解释的边界,是解释的最后防线,这是当然解释形式侧面的内容,形式侧面要求充分尊重规范条文的文义,继而探寻规范概念的真义,当然符合罪刑法定原则基本要求。最后,罪刑法定原则也贯穿当然解释的具体适用过程,从“确定可适用的法律规范”到“规范与事实的对接”,再到以构成要件中的要素为基准要素,与待决事项中的对应要素进行“同一性的轻重相举”,确定对应要素之间的层升、层降关系,并直接将刑法规范直接适用于某一具体行为,无一不以符合罪刑法定原则为前提。

(二)当然解释的司法适用

1. 入罪——举轻以明重

当然解释兼具解释理由与解释技巧的双重属性,适用当然解释对某一行为进行入罪解释时,这两个属性在具体适用中有不同的体现。

当然解释作为一种解释理由。我国《刑法》第263条规定了抢劫罪的八种加重情形,冒充军警人员抢劫就属于加重情形之一。在语言学中,“冒充”通常理解为“以假充真”或“以次充好”,诸如此类,冒充的本体与被冒充的对象之间是对立、互异的关系。军警人员是具有特殊身份的一类群体,所谓“冒充军警人员”有两种情形:一是不具有军警人员身份的人冒充军警人员,二是以此身份而冒充彼身份,如军人冒充警察或警察冒充军人。这两种情形都处于“冒充军警人员”这一刑法用语的含义内。引起学界普遍争论的是这样一种情形:真正具备军警人员身份的人实施抢劫的(排除两种身份交叉冒充的情形),该如何处理?我国刑法对此没有作出明确规定。一种观点认为,真军警人员显示军警人员身份实施抢劫,不适用“冒充军警人员”抢劫的规定。根据最高人民法院《关于审理抢劫刑事案件适用法律若干问题的指导意见》(以下简称《抢劫案件指导》)的规定:“军警人员利用自身的真实身份实施抢劫的,不认定为‘冒

① 张明楷:《实质解释论的再提倡》,载《中国法学》2010年第4期。

② [德]克劳斯·罗克辛:《德国刑法总论》(第1卷),王世洲主译,法律出版社2005年版,第151页。

充军警人员抢劫'，应依法从重处罚。"真正的军警人员自我冒充时，不存在被冒充的对象，实则是一个伪命题，有悖于常理，将真军警人员抢劫解释为"冒充军警人员抢劫"明显超出了刑法用语的文义范围，违反了罪刑法定原则。[①] 持该观点的有刘艳红、付立庆、刘明祥等学者。另一种观点认为，真军警人员抢劫比冒充军警人员抢劫的法益侵害性更为严重，有过之而无不及，更具提升法定刑的理由。[②] 抢劫罪的保护法益既包括财产法益，也包括生命、身体、自由等法益，是财产犯罪中最严重的犯罪。冒充军警人员抢劫之所以成为抢劫罪加重法定刑的理由，一方面是因为它加重了对被害人的胁迫程度，使被害人更加不能反抗和不敢反抗，另一方面是因为其损害了军警群体的名誉和形象，不利于维系军民、警民鱼水情，削弱民众对军警群体的信任感。仅从损害军警人员的集体名誉和形象来看，冒充军警人员抢劫被揭穿后，尚可挽回军警群体的清誉，而真正的军警人员抢劫对军警群体形象和名誉造成的损害是根本性的、不可逆转的，理应受到加重的否定性评价。[③]

第二种观点实则是通过"举轻以明重"的原理将真正的军警人员抢劫纳入"冒充军警人员抢劫"这一情节中，此时运用的当然解释仅提供一种解释理由。在当然解释作为解释理由的支撑下，又可以运用其他解释技巧对"冒充军警人员"进行解释。例如，张明楷教授认为，冒充不等于假冒，"冒充"一词可拆分为假冒和充当，[④]如此一来，"冒充军警人员"包括假冒军警人员或充当军警人员两个子类型，二者同为提升法定刑的情节，能够周延地保护法益。无论张明楷教授在这里运用的解释技巧是扩大解释还是类推解释，都不是当然解释的内容。以当然解释作为解释理由，通过"举轻以明重"的原理形成的入罪结论不必然符合罪刑法定原则。

当然解释也可以是一种解释技巧，运用当然解释得到的结论可以直接适用于刑法规定，罪刑法定原则也内化于当然解释的整个过程。例如，《刑法》第 17 条规定，"已满十四周岁不满十六周岁的人，犯故意杀人、故意伤害致人重伤或者死亡……应当负刑事责任"。这一规定中不包括实施绑架行为，因此，已满 14 周岁不满 16 周岁的人实施绑架行为，不构成犯罪，但是，行为人绑架被害人后，故意杀害被害人或者故意伤害被害人致其重伤的，应分别按故意杀人罪或故意伤害罪论处。如果上述行为人绑架被害人后，使用暴力致使被害人死亡，但行为人既没有杀人故意，也没有伤害故意的，该如何处理呢？《刑法》第 238 条第 2 款后段规定，非法拘禁他人，使用暴力致人伤残、死亡的，分别构成故意伤害罪、故意杀人罪，该规定属于法律拟制，将非法拘禁罪拟制

---

① 参见刘艳红：《冒充军警人员抢劫罪之法定刑设置疏漏》，载《法学》2000 年第 6 期。

② 参见刘宪权：《论罪刑法定原则的内容及其基本精神》，载《法学》2006 年第 12 期。

③ 黎宏、王琦：《刑法解释方法的适用规则——以"冒充军警人员抢劫"的"冒充"之解释为例》，载《人民检察》2016 年第 21 期。

④ 张明楷：《刑法学》（下）（第 5 版），法律出版社 2016 年版，第 994 页。

为故意伤害罪或故意杀人罪,即只要行为人在非法拘禁被害人的过程中,使用暴力致人死亡的,即使没有杀人故意,也可认定为故意杀人罪。根据当然解释,行为人绑架他人后,使用暴力过失致人死亡,当然也具有实质处罚性,不能认为行为人既不对绑架负责,也不对过失致人死亡负责。绑架过失致人死亡的事实构成与非法拘禁过失致人死亡的规范构成之间的其他要素都一一对应,仅存在“非法拘禁”与“绑架”这一对应要素则不能直接涵摄。依据“举轻以明重”的原理可知,“非法拘禁”与“绑架”之间具有逻辑上的实质层升关系,绑架行为并不缺少非法拘禁行为的规范要素,可以将绑架评价为非法拘禁。因此,将绑架他人后使用暴力过失致人死亡的行为拟制为故意杀人罪,就不存在任何规范障碍。又如,女性对男性实施奸淫的行为不属于强奸罪的规制内容,对此类行为不能以强奸罪论处,而猥亵男性的行为可按强制猥亵罪定罪处罚,根据举轻以明重,强奸与猥亵之间也是逻辑上的实质层升关系,故将强奸男性评价为猥亵男性,当然也不存在规范障碍。

值得讨论的是,犯罪构成中的基准要素与待决事项中的对应要素之间是反向的实质层升关系时,能否当然地使待决事项入罪?例如,新型冠状病毒感染的肺炎大肆蔓延,已构成全球性的突发公共卫生事件,为了面对严峻复杂的疫情防控形势,依法准确打击涉及新型冠状病毒感染肺炎疫情的各类违法犯罪,最高人民法院、最高人民检察院、公安部、司法部联合制定出台的《关于依法惩治妨害新型冠状病毒感染疫情防控违法犯罪的意见》(以下简称《防控意见》)第1条第2款规定:“其他拒绝执行卫生防疫机构依照传染病防治法提出的防控措施,引起新型冠状病毒传播或者有传播严重危险的,依照刑法第三百三十条的规定,以妨害传染病防治罪定罪处罚”,从而激活了妨害传染病防治罪的司法适用。《防控意见》作出的此项规定可追溯至《刑法》与《传染病防治法》的相关规定。根据《刑法》第330条之规定,妨害传染病防治罪,是指违反传染病防治法规定,引起甲类传染病传播或者有传播严重危险的行为。但是,《传染病防治法》明确规定,“新型冠状病毒感染的肺炎属于乙类传染病,并采取甲类传染病的预防、控制措施。”由此可见,即使对新型冠状病毒感染的肺炎采取甲类传染病的预防、管控措施,其本质上仍然属于乙类传染病,事实与规范之间存在涵摄障碍。《防控意见》虽打破了这种尴尬的局面,提供了明确的法律依据,但是在学界也备受争议。本文认为,针对拒绝执行卫生防疫机构依照传染病防治法提出的预防、控制措施,造成新型冠状病毒传播或者有传播严重危险的行为,能否适用《刑法》第330条进行入罪的问题,可借助当然解释的原理予以说明。一方面,“妨害传染病防治罪”的保护法益是疫情防控秩序和公共卫生安全,行为人的客观行为直接侵害、冲击的是疫情防控秩序,才可能导致传染病毒的传播或传播的严重危险。新型冠状肺炎虽然属于乙类传染病,但对其采取的却是甲类传染病的预防、控制措施,与防治甲类传染病本身应该采取的防控措施没有区别,行为人的客观行为侵害的也是防治甲类传染病的防控秩序。因此，从保护传染病防治秩序的规范目的来看，行为人在新冠肺炎疫情期间和鼠疫期间拒绝执行的疫情防控措施、侵害的疫情防控秩序属于同种性质，拒绝执行新冠疫情防控措施的行为当然应当受到规制。另一方面，仅是妨害传染病防治秩序，还不足以对行为人进行定罪处罚，还必须造成甲类传染病的传播或传播的严重危险可能性。按照甲类管理的乙类传染病流变为甲类传染病的可能性极大，换言之，如果行为人拒绝执行甲类疫情防控措施，使该乙类传染病在不特定多数人中传播或者具有传播严重危险的行为不受刑法规制，此类行为就会成为导致疫情防控秩序不可控的隐性因子，直接助长该乙类传染病流变为真正的甲类传染病，间接推动甲类传染病的传播。根据当然解释的运作机理，将规范与法律事实予以结构化：妨害传染病防治罪 = 违反甲类防控措施 + 甲类传染病的传播或传播严重危险；待决事项 = 违反甲类防控措施 + 按甲类管理的乙类传染病传播并质变为甲类传染病 + 甲类传染病的传播或传播严重危险。如此一来，行为人的客观行为造成按甲类管理的乙类传染病的传播无异于造成甲类传染病的传播，且甲类传染病与按照甲类管理的乙类传染病之间是反向的实质层升关系，规范要件中的“甲类传染病”是事实构成中“按照甲类管理的乙类传染病”这一要素层升后的当然结果。而且，造成按甲类管理的传染病传播的行为更具有处罚的必要性，只有将其纳入“妨害传染病防治罪”的规制范围内，才能提前阻断甲类传染病的传播。但是，根据规范与事实的对应要素之间的反向实质层升关系进行“举轻以明重”的入罪解释应该受到限制。

2. 出罪——举重以明轻

适用“举重以明轻”的解释原理作有利于被告人的出罪解释时，受罪刑法定原则的限制较少，但仍然要求存在降低违法性或有责性的要素。举重以明轻的判断模式，是将待决事项与未被刑法规定为犯罪的行为进行轻重比较，如果较重的行为没有被刑法规定为犯罪，那么较之更轻的行为也不应当构成犯罪。通过这一判断模式，可以为司法实务中的一些行为不被定罪处罚提供依据。例如，《刑法》第 389 条第 3 款规定，行为人给予国家工作人员财物，客观上没有获得不正当利益，主观上又没有行贿故意（被勒索）的，不构成行贿。根据举重以明轻的当然解释原理，行为人因被勒索给予非国家工作人员以财物，没有获得不正当利益的，当然也不构成对非国家工作人员行贿。当事人毁灭、伪造自己案件证据的行为，因为缺乏期待可能性，没有被刑法规定为犯罪。那么，当事人教唆他人帮助毁灭、伪造自己案件的证据行为，同样缺乏期待可能性，当然不构成帮助、伪造证据罪的教唆犯。又如，甲、乙二人以勒索财物为目的，偷盗了一个尚在襁褓中的婴儿，为维持婴儿的正常体征顺利勒赎，甲雇用了一名保姆，保姆每天事无巨细地照顾该婴儿。在本案中，保姆的行为是正常业务行为，并且是保护法益的行为，不构成绑架罪的帮助犯。如果该保姆住在甲、乙二人的隔壁，听闻婴儿日夜啼哭，于心不忍，就主动上门喂养婴儿，此类情谊行为就更不应当被规定为犯罪，追究其刑事责任。除此之外,举重以明轻的解释原理还可以运用于刑罚的裁量过程中。《刑法》第65条第1款规定了累犯的成立条件,累犯的成立条件之一是行为主体实施前罪与后罪时,必须都已满18周岁。成立累犯的,不得适用缓刑和假释。《刑法》第356条是关于毒品再犯的规定:"因走私、贩卖、运输、制造、非法持有毒品罪被判过刑,又犯本节规定之罪的,从重处罚。"与累犯相比,再犯的特殊预防性更小,既然未满18周岁故意犯罪不成立累犯,当然也不成立毒品再犯,适用从重处罚的规定。

在一些典型的司法案例中,也可以运用举轻以明重的解释原理作为被告人的出罪路径。

例1,"陆勇销售假药案"。[①] 陆勇因身患慢粒白血病,在医生的推荐下服用瑞士诺华公司生产的名为"格列卫"的抗癌药,但该进口药物的费用极其高昂,常人难以承受。2004年,陆勇无意间了解到印度也生产类似"格列卫"的抗癌药,药效不相上下,且价格明显低于瑞士生产的"格列卫"。同年8月,陆勇在病友群中分享该消息,千余名白血病患者纷纷响应,由于跨境汇款的程序比较复杂,许多病友都请陆勇帮忙代购"格列卫",为方便给印度制药公司汇款,陆勇还在网上购买了3张银行借记卡。2014年7月,陆勇因妨害信用卡管理罪和销售假药罪被检察机关起诉。几经周折,2015年2月26日,沅江市检察院对陆勇作出不起诉决定。抛开法理与情理的冲突,理性地看待陆勇海外代购抗癌药的行为,到底属不属于销售假药罪中的销售行为呢?

从刑法用语上来看,销售是指有偿地向不特定或者多数人出卖货物的行为,不包括购买货物的行为,立法者的立法意图一般是仅处罚出卖的一方,不处罚购买的一方。例如,《刑法》第363条规定了"贩卖淫秽物品牟利罪",本罪的客观行为只包括贩卖淫秽物品的行为,不包括购买淫秽物品的行为,也就是说,购买淫秽物品的行为不受刑法处罚,不能认为购买淫秽物品构成贩卖淫秽物品的帮助犯。"销售假药"也可作此理解,只有向不特定或者多数人有偿提供假药的行为才属于销售假药的行为,购买假药的行为不属于"销售假药",不应受刑法处罚。从陆勇案的案件事实出发,陆勇并未向病友有偿地提供"格列卫",销售方是生产该药品的印度公司,购买方是同样罹患白血病的病友,陆勇只是充当代购者的身份,帮助病友向印度制药公司购买药品,代购行为不成立销售行为,也不构成销售行为的帮助行为,只能是购买行为的帮助行为。[②] 因此,根据举重以明轻的解释原理,既然《刑法》第141条关于"销售假药罪"的规定不处罚购买假药的行为,那么,购买假药的帮助行为更不应当构成犯罪。因此,陆勇代购抗癌药的行为不符合"销售假药罪"的客观行为要件,不构成犯罪。

---

① 湖南省沅江市人民检察院不起诉决定书,沅检公刑不诉(2015)1号。

② 劳东燕:《价值判断与刑法解释——对陆勇案的刑法困境与出路的思考》,载《清华法律评论》2016年第1期。

例2,“赵春华非法持有枪支案”。[①] 被告人赵春华于2016年8月至12月12日,在天津市河北区李公祠大街亲水平台附近摆设射击摊位进行营利活动。12日22时,公安机关在巡查过程中,在赵春华的摊位上查获枪形物9支及相关配件、塑料弹。经鉴定,涉案9支枪形物中的6支为能正常发射以压缩气体为动力的枪支。检察机关以被告人赵春华涉嫌非法持有枪支罪将其起诉至人民法院。一审法院以非法持有枪支罪判处被告人赵春华有期徒刑3年6个月。2017年1月26日,二审法院针对一审法院的量刑予以改判,判处赵春华有期徒刑3年,缓刑3年。至此,赵春华非法持有枪支案才得以落下帷幕,尽管如此,关于案件背后蕴含的刑法问题的探讨还没有结束。赵春华非法持有枪支的行为可以获得从轻处罚,还存在当然解释的逻辑。最高人民法院《关于审理非法制造、买卖、运输枪支、弹药、爆炸物等刑事案件具体应用法律若干问题的解释》第9条规定,因从事合法的生产经营活动而非法储存爆炸物,数量达到该解释第一条规定的标准,又没有造成严重社会危害并确有悔改表现的,可依法从轻处罚,情节轻微的可以免除处罚。那么,行为人因从事合法经营活动而非法持有枪支的行为,既没有造成严重的社会危害又确有悔改表现的,能否依法从轻处罚呢?根据当然解释的原理,需要将非法储存爆炸物与非法持有枪支这一对应要素进行比较。非法持有的枪支与非法储存的枪支存在差异,非法储存的枪支更为特殊。该解释第8条规定,非法储存的枪支是他人非法制造、买卖、运输、邮寄的枪支,赵春华的行为显然不是非法储存枪支的行为,但是二者都是将枪支置于自己的控制之下。另外,在刑法条文中,向来都是将枪支、弹药、爆炸物进行并列规定,故枪支的危险程度虽然不一定小于弹药、爆炸物的危害性,但也不必然大于弹药和爆炸物的危害性。[②] 基于以上两个方面的分析,行为人因从事合法经营活动而非法持有枪支,既没有造成严重的社会危害又确有悔改表现的,也当然可以依法从轻处罚。

结 论

面对错综复杂的刑事疑难案件,事实与规范之间出现涵摄障碍,可能是由于表面的刑法供应不足,要在尊重现行刑法的前提下运用解释方法对刑法规定进行解释,而不能动辄就否定刑法的现实规定,法律永远有待解释。当然解释是一个释法的过程,解释法律的活动必须围绕整个刑法文本进行,以文本规范为解释起点,最后也以文本规范为皈依。实践证明,仅对法律文本作形式解释或实质解释都是有失偏颇的,而当然解释同时具备形式侧面的内容与实质侧面的内容。基于事理上的当然和规范目的

---

① 天津市第一中级人民法院刑事判决书,(2017)津01刑终41号。

② 参见李翔:《立场、目标与方法的选择——以赵春华为素材刑法解释论的展开》,载《东方法学》2017年第3期。

上的当然,当然解释可为其他的解释方法提供一种解释理由,既可以是入罪的理由,也可以是出罪的理由。如果是入罪的结论,就需要其他解释方法予以论证;基于构成要件上的当然,当然解释也可作为一种严格的解释方法,不需要借助其他解释方法,就可自证其说,通过规范与事实的对接,将唯一不能直接涵摄的对应要素进行轻重相举,当对应要素之间是实质的层升关系时,即运用"举轻以明重"的判断模式;对应要素之间是形式的层降关系时,适用"举重以明轻"的判断模式。

刑法当然解释之研究

袁　珍*

【内容摘要】当然解释的适用前提不是刑法规范“没有明确规定”，而是“没有明示”，当然解释在刑法领域既是“解释理由”也是“解释技巧”，“解释理由”是适用当然解释结论的必要条件，而“解释技巧”是适用当然解释结论的充分条件。当然解释的适用规则中的总体规则为举轻以明重和举重以明轻之定“型”，具体规则分别为定“性”规则、定“位”规则、“轻重比较”规则、定“向”规则、排除适用规则。

【关键词】当然解释　举轻以明重　举重以明轻

引　言

通说认为当然解释是伦理解释中的一种，在众多的法律解释分类中，不管将当然解释划分到哪一具体门类或哪一小类，当然解释都有其独特的理论价值及实践意义。当然解释不仅适用于定罪，也适用于处罚，在定罪和量刑领域都有其施展的空间。当然解释并非初来乍到，有其深厚的历史渊源，《唐律疏议》中确认的“举轻明重、举重明轻”原则就是最好的证明。“举轻明重、举重明轻”最初是以一种类推原则的身份出现，传承其衣钵的当然解释被较多的学者一再审视再为正常不过。类推解释披上当然解释的外衣便可堂而皇之地突破罪刑法定原则，所以应当时刻警惕当然解释在不经意之间演变为类推解释。总体来说，现阶段我国有关当然解释的理论研究在很多的基本问题上还是莫衷一是，如吕曰东教授在《当然解释的依据与思维进路》中提出了比较“否定性评价”的新思路。① 国内关于当然解释的研究还无法自成一体。

首先，关于当然解释的性质定位呈现出较大的争论。按照传统的观点当然解释当然是一种法律解释方法，以陈兴良教授为代表的大部分学者都赞同这一观点。日本学者笹仓秀夫提出了一种较为独到的见解，将解释方法进一步细分为“条文的适用方法”和“条文的参考依据”，张明楷教授的观点与笹仓秀夫的观点有共通之处，并在笹仓秀夫的基础上抛出了“解释技巧”与“解释理由”的新提法。② 不同的是张明楷教授

---

* 袁珍，四川大学法学院2018级法律硕士研究生。

① 参见吕曰东：《当然解释的依据与思维进路》，载《法律适用》2015年第2期。

② 参见张明楷：《刑法分则的解释原理》，人民大学出版社2011年版，第42～43页。

认为当然解释具有双重属性,[①]在不同的场合扮演不同的身份。当然解释的性质定位与当然解释与罪刑法定原则的关系是一个问题的两个面。以陈兴良教授为代表的大部分学者认为当然解释是一种法律解释方法,主张当然解释本身已包含了对罪刑法定原则的要求的考量,并且给出了符合罪刑法定原则要求的答案。张明楷教授却认为当然解释本身并不能正面回应罪刑法定原则的要求,当然解释只能是判断的第一步,后续检验步骤不能少。其次,对于当然解释的概念这一核心问题也产生了不同程度的分歧。各概念中对当然解释的适用情形的表述虽然大同小异,但有必要进行进一步的梳理与探讨,另外,从各概念中可以剥离出当然解释的依据要素。主流台湾学者、姚建宗教授、董皞教授、陈兴良教授不约而同地指向"法律规范的目的"或类似表述。张明楷教授的观点"依形式逻辑、规范目的及事物属性的当然道理"相对新颖,也引发了不少赞同与反对的声音。其中对于"形式逻辑"的争议比较大,关于"形式逻辑"这一因素是留是去有必要进一步梳理与探讨。最后,对于当然解释的各依据要素之间的关系也争议不断。从各位学者的概念表述中,可以剥离出法律之目的(或者说规范之宗旨)、事物属性、形式逻辑这三要素。争议的焦点在于这三要素或两要素之间具体应该是"或"的关系还是应该是"且"的关系。此处,学者之间的争论并非无病呻吟,也不是纯理论层面的"隔靴搔痒",此问题的明晰对于当然解释理论之顺利展开大有裨益。除了上述问题,对于当然解释在不同的法律部门运用是否应当有所不同、当然解释与文义解释和类推适用的区别、当然解释的推理过程、比较标准等问题在相关文献中也暂时无法找到统一的答案。

儒家"中庸"与"和谐"的思想是罪刑均衡的理论基础。罪刑均衡是实现实体公正的基本要求,也是人本位的人道观念的体现。[②] 当然解释的精神内核与罪刑均衡原则、公平价值保持一致的同时也与积极一般预防理论相契合。现在刑事司法实践已在运用当然解释原理推导出个案的审判结果,而审判结果是否得当直接影响到法律的实施效果。截至2021年3月9日,在中国裁判文书官网刑事案件页面上以"举重以明轻"为关键词共计检索出187篇文书,以"举轻以明重"为关键词共计检索出80篇文书,其中绝大部分文书借助当然解释原理进行说理,甚至可以说直接运用当然解释原理决定了案件结果的最后走向,虽然其中不乏一些滥用的案例。马克思主义哲学联系观、发展观、矛盾观被映射到刑法解释领域,要求法官"跳跃性""容错性"地切换审察视角把握、衔接刑法条文之间的微妙联动关系,单纯的后法律事实先法律规范条文之间的一一对应匹配显然不能敏锐捕捉到一些不言自明的先知道理。如果缺乏对前后"法境法语"的关注,恐怕刑法体系、刑法逻辑只会剪不断、理还乱。要将刑法解释工

---

① 参见张明楷:《刑法分则的解释原理》,人民大学出版社2011年版,第66页。

② 参见牛克乾:《刑事审判视野中的刑法解释与适用》,法律出版社2020年版,第122页。

作先分散化、复杂化,才能实现合力化、简单明了化。再往大了看,虽然当然解释理应是体系解释中的一环,但不得不说当然解释原理能够实现自身的内在良性循环,是有效的法律解释"工具",并且按照当下主流观点划定的框架,尚存在不少由当然解释得出的正当结论不能够依托文义解释、扩大解释此类的解释方法汇入构成要件范围。[①]所以需要当然解释在刑事司法实践法律职业团体中保质普及,充分发挥当然解释原理的价值利益空间与正义性。刑法适用解释的过程就应该是刑法"自我修复"的过程,当然解释是"自我言合"的黏合剂。为了在不僭越罪刑法定原则的基本前提之下,得当运用当然解释使立法更具活力、张力,笔者将着力参考"解释技巧和解释理由""否定性评价"的学术思路,在对先前研究成果进行梳理消化的基础上,融合各家观点之"有得",规避各家观点之"有失",回应各家观点之争论热议之处。拟就当然解释与文义解释之间的关系、当然解释与形式逻辑的关系阐述个人观点,并按本文的思路搭建起当然解释的适用规则并阐明当然解释适用要义,以期适应"面向未来"的社会环境的客观要求,弱化对当然解释的合理内核的诟病和排斥,使当然解释能够与其他解释方法划清边界的同时保持有机联系。

一、当然解释的基础理论分析

(一)当然解释的概念与属性

1. 概念之梳理

在某种意义上可以说很多问题本质上就是概念问题,而很多概念问题也就是解释问题。从"概念"的定义可以得出,概念是思维展开与发散的出发点,是搭建思维体系的最小、最基础的单位。概念是人类抽象、概括、整理出来的事物之间的共同的特点与本质的理性表达。与其他概念一样,当然解释的概念是当然解释理论体系的起点与着力点。所谓"牵一发而动全身""失之毫厘而差之千里",当然解释的概念以及性质定位正是一系列问题的症结所在,当然解释的概念的精当与否直接关系到当然解释理论的落脚点(推理过程、结果等),加之法学界目前对于当然解释的研究还不够精细严谨,进一步梳理清晰十分必要。

张明楷教授认为,当然解释是指刑法规范虽然没有明示某一事项,但依形式逻辑、规范目的及事务属性的当然道理,将该事项解释为包括在该规定的使用范围之内,[②]规范没有明示的前提是明确的,但从表述上形式逻辑、规范目的和事物属性之间的层次关系不是那么清晰明了;陈兴良教授主张,当然解释是指刑法条文表面虽未明确规

① 参见陈文昊:《当然解释可以作为解释技巧》,载《科技师范学院学报》2017年第1期。
② 参见张明楷:《刑法分则的解释原理》,中国人民大学出版社2011年版,第66页。

定,但实际上已包含于法条的文义之中,依照当然解释的道理解释法条意义的方法,[①]可理解为形式上刑法规范表面上没有明确规定,实质上法条的文义虽然讲得通,但较为抽象难以把握;杨仁寿教授则认为,是指法文虽未规定,唯依规范目的衡量,或逻辑上之推论,其事实较之法律所规定者,更有适用之理由,而径行适用该法律规定,[②]"法文虽未规定"从字面意义上来看前提条件相当宽松,门槛十分低,从目的维度或逻辑推论的维度去寻找需要解释的法律事实比法律规定的基准事实更有适用的理由即可;有的主张当然解释是指刑法规定虽未明示某一事项,但依形式逻辑或者事物属性的当然道理,将该事项解释为包括在该规定的适用范围之内,[③]前提表述与张明楷教授完全一致,只是形式逻辑与事物属性二者之间的或择一或兼有之的关系相对明确;另外还有观点认为当然解释是指法律虽无明文规定,但依照法律之精神该事项事实上已包含于条文规定含义之中,故将该事项解释为包括在该规定的适用范围之内的解释方法,[④]直观上来看更有惟目的导向解释的意味。本文对当下的主流概念进行了一定的梳理。当然解释的概念大都是按照适用情形或者适用前提、依据要素、适用结论的形式依次展开的。各概念中对当然解释的适用情形的表述大都大同小异,主流台湾学者和董皞教授的表述为"法律虽然没有明文规定"和"法律虽无明文规定",其实一样。姚建宗教授和陈兴良教授的观点字面保持一致,为"虽然没有明确的条文规定"和"刑法条文表面虽未明确规定"。张明楷教授的表述为"刑法规定虽未明示某一事项"。"明文""明确""明示",虽然只有一字之差,但有必要进行进一步的梳理与探讨。各概念对于当然解释的依据要素的表述可归纳为两大类。第一类为主流台湾学者的"根据刑法法规的宗旨"、姚建宗教授的"依照法律的目的"、董皞教授的"依照法律之精神"、陈兴良教授的"实际上已包含于法条的文义之中"。第二类是以张明楷教授为代表的"依形式逻辑、规范目的及事物属性的当然道理"。也有学者将事物属性表述为事物的本性或者事物的本质,将法律之目的表述为立法目的、规范之宗旨、规范之旨趣、规范之精神之类的,笔者认为意思大体保持一致。从以上两类的划分可以看出绝大部分学者都一致对"法律之目的"这一依据要素投赞成票。

2. 概念之解读与思考

我国《刑法》第3条是关于罪刑法定原则最为直接的表述,按照字面含义可以理解为只有刑法明文规定为犯罪行为,才能对其按照刑法定罪量刑。不管是绝对的罪刑法定原则还是相对的罪刑法定原则皆以最为直白不过的方式提出"罪刑法定"的诉求,这一诉求是捍卫罪刑法定形式侧面与实质侧面的共同堤坝。在理想的状态下,法

---

① 参见陈兴良:《本体刑法学》,中国人民大学出版社2011年版,第28页。
② 参见杨仁寿:《法学方法论》,中国政法大学出版社2011年版,第158页。
③ 参见李希慧:《刑法解释论》,中国人民公安大学出版社1995年版,第116页。
④ 参见董皞:《司法解释论》,中国政法大学出版社1999年版,第243页。

律解释应当将法律文本含义的安定性与妥当性统一起来，二者互为彼此的依托，当然解释当然也不能例外。但是，不得不承认的是解释的本质特性就决定了在法律解释的过程中，确定与妥当必然会有矛盾的时候，甚至会出现针锋相对的局面。若是无视“罪刑法定”，妥当性便只能是过度美化了的任意性而已。[①] “罪刑法定”的价值导向不容迷失，“罪刑法定”投射下的利益范围不容侵犯。按照罪刑法定原则定罪量刑，缺乏了刑法明文规定的必要条件就绝对行不通，当然解释也只能绕道而行。需要正视“明确性”乃是罪刑法定精神的实质内核之一，其是保障国民可预测性进而保障国民自由的有力抓手，[②]虽然要求完全明确的确是一种苛求，也自然没有了解释的余地，但经过当然解释释明的法律条文整体应当是明确的，至少是相对明确的，也即刑法虽然没有明示但是按照当然解释之当然，道理应该是明确的。按照以上的分析，适用前提为“未明示某一事项”更妥当。

另外，目前法学界可以达成这样的共识：当然解释之当然至少不能与“法律之目的”相抵触。当下而言法学界关于当然解释的原理也即依据要素的争议主要聚焦在依据要素有哪些及依据要素之间的“或”与“且”的排列关系上面，笔者认为，“法律之目的”是当然解释的依据要素之一，而且是必不可少的依据要素。形式逻辑与事物属性也是当然解释之依据要素，但并非必不可少的依据要素，即不要求形式逻辑与事物属性同时具备，但二者同时具备更优，依形式逻辑进行的当然解释只是当然解释的一种表现形式，形式逻辑或事物属性与规范之目的之间为互为加强与补充的关系，应当从整体的视角加以把握、考察，即形式逻辑融合规范目的或者事物属性融合规范目的的完整结构才是当然解释的充分条件、充分依据。进一步的相关论证会在下文中的依据要素中具体加以展开。综上，笔者认为当然解释概念应表述为：刑法规范虽未明示，但依形式逻辑或事物属性和规范目的之当然道理，将某一事项解释为包括在该规定的适用范围内。

3. 属性之定位

当然解释的性质定位有不少的学者争相论述、分歧不断。以陈兴良教授为代表的传统的观点认为当然解释是论理解释中法律解释方法中的一种，陈兴良教授主张在刑法领域必须当逻辑上之当然与事理上之当然同时具备时方可成立当然解释，[③]这一“严密”前提为法律解释方法的论证增加了砝码，但笔者认为将其作为初始一环的前提条件还有待探讨。日本学者笹仓秀夫开创了“条文的适用方法”和“条文的参考依据”的新提法，两者间相互排斥所以择一适用，后者不要求择一适用，可分别或同时适

① 参见张志铭：《法律解释操作分析》，中国政法大学出版社1999年版，第97页。

② 参见张明楷：《刑法学》，法律出版社2011年版，第59页。

③ 参见陈兴良：《本体刑法学》，中国人民大学出版社2011年版，第28页。

用。[①] 日本学者理解的当然解释实质上还是在“法律解释方法”的大框架里面。[②] 清华大学张明楷教授继承发扬了该新提法,将“条文的适用方法”和“条文的参考依据”改称为“解释技巧”与“解释理由”。[③] 之所以说继承,是因为“解释技巧”其实与“条文的适用方法”相对应,“解释理由”其实与“条文的参考依据”与相对应,即“解释技巧”与“条文的适用方法”是一回事,“解释理由”与“条文的参考依据”是一回事,一脉相承。之所以说发扬,是因为张明楷教授的理解包含了新的内涵元素,认为当然解释具有双重属性。[④] 张明楷教授也认为在刑法中,体系解释是举足轻重的解释理由,当然解释原理也理应成为一种解释理由,[⑤]解释技巧排他适用,但解释理由为解释技巧服务,解释理由不能穷尽,多种多样的解释理由可以同时存在。[⑥] 陈文昊认为当然解释也可以是解释技巧,分别从逻辑关系上(“六十分及格”是用确定的概念表示下限,其含义是六十分及格六十分以上当然及格)和当然解释不可为解释技巧的不妥面上等进行了正反两面的论证。[⑦] 吕曰东教授则认为罪刑法定原则并非在当然解释之后而是在当然解释之中发挥作用,不仅主张当然解释是一种法律解释方法,并且认为当然解释可通用,即使法律部门不同也没有什么不同的。[⑧]

系统研读了关于当然解释的大部分理论主张后,张明楷教授的理论对笔者的说服力最大,影响也最为深远。本文在借鉴张明楷教授理论主张的基础上融入了一些新的不成熟的个人观点。需要说明的是下文也是基于张明楷教授已搭建好的“解释理由”与“解释技巧”的理论大框架进行展开的。笔者认为,将当然解释进行“解释技巧”和“解释理由”的划分是十分明智而巧妙的,能够更加清晰、全方位地展现、认知当然解释,也有利于解释过程的回溯与检验,也与刑事裁判充分说理的要求相符合。这种“二分法”的新的理论塑造思路和之前的理论积淀之间与其说是一种新旧交替,不如说是一种新老碰撞、新老“教”接。本文认为,在刑法领域当然解释可以是一种“解释理由”,在某些情况下也可以是一种“解释技巧”。为何产生“解释理由”与“解释技巧”之分,笔者认为这不仅是当然解释原理自身的问题,还是对外部利益价值的考量,是下好“一盘棋”还是走好眼前几步的进退问题。何为“解释理由”?何又为“解释技巧”?有的学者认为“解释理由”和“解释技巧”是当然解释的两个侧面,两个侧面并不

① 参见[日]笹仓秀夫:《法解释讲义》,东京大会出版会2009年版,第25页。
② 参见张明楷:《刑法学》,法律出版社2011年版,第38~39页。
③ 参见张明楷:《刑法分则的解释原理》,人民大学出版社2011年版,第42~43页。
④ 参见曹磊:《举轻以明重原理的理解和应用》,兰州大学2015年硕士学位论文。
⑤ 参见张明楷:《刑法分则的解释原理》,人民大学出版社2011年版,第54~66页。
⑥ 参见张明楷:《刑法分则的解释原理》,人民大学出版社2011年版,第43页。
⑦ 参见陈文昊:《当然解释可以作为解释技巧》,载《科技师范学院学报》2017年第1期。
⑧ 参见吕曰东:《当然解释的依据与思维进路》,载《法律适用》2015年第2期。

矛盾,无须强调二者区分。[①] 本文却认为强调两个侧面的区分十分关键,因为两个侧面的使命不同,所能抵达的终点不同。有的学者认为"解释技巧"和"解释理由"有"实然"和"应然"之别。[②] 笔者认为可以简单地理解为,"解释理由"是适用当然解释结论的必要条件,而"解释技巧"是适用当然解释结论的充分条件。若将当然解释作为一种"解释技巧",解释过程一经结束,解释结论便直接导出,不再有悬念,不会出现"峰回路转"的局面。若当然解释只是一种"解释理由",那么有充分的理由还不够,还须经过多方位考验方能使解释结论名正言顺。如果认为当然解释是一种法律解释方法,主张当然解释本身能够同步应对罪刑法定的考量并且能够产出符合该原则要求的结论似乎顺理成章。本文认为既然主张当然解释在刑法领域既是"缘由",也可为"结论",那再将当然解释与罪刑法定原则浑然不分地一体审视不免无法自圆其说。当然解释理所当然能够提供充分的理由,而当然解释的解释结论并非必然处于文义可能范围内。所以充分的理由能否与刑法用语相包容还存疑,类推解释也能提供充分的理由。有可能充分的理由能修成正果,有可能充分的理由最后化为泡影,张明楷教授认为这不属于当然解释本身应该考虑的问题。[③] 笔者认为,应该尽可能延展并保持当然解释理论体系的完整性,穷尽当然解释理论的效用。应当承认"解释理由"和"解释技巧"都占有一席之地,并且相互照应。如果将"解释理由"作为当然解释的保守、兜底效用,那么"解释技巧"便是当然解释的积极、能动效用,彰显出当然解释稳中求进的理论价值。如何定位当然解释是一个不可回避的核心问题,本文开门见山地对当然解释的属性进行明晰,对下文的有序展开站稳了立场,而下文进一步的分析论证也将是对属性定位的有力支撑与回应。

(二)当然解释的依据

1. 形式逻辑

自然科学具有普世性,法学属于社会科学,社会科学在不同具体条件下存在差异性,其本身的属性决定了其不能像自然科学那样以逻辑推理为关键性支柱,更多情况下需要具体问题具体分析。但有一点很明确的是,就像法律断然不能排斥正义一样,法律解释自然不能与形式逻辑这一科学的思维方法背道而驰,法律解释需要运用理性的智力手段追求严谨缜密。逻辑的目的不单单在求真,还在明理,[④]形式逻辑,也即普通逻辑,具有强有力的辩论与说理能力,其对于定罪量刑的意义不容否定,法律也同样排斥赤裸裸地不合逻辑。当然表示肯定,肯定是形式逻辑的题中应有之义,形式逻辑与当然解释之当然不谋而合。逻辑分析是语言分析中的科学方法,逻辑分析的方法的

---

① 参见孙荣杰:《刑法中当然解释的解释》,载《哈尔滨师范大学(社会科学学报)》2015 年第 1 期。

② 参见李翔:《论我国刑法中的当然解释及其限度》,载《法学》2014 年第 5 期。

③ 参见张明楷:《刑法学中的当然解释》,载《现代法学》2012 年第 4 期。

④ 参见黄华新等:《逻辑、语言与认知》,浙江大学出版社 2019 年版,第 113 页。

范围极其宽广,从精密度最低的情况对象语言不进行符号化开始,直到精密度最高的情况对象语言和元语言全都符号化。[①] 解释皆为判断,判断从内容上来看是有分别的,从认识上对内容本身不增加任何东西的判断可称为说明性的分析判断,对内容本身要增加不少东西的判断可称作扩张性的综合判断。谓词A或作为(暗含)包含于主词B概念当中的东西属于B,我们把这样的判断看作说明性的分析判断,[②]应当说按照此限制思路展开的形式逻辑是不附加任何额外东西的分析性的。法律语言并非完全松散地向外界呈现,其具有鲜明的程式化特征,[③]在篇幅结构或整体方面为逻辑思维之展开提供了可作为的环境。刑法不仅是社会和政治维度的存在,还是语言和逻辑层面的存在。[④]

目前的主流观点认为,将形式逻辑具体应用到当然解释理论体系中主要表现在种属或递进关系上。有的学者认为逻辑之当然指从逻辑上存在种属关系,[⑤]还有学者主张逻辑之当然指概念间存在递进或种属关系。[⑥] 不管是种属还是递进关系的观点都被另外许多学者旗帜鲜明地反对,反对的理由大致相同。a的外延范围大于b的外延范围且b没有a外延范围外的东西,则a是属概念而b是种概念。吕曰东教授和其他一些学者认为种属关系应先由文义解释解决,无须也不允许当然解释多此一举,即种属关系属于文义解释的解释范畴,文义解释可以妥善并且独占地处理种属关系。[⑦] 有的学者认为严格意义上来讲概念间不存在所谓的递进关系,可以将递进关系理解为一个概念逐渐发展成另外一个相同本质的概念。[⑧] 有的学者认为递进关系是指概念的传递性,[⑨]例如,小明高于小红,小红高于小李;又如,尼罗河长于亚马孙河,亚马孙河长于密西西比河。有的学者认为在当然解释理论的视野里递进关系不应该属于形式逻辑的研究范畴,而应该划入事物的本性的研究范围。[⑩] 结合上文当中的例子不难分析得出,尼罗河、亚马孙河和密西西比河的长度之间确实具备传递性,但是不能当然地得出尼罗河、亚马孙河和密西西比河这三者概念之间必然具备传递性。如果是比较三条河流的泥沙量或者是水流速度抑或是几者的混合比较,那三者概念之间是否具备传递性或者具备怎样的传递性就不再那么明朗。举个不那么恰当的例子,不能因为人比狗高就认为人比狗厉害,狗要咬人,狗会狂吠不止,那人又不如狗?上述分析可用哈特

---

① 参见[日]永井成男:《分析哲学》,李树琦译,中国社会科学出版社1992年版,第30、41页。
② 参见[日]永井成男:《分析哲学》,李树琦译,中国社会科学出版社1992年版,第214~215页。
③ 参见潘庆云:《跨世纪的中国法律语言》,华东理工大学出版社1997年版,第6页。
④ 参见王政勋:《刑法解释的语言论研究》,商务印书馆2016年版,第1页。
⑤ 参见李希慧:《刑法解释论》,中国人民公安大学出版社1995年版,第117页。
⑥ 参见陈兴良:《本体刑法学》,商务印书馆2001年版,第35页。
⑦ 参见吕曰东:《当然解释的依据与思维进路》,载《法律适用》2015年第2期。
⑧ 参见李鉴秋:《论刑法学中的当然解释》,载《商界论坛·经法视点》2013年第12期。
⑨ 参见孙荣杰:《刑法中当然解释的解释》,载《哈尔滨师范大学社会科学学报》2015年第1期。
⑩ 参见李鉴秋:《论刑法学中的当然解释》,载《商界论坛·经法视点》2013年第12期。

的话总结,即有理由既反对又支持使用一般词语。①

笔者认为形式逻辑之当然是概念间的种属关系,将递进或者说传递关系在事物本性中加以研究更为严谨通畅。正如有的学者认为为饲养目的而去抢第三人手中的宠物可认定为抢劫罪,从形式逻辑的维度看,出于抚养目的去抢第三人手中儿童的更有理由认定为抢劫罪。② 笔者不能认同,很明显宠物与儿童之间性质不同,不存在种属关系,不可能以形式逻辑的路径推导出当然解释的结论。笔者十分赞同种属关系可以由文义解释解决并且应当先由文义解释进行解释的观点,但笔者不认为种属关系只能不留余地由文义解释控制,不论出于当然解释理论体系的完整性考虑还是解释方法体系有效性考虑,当然解释此举都并非毫无意义。这一观点将在下文对当然解释与文义解释的关系的分析中进一步说明。

2. 事物本质

德沃金认为凡是由语言诱发的影响因素皆能消除,而摩尔认为语言是通往真知渠道当中的一种,哈特则主张语言是以开放的结构对外示人,③笔者认为语言终究是服务于客观世界的存在,在社会大机器的运转中事物的本质不随语言载体的形式发生转移,语言不得不有所开放。"分析"可以理解为在直观上既模糊不清而又熟知的概念,通过思维构造的方式变为明确的概念,即把直接性认识的熟知作为概念上认识的真知。④ 虽然语言的逻辑分析可以说是语言上的事情,分析是否只局限于语言上?由于从符号化过程中分化出来的物理事物与语言没有关系,应当说并非只是语言上的事情。⑤ 思维不能"自言自语",立法思维属于精神活动范畴,必须建立在一定的物质形式基础之上,语言便是物质基础的形式之一,⑥谢晖认为有了语言才有真正意义上的法律,⑦语言是也仅是物质基础的形式之一,应当认为语言只是法律的"复写体",并非法律的全部"家当"所在。法律有所志,有所意味,绝不可能是徒有语言的东西,⑧不能将语言分析与事物的本质完全割裂开来。物总是和指称其自身的词相对应,物与词之间的关系是相对的,不能绝对无缝隙地对应匹配起来,物在发展变动的时候词往往保持着停止与静止的"脱离"状态,所以物和词之间不能总是同步同频共振,从而产生了非对应性。⑨ 某类事物依据其本质属性区别于其他类事物,可以认为事物凭借其本质

① 参见[英]哈特:《法律的概念》,张文显等译,中国大百科全书出版社1996年版,第127页。
② 参见陈文昊:《当然解释可以作为解释技巧》,载《科技师范学院学报》2017年第1期。
③ 参见[美]布莱恩·比克斯:《法律、语言与法律的确定性》,邱昭继译,法律出版社2007年版,第3页。
④ 参见[日]永井成男:《分析哲学》,李树琦译,中国社会科学出版社1992年版,第294页。
⑤ 参见[日]永井成男:《分析哲学》,李树琦译,中国社会科学出版社1992年版,第260~262页。
⑥ 参见高廉平、苗春华主编:《语言学概论》,西南师范大学出版社2019年版,第29页。
⑦ 参见董晓波:《我国立法语言规范化研究》,北京交通大学出版社2016年版,第14页。
⑧ 参见魏治勋:《论法律解释的合法性》,载《法律方法》2004年第1期。
⑨ 转引自陈兴良:《判例刑法》(教学版),中国人民大学出版社2012年版,第10页。

特征存在特定的对应关系。事物本质以其不可辩驳的力量揭示了自身所赋有的权利,非尊重不可。① 哲学告诉我们要透过现象看本质,可以将事物本质的当然理解为"事理上的当然",推断的基点是合理性。利用事物本质的合理性能更好地将刑法规范和案件事实对应匹配起来,甚至可以说刑法规范和案件事实之间的往返推论是一种事物本质关系的推论。② 尽管如此,事物本质在当然解释理论中还是"独木难支",基于事物的本质只能得出"应当"的当然解释结论,是否"能够"得出当然解释的结论还有待借助规范之宗旨进一步考察,即性质相不相同应是在目的指导下进行的综合考量。本文以为,以事物本质得出初步的结论,再以"规范之宗旨"检验,其理由和依据从根本上已不单是事物的本质,而是转化为事物的本质与规范宗旨的结合体。上文将递进关系或者说传递关系从形式逻辑中分离出来而嵌入事物本质的论证也从侧面了呼应这一观点。

3. 规范的目的

向后看的目的不仅包含着目标,还蕴含着不断变化的过程,目的在预先设定好的基础上指向最终动态。引入目的论是要面向未来开放和克服法律规范封闭性,唯有如此方能够使自由裁量权和规则结合起来。法律需要正义,政治意志与法律权威也不能绝对凌驾于正义之上。正义是时代的产物,正义的实现离不开目的解释,"微观"正义与"宏观"正义产生的矛盾需要目的解释来调和。形式法学具有机械性与僵化性,其并不是无时无刻与正义为伍。有的学者会担忧目的解释降低了对法律遵守的要求,③而笔者认为目的解释正是为了更好地服从法律,不忘初心,方得始终。早期以古人的眼睛表示"目",以箭靶中心表示"的"。射箭射的是箭为的是射中箭靶中心。目的这一抽象的概念是由具体动作转化而来。目的始终贯穿人类实践活动的全过程,是人类实践活动的直接依据。何为解释?结合事实来固定法律规范中语词的含义。法律规范中语词的含义是什么?应首先问立法者原意。④ 实现法规目的是法律解释活动的奋斗目标,也是归宿与落脚点。刑法解释要做到有的放矢,就要有针对性地对准靶心。如果在解释的过程中没有不遗余力地发挥刑法规范目的的钳制作用,那刑法解释只能是缘木求鱼、南辕北辙,终将在背道而驰中渐行渐远。

一些学者可能并不认可将规范目的作为当然解释依据的正确性,认为当然解释理应从严把握,规范目的并非当然解释的依据。要寻找立法目的就摆脱不了价值判断,

---

① 参见[美]E. 博登海默:《法理学:法律哲学与法律方法》,邓正来译,中国政法大学出版社1999年版,第455页。

② 参见[德]亚图·考夫曼:《类推与"事物本质"——兼论类型理论》,吴从周译,台北,学林文化事业有限公司1999年版,第103页。

③ 参见魏治勋:《当然解释的思维机理及操作规则》,载《法商研究》2018年第3期。

④ 参见郑永流:《法律方法阶梯》,北京大学出版社2015年版,第126页。

解释的主观性与模糊性便不可避免,将规范作为目标导向只能是流于形式罢了,[①]似乎用来诘难立法意图主观说的理由全可用在这。本文持有不同的观点,有解释就有价值判断,在我们承认了解释的正当性与必要性的时候也就已经承认了价值判断,要完全摆脱价值判断没有可能也实在没有必要。诚然,立法目的处于流动的开放状态,探究立法目的是一项系统工程,大费周章也不一定能保证探究出的实然的立法目的与应然的立法目的百分之百相吻合。理解者靠充分发挥主观能动性来保证所理解的目的就是法律自身的目的过于理想化。但是既然法规目的存在,就断然不能视而不见。法条本身并不能将法律的目的娓娓道来、一一言尽,法律的目的往往在暗处,需要人的理解活动加以识别、探寻、挖掘方能彰显出来。另外,若人类凭借语言进行交流是有可能实现的,那么法律交流以语言为媒介也可能得以实现。[②] 若刑法解释脱离规范宗旨"放飞自我""横冲直撞",那很可能以遗憾收场。完全不承认规范宗旨在当然解释理论中的依据作用会产生不可逆转的破坏力,但过度承认规范宗旨依据作用在运行过程中也不可避免会产生某些偏差,但前者造成的负面影响一定大于后者。符合规范宗旨是得出当然解释之结论的必备条件。所以,与其对刑法规范之目的精神抱着遮遮掩掩、扭扭捏捏的态度,不如扯掉"遮羞布",直接正视它,这样才能驾驭好它。法律规则具固定性、严格性、权威性,若法律规则被任意打破的话,规则意义上的法治就会形同虚设。强调规范目的的作用,并非要一味地弱化法律规则,笔者不认为二者之间就是一种"你死方能我活"的关系,反而是一种相互成就。法律规则需要目的解释克服其僵化性,目的解释需要法律规则提醒其裁量的边界。诚然,规则可能会与目的处于对立位置,但为了正义的实现,目的解释不能总是缺席。在某种意义上,法律规则是一种"手段性"的存在。手段要服从于目的才能实现其自身的目的,目的"眷恋"于最终实现,并非仅仅留恋最初愿景。[③]

(三)当然解释与文义解释

1. 文义解释的概述

主流观点认为,文义解释顾名思义是使用通常方式对法律规范最为明显不过的字面自然含义进行的解释。文义解释往往一览无遗、看水是水、看山是山。对此种解释进行孤立和极端的理解,它不以探求立法意图为目的,不考虑解释产生的结果是否公平和合理。[④] 字面解释、文理解释、文法解释、语义解释和平义解释都是文义解释的不同称谓。文义解释最直接地体现了法律解释的客观性与法律意义的安定性。文义解

① 参见李翔:《论我国刑法中的当然解释及其限度》,载《法学》2014 年第 5 期。

② 参见李国如:《罪刑法定原则视野中的刑法解释》,中国方正出版社 2001 年版,第 76 页。

③ 参见苏东斌、王延昌:《"目的论":一种新的思维方式——邓小平经济思想的方法论》,载《求是学刊》1994 年第 3 期。

④ 参见孔祥俊:《法律解释方法与判解研究》,人民法院出版社 2004 年版,第 321 页。

释凭借其是维护法治最为基本的方法在众多的法律解释方法中“脱颖而出”,所以凡是有法律条文解释之需要,文义解释之方法自然是首要选项。

有的学者认为,不存在放弃文义解释的充足理由,不得绕开文义解释。文义解释上无法为之合理说明时,始得用伦理解释。[①] 本文十分赞同这一观点,本文也赞同上文所讲的种属关系能够由文义解释妥善解决,但本文认为基于以上两点还不足以得出当然解释将种属关系作为依据是画蛇添足的论点。文义解释与当然解释各有所长,不是非择一不可的关系,而是相互补足加强或修正的关系。宏观而言,当文理解释的结论有多重含义甚至对刑法条文的含义有错讹理解的时候,要运用法学、刑法学基本理论进行修正。[②] 文义解释的结果为复数时,须寻求其他解释方法解围。一般单纯通过文义解释即能够确定真正含义从而做出结论的情形并不那么多,法律解释在充分考量规范之稳定性的同时也应当对“现在性”的东西有所兼顾。文义解释也不能“死抠字眼”“望文解意”,应该探寻文字在法治语境中应为何意。伦理解释能更好地考虑、处理立法精神与社会变动形势等因素。如果仅围绕着文义解释打转容易导致“迎合”法文字句,容易对法文意义产生“偏见”,走上曲解或者误解的歧途。[③] 文义解释若一贯是“我行我素”地“一往无前”则难以发挥其他因素为其固定文义的辅助性或决定性的确定作用。[④]

2. 当然解释与文义解释的关系

在本文中,当然解释既有“解释理由”之身份,又有“解释技巧”之担当。当然解释与下文中其他解释方法的论述与比较是建立在同样的大基调之下,所以不存在不在同一个层面讨论的问题。就文义解释与当然解释的关系而言,可以说,在法律解释的过程中当然解释并非完全处于辅助地位,相反总是发挥重要作用。具体到种属关系而言,本文认为,文义解释理论与当然解释理论有些许重合的部分再为正常不过,就像法条会产生竞合一样正常。有的学者可能会说种属关系由文义解释解释是明确的,笔者认为,真理只能是某一时空的真理,文义解释并不应该断然排斥当然解释的加强与修正。况且不管文义解释是否排斥,这都是当然解释理论体系的自身需求。字面含义有边缘文义和核心文义之分,文义解释任何情况下都不能超出其“文义射程范围”或“可见的涟漪”。[⑤] 需要注意的是,主观努力并不能消除概念边沿的模糊性、多重性与复杂性,所以用语的核心含义、基本含义或者通常含义或者文义解释本身所应或所能投射的领域本来就是模糊的。要使文义解释与当然解释“泾渭分明”既没有必要,操作起

---

① 参见孔祥俊:《法律解释方法与判解研究》,人民法院出版社2004年版,第325页。

② 参见赵秉志:《刑法解释研究》,北京大学出版社2007年版,第402页。

③ 参见杨仁寿:《法学方法论》,中国政法大学出版社2011年版,第138~139页。

④ 参见孔祥俊:《法律解释方法与判解研究》,人民法院出版社2004年版,第321页。

⑤ 参见王利明:《法学方法论》,中国政法大学出版社2011年版,第332页。

来也困难重重。诚然,每个立法者都“毫无保留”地将其本心与愿景寄托在字义上,法律解释将文义解释作为初始一环也最为稳妥。[①] 但笔者不认同“当然解释的意义择取范围在文义解释界限之外”[②]的观点,文义解释的意义摘取外部边界究竟在哪难以考证。

有学者主张文义不但是法律解释的出发点,还是其最终的归宿。[③] 文义的最大边界是法律解释包括但不限于当然解释的界限,当然解释不能超过法律文本可能的文义,即当然解释的解释结论不能落在“合理的文义射程”之外。有学者直接提出当然解释常常不关心文义的边界所在何处。[④] 文义的最大边界并非文义的核心边界,在不同的具体语境下具有弹性的范围。当然解释技巧有时候看似突破了文义的最大边界,但笔者认为那是因为当然解释技巧在肯定文义基础上进行了向前的推理。

(四)当然解释与扩大解释

1. 扩大解释的概述

扩大即扩张之意,既是一解释方法,又是一解释结论。[⑤] 扩大解释是指根据立法精神,结合社会的现实需要,对刑法条文的含义作扩大范围的解释。在扩张解释的情况下,解释的内容已经超出了刑法条文的字面含义。[⑥] 把“对刑法条文的含义作扩大范围”中的“含义”理解为“字面含义”方能准确理解扩大解释,扩大解释是在字面含义的基础上进行扩大,并非在文字的最大边界上进行扩大,扩张也并非无限制的扩张,是“核心地带”对“边缘区域”的辐射。扩大解释与目的性扩张的相同之处在于二者皆有出于目的上的衡量,但是二者不能画等号,扩大解释与漏洞补充并不在一个层面上运行。[⑦] “卖淫”的核心或通常含义是女向男提供性服务,但解释为男向男提供性服务也没有超出“卖淫”这一词的可能含义。[⑧]

2. 当然解释与扩大解释的区别

第一,二者适用前提不同。在合目的性的指导下,扩大解释对立法义义的射程进行了最大限度的扩张,[⑨]可以认为扩大解释的适用前提是“刑法规范明文规定”。前文已经论述,当然解释的适用前提是“刑法规范没有明示某一事项”。第二,二者并非都能提供解释理由。在刑法领域,当然解释在“解释理由”和“解释技巧”两个层面均能

---

① 参见郑永流:《法律方法阶梯》,北京大学出版社2015年版,第126页。
② 参见魏治勋:《当然解释的思维机理及操作规则》,载《法商研究》2018年第3期。
③ 参见孔祥俊:《法律解释方法与判解研究》,人民法院出版社2004年版,第321页。
④ 参见晋涛:《入罪的当然解释废除之提倡》,载《太原理工大学学报(社会科学版)》2017年第1期。
⑤ 参见付立庆:《刑法总论》,法律出版社2020年版,第27页。
⑥ 参见陈兴良:《本体刑法学》,中国人民大学出版社2011年版,第27页。
⑦ 参见杨仁寿:《法学方法论》,中国政法大学出版社2011年版,第150页。
⑧ 参见付立庆:《刑法总论》,法律出版社2020年版,第27页。
⑨ 参见牛克乾:《刑事审判视野中的刑法解释与适用》,法律出版社2020年版,第81页。

作为一种解释的理由而存在。当然解释是目的指向一致下的"类比",而"类比"不管是在道德领域还是法律论证的领域都能提供其内在的理由。① 扩大解释的正当性全然依托于外部的立法意图或社会需要,扩大解释自身并非解释的理由,理由应当由立法意图或社会需要提供。第三,二者解释结论的落点可能有所不同。扩大解释的运作结论仍然处于法律文本的射程范围之内,其突破的是法律文本的字面含义,但不会跑出法条文意的可能范围。立法意图或社会需要"旁敲侧击"地娓娓道"理",使待解释之事项得以通过"正道"被纳入刑法规范所"笼罩"的范围之内。而当然解释有"解释理由"与"解释技巧"之分,当然解释之理由始终可以采纳,但当然解释之最终结论不一定能被采纳。

3. 当然解释与扩大解释的联系

第一,二者启动原因相同。因为刑法文本语言本身具有隐匿性和局限性。立法思想并不都能由文字表达出来,立法思想与文字不可能完全对应起来,二者之间存在的不确定或错位的关系需要明晰与修正,而当然解释与扩大解释皆是明晰与修正的可行手段。笔者认为二者都不应理解为对法律漏洞的填补。第二,二者均对规范宗旨有充分的考量,二者具有部分的重合性或者相通性。扩大解释的考量主要基于规范宗旨,是否要扩张,关键在于法律条款的文字未涵盖立法者的原意。② 当然解释也是根据规范宗旨进行解释的,只是在判断法律规范宗旨之前或同时,当然解释自身已经能够独立提供具体标准和依据,即形式逻辑和事物本质。第三,二者在不利于被告人的情况下都不是被全盘否定。主流观点认为当然解释和扩大解释都应属于伦理解释的范畴。在罪刑法定原则的价值导向下,不利于被告的当然解释与扩大解释都能有一定的适用空间。扩大解释的内涵意味着扩大解释的结论始终不会跳出法律条文可能用语的框架,扩大解释所"扩张的范围"没有逾越罪刑法定原则的"管辖边界",二者可以"和谐"相处,扩大解释"名正自然言顺",其"正当性的天平"不会随着有利于还是不利于被告人的具体场景的切换而有所倾斜甚至一边倒。当然解释并非总是与罪刑法定同向前行,所以在罪刑法定原则的约束下,当然解释应扮演好"解释理由"和"解释技巧"的不同角色,虽然不倡导对二者厚此薄彼,但"解释理由"和"解释技巧"各司其职,不得越界。

(五)当然解释与类推解释之关系

1. 概述

类推解释指对法律未预先规定的事项,援引类似条款进行阐明。③ 过去,受到《唐

---

① 参见[美]布鲁克·诺埃尔·摩尔、理查德·帕克:《批判性思维》,朱素梅译,机械工业出版社2012年版,第231页。

② 参见郑永流:《法律方法阶梯》,北京大学出版社2015年版,第133页。

③ 参见薛瑞麟:《论刑法中的类推解释》,载《中国法学》1995年第3期。

律疏议》中轻重相举原则相关规定(最开始是以类推形式出现的)的影响,“举轻以明重”和“举重以明轻”之当然解释在很长的时期内总是无法摆脱人们眼中“类推”的刻板印象,不得不承认当然解释原理中还残留有《唐律》中“举轻明重”和“举重明轻”的“精神烙印”。但而今历史渐行渐远,时代的深刻变换已为当然解释原理赋予了新的因子,使得当然解释能够与类推解释严格区别开来。目前已有不少学者就当然解释与类推解释之间的关系进行研究探讨,本文接下来也试图从多个角度对二者之间的区别与联系进行梳理与论证。

2. 当然解释与类推解释的区别

第一,二者适用前提不同。因为“刑法没有明文规定”,类推解释只能在相类似的刑法条文中找“存在”,实现的是“从无到有”;①当然解释的适用前提是“刑法没有明示某一事项”,当然解释通过当然之道理实现的是“从轻到重”或“从重到轻”,实质上是“从有到有”。当然解释典型的特征是轻重对比,而类推解释没有轻重对比。第二,二者比较内容和方法不同。当然解释比较的数量或方向是单一的,轻重相比的是一个法律条文中的一个要件事实与一个待解释事实或者多个法律条文中的要件事实与多个待解释事实,多个法律条文中的要件事实与多个待解释事实进行比较时轻重关系必须属于同一方向,当然解释始终保持的是同向对比。类推解释是整个构成要件的直接比较,有时甚至将法律后果纳入比较范围,类推解释的对比是复杂性和不确定性的结合,无法做到同向对比。第三,二者解释结论的可接受性不同。类推解释“于法无据”的出发点决定了其解释结论将偏离正确的轨道。类推解释结论超出了刑法文本可以容忍的最大边界,刑法文本与类推解释之间相互抗拒。当然解释经受过最终检验的结论是可接受的,当然解释可以作为“解释技巧”直接导出解释结论依法适用。当然解释建立在法律事实具可比性的基础上,类推解释可以说是一种感性的模糊匹配,依据的相似性与当然解释的同一性相去甚远。第四,二者功能不同。类推解释并没有立足于现有规范条文本身,②类推解释的事实在现行的刑法条文中并不存在,当归属“遗漏事物”,可以认为是一种法律漏洞填补的方法,被刑法明确禁止③。当然解释所面对的待决事实在现行的刑法条文中有所提及,为使条文简洁而不够明朗化,当然解释无法律漏洞填补之功能。

3. 当然解释与类推解释的联系

第一,二者都存在“类比”,都从比较的角度切入。类比推理作为类推解释的推理方法,是通过寻找待解释的案件事实与已有法律规范之间的相似处并基于相似处得出

---

① 参见王星光:《刑事司法中举轻以明重的滥用与规制》,载《法律适用》2018 年第 24 期。

② 参见甘雨沛、何鹏:《外国刑法学》,北京大学出版社 1984 年版,第 41 页。

③ 参见王星光:《刑事司法中举轻以明重的滥用与规制》,载《法律适用》2018 年第 24 期。

结论。可以说类推解释是基于相似性的粗犷比较,相似离事物之间的本质属性相同还有较远的距离,是既生硬又太活跃地有意归类。"轻重相举"就是一种轻重类比,当然推理也是通过举轻以明重和举重以明轻的轻重类比得以实现的。类比解释与当然解释之间的相通之处体现在:二者在寻找比较共同性(共同或相似)上有交集。第二,二者都具一定的解释理由。当然解释具有正当性,当然解释之运作机理能够为"解释理由"或"解释技巧"作用之发挥提供充足的解释理由。依类推解释得出的结论也可能具有充分理由。[①] 类推解释基于的相似性也能提供一定的理由,在某些情况下相似性提供的理由足以达到充分的程度,只是因为类推解释中众多的不确定因素削弱了理由之说服力,静态的充分的理由在动态的解释过程中被稀释得不够充分。第三,二者都与罪刑法定原则存在紧张关系。徐国栋说"法律适用往往就需要在个别正义与一般正义之间作出抉择"。[②] 个案实质正义价值与罪刑法定形式正义价值之间的冲突不可能全然消除。当然解释以个案的实质正义为价值内核,其与罪刑法定原则之间始终存在着不同程度的紧张关系。对于当然解释与类推解释,罪刑法定原则都是选择性地承认,在当然解释被罪刑法定原则否定的场合其充其量只能作为一种"解释理由"而存在。虽然罪刑法定的"明确性"天然排斥类推解释的"模糊性",而有利于被告人的类推解释仍然有一定的适用空间。

二、当然解释的类型

(一)类型概述

1. 两种典型类型

通常看来,当然解释具有举重以明轻和举轻以明重这两种类型,即当然解释可通过"由重到轻"或"由轻到重"的路径分别展开推"理",由举重以明轻的路径处理的问题是某种行为是否更应被允许,即出罪问题。由举轻以明重回答的问题是某种行为是否更应被禁止,即入罪问题。可以说举轻以明重从轻向重地"扩大"推论过程犹如正义的曙光被轻的违法行为遮挡住了,投下一片将待决事实完全笼罩其中的阴影。举重以明轻从重往轻的"缩小"推论过程,犹如正义的曙光穿透过重的违法行为完全点亮了待决事实的轮廓,[③]举重以明轻运用得当而使当事人免于刑罚,是对合法权益的彰显。如果妥善运用当然解释,也能有利于实现定罪与量刑的匀横化、合理化。

举重以明轻和举轻以明重这两种当然解释的样态在定罪和量刑的领域都有施展的空间,可以说当然解释是一种"体系解释",对解释者提出了较高的要求,举重以明

---

① 参见[日]平野龙一:《刑法总论 I》,有斐阁1972年版,第77页。

② 徐国栋:《民法基本原则解释》,中国政法大学出版社1994年版,第138页。

③ 参见吕曰东:《当然解释的依据与思维进路》,载《法律适用》2015年第2期。

轻和举轻以明重都必须建立在“大格局”之下。刑法解释要使案件保持协调一致，在解释时就要在刑法整体的背景下把握个别刑法条文，以大见小。举重以明轻要先举重，举重方能明轻。具体到定罪而言，解释者首先需要识别并判断是否存在与案件相关的较重行为未曾被纳入犯罪的情形，如果存在该情形则需要进一步将面对的案件待决事实与未被纳入犯罪的较重行为比较轻重，若面对的案件事实相较为轻者，那便能将待决事实排除在犯罪之外。具体到量刑而言，解释者要先框定好哪些与案件相关的重情节没有被刑罚从重处罚，将没有被从重处罚的重情节与待决案件情节比较轻重，若面对的案件情节相较为轻者，那便自然不得从重处罚。[①] 反之，举轻以明重的道理大致相同。

2. 轻重相较

轻重相较向外展现为违法本质相同前提下可罚性高低的比较。a 行为和 b 行为违法本质相同，a 行为比 b 行为的可罚性高（损害性更为严重）时，如果 b 行为应当入罪处罚或者从重处罚，那么 a 行为更应当入罪处罚或从重处罚；如果 a 行为应当出罪免于刑罚或者适用减（从）轻处罚，那么 b 行为更应当出罪免于刑罚或者适用减（从）轻处罚。轻重相较向内体现为“情理”或“事理”的比较。在此需要特别强调的是，根据上文的论述，笔者认为“情理”或“事理”的比较必须是在目的方向性下的考察，即脱离目的的“情理”或“事理”的比较是盲目的。法律规定禁止带狗入公园，能否根据举轻以明重的原理当然得出法律规定禁止带狮子或蛇入公园？虽然按照一般常识容易得出肯定的判断，但答案是不一定的。如果公园竖立禁止标志的目的是防止游客受到惊吓、维护公园和谐，一般认为禁止带狗就禁止带狮子和蛇这样的结论是妥当的。但如果公园竖立禁止标志的目的是防止公园嘈杂、为公园营造安静舒适的环境，那很明显禁止带狗不能推出禁止带狮子或蛇。如果公园竖立禁止标志的目的是保持公园环境卫生，禁止带狗也不能表明禁止带狮子或蛇。通过这个例子可以看出，脱离了具体对象（狗、狮子、蛇）的目的对比是无法进行的，连“纸上谈兵”都算不上，而脱离目的的具体对象的对比只是就着“眼前的一亩三分地”不肯撒手罢了，很可能守住了芝麻却丢失了西瓜。当然解释离不开基本共识，也离不开规范目的，逻辑上孰轻孰重或事物性质上孰轻孰重归根到底是规范目的指导下的宏观视角与微观视角的立体多维判断，否则很难避免深陷臆断的泥潭而无法自拔。能够同时兼顾法律的目的和法律的文言双重标准的解释才是正确的解释。[②] 不对目的进行考察很容易得出直观的比较，但结论是有偏差甚至是南辕北辙的，乍一看似乎有点道理，实则经不起推敲。笔者接下来将分别对举轻以明重、举重以明轻进行定罪和量刑的法条分析，但需要强调的是，分析

---

① 参见张明楷：《刑法学中的当然解释》，载《现代法学》2012 年第 4 期。

② 转引自张明楷：《刑法分则的解释原理》，人民大学出版社 2011 年版，第 46 页。

聚焦在当然解释之理由层面,当然解释之技巧最终能否成立还有待验证。

(二)举轻以明重

1. 定罪之法条分析

根据最高人民检察院有关复函,《刑法》第17条规定的八种罪名,是指具体的犯罪行为而不是具体罪名。[①]《刑法》第17条规定已满14周岁不满16周岁的人犯强奸罪的,应当负刑事责任。与满14周岁不满16周岁的人实施单纯的强奸行为比较,先对妇女实施拐卖而后对其实施强奸的行为在强奸这一交点上违法本质相同,后者比前者更为严重,性质恶劣程度和社会危害性均明显重于前者。虽然刑法没有明示该类别的行为人拐卖妇女后并对之实施强奸的行为应当如何认定,但是既然满14周岁不满16周岁的人强奸应负刑事责任,举轻以明重,其拐卖妇女并对之实施强奸的重行为更"应"成立强奸罪追究刑事责任。[②]《刑法》第17条规定已满14周岁不满16周岁的人抢劫罪的,应当负刑事责任。若是该类别的行为人抢劫枪支弹药、爆炸物应该如何认定?枪支弹药、爆炸物在客观上也具有交换价值或者说金钱价值,当属财产性质的利益。抢劫一般财物与抢劫枪支弹药、爆炸物在违法本质上有相同,而抢劫枪支弹药、爆炸物比抢劫一般财物要重的多,所以理应得出更为严重的抢劫枪支弹药、爆炸物的行为更"应"构成犯罪追究刑事责任。《刑法》规定抢夺、窃取国有档案的,以抢夺、窃取国有档案罪论处。同是以非法手段掠走本属于国有档案,暴力抢劫的行为手段比抢夺、窃取的行为手段有过之而无不及,暴力抢劫国有档案的当然更"应"当成立抢夺、窃取国有档案罪。信用卡这种新兴载体伴随社会经济应运而生又反作用于经济秩序的管理,其头上本来就悬挂着"信用卡诈骗罪"这把"利剑",而《刑法》规定盗窃信用卡并使用的按盗窃罪定罪处罚,那么抢劫信用卡并使用的更"应"按抢劫罪定罪处罚。根据最高人民法院有关适用意见,抢劫信用卡后使用的,实际消耗的数额即抢劫数额。[③]

2. 量刑之法条分析

《刑法》规定冒充军警抢劫的为抢劫罪的加重处罚情节。正是因为军警身份具特殊性,假冒该一主体实施抢劫才会被纳入加重处罚的审查视野中去。既然假冒者实施同一行为都被法律规定为加重处罚,那么"货真价实"的被冒充的对象本人实施抢劫的,更"应"加重进行追责并自然说得通道得明。根据最高人民法院指导意见,在判断能否认定为冒充军警人员的时候不能单单看有无假冒的形式(穿着形象上或者意思

---

① 参见《最高人民检察院关于已满十四周岁不满十六周岁的人承担刑事责任范围问题的复函》,高检发研字〔2002〕17号,2002年8月9日发布。

② 参见谢艺萍:《刑法中的当然解释》,吉林大学2015年硕士学位论文,第19页。

③ 参见《最高人民法院关于审理抢劫、抢夺刑事案件适用法律若干问题的意见》,法发〔2005〕8号,2005年6月8日发布。

表达传递上)而要进行综合的实质性审查。特别要注重通盘考量类官方证件、类官方配备枪支械具等重要因素,以辨别真实场景下能否在程度上足够让一般的第三人误以为就是真军警,[①]该指导意见的此部分规定印证了真军警抢劫比冒充军警抢劫更“应”为加重情节有充足的理由。《刑法》第 104 条规定了武装叛乱、暴乱罪,其第 2 款规定策动、勾引、收买国家机关工作人员、武装部队人员、人民警察、民兵进行武装叛乱或者武装暴乱的,依照前款规定从重处罚。既然上述四类特殊对象相较于普通人实施同样的犯罪行为破坏力更大负面影响也更大,那么上述四类特殊对象进行武装暴乱或叛乱的更“应”从重处罚自不待言,该处之解释理由与真军警抢劫之解释理由既有相通之处但也并非全然相同。被宣告缓刑的犯罪分子,在缓刑考验期内,违反法律、行政法规或国务院有关部门关于缓刑的监管规定,或违反法院禁止令情节严重的,应撤销缓刑。该类主体违反相关监管规定应撤销缓刑,违反监管规定或禁止令即使情节严重也不及实施轻微犯罪行为的危害性严重。根据当然解释举轻以明重之当然道理,即使刑法没有明示,在缓期考验期内实施社会危害性更强的轻微犯罪行为的,更“应”撤销缓刑。

(三)举重以明轻

1. 定罪之法条分析

刑法分别规定了抢劫罪和转化抢劫,[②]最高人民法院关于转化型抢劫犯罪的有关指导意见规定,“对于以摆脱的方式逃脱抓捕,暴力强度较小,未造成轻伤以上后果的,可不认定为‘使用暴力’,不以抢劫罪论处。”[③]对于近几年刑事司法实践中出现的被告人(带有管制刀具一把未显示)从店内偷拿一件生活用品放入自己口袋,在准备离开时扬手威胁上前阻止的店员的犯罪情形应当如何认定?相较于用摆脱方式逃脱抓捕,扬手威胁明显暴力强度更小、也更为轻微,同时并未造成出现轻伤以上的后果,所以可以认为被告人更不“应”以抢劫罪论处。虽然生活用品达不到数额较大的标准,但携带管制刀具符合携带凶器盗窃的认定,定盗窃罪更恰当。[④] 根据最高人民法院解释,满 14 周岁不满 16 周岁的人抢夺他人财物,为抗拒抓捕当场使用暴力,故意致人重伤或死亡,或故意杀人的,应分别以故意伤害或故意杀人定罪处罚,[⑤]即不为转化型抢劫。对于满 14 周岁不满 16 周岁的人实施抢夺行为之后,为抗拒抓捕而使用暴力

① 参见《最高人民法院关于审理抢劫刑事案件适用法律若干问题的指导意见》,法发〔2016〕2 号,2016 年 1 月 6 日发布。

② 《刑法》第 263 条规定:以暴力、胁迫或者其他方法抢劫公私财物的以抢劫罪论处;第 269 条规定:犯盗窃、诈骗、抢夺罪,为窝藏赃物、抗拒抓捕或者毁灭罪证而当场使用暴力或者以暴力相威胁的,为转化抢劫。

③ 参见《最高人民法院关于审理抢劫刑事案件适用法律若干问题的指导意见》,法发〔2016〕2 号,2016 年 1 月 6 日发布。

④ 江西省新余市中级人民法院刑事判决书,(2017)赣 05 刑终 73 号。

⑤ 参见《最高人民法院关于审理未成年人刑事案件具体应用法律若干问题的解释》,法释〔2006〕1 号,自 2006 年 1 月 23 日起施行。

并且致人轻伤的情形,司法解释并未明确规定。[1] 既然最为严重的故意杀人情形都不被认定为转化型抢劫,致人轻伤的情形也当然“应”不认定为转化型抢劫。另综合分析最高人民检察院有关答复,[2]也可以得出指向一致的结论。《刑法》规定因被勒索给予国家工作人员以财物未获得不正当利益的,不是行贿,而对非国家工作人员行贿罪中却没有类似规定。两个罪名保护的都是正常管理秩序和活动。基准事实是因被勒索给予国家工作人员以财物,待解释事实是因被勒索给予非国家工作人员以财物,未获得不正当利益的前提下,后者明显比前者轻微,更不“应”当成立犯罪。[3]

2. 量刑之法条分析

《刑法》规定犯罪以后自动投案如实供述自己罪行的行为是自首。根据最高人民法院有关批复,被告人对行为性质的辩解不影响自首的成立。[4] 被告人自首的成立既然不受对其行为的性质的辩解的影响,那么可以说被告人对案件数额以及其他具体情节的辩解也自然不“应”影响自首的成立。《刑法》及司法解释对挪用公款的相关规定都没有明确界定虽然多次挪用公款但每次都有归还的这种情形应当怎样计算挪用的数额。最高人民法院有规定“多次挪用公款,并以后次挪用的公款归还前次挪用的公款,挪用公款数额以案发时未还的实际数额认定”。相较多次挪用公款且仅以最后一次挪用的公款归还之前挪用的公款的行为,多次进行挪用但每次都归还的可罚性相对没那么大,性质没那么恶劣、后果没那么严重,举重以明轻,更不宜累计计算其挪用公款的数额。[5] 需要注意的是不能机械地认为若案发之时全部还清了(扣除已经归还数额后无剩余的数额)就不再定罪了。[6]《刑法》规定被判处有期徒刑以上刑罚的犯罪分子,刑罚执行完毕或者赦免以后,在5年以内再犯应当判处有期徒刑以上刑罚之罪的,是累犯,应从重处罚,但不满18周岁的人犯罪的除外。因走私、贩卖……毒品罪被判过刑,又犯本节规定之罪的,从重处罚,这是对毒品再犯的规定。基准事实是累犯,待决事实是再犯,累犯相较于再犯社会危害性更强、特殊防御的必要性更大,既然未成年人(不管是犯前罪未成年还是犯后罪未成年)犯罪不能成立一般累犯,举重以明轻,未成年人(不管是犯前罪未成年还是犯后罪未成年)实施毒品犯罪的不能成立毒品再犯,不得从重处罚。另外,不难得出,犯罪人在未成年之前有不良表现、一般违法行为、

---

① 参见付立庆:《刑法总论》,法律出版社2020年版,第234页。

② 参见《最高人民检察院法律政策研究室关于相对刑事责任年龄的人承担刑事责任范围有关问题的答复》,〔2003〕高检研发第13号,2003年4月18日发布。

③ 参见张明楷:《罪刑法定与刑法解释》,北京大学出版社2009年版,第117页。

④ 参见《最高人民法院关于被告人对行为性质的辩解是否影响自首成立问题的批复》,法释〔2004〕2号,自2004年4月1日起施行。

⑤ 河北省井陉县人民法院刑事判决书,(2020)冀0121刑初58号。

⑥ 参见牛克乾:《刑事审判视野中的刑法解释与适用》,法律出版社2020年版,第299页。

过失犯罪后又犯罪的，更不能成立一般累犯（不能从重处罚）。[①] 2017 年海南第一中级人民法院即按照此裁判思路未将两名未成年人的前科劣迹纳入后罪量刑情节的考量，认定不予从重处罚。[②]

（四）轻重相举与罪刑法定

1. 轻重相举之理由层面

受罪刑法定原则影响，当然解释之“理由”在举重以明轻的场合不会遭到太多的质疑，道理相通在此不再过多进行论述。在举轻以明重的场合，首先从由轻到重的纵向推论来看，基准事实是符合罪刑法定的，换言之基准事实是符合具体的犯罪构成要件的。立法赋予了构成要件之法律事实到法律后果“公理”性的效果，基准事实怎样适用法律是水到渠成且不证自明的。[③] 基准事实已经经过证成，并且另外有增加违法责任程度的要素，待解释的事实比基准事实更加“重”，自然符合罪刑法定，这是显而易见的道理。其次从“重”的这一点与犯罪构成的横向对比来看，“重”的待解释事实要能够与基准事实相包容，说“相包容”而未使用“包含”，是因为笔者认为要求待决事实绝对地包含于基准事实，看似论证极其严密、毫无破绽，实质上从逻辑上可以验证这是个悖论，抢劫与抢夺、窃取相比，真的军警抢劫与冒充军警抢劫相比之所以更为严重，是因为注入了新的因素，新的因素的融入就意味着抢劫完全被抢夺、窃取包含，真军警完全被冒充军警包含已不再可能实现。在由轻到重的推论中已经证明了待解释事实“优于”基准事实，现在又要反过来证明待解释事实完全属于基准事实的范畴在语言形式上无法“高精度”实现，如果非要要求任何场合待决事实都要绝对地包含于基准事实，那本文的论述意义并不那么大。A 不是 B 不代表 A 违反了 B，虽然抢劫与抢夺、窃取相比有新的因素，但具体情境下抢劫与抢夺、窃取还是属于目的考量下本质相通的行为，认为暴力抢劫（国家所有的档案）符合抢夺、窃取，真军警抢劫符合冒充军警抢劫可能最初会给人以怪异的感觉，这种怪异的感觉正是来源于前者“重”的程度远远超过后者，真军警抢劫对国家机关形象造成的损害是不可逆转的，从保护军警的形象、声誉和消除军警（无论真假）对被抢劫者甚至是旁观者造成的心理阴影之目的出发，二者虽然在形式上有天壤之别但性质相同。张明楷教授认为对真军警抢劫适用冒充军警人员的规定，具有实质合理性，可以换种思路将“冒充”进行拆分，即将“冒”理解为假冒同时将“充”解释为充当。如果不存在军警人员抢劫就更不会存在所谓的冒充抢劫的说法，前者是后者得以发展的前提所在，具有递进关系。[④] 本文将递进关系纳入性质范畴进行考量的方法与张明楷教授的论证思路有不谋而合之处。对

① 参见张明楷：《刑法学中的当然解释》，载《现代法学》2012 年第 4 期。

② 海南省第一中级人民法院刑事裁定书，(2017)琼 96 刑终 394 号。

③ 参见张明楷：《刑法学中的当然解释》，载《现代法学》2012 年第 4 期。

④ 参见张明楷：《刑法分则的解释原理》，人民大学出版社 2011 年版，第 67 ~ 68 页。

于拐骗儿童罪,张明楷教授认为最终都会造成儿童与监护人或家庭相脱离的状态,用和平方法都成立犯罪,那用胁迫乃至暴力等强制方法的,则更有理由成立犯罪。另外,“拐”并不仅仅限于利诱、欺骗,还包括胁迫、暴力等,将窃取、抢夺、抢劫儿童的行为解释为拐骗儿童的“当然解释”没有超过刑法用语可能含义。[①] 上面两个例子虽然张明楷教授都得出了“当然解释”之肯定结论,但仍然有所区别。笔者认为将“冒充”解释为假冒和充当没有问题,但“充当”按照语言的表达习惯是A充当B,没有说A充当A的,法律适用需要唤起每个人同样的概念,[②]故假冒真军警无法从语言形式上纳入真军警,而“拐”在语言形式上可以将窃取、抢夺、抢劫一系列行为纳入。可以推论,语言形式上的完全耦合在轻重相举的过程中逐渐离散。

2. 轻重相举之技巧层面

需要明确的是轻重相举得出的初步结论是否合“理”与当然解释技巧之结论能否最终落地尚且是两个不同层面的问题。基于刑法罪刑法定原则的框定,应当区别对待当然解释的出罪与入罪。需要强调的是单纯的行为性质的轻重说“理”比较绝非入罪的充分条件,若解释者运用当然解释入罪,形成不利于犯罪分子的有罪预判后,应进行严密论证与检验,以确保案件结果不仅合“理”并且公正合法。正面的当然解释与相向而行的罪刑法定原则狭路相逢时,罪刑法定原则的行稳致远依托于当然解释的让步。有利于被告人的场合,待决事实轻于基准事实,那么可以对“则当然解释成立”作出统一的理解,“解释理由”和“解释技巧”同时成立,二者之间本无距离。在不利于被告人的场合,即使待决事实重于基准事实,并且待决事实与基准事实能够相包容,也应当对“则当然解释成立”分类别讨论,若待决事实重于基准事实,待决事实与基准事实能够相包容并且“当然解释技巧”之最终结论的成立不会与刑法明文规定的其他条文或刑法规范整体相冲突(不存在其他阻断因素),那么“则当然解释成立”既是“缘由”的成立,也是“结论”的成立。在前文举轻以明重类型部分,已经粗略阐述了已满14周岁不满16周岁的人抢劫枪支弹药“应”当认定构成抢劫罪追究刑事责任,但最为明显的问题是在《刑法》第127条第2款中单独规定了抢劫枪支罪,当然解释给出的结论是“应”当认定构成抢劫罪,但能够认定为抢劫罪还是抢劫枪支罪是另外一个问题。《刑法》第329条第3款规定有窃取、抢夺国有档案的行为,同时又构成其他犯罪的,依照处罚较重的规定处罚,抢劫国有档案是否能够认定为抢劫罪和到底认定为抢劫罪还是抢夺、窃取国有档案罪也是另外一个层面的问题。同样,按照上文思路真军警抢劫“应”认定符合冒充军警人员抢劫,但是又根据最高人民法院的有关指导意见,军警

① 参见张明楷:《刑法分则的解释原理》,人民大学出版社2011年版,第231~232页。
② 参见[法]孟德斯鸠:《论法的精神》(下),张雁深译,商务印书馆1963年版,第339页。

人员利用自身的真实身份实施抢劫的,不认定为冒充军警人员,应依法从重处罚,[①]可见对真军警从重处罚直接依据的是司法解释,而非当然解释之技巧,但是二者指向一致。另外,在本文的举轻以明重类型部分,已经简要阐述了满 14 周岁不满 16 周岁的人对拐卖妇女并实施强奸的行为应成立强奸罪。那么该类人收买被拐卖的妇女并对其实施强奸的行为应当如何认定才算妥当?根据《刑法》规定,收买被拐卖的妇女并强行发生性关系的,应以收买被拐卖的妇女儿童罪与强奸罪数罪并罚。笔者认为,具体到该类别的行为人,进行当然解释并综合考量后,应当以强奸罪定罪处罚。

三、当然解释的适用规则

(一)概述

如何在罪刑法定原则划定的界限内最大限度地发挥当然解释的效用具有重大理论与实践意义。当然解释原理精妙深奥,不夸张地说是一种“横看成岭侧成峰”的艺术,是“远近高低各不同”的学问,需要“能工巧匠”去“精雕细琢”方能“化刻板腐朽为神奇”。当然解释犹如一片布满危机的沼泽,要通往法治社会的“理想国”还有许许多多这样或那样的沼泽、沟渠、陷阱需要去跨越穿行,光是当然解释这一汪“湿地”就容易让人泥足深陷。正如许多学者担忧的那样,在刑事司法审判实务中存在不少对当然解释原理“断章取义”的案例,裁判思路出现偏差不仅仅是因为对基础理论界定得不够清晰,还因为对适用规则的掌握不够到位或者重视程度远远不够。发现问题是为了解决问题,理论终究不能排斥为实践服务。当然解释理论研究只有在与刑事司法实践的互动中才能更加接地气,刑事实务中对当然解释原理的适用有利于倒逼当然解释的理论研究一步步走向成熟。无论如何,规则意义上的法治是不容许放弃的,一般情况下,遵守规则的严格性方能有条不紊地适用法律。十分有必要进一步明确、梳理并固定当然解释的具体适用规则,明晰当然解释的运作机理(适用前提、推理机制等),切实有效地发挥当然解释之实际功效,也避免当然解释“遍地开花”而开得过于“烂漫”。对一些学者关于当然解释的或粗略或细致的操作规则进行拜读后,笔者思考了其背后反映的当然解释的基本原理和思维内在进路,并较为认同吕曰东教授对当然解释操作规则的表述。由于本文主张当然解释在刑法中是一种“复合性”的存在(既是“解释理由”也是“解释技巧”的主张有异于吕教授仅是解释方法的主张),所以本文将在吕曰东教授观点的基础上或修或补融入一些新的思路与内容,以期系统化、细致化、清晰化地展现当然解释的适用路径与过程。下文中笔者将分类别描述当然解释两种典型类型的适用规则并进一步着力将具体规则更加细化、立体地呈现出来。需要先行说明的

① 参见最高人民法院《关于审理抢劫刑事案件适用法律若干问题的指导意见》,法发〔2016〕2 号,2016 年 1 月 6 日发布。

三点是:其一,总体规则与具体规则之间相互为补充说明;其二,量刑比照适用,没有构成要件一说;其三,构成要件(基准事实)与待决事实的个数变动可依下列规则之规律依次前后“类推”。

(二)总体规则

1. 举重以明轻之定“型”规则

(1)刑法规范的结构模式为“因为有构成要件(基准事实)A、B、C、D……所以有法律后果E(赋予权利或减免责任)”。现有待决事实构成F、G、H、I。如果已证成G、H、I事实构成完全符合构成要件B、C、D,并且待决事实F与基准事实A有依据和理由进行比较,待决事实F的否定性评价轻于基准事实A,那么当然解释“理由”和“技巧”成立。否则,不能进行当然解释。(2)刑法规范的结构模式为“因为有构成要件(待决事实)A、B、C、D……所以有法律后果E(赋予权利或减免责任)”。现有待决事实构成F、G、H、I。如果已证成H、I事实构成完全符合构成要件C、D,并且待决事实F和G分别与基准事实A和B有依据和理由进行比较,待决事实F和G的否定性评价均轻于基准事实A,那么当然解释“理由”和“技巧”成立。否则,不能进行当然解释。①

2. 举轻以明重之定“型”规则

(1)刑法规范的结构模式为“因为有构成要件(基准事实)A、B、C、D……所以有法律后果E(课以义务或责任)”。现有待决事实构成F、G、H、I。如果已证成G、H、I事实构成完全符合构成要件B、C、D,并且待决事实F与基准事实A有依据和理由进行比较,F的否定性评价重于基准事实A,那么当然解释“理由”或“技巧”成立。否则,不能进行当然解释。(2)刑法规范的结构模式为“因为有构成要件(基准事实)A、B、C、D……所以有法律后果E(课以义务或责任)”。现有待决事实构成F、G、H、I。如果已证成H、I事实构成完全符合构成要件C、D,并且待决事实F和G分别与基准事实A和B有依据和理由进行比较,待决事实F和G的否定性评价均重于基准事实A和B,那么当然解释“理由”或“技巧”成立。否则,不能进行当然解释。②

2017年11月终审的张某根、张某清非法经营罪一案中,经审理查明确实存在无烟草专卖许可证,通过购买假冒注册商标伪劣卷烟销售牟利的非法行为。一审、二审法院均对被告人以非法经营罪定罪处罚。基准事实为未经许可经营合格香烟,待决事实为未经许可经营伪劣香烟,未经许可经营专营专卖品之基准事实已经证成,虽然合格香烟不能绝对包含伪劣香烟,但合格香烟与伪劣香烟能够相包容。可以明确的是伪劣香烟也属于香烟,并且因假冒他人注册商标增添了伪劣的因素。经营伪劣香烟的行为比经营合格香烟的行为更“重”,更“应”成立非法经营罪。上述是按照举轻以明重

① 参见吕曰东:《当然解释的依据与思维进路》,载《法律适用》2015年第2期。

② 参见吕曰东:《当然解释的依据与思维进路》,载《法律适用》2015年第2期。

之定“型”规则进行的在理由层面的入罪分析。张某清辩护人在辩护意见中提到，既然本案中所销售的卷烟经鉴定是假烟，要构成犯罪也是构成销售伪劣产品罪，认定构成非法经营罪于法无据。根据最高人民法院、最高人民检察院相关解释，二罪的划分以有无烟草专卖许可证为分野，即如果有许可证而销售假烟的，应该直接认定为销售伪劣产品罪，而无许可证销售卷烟（含真烟和假烟）扰乱市场秩序，被侵害的是国家经营管理秩序（烟草专卖管理秩序），应认定为非法经营罪。① 上述是按照举轻以明重之定“型”规则进行的在技巧层面的入罪分析。无独有偶，在2019年3月终裁的卢某梅、王某军非法经营罪一案中，也是按照举轻以明重的当然解释思路将销售假烟的这种社会危害性更大的犯罪行为按非法经营罪进行了定罪处罚。②

（三）具体规则

1. 定“性”规则

基准事实须为刑法规范中的否定性评价。从哲学上来讲，违法性责任问题归根结底是因果的问题，而有责性的责任问题归根结底是道德的问题，③违法性是刑法从实害意义上对事态作出负面的评价，可以说有责也是一种负面评价（具有辨认能力与控制能力却还如此行为）。“举轻”或“举重”需要将目光发散到“举重以明轻”和“举轻以明重”这两个短句的原意的整体，将刑法规范中的否定性评价作为举的“轻”或“重”。“正向、肯定”的解释与举轻以明重和举重以明轻这种“逆向、否定”的解释不在同一运行轨道而殊途同归，要注意区分。按照《刑法》规定，没收财产前犯罪分子所负正当债务经债权人请求应予以偿还。有学者认为债权人对正当债务享有的是债权，借出人对所借之物享有的是所有权，按照当然解释，借他人之物比欠他人之债更具有返还之正当理由。④ 需要明确的是上述解释过程既不能归类于举重以明轻，也不能归类于举轻以明重，不属于本文所讨论的当然解释的两种基本类型。基准事实“所负的正当债务”并非否定性之评价的事实。借用他人之物可以直接“正向、肯定”地解释为所负的正当债务。在2018年9月终审的庞某、黄某国故意伤害一案中，上诉人庞某、黄某国在先后二次报警后一直在现场未曾离开，等待警察抵达现场后也没有做出拒捕行为。二人在归案后都如实供述了各自的犯罪事实，但由于黄某国对其主要犯罪事实在后续庭审中予以了翻供，其自然不能构成自首。原审法院认为庞某对其犯罪事实也在庭审中予以了否认，没有认定其构成自首。经查，在庭审中庞某对其用砖头击打一案发当事人头部和黄某国持菜刀与该当事人互打的这些案发过程中的犯罪事实是一律承认的。二审法院认为，根据最高人民法院规定，“明知他人报案而在现场等待，抓

① 广东省珠海市中级人民法院刑事判决书，(2017)粤04刑终345号。

② 广西壮族自治区防城港市中级人民法院刑事裁定书，(2019)桂06刑终30号。

③ 参见张明楷：《犯罪构成体系与犯罪构成要件》，北京大学出版社2010年版，第51页。

④ 参见谢艺萍：《刑法中的当然解释》，吉林大学2015年硕士学位论文，第19页。

捕时无拒捕行为,供认犯罪事实的”,应视为自动投案,举重以明轻,庞某自己报案,更应视为自动投案,且其投案后如实供述其罪行,依法构成自首。[①] 二审法院针对庞某是否构成自首问题,依法对原判的不当认定进行了纠正。在其他情节相同的情况下,自己报案当然比他人报案更有理由构成自首,也更加符合自首的内涵。庞某自己两次主动报案并且如实供述案发罪行无翻供行为,对其认定为自首本来就无可厚非,其正当性不容置疑,但其不是依据当然解释原理得出的。基准事实并非否定性之评价,以上论述中的举重以明轻无从谈起。针对本案中的自首情节,可直接认定为自首,根本无须借用“明知他人报案”这一中介,把简单问题复杂化,还盗用当然解释之名,而此案类似的裁判论证逻辑并非个例。

2. 定“位”规则

须遵循先事实构成后法律后果的“从前往后”的推论解释路径,禁止从后往前推也禁止前后同时推。有A可以推B且C比B轻(B和C为课以责任或义务),不能得出因为有A所以可以C的结论,需要明确“举”的意思是列举,“明”的意思是推论,被列举出来的“轻”“重”指与待决事实“相类似”的行为如何处理的法律条文,所推论的“轻”“重”指待决事实。[②] 基准事实要定位清晰,不能跨越刑法规范到其他部门法中,也不可对法律后果进行当然解释,[③]即不能在法律后果的范围中寻找基准事实。法律后果绝非凭空产生,其依附于法定事实构成之后。[④] 当然解释中举重以明轻的原意为如果可罚性更高、性质更为恶劣、后果更为严重的行为出罪免于刑罚,那么可罚性较低、性质较为轻微、后果不那么严重的行为更应该出罪免于刑罚。举轻以明重的原意为如果可罚性更低、性质或后果更为轻微行为入罪处以刑罚,那么可罚性较高、性质或后果更为严重的行为更加应当入罪处以刑罚。可以说“举重以明轻”和“举轻以明重”的推论过程从开始到结束,法律后果都不是“变量因素”。基准事实的对比是“前因”,有了“前因”就有也才有“后果”,不可本末倒置。2017年5月发生的邓某危险驾驶一案中,被告人邓某因帮朋友复仇泄恨在车辆流量稠密的城市主干道上与其针对对象傅某某超速追逐竞驶,造成傅某某和等待绿灯的其他几辆汽车受损,同时造成严重交通堵塞,危害公共安全。当地检察院以“以危险方法危害公共安全罪”指控被告人邓某。一审法院认为,其一被告人邓某主观上没有持希望或放任的意志,主观构成特征不符;其二是一般的交通事故,还没有严重危害公共安全;其三“交通肇事罪轻于以危险方法危害公共安全罪,若对追逐竞驶造成交通事故的行为认定不构成前罪,但认定构成

---

① 广西壮族自治区玉林市中级人民法院刑事附带民事判决书,(2018)桂09刑终157号。

② 参见占茂华主编:《中国法制史》,中国政法大学出版社2010年版,第198页。

③ 参见吕曰东:《当然解释的依据与思维进路》,载《法律适用》2015年第2期。

④ 参见[德]魏德士:《法理学》,丁晓春、吴越译,法律出版社2005年版,第61页。

后罪在逻辑上与举轻以明重相违背。”①所以不构成公诉机关指控的罪名，应予以纠正，所犯罪行构成的是危险驾驶罪。笔者赞同其一、其二中的分析，但不赞同其三中的思路。先不谈论证说理中找不到否定性评价之基准事实，需要强调的是当然解释从来都不是罪名的直接对比，举轻以明重的角度适用的是入罪的场合，很明显其三中的思路是要达到出罪的效果，二者风马牛不相及。粗略地看，其三的论述似乎找不出破绽，若要硬说是当然解释，那只能说不属于本文所探讨的“当然解释”，然而这样的“当然解释”在司法实务中却时有出现。

3.“轻重比较”规则

其一，待解释事实与刑法规范规定之事实须有轻重之分。与吸食、注射毒品相比，自伤身体通常会立即导致身体伤害，更具直接性，因而更为严重。但需要注意，教唆他人吸毒罪保护的是社会法益，故意伤害罪保护的是个人法益，不能根据当然解释，将教唆他人自伤的行为直接认定为故意伤害罪。② 待解释之事项与刑法规范所规定之事项的轻重比较是本质属性相同前提下的强弱判断，本质属性不同没有进行轻重判断的必要，而本质属性是否相同是法律规范目的指导下的价值判断。在 2019 年 5 月终裁的陈某聚众斗殴罪一案中，经查明证实，陈某系应他人纠集，按约驾驶黑色奇瑞轿车到达指定地点。到现场陈某见双方开始斗殴后，其明知双方系斗殴，依然驾车上前两次冲撞斗殴人群。其积极伙同他人聚众斗殴、“持械”冲撞，已扰乱了公共秩序。二审法院认为陈某的行为虽有别于传统的持械聚众斗殴，但举轻以明重，当冲撞他人时，轿车的重量、体积、危险性均大于传统械具，原判认定陈某的行为系持械聚众斗殴并无不当。③ “械”可以作机械、器物、武器、刑具、械具理解。在本案中汽车是否能够被认定为“械”是一关键问题，也是刑事司法实务中令人头痛的难题。直接把轿车解释为机械或者武器，把“持”解释为持有，驾驶轿车聚众斗殴可以理解为持械聚众斗殴。如果认为“持”必须解释为用手持，驾驶汽车何尝不是用手在持有。更为重要的是，不能因为汽车与一般的棍棒、刀具、枪支这些传统械具差异较为明显，就否认其适用的正当性，也可以把汽车解释为械具。虽然这种“持械”的方式并不多见，但按照规范目的与事物本性相融合的当然解释之道理，待解释事实“驾驶轿车”比基准事实更“重”，并且二者能够相包容。其二，非刑法意义上的评价不得作为左右轻重程度的要素。刑罚轻重的程度理应和犯罪的有责性与违法性相适应。④ 附加能够减轻或者加重违法程度、责任程度的要素是“明轻”或者“明重”的内涵价值之所在。《刑法》第 244 条规定了雇佣童工从事危重劳动罪，不能认为不给钱单纯用未满 16 周岁的未成年人的行为就比

---

① 江西省新余市渝水区人民法院刑事判决书，(2017)赣 0502 刑初 408 号。

② 参见张明楷：《刑法学中的当然解释》，载《现代法学》2012 年第 4 期。

③ 浙江省宁波市中级人民法院刑事裁定书，(2019)浙 02 刑终 340 号。

④ 参见张明楷：《犯罪构成体系与犯罪构成要件》，北京大学出版社 2010 年版，第 70 页。

雇用该类主体的行为更为严重。雇用与白用的行为不能够相包容,白用的行为只是符合雇用中的“用”的那一部分,缺少“雇”的意思成分,认为不给钱单纯用比雇用该类未成年人的行为更为严重并不是纯粹刑法意义上的评价。

4. 定“向”规则

待决事实为复数时,须轻重评价方向始终保持一致。在其他要件事实均已证成的情况下,多个待决事实分别同时“轻于”或者“重于”各自的基准事实时,才有必要进一步判断是否能最终得出当然解释之结论,否则不能继续进行当然解释,①待决事实1和待决事实2的评价方向不一致时二者不存在互相抵消的关系,反之亦然。责任方面(如故意)的当然解释之结论并不当然适用于违法方面(如客观造成危险),同样,违法方面的当然解释之结论也并不当然适用于责任方面。② 将责任的有无和违法与否进行区分是人之天性所在,国民的自由与人权保障机制要求要认定行为人成立犯罪必须违法和有责同时指向该一行为人。需要保障国民预测可能性,犯罪的实体违法与责任不能混为一谈。在违法方面与责任方面同时需要评价时,即可以简单理解成待决事实为复数,正常处理即可。

5. 排除适用规则

其一,在举重以明轻的场合,刑法漏洞不能够被当作举的“重”。出罪的场合相对于入罪的场合明显“条件”相对宽松,没有那么多后续检验的环节,缺少“条条框框”的束缚容易钻刑法的“空子”。刑法“天网恢恢”但“疏而有漏”,刑法暂且做不到将凡是应该负担刑罚的行为完整地纳入犯罪,还存在应该负担刑罚的行为却没有被规定成犯罪的漏洞。③ 其二,不可二次推论,待决事实只能和基准事实进行比较,只能将刑法条文的事实构成作为基准事实,不能将待决事实和基准事实比较之结论作为二次推论的起点即基准事实。张明楷教授指出,与非公开的通奸行为相比,非公开的换偶行为更为“轻”,前者不构成犯罪,后者取得了婚姻对方的许可更加没有理由认定为犯罪。刑事被告人虚假供述或亲手销毁自己犯罪证据的,不成立伪证罪、帮助毁灭证据罪,刑事被告人教唆第三人为自己作伪证或销毁证据更不宜认定犯罪。④ 不论其结论是否合理合法,以上推论在形式上均为二次推论。其三,当然解释与刑法、宪法等明确性规定或“倾向性、流动性”价值相左时,当排除当然解释技巧之适用。顺从、符合宪法的解释优位于其他或依字面含义或依整体行文脉络的解释。⑤ 有效的、符合目的的法律适

---

① 参见吕曰东:《当然解释的依据与思维进路》,载《法律适用》2015年第2期。

② 参见张明楷:《刑法学中的当然解释》,载《现代法学》2012年第4期。

③ 参见张明楷:《刑法学中的当然解释》,载《现代法学》2012年第4期。

④ 参见张明楷:《刑法学中的当然解释》,载《现代法学》2012年第4期。

⑤ 参见[德]卡尔·拉伦茨:《法学方法论》,陈爱娥译,商务印书馆2003年版,第221页。

用也必须重视民意检测和社会心理学。[①] 解释者需要不断修正自我，同样当然解释也需要不断修正自我才能避免陷入“想当然”的“妄我境界”，要想在反思中达到均衡一体，当然解释还有很长的路要走。

结 语

关注法律解释问题是法治社会的应有之义。法律解释问题由来已久，刑法适用需要解释虽然已无须再争议过多，但刑法解释的限度与解放的程度似乎始终难以精确得恰到好处。法律解释与推理并非“一刀切”地排斥逻辑理性，但其过程也绝非全然逻辑化的标准过程。正因如此，机器终究是不能代替法官，机器更容易忠于法律条文毋庸置疑，但机器忠于法律条文是机械地忠于法律条文的形式。法律规范与解释活动都应具有主动性，只有这样规范与事实才能更好地衔接缝合，理论与实践的“化学作用”才能够更加突出，立法与司法才能够相互成全。

受法律规范宗旨钳制的当然解释在最直观的层面上有利于贯彻罪刑均衡原则，不管是对被告有利还是不利的当然解释都有其刑法意义上的研究价值。笔者认为应当平常心对待二者，不应厚此薄彼，只是对被告不利的当然解释更加复杂，重罚、入罪时需要打起“十二分”精神谨慎对待。要求当然解释必须基于法律规范无可厚非，要求当然解释自始至终都同时符合罪刑法定的形式与实质是一种美好希冀，罪刑法定形式侧面与实质侧面所处维度不同，导出的结论本来就可能有所不同。有时候跳出法律文本的形式框架是为了更好地回归到法律文本的实质层面，不得不承认，遇到“谁也不能说服谁”的两难局面时，主宰解释结论的往往是价值选择。将当然解释与罪刑法定原则剥离开来十分有必要，有利于当然解释自身的判断更加果敢高效，有利于将当然解释自身层面的判断与罪刑法定原则的判断区别开来，有利于明晰、检视、反思解释的全过程。需要说明的是，当然解释结论之正当性并非仅仅依托解释理由的充足性、解释动机的高尚性。当然解释之解释规则包含了罪刑法定原则实质性的检验。当然解释之结论要想被最终采纳，必须与刑法规范用语相包容，案件事实要在刑法规范中找到“支撑点”。要求案件事实符合刑法规范，并非要求案件事实“等于”刑法规范，刑法规范文本是当然解释落叶归根之处，是当然解释的沃土所在，当然解释从中汲取养分、适时开花结果。当然解释不应当“负重前行”，但也不可能妄想以“举轻明重、举重明轻”八个字就能“轻车熟路”。面对刑法规范没有明示的情形，司法权既不能因为有突破罪刑法定原则的嫌疑而畏首畏尾、裹足不前，对当然解释视而不见，也不得不谨小慎微、如履薄冰地对当然解释进行反复掂量，保持不偏不倚的“中庸之道”似乎是最为理性而恰到好处的。

---

① 参见［德］魏德士：《法理学》，丁晓春、吴越译，法律出版社 2005 年版，第 134 页。

本文所做尝试或许有利于当然解释的部分理论分析更加清晰明朗有序,通过为刑法司法实践适用当然解释原理提供具体可依的路径,有益于防止一味强调坚守罪刑法定原则而对形式上看似有违该原则的当然解释之结论进行概括否定的尴尬局面的出现。笔者对于当然解释之研究有着浓厚的兴趣,但是囿于笔者能力有限,本文的偏颇、谬误之处在所难免,有些问题未能考虑兼顾周全或研究层面还不够深入,还需要花较多精力深究。比如,当然解释的类型中除了“举轻以明重”和“举重以明轻”这两种以外,是否还存在其他类型,其他类型的当然解释应该如何展开,又如当然解释与目的解释、体系解释的关系具体如何,诸如此类问题,皆需今后用心研读、体会、提高。

作为刑法解释方法的“以刑释罪”

陈昊明*

【内容摘要】“以刑释罪”是“以刑制罪”旗下众多观点中最为保守的，它区别于导入刑事政策的“结果主义”。就形式正当性而言，它虽然不单独构成与传统解释方法并列的新方法，但可以作为一种论证方法的辅助技巧帮助传统解释方法更好说理。就实质正当性而言，刑罚的两种正当化根据可以为其提供正当化根源，同时也并不违反罪刑法定原则的明确性要求，并且在承认刑法典罪刑结构不合理的情况下依然有其合理存在空间。

【关键词】以刑释罪　结果主义　法律论证　罪行均衡

迄今为止，一个学术上尚未得到完全澄清的问题是，刑罚与构成要件的关系究竟为何。对此，在二十多年前曾经有过激烈的争论。例如，有学者认为，二者各自的含义相互指涉，对两者进行精确定义必须以互为参照系和前置语境为条件才能完成。[①] 但是二十多年来，绝大部分刑法学教科书，基本都只承认构成要件对刑罚的单向制约作用，而对该问题没有深入地继续讨论。[②] 不过，社会焦点案件常常有激活刑法理论的功能。近年来，随着一系列案件的曝光，特别是自许霆案[③]以来，认为刑罚对构成要件有反向制约作用的观点重新出现，“以刑制罪”现象再次成为学界热议的话题。“以刑制罪”这一现象是否存在？如果存在，是否合理？本文拟就此进行回答。

本文的基本思路是，首先厘清本文所论述的对象，即将不同学者在相同或相似名称下所指向的不同对象进行区别，从而提炼出本文所要论述的对象，即用法定刑的设置作为解释构成要件的一种方法。其次，通过分析与传统刑法解释方法的关系，从而

---

* 陈昊明，法学博士，四川大学法学院助理研究员。本文原发表于《政法论坛》2021 年第 3 期，标题为《以刑释罪——一种新的法律解释方法？》，收入本卷文集时内容有所增删修改。

① 参见冯亚东：《理性主义与刑法模式》，中国政法大学出版社 1999 年版，第 115 页。

② 参见《刑法学》编写组：《刑法学》（上册 · 总论），高等教育出版社 2019 年版，第 279 ~ 280 页。

③ 有关“许霆案”的争论梳理，参见白斌：《刑法的困境与宪法的解答——规范宪法学视野中的许霆案》，载《法学研究》2009 年第 4 期；姜涛：《批判中求可能：对量刑反制定罪论的法理分析》，载《政治与法律》2011 年第 9 期。

肯定这种解释方法的存在和在体系上的定位,即作为传统解释方法的一种辅助而非独立的法律解释方法。最后,从方法论上证明它存在的价值与合理性。

一、"以刑释罪"的内涵:刑罚对构成要件的解释可能

根据学者阐述,"以刑制罪"之下名目繁多,包括"以刑定罪""以刑制罪""以刑释罪""以刑择罪""以刑议罪""刑须制罪""能动性刑法解释"等,这些不同名称,却不一定代表不同的观点。究其实质,可以分为以下三类:

第一类是比较激进的观点,即认为量刑优于定罪,判断刑事责任是刑法的核心,不因预设的犯罪构成而让步;相反,犯罪构成的形式内容,是方便人们以符号方式进行认知的需要,为实现实质公正,其界限均可突破。又或者认为,案件审理并非存在"唯一正解",因此在刑法规定范围内,只要选择合适罪名就不算违反罪刑法定原则,甚至"主动寻找罪名"硬套犯罪嫌疑人。① 第二类是比较温和的观点,即在进行刑法解释时引入刑事政策,通过影响处罚必要性及其程度的价值判断,从而影响危害性的评价,进而影响解释犯罪成立要件。② 第三类是保守的观点,即"以刑制罪"仅指法定刑对定罪的制约作用,应把既定刑法制裁体系作为是否"入罪"的具体参照系。③ 就此而言,虽然"以刑制罪"的称呼多种多样,但本文采用"以刑释罪",更强调对犯罪构成要件的解释,即,仍然在对法律解释的框架之内而非向法外寻求正当性来源。

在以上三种观点中,第一类做法导致构成要件的定型机能完全丧失,也遭到了足够多的批判④,本文不再展开,因此接下来只探讨第二类与第三类观点之间的关系。

(一)"以刑释罪"与"结果主义"的共同起源:传统解释方法结论上的欠缺

在所有"以刑制罪"的观点中,引入刑事政策的解读算是比较温和的一派。笔者

---

① 相同观点参见高艳东:《从盗窃到侵占:许霆案的法理与规范分析》,载《中外法学》2008年第3期;张永红、吴茵:《"刑罚反制"初论》,载《湖南大学学报(社会科学版)》2001年第9期;任彦君:《论逆向定罪机制在刑事疑难案件审判中的适用》,载《法商研究》2013年第5期;金泽刚:《"虐童事件"过后的法律思考》,载《法制日报》2012年11月28日,第10版。当然,"严打"时期"从严从重"的刑事政策常常驱使司法实务人员趋向以严厉的刑罚措施惩治犯罪,企求达到"以刑制罪"的效果,这种做法并非学界予以正面肯定的对象。

② 相同观点参见冯亚东:《刑法的哲学与伦理学——犯罪概念研究》,天地出版社1996年版,第109页。相同观点见梁根林:《现代法治语境中的刑事政策》,载《国家检察官学报》2008年第4期。

③ 相同观点见阮齐林:《绑架罪法定刑对绑架罪认定的制约》,载《法学研究》2002年第2期;张明楷:《许霆案的刑法学分析》,载《中外法学》2009年第1期;于文唐:《化解罪行失衡之解释学路径》,载《法律适用》2011年第6期;Noll, Peter, Tatbestand und Rechtswidrigkeit: Die Wertabwägung als Prinzip der Rechtfertigung. ZStW 1 (1965), S. 120。

④ 有关对此的批判参见朱苏力:《法条主义、民意与难办案件》,载《中外法学》2009年第1期;郑延谱:《量刑反制定罪否定论》,载《政法论坛》2014年第6期;袁博:《论"以刑制罪"思维的教义反思与司法适用——以"温岭虐童案"的执法思路为切入点》,载《犯罪研究》2013年第1期;潘文博:《对解释论上"以刑制罪"现象的反思》,载《西南政法大学学报》2018年第2期。

认为,这就是结果主义的体现,它是指“一个行为的伦理地位取决于其后果的价值”①,在适用法条时“以预测所产生的社会后果是否有利,作为解释意见是否正确的根据”。② 结果主义并非新鲜事物,最早可以追溯概念法学勃兴之前的19世纪的“法的内在理性”(ratio legis),后遭到萨维尼猛烈抨击而衰落,直到20世纪70年代开始,才因为与其他社会学科(法社会学、法律经济学等)结合而重生。③ 它被形象喻为社会学“入侵法律堡垒的特洛伊木马”④。到今天为止,已经有学者将其作为与传统解释方法并列的一种法律解释/论证方法。⑤ 同样,“以刑制罪”也源于对传统法教义学失灵感到失望而起的应激反应。“对于常规性案件,人们只需要直接运用教义规则便能轻易地解决价值判断的问题。(但)在难办案件(Hard Case)中,教义规则与价值判断之间便会形成尖锐的紧张”。⑥ 而在以“许霆案”为代表这一类难办案件中,尖锐的紧张关系表现得尤其突出:倘若严格按照法教义规则进行正向逻辑推理,所得出的裁判结果会让绝大多数人不满意(对许霆处以重刑),因为那不符合一般公民的价值判断(许霆过错小,却受罚重);如果直接以符合价值判断为裁判结果导向,又难以在说理时找到教义规则上的支撑。传统的逻辑至上和规则导向的形式裁判难以应对新的问题,导致诸多有违民众朴素法感情的裁判结果出现。正是传统解释方法始终不能让大多数人满意,才出现了“以刑制罪”等似乎离经叛道的解释方法,用以解决这类疑难案件。

长期以来,“结果主义”与本文所谈的“以刑释罪”都很容易混淆。⑦ 的确,当两者面对传统司法三段论而言,两者都不是那种经由规则而直接得出结论的论证方法。事实上,法官“在不同案件中根据个案选择,获得满意后果的论证方法⑧”。如果适用某种解释结论的后果会导致刑法不协调、非正义,就不能采用这种解释结论。⑨ 在各种解释方法中,往往并非择一加以使用,而是需要多次测试论证方法,以找到妥当的解释路径。而这里所说的“导致刑法不协调、非正义”,多数情况下就是指刑罚不妥当。⑩

---

① [美]戴维·索萨:《后果主义的后果》,解本远译,载徐向东:《后果主义与义务论》,浙江大学出版社2011年版,第48页。

② 梁慧星:《关于消法四十九条的解释适用》,载《人民法院报》2001年3月29日,第3版。

③ Vgl. Martin R. Deckert, Zur Einführung – Die folgenorientierte Auslegung, JuS 6(1995), S. 480.

④ Vgl. Andreas Heldrich, Das Trojanische Pferd in der Zitadelle des Rechts?, JuS 7(1974), S. 281.

⑤ Winfried Hassemer/Walter, in: Kindhäuser/Neumann/Paeff gen (Herausgeber), StGB, 5. Aufl.. 2017, § 1 Rn. 112 – 112b.

⑥ 劳东燕:《刑事政策与刑法解释中的价值判断——兼论解释论上的“以刑制罪”现象》,载《政法论坛》2012年第4期。

⑦ 有学者认为,“以刑释罪”就是“后果主义”的下位概念,参见王华伟:《误读与纠偏:“以刑制罪”的合理存在空间》,载《环球法律评论》2015年第4期。虽然该学者没有使用本文“以刑释罪”的说法,但所指向的考察对象是一致的。

⑧ Karl English, Einführung in das juristische Denken, 5. Aufl., 1971, S. 82. 相同提法见 Reinhold Zippelius, Einführung in die juristische Methodenlehre, 1971, S. 65。

⑨ 参见张明楷:《刑法学》(上),法律出版社2016年版,第37页。

⑩ 参见王华伟:《误读与纠偏:“以刑制罪”的合理存在空间》,载《环球法律评论》2015年第4期。

而当我们进一步发问,何以称“刑罚不妥当”时,就会发现,在选择解释方法时,本身包含了解释者的基于自身价值立场所作的选择,实际上,“裁判者可能需要在适用法律的每一个环节都处理价值判断问题”①,只是价值判断必须通过特定论证过程才能作为裁判依据。在德国学者耶林看来,法的本质是实现目的,是保护我们每个人都能愉快地生活的社会生活条件。② 而刑罚的妥当性就要求解释者在对刑法条文进行解释时,必须注重公正而合理地保护法益,进而需要考虑具有刑事可罚性的行为应科处何种程度的刑罚。③ 在判例法系中,如果适用某个现有规范可能导致判决结果不可容忍,则法官可以为了实现个案正义而拒绝适用先例,从而形成新的判例。这种推翻先例的做法的深层次原因,可以是法律本身滞后,也可以是社会价值观念发生了剧烈变化,但在根本上追寻的一定是对于当下社会最为合理和公平的规则(规范)。判例法法系中法官造法的功能,在面对多变的社会时,具有反应迅捷的优势。相应地,在大陆法系中,成文法往往因固守罪刑法定原则,在面对通过常规司法三段论推导出不可容忍的判决结果时感到无所适从。“结果主义”等均为应激而生的产物,旨在将实质理性融入形式主义司法中去。按照现实主义刑事司法派的观点,承认演绎推理是法律推理的核心所在,并不意味着法律推理完全只能凭借演绎推理或者完全排他的某种演绎方式进行。④ 事实上,与传统司法三段论所强调的技术中立客观不同,“结果主义”与“以刑释罪”都是因为先看到了“果”不宜采用,所以才倒推出起点的“因”不妥当。

(二)“以刑释罪”与“结果主义”的根本不同:此“果”非彼“果”

“以刑释罪”的“刑”指向的是刑罚,是“罪”的后果,并非“结果主义”所称的“后果”。在“结果主义”中,往往区分所谓法律后果(Rechtsfolgen)和真实后果(Realfolgen)。⑤ 后者所称的“后果”更多是我国语境下所称的“社会效果”。亦即,我们不时在司法改革报告中所听到的“追求法律效果与社会效果的统一”。这里所谓的“法律效果”尚在法律规范的射程中展开,而“社会效果”则超出射程,指向裁判对于当事人和整个社会产生的影响。⑥ 具体在刑法领域而言,就体现为“对行为人所判处的刑罚”

---

① 许德风:《论法教义学与价值判断:以民法方法为重点》,载《中外法学》2008 年第 2 期。

② Rudolf von Jhering,Der Kaumpf um' s Recht,1913,S. 1.

③ 参见冯文杰:《以刑制罪的法理与规范分析》,载石经海主编:《量刑研究》第 4 辑,社会科学文献出版社 2019 年版。

④ 参见[英]尼尔·麦考米克:《法律推理与法律理论》,江峰译,法律出版社 2005 年版,第 1 页。

⑤ Realfolgen 还包括了裁决后果和次生后果(Entscheidungs – und Adaptionsfolgen),见 Georg Freund,Über die Bedeutung der “Rechts” – Folgenlegitimation für eine allgemeine Theorie juristischer Argumentation,1992,S. 993 ff. 类似分类还见卡博内尔(Carbonell)的“法律的和法外的后果”,See Carbonell,*Applying Diff erent Argumentation Structures to the Analysis of Consequentialist Reasoning in Judicial Decisions*,Cogency Vol. 3:2,p. 103(2011). 而德语语境中的“结果主义”(Folgerichtigkeit)仅指法律后果,见 Noll,Peter,Tatbestand und Rechtswidrigkeit:Die Wertabwägung als Prinzip der Rechtfertigung,ZStW 77(2011),S. 3。

⑥ 参见孙海波:《“后果考量”与“法条主义”的较量——穿行于法律方法的噩梦与美梦之间》,载《法制与社会发展》2015 年第 2 期。

和"行为人因为获得刑罚而对社会所产生的震撼影响"。以专门对官员的"户"进行盗窃的行为为例,如果认为,该行为构成《刑法》第264条的"严重情节"从而对行为人判处较重刑,那么这里的重刑就是"法律效果",所引起的民众的抵制和不满是"社会效果";反过来,如果认为该行为属于可以宽宥的情节,从而在基本犯的量刑范畴内从轻发落,那么这里的轻刑是"法律效果",鼓励这种不法行为甚至让一些不法盗徒找到可乘之机则是"社会效果"。当然,如果对后者进行细分,还可以分为社会影响的后果和基于社情民意的后果,①但总而言之,这些都不是刑罚所追求的"法律效果"。

法官依据自身日常知识预测其判处案件之后可能出现的某些后果,这并不是立法者在文本中预先规定的"法律后果"(Rechtsfolgen)。当然,这并不是说,法官不应该考虑行为人的犯罪情节、动机和人格背景。相反,依据《刑法》第61条,它是法官对行为人进行量刑的重要依据。但是,就司法逻辑的展开而言,量刑是已经对行为人定罪之后需要思考的事件,而非反过来。显然,"结果主义"有其合理的一面,但虽然"后果"已经在给行为人量刑时充分予以考虑了,它是否可以作为一种单独的论证方法,却仍存在各种疑问。

"以刑制罪"否定者所提出的诸多反对理由,实际上针对的是"结果主义"。例如,否定者认为,司法领域并不存在有效的民意收集机制和议事决策机构,并且民意判断的复杂性导致其难以把握。② 而这恰恰是"结果主义"而非"以刑释罪"的软肋。又如,刑罚所引发的"后果"是多种多样的,有一些甚至是无法预料的,这就要求法院必须有充足的财力、人力来对各种"后果"进行评估。③ 而这并非"以刑释罪" 可以和应该考虑的问题。由此而见,以往针对"以刑制罪"所提出的批评,所集中的火力大多在于"结果主义","以刑释罪"在其中只是遭到无辜波及,这可能让学界错过了一种在方法论上可能十分重要的法律解释方法。

二、"以刑释罪"在解释体系上的空间定位:下位辅助方法

我们从以上对"以刑释罪"与"结果主义"之间关系的论述可以发现,"以刑释罪"并非很多学者所认为的那样,与"结果主义"是一回事。而当我们发现"以刑制罪"起源于对疑难案件的处理时,是否可以就此认为,它的作用仅限于此?因此接下来需要探讨它与传统解释方法的关系,亦即,它是一种独立于传统解释方法而新近诞生的方

---

① 参见宋保振:《后果导向裁判的认定、运行及其限度——基于公报案例和司法调研数据的考察》,载《法学》2017年第1期。

② 参见张开骏:《基于法治原则的民意正当性拷问与刑事理性策略》,载陈兴良主编:《刑事法评论》第26卷,北京大学出版社2010年版。

③ Klaus J. Hopt, Was ist von den Sozialwissenschaften für die Rechtsanwendung zu erwarten?, JZ 12(1975), S. 347.

法,还是一种由来已久只是尚未被察觉的方法?这一点将是本文以下部分集中要论述的问题。需要注意的是,这里参照的解释方法是萨维尼所提倡的"文体历目"西方经典方法,而非我国传统上的文义解释与论理解释。

(一)"以刑释罪"与文义解释

文义解释,又称文理解释,是指刑法用语可能具有的含义。[①] 我国刑罚的总限度往往由刑法总则明文规定,包括主刑中的管制(第38条第1款)、拘役(第42条)、有期徒刑(第45条)以及附加刑中的剥夺政治权利(第55条);唯有罚金刑的限度只在总则有原则性规定(第52条),实际处理则分散在分则具体条文中。[②] 刑罚的设置种类本身,就可能为构成要件的解释提供线索。例如,《刑法》第225条非法经营罪设置了罚金刑,即"并处或单处违法所得一倍以上五倍以下罚金"。有学者认为,构成非法经营行为适用罚金刑以"违法所得"为计算根据,如果没有"违法所得"则适用罚金刑就无从谈起;故本罪所规定的非法经营外汇行为,只有通过"买进卖出"或者"为卖而买"才能形成"违法所得",才是构成本罪的实行行为。因此,单纯购买许可证或为抵债而从他人手中购买特殊商品抵债或消费的行为,都不属于"违法所得"。[③] 在此,"违法所得"即包含了立法者对构成要件要素的图景预期,即是违法经营之后的"所得",解释者正是透过立法者对刑罚种类的设定,推断出构成要件的客观方面的解释。另外,《刑法》总则第63条第2款的"特别减轻处罚"制度,也为个案突破个罪具体法定刑的低幅度限制扫清了障碍。

(二)"以刑释罪"与体系解释

体系解释是"根据刑法条文在整个刑法中的地位,联系相关法条的含义,阐明其规范意旨的解释方法"。[④] 刑法解释要求公正,不能互相矛盾,刑法条文之间也必须协调而不矛盾,这也是刑法解释的合理性要求所在。[⑤] "以刑释罪"就是考虑了此罪与彼罪的相邻关系,按照刑罚高低,从而推断出各罪在不法程度上有对应的高低,对某些构成要件要素作出限制性解释。

例如,在解释《刑法修正案(七)》之前的绑架罪时,有学者运用体系解释这样说理:绑架罪是非法拘禁罪和敲诈勒索罪的结合,但拘禁罪只规定了3年以下有期徒刑,敲诈勒索罪的法定刑则与盗窃、诈骗基本相同;因此,之所以两者结合而成的绑架罪不法程度猛然上升,是因为立法者认为,两罪并非简单相加,而是在结合之后而成的通常

---

① 参见张明楷:《刑法学》(上),法律出版社2016年版,第35页。

② 有关我国罚金刑规定的特点,参见冯亚东:《罪行关系的反思与重构——兼谈罚金刑在中国现阶段之适用》,载《中国社会科学》2006年第5期。

③ 参见周光权:《刑法公开课》(第1卷),北京大学出版社2019年版,第242、243页。

④ 张明楷:《刑法学》(上),法律出版社2016年版,第37页。

⑤ 参见刘艳红:《形式与实质刑法解释论的来源、功能与意义》,载《法律科学(西北政法大学学报)》2015年第5期。

模式（“绑架人质勒索巨额赎金或重大不法要求”）具有巨大的社会危害性。[①] 无独有偶，同样针对绑架罪，国外的实务判决也采用了相似的推理：“绑架致人死亡”可以看成绑架与过失致人死亡两个基本构成要件的结合，但它是除了谋杀罪[②]之外严厉的条款，远超两者的简单相加的刑罚严厉程度。因此，在解释“致”时就不能简单地适用条件理论，而必须加入额外的构成要件要素，才能使如此严厉的刑罚正当化。[③] 显然这两例都认为，当两种基本犯罪的结合之所以使得新成立的犯罪处罚更严厉的刑罚，是因为新罪的不法内涵上升。

上述两例针对的是绑架罪的解释。而针对职务侵占罪，有学者认为，该罪的客观方面不应包含“窃取”的方式，其理由之一也是基于刑罚配置的不同：一方面，刑法对职务侵占罪配置的法定刑低于盗窃罪，另一方面，在司法解释——尤其是在从 2016 年 4 月 18 日起施行的《关于办理贪污贿赂刑事案件适用法律若干问题的解释》中，在定罪数额起刑点上职务侵占罪要比盗窃罪高出 20～60 倍，在量刑数额上要高出至少 10 倍。这就可以推断出，职务侵占罪的不法程度远低于盗窃罪，因此，不可能出现低度“不法”包含高度不法的“倒挂”式司法尺度。[④]

以上三例是刑法体系内的协调解释案例，还有学者着眼于刑法与其他部门法的衔接，同样进行体系解释：《刑法》中的非法持枪罪的低刑为 3 年以下有期徒刑、拘役或者管制，而同样非法持枪的行为，在《治安管理处罚法》中的基本刑为 5 日以下拘留，情节较轻的，还可以处警告或者 200 元以下罚款；因此，两处的“枪支”就应该适用不同的标准，亦即《刑法》中对“枪支”的解释应该更加严格。[⑤] 同理，《治安管理处罚法》第 67 条和《刑法》第 359 条在构成要件上使用完全相同的文字（“引诱、容留、介绍他人卖淫”），但前者的低处罚是 5 日以下拘留或者 500 元罚款，后者低刑为 5 年以下有期徒刑，因此，在《刑法》上不仅要对第 359 条的“引诱”等方式进行限缩解释，更要将“卖淫”限缩为“性交”而非《治安管理处罚法》意义上的“手淫”。[⑥]

（三）“以刑释罪”与历史解释

历史解释，指根据制定刑法时的历史背景以及刑法发展的源流，阐明刑法条文真

① 参见阮齐林：《绑架罪法定刑对绑架罪认定的制约》，载《法学研究》2002 年第 2 期。

② 这里指《德国刑法典》第 211 条谋杀罪，它的法定刑只有一档，即无期徒刑。而“绑架致人死亡”的法定刑是 5 年以上有期徒刑，绑架罪的基本刑是 1 年以上有期徒刑，过失致人死亡罪是 3 年以上有期徒刑。

③ BGHSt 33,322.

④ 参见阮齐林、温建康：《职务侵占罪与盗窃罪之比较研究》，载《人民检察》2017 年第 9 期。

⑤ 参见付立庆：《以刑制罪观念的展开、补充与回应》，载《东南大学学报（哲学社会科学版）》2018 年第 4 期。

⑥ 参见付立庆：《以刑制罪观念的展开、补充与回应》，载《东南大学学报（哲学社会科学版）》2018 年第 4 期。该学者认为，对《刑法》第 358 条的“卖淫”也作同样的限缩理解。有趣的是，反对意见基于同样的事实，得出截然相反的结论，参见周峰、党建军等：《关于〈审理组织、强迫、引诱、容留、介绍卖淫刑事案件适用法律若干问题的解释〉的理解与适用》，载《人民司法·应用》2017 年第 25 期。但是，无论如何，其推理过程仍然是采用了“以刑释罪”的体系解释。

实含义的解释方法。[①] "以刑释罪"尤其典型地体现在"肖永灵投寄虚假炭疽恐吓邮件案"[②]中:2001 年 10 月 8 日,行为人将家中粉末状的食品干燥剂装入信封中,寄给上海市人民政府与上海东方电视台。收件人在拆阅了前述夹带有白色粉末状的信件后,出现精神高度紧张,同时也引起周围人群恐慌。在《刑法修正案(三)》出台之前的肖永灵这一投放虚假危险物质的行为,被法院认定为造成公众心理恐慌,危害公共安全,成立以危险方法危害公共安全罪,判处有期徒刑 4 年。从对构成要件的解释看,是否能将因为食品干燥剂造成的恐慌心理等同于与放火、爆炸、决水等具有同样的危害性,存在重大疑问。[③] 在该案发生仅仅两个月后即 2001 年 12 月 29 日,《刑法修正案(三)》新增"投放虚假危险信息罪",这是对该案的迅速回应。[④] 显然,立法者也意识到,将投放虚假危险物质的行为解释成"危害公共安全"并不妥当,因此设立新的罪名。更重要的是,新设立的罪名基本刑上限为 5 年,而原判适用法条(《刑法》第 114 条)的起点刑为 3 年。也就是说,原判刑罚按照新罪为近乎顶格适用,却属于原判罪名的起步刑。虽然从量刑而言(4 年),刑罚幅度尚在两者重合的范围,但这直接说明了《刑法》第 114 条中的"其他方法"的解释,需要严格限制解释。

同样的例子也发生在国外。司法判决认为"使用盐酸"构成抢劫罪的加重刑[⑤]中的"携带武器",这一解释遭到了学界反对,学者们普遍认为这种解释属于类推解释。[⑥] 后来该构成要件修改为"携带武器或其他危险工具",争议才告平息。这里,立法者显然也意识到这种解释不妥当,才修改了法条。针对该构成要件要素的另一个争议点是"虚假武器"(Scheinwaffen)是否构成本条的"携带武器"。在 1998 年修法之前,多数学者和司法实务判决的观点针锋相对。司法实务认为,从保护受害人的角度出发,只要给受害人主观上有危险印象的物品,即便它客观上没有危险(如玩具枪),就构成"武器"。[⑦] 而多数学者认为,鉴于该构成要件的刑罚过重(当时最低刑为 5 年有期徒刑),因此这里的"其他工具"必须以"客观上确有危险"为限。[⑧] 直到 1998 年修法以后,这种争议才逐渐平息。

---

① 参见张明楷:《刑法学》(上),法律出版社 2016 年版,第 37 页。

② 上海市第二中级人民法院刑事判决书,(2001)沪二中刑初字第 132 号。

③ 参见付立庆:《以刑制罪观念的展开、补充与回应》,载《东南大学学报(哲学社会科学版)》2018 年第 4 期。

④ 因此,有学者认为,该判决违反了罪刑法定原则,参见魏东:《刑法理性与解释论》,中国社会科学出版社 2015 年版,第 79、80 页。

⑤ 《德国现行刑法典》第 250 条为抢劫罪的加重刑,处刑为 3 年以上有期徒刑,而抢劫罪的基本刑为 1 年以上有期徒刑。

⑥ [德]阿尔图·考夫曼、温弗里德·哈斯默尔主编:《当代法哲学和法律理论导论》,郑永流译,法律出版社 2002 年版,第 183 ~ 184 页。支持实务观点的见 Roxin, Strafrecht AT (Band I), 4. Aufl., 2006, § 5, Rn. 29。

⑦ BGH, NStZ, 1981, 436.

⑧ Diethelm Klesczewski, Raub mit Scheinwaff 1997, S. 257 ff.

以上例子都表明,最低法定刑的降低(新增配有较轻法定刑罪名亦同)都表明了对原法条的构成要件要素应作限缩解释。

(四)“以刑释罪”与目的解释

目的解释又称客观解释,是指基于法条的目的——亦即规范的保护目的——对构成要件进行目的解释。① 例如,行为人将妇女刘某某买回家后反悔,表示要么将刘送回家,要么将其退回卖家。刘既不愿意一人回家又怕被送回卖家挨打,故要求行为人将其转卖他人,行为人遂将刘以人民币1800元转卖给他人为妻。② 如果认定转卖行为构成拐卖妇女罪,则行为人立即面临最低5年有期徒刑的惩罚。鉴于此,有学者这样运用目的解释论证:“拐卖”的核心在于“拐”而不在于“卖”,而违背本意是“拐”的应有之义;本案中,得到被害人同意的行为并未侵犯该妇女的行动自由,而只是侵犯了其人格尊严。再加上,如果与同为侵犯公民人身自由权利的故意杀人罪和强奸罪相比,适用法定刑更高的拐卖妇女罪,显然对获得同意的转卖行为处罚过重。因此,不应对行为人定拐卖妇女罪。③

由以上例子可以看出,“以刑释罪”与四种经典解释方法都有联系,但它本身又难以自成一体。在实际运用中,要么与不同罪名的关系进行横向比较,要么与刑法法条的历史发展结合,要么加上法条目的,毋宁说,它是一种“辅助解释方法④”。在“经同意转卖妇女案”中,学者不仅运用了目的解释,还运用了体系解释,而论证的起点都是比较相邻罪名的刑罚。换句话说,当我们经由某个条文的刑罚对构成要件要素进行解释时,还是采用的经典的解释方法,只不过换了一个视角而已。

三、“以刑释罪”在方法论上的价值合理性:刑罚对构成要件的反向制约关系

“以刑释罪”在体系上的定位并不能说明其实质上的合理。我们只能说,在实务中,在过去的学界,“以刑释罪”是一种众人自觉或不自觉一直在使用的解释方法,而之前未曾被大家所明确注意到。但是,“由来已久”并非代表一定正确。相反,反对者完全可以声称:我们今后在运用各种解释方法时,应该特别注意排除“以刑释罪”这种形式。因此,接下来需要探究,这种以前被忽视的解释方法,是否具有方法论上的正当性?亦即,刑罚对构成要件是否具有反向的制约关系?

---

① Vgl. Urs Kindhäuser, AT, § 3, Rn. 7.

② 参见最高人民法院刑事审判第一、二、三、四、五庭主办:《中国刑事审判指导案例3 侵犯公民人身权利、民主权利罪》,法律出版社2002年版,第602页。

③ 参见付立庆:《以刑制罪观念的展开、补充与回应》,载《东南大学学报(哲学社会科学版)》2018年第4期。

④ Hans Kudlich, Die strafrahmenorientierte Auslegung im System der strafrechtlichen Rechtsfi ndung, ZStW 115 (2003), S. 13; Noll, Peter, Tatbestand und Rechtswidrigkeit: Die Wertabwägung als Prinzip der Rechtfertigung, ZStW 77 (1965), S. 3.

(一)作为一般法律后果的刑罚

我们首先从一般法理上来探究法律后果与构成要件之间的关系。一般而言,当我们说“法官的目光穿梭于事实与法律之间”,这实际上指的是实然与应然之间的对立关系。[①] 法律的这种功能,是内在的,存在于法本身;一项法律一旦被拟定,其功能就被确定了,不受适用的影响。这种功能就是“应然”,这种“应然”指向的一定是某种“善”,尽管评价主体不同,对“善”的理解也不一,但至少在立法者看来,所设定的法一定是有益的。[②] 它可以是秩序、自由或者某种权利的恢复。换言之,一项法律规范,无论其组成如何,其最终指向也就是某种“善”,而法律后果作为法律规范的组成部分,自然也不例外。而这种事实与法律之间的对立关系,需要解释者使用价值判断来击穿,所以法律后果也先验地蕴含了立法者的价值判断。

就法理上而言,一项禁止性法律规范虽然明确否定某种行为,但相应的法律后果却并不必然出现在同一规范中。显然,设置不同的法律后果对应了法律为追求“善”所肯定或者否定的不同行为。[③] 例如,“禁止以合法手段掩盖非法目的”,否则“合同无效”。这里,固然触发法律后果的条件是因,“合同无效”是果。但根据“无效”这种民法中严厉的否定性后果的效果,我们也可以反向推断出,立法者所规定的前提条件“非法目的”必定是相当重大,其非法程度必定要契合“无效”的严厉程度。就此我们已经可以看出,法律规范的各个组成部分均有互相参照的意义。

同样,刑法规范中“禁止非法剥夺他人生命”与“死刑、无期徒刑、十年以上有期徒刑、三年以上十年以下有期徒刑”之间,也必定存在类似的对应关系。换言之,作为一般法律后果的刑罚,也对禁止性行为的确定具有提示意义。更重要的是,在法定的刑罚幅度中,刑法中故意杀人罪所对应的四档刑度,虽然其指向的是一个构成要件的文字表述,但显然其指向的内涵就出现了不法程度的高低不同。因此,即使是针对同一个构成要件的解释,也会因为所指向的法律后果(刑罚)不同而有所差异。

(二)刑罚与犯罪的特殊关系

虽然从法理上证明了刑罚的提示作用,却难以扭转一般司法适用人员的刑罚的观念。这可能是因为,长期以来,人们受世俗观念中直观的因果现象影响,在头脑中根深蒂固地刻下“先有犯罪,才出现与之相适应的不同刑罚处罚手段”这样的逻辑次序观念。这也就不难理解,我国传统的刑法理论认为,定罪是量刑的前提,定罪为量刑提供

---

① 参见孙笑侠:《法律人思维的二元论兼与苏力商榷》,载《中外法学》2013 年第 6 期。

② 参见卓泽渊:《法理学》(第 2 版),法律出版社 2016 年版,第 55 页。当然,也有不同学者认为法律的“功能”并不同于立法目的,法律所实现的功能可能完全违背立法目的,参见付子堂主编:《法理学进阶》,法律出版社 2016 年版,第 100 页。

③ 参见时显群:《法理学》,中国政法大学出版社 2013 年版,第 74 页。

相应的法定刑,是量刑的先决条件。① 理想的办案流程是,根据案件事实和法条规定先确定准确的罪名,再根据罪名所对应的法定刑幅度选择适合的宣告刑。按照这一思路,先有犯罪,再有刑罚,是逻辑上的"正确",也就不可能存在由刑罚来解释犯罪构成要件的可能。依照加达默尔的看法,理解就已经是解释,解释的过程就是以语言为媒介来展现理解之意义的过程。② 因此如果先入为主将定罪置于量刑的前面,则永远也无法发掘出刑罚对构成要件的反制作用。

但正确的理解应该是,鉴于人们以"犯罪"这个符号指代应受刑罚惩罚的行为,故而刑法又可谓规定犯罪与刑罚及二者关系的法律。③ 而罪状与刑罚这两者本身就是相互依赖的关系(Interdependenz),犯罪与刑罚是难以相互分离的。一方面,罪名是刑罚发动的前提,否则师出无名;另一方面,刑罚是设定罪名的目的,空设罪名而无刑罚的做法没有意义——更重要的是,罪名本身就是刑罚序列的映照。

如果我们考察立法的实质,就会发现,立法者面对不同形式不同程度的危害行为,首先考虑的是以何种刑罚去制裁。④ 科处何种刑罚,实际上产生于对犯罪进行立法和定义之前。现代刑法理论体系的形成,就是根源于对国家专断性权力之提防,因而构建出与人们直观印象完全相反的逻辑顺序:刑罚→犯罪→刑法。⑤ 由此可以说,"以刑定罪"才是刑事立法及司法活动的基本规律。⑥ 刑罚(法定刑幅度)则反映出立法者对某罪典型不法的一般预测。⑦ 这样,我们才会反过来认为:刑罚的轻重主要源自犯罪的轻重。而选用何种罪名评价某一行为,体现出立法者对该行为的立场是严苛还是宽宥。⑧ 因此,对于严厉刑罚所对应的构成要件,倾向于限缩解释;而对于轻缓刑罚所对应的构成要件,则允许扩大解释。

(三)法益保护的比例性原则

以上假设基于现代刑罚的功能和目的,即报应和预防。⑨ 从法理上看,任何一种法律后果的制裁都是对犯罪行为的回应,这个回应的限度就是行为人的罪责和预防程

---

① 参见赵廷光:《论定罪、法定刑与量刑》,载《法学评论》1995 年第 1 期。

② 参见张能为:《语言与理解:伽达默尔解释学的语言存在论意义》,载《中国社会科学评价》2020 年第 2 期。

③ 参见[日]西原春夫:《刑法的根基与哲学》,顾肖荣等译,法律出版社 2004 年版,第 3 页。

④ 参见冯亚东:《刑法的哲学与伦理学——犯罪概念研究》,天地出版社 1996 年版,第 109 页。

⑤ 参见劳东燕:《刑事政策与刑法解释中的价值判断——兼论解释论上的"以刑制罪"现象》,载《政法论坛》2012 年第 4 期。

⑥ 参见冯亚东:《理性主义与刑法模式》,中国政法大学出版社 1999 年版,第 142 页;最高人民法院刑事审判第一、二、三、四、五庭主办:《中国刑事审判指导案例 3 侵犯公民人身权利、民主权利罪》,法律出版社 2002 年版,第 117 页。

⑦ Vgl. Thomas Fischer, StGB, 2019, § 46 Rn. 16.

⑧ 参见白建军:《刑法分则与刑法解释的基本理论》,载《中国法学》2005 年第 4 期。

⑨ Vgl. Claus Roxin, Strafrecht AT (Band I), 4. Aufl., 2006, § 3 Rn. 1.

度。否则,构成要件所追求的法律目的就会落空。① 按照黑格尔的理解,刑法所包含的刑罚本身就是一种"恶",其正义性即来自所制裁的对象。刑法作为居后但严厉的制裁手段,所制裁的对象只能是严重危害社会的行为,②并且,所制裁的行为的社会危害性还要高于国家发动的刑罚。"刑与罪的遏制与被遏制关系的量的规定性,源于功利观念的另一项要求,即以尽可能小的牺牲换取尽可能大的利益。按照这一要求,刑罚的分量以足以遏制犯罪为必要,也以足以遏制犯罪为限度。这便是刑与罪关系的量的规定性,我们将其简称为刑足制罪。"③就此而言,刑罚越强,对它的约束就越大,因此,就更倾向于进行限缩解释。

这种约束甚至可以在宪法的比例原则中找到根据:国家权力的行使过程中,必须保证所保护的社会利益和对公民个人权利的损害程度之间保持一定的比例关系,行政主体则必须选择对公民侵害小的方式行使行政权力。20 世纪初瑞士著名行政法学家弗莱纳(F. Leiner)在其 1911 年出版的《德国行政法体系》一书中提出"不可用大炮打小鸟"这句脍炙人口的名言,④这表明了严厉的手段(如最严厉的刑罚)只有在成为"最后手段"时,才能允许使用。"国家权力行使的目的和实施手段之间的比例相称,力图寻求公权力与公民权利之间微妙而理性的平衡,完成对法律内在合理性的追求。"⑤刑法也同样要求比例原则⑥,否则国家发动的刑罚就等同于是一种对人民强烈的"侵害"。显然,这种国家发动的刑罚并非越严厉越好,而是综合考虑对国民的自由限制和经济成本之后所选择的合适预防手段。国家在进行刑事立法时所需要考量的是,如果某一行为被定义为犯罪,那么在打击犯罪中可能侵犯的法益和这项犯罪本身可能侵犯的法益,何者更为重要。如果前者大于后者,即打击犯罪所造成的法益的侵害大于其所保护的法益,则立法机关不得将其定为犯罪。此时我们就说,国家发动的刑罚制裁属于对某项本不该规定为"犯罪"的行为的过度反应。因此,比例原则在刑法中的具体体现即为法益衡量。在刑事立法中,立法机关"必须权衡因为规定刑罚而对公民自由所造成的限制或损害与规定刑罚所保护的法益之间是否保持了一定的比例关系"。⑦ 它既是刑事立法的原则之一,也是司法适用中对条文解释的一种重要技巧。这也是"刑罚应限于最小限度"这一刑法谦抑主义的真正根源。⑧ 所配置的法定刑越

---

① Hans Kudlich, Die strafrahmenorientierte Auslegung im System der strafrechtlichen Rechtsfi ndung, ZStW 115 (2003), S. 16.

② Wolfgang Frisch, an den Grenzen des Strafrechts, Festschrift für Walter Stree und Johannes Wessels zum 70. Geburtstag, hrsg. v. Küper u. a., Heidelberg 1993, S. 70 ff.

③ 陈兴良、邱兴隆:《罪刑关系论》,载《中国社会科学》1987 年第 4 期。

④ 参见孙笑侠:《法律对行政的控制》,山东人民出版社 1991 年版,第 285 页。

⑤ 许玉镇:《比例原则的法理研究》,中国社会科学出版社 2009 年版,第 51 页。

⑥ 参见杨春:《刑法的边界研究》,中国人民公安大学出版社 2013 年版,第 164 页。

⑦ 张明楷:《法益保护与比例原则》,载《中国社会科学》2017 年第 7 期。

⑧ 参见张明楷:《刑法分则的解释原理》(上),中国人民大学出版社 2011 年版,第 7、8 页。

重，则刑法对启动相应构成要件的要求也就越高。

（四）对反对意见的回应之一：刑罚梯度是否合理不影响以刑释罪的合理性

或许有反对意见认为，这种看法还有一个基本前提方能周圆，即刑法的刑罚梯度是合理安排的。那么，我国刑法的刑罚安排是否是合理的呢？有学者在经过实证分析之后，发现许多罪名的“罪”与“刑”的配比并不均衡。[①] 而另有学者针锋相对认为，“绝大多数法定刑都是适当的”[②]。当前的刑罚结构如何，尚无新近文献探讨。确实，刑罚结构越合理，“以刑释罪”的说服力才越强[③]，但即便承认立法上有这样那样的缺陷，也并不影响“以刑释罪”的实质正当性。

首先，一个罪名的刑度上下限范围，体现了立法者对某一行为的不法程度的基本判断。[④] 对“以刑释罪”这种“新”的解释方法而言，重要的是刑罚的上下限度，而不是中间的幅度。本文前述案例论证也大多着眼于各罪的上下限（起刑点或最高刑），而非法定刑幅度。一般而言，最低刑较低的罪名，其上限也较低；最低刑较高的，其上限也较高。两罪刑罚是否有较多重合部分并不重要，因为判处刑罚的平均值一般并不相同。[⑤] 当然，不可否认，在刑法中也会出现重罪的法定最低刑低于轻罪的法定最低刑的情形，但这是因为，我国幅员辽阔、人口众多，各地各方面差异很大，这就迫使立法者必须考虑到，各地针对同一犯罪行为的否定性评价程度并不一定相同。立法设计时，就已经考虑到个别犯罪的性质与特点——可能会很严重，也可能会很轻微——决定了其法定刑幅度较宽，而有些犯罪的不法程度在全国范围内波动较小，其法定刑幅度也较窄。不如此规定，则一部统一的刑法难以在全国普遍适用。事实上，这一点在任何国家的刑法都不可避免。[⑥] 即便认为这属于立法缺陷，但也不一定只能通过修改法定刑来解决，而恰恰应该通过本文所提倡的通过法定刑来对构成要件进行扩大或者缩小解释，从而探明法条的原意。

其次，在不同类型的构成要件之间，只有在特殊情况下，才会放在一起进行刑罚的

① 参见白建军：《犯罪轻重的量化分析》，载《中国社会科学》2003 年第 6 期；白建军：《刑罚轻重的量化分析》，载《中国社会科学》2001 年第 6 期。相同观点见许久生：《刑罚目的及其实现》，中国方正出版社 2011 年版，第 112 页。

② 参见张明楷：《许霆案的刑法学分析》，载《中外法学》2009 年第 1 期。

③ Hans Kudlich, Die strafrahmenorientierte Auslegung im System der strafrechtlichen Rechtsfi ndung, ZStW 115 (2003), S. 20.

④ Thomas Fischer, StGB, 2019, § 46 Rn. 16f.

⑤ Thomas Fischer, StGB, 2019, § 46 Rn. 17.

⑥ 参见张明楷：《刑法分则的解释原理》（上），中国人民大学出版社 2011 年版，第 189、208 页。

比较。而我们遇到具体的解释问题时,很少去比较不同类型的犯罪构成要件。[①] 传统犯罪按照行为方式——而非所侵犯的客体——可以分为三类元犯罪:暴力犯罪、偷窃犯罪和欺诈犯罪,它们在我国刑法典各占约1/3。[②] 一般所涉及的各种罪名的比较,也基本在这三类元犯罪之内而非之间展开。如果确实通过"以刑释罪"发现了体系之间不协调,甚至是传统解释方法穷尽后仍然不能得到满意答案的法条,也不一定就是"真正意义上的法律漏洞"。

最后,比较复杂的情况在于,碰到法条竞合或者想象竞合的情况,应该如何处理?这首先涉及如何理解我国刑法中分则条文之间的关系问题。以交通肇事罪和以危险方法危害公共安全罪为例,传统上一般认为两罪是对立关系,但有一种观点认为,无论从客观方面还是主观方面,两者均具有交叉包容关系,即任何危险驾驶行为,凡造成伤亡实害结果的,一定成立交通肇事罪,然后再进一步考察是否成立以危险方法危害公共安全罪。[③] 按此思路,则危险驾驶罪与交通肇事罪也存在很大程度的交叉包容关系,即交通肇事罪的行为方式,包括了危险驾驶的客观情形,因此构成交通肇事罪,就不一定构成危险驾驶罪。按此种思路的理解,我国刑法分则之间将产生大量的想象竞合关系。在这种情况下,法定刑的配置,就对罪名的选择要发挥至关重要的作用,因为传统的"……的"条文不再起到区分各罪的作用。

传统一般认为,在法条竞合的情况下,如果存在包容竞合关系,则只能按照特别法优于普通法的处断原则处理;如果存在交叉竞合关系,则按照重法优于轻法的处断原则处理。实际上,立法者为保护某些特别社会关系而制定特别法,给侵犯该法益的行为配备了一般高于或者不低于一般法的配置,但有时确实会出现特别法配置刑罚低于一般法刑罚的情况。[④] 诚然,"等罪等刑"是理想状态,但有时立法者为了强调某种价值,或者对某些行为赋予重要意义,而对严重程度大体相等的犯罪分配不同的刑量;有时,立法者又由于某种制约关系,有意弱化某些犯罪在否定性评价中的区别,而以大体等量的刑罚同时对轻重不等的犯罪做出反应。[⑤] 立法者或许并未能考虑特殊个案的情况发生。在法条包容竞合的情况下,如果只按照特别法优于普通法的原则处理,就有可能导致罪刑不相适应的情况发生。

---

① Hans Kudlich, Die strafrahmenorientierte Auslegung im System der strafrechtlichen Rechtsfi ndung, ZStW 115 (2003), S. 19. 就此意义而言,有学者提出的"变换罪名应以罪名间具有相似性为前提"也具有一定合理性,因为这种情况下"保持了罪名体系的大局稳定,国民也容易接受",并且,其适用范围原则上也仅限于同类犯罪(同宗同源或具有法条竞合关系、危害后果或行为方式具有相似性),而对于行为方式与危害后果迥异的不同类犯罪,在变换罪名时应当极为谨慎,以免造成刑法基本观念的混乱,参见高艳东:《量刑与定罪互动论:为了量刑公正可变换罪名》,载《现代法学》2009年第5期。

② 参见白建军:《刑法分则与刑法解释的基本理论》,载《中国法学》2005年第4期。

③ 参见张明楷:《刑法分则的解释原理》(上),中国人民大学出版社2011年版,第263、264页。

④ 参见任彦君:《论逆向定罪机制在刑事疑难案件审判中的适用》,载《法商研究》2013年第5期。

⑤ 参见白建军:《刑法分则与刑法解释的基本理论》,载《中国法学》2005年第4期。

可凭下例检验前述论述：在嫖宿幼女罪被废除之前，如何处理它与奸淫幼女类型的强奸罪之间的关系，成为一道摆在司法实务者之前的难题。传统观点一般认为，两罪是完全对立的关系，所以分离出去的嫖宿幼女行为就不再符合奸淫幼女罪的构成要件，对嫖宿幼女的行为不能再以强奸罪追究刑事责任。然而，这一思路会造成"无论嫖宿幼女行为产生了什么样的后果，对其所能科处的刑罚均低于加重型强奸罪"的不良后果。但采用"以刑释罪"，则可以较为圆满地解决这一问题：将奸淫幼女行为分为三种类型，对于与幼女发生性交行为的一般情况，适用《刑法》第236条第2款，在3年以上10年以下有期徒刑宣告法定刑，且从重处罚；对于与卖淫幼女发生性交行为的一般情况，则适用嫖宿幼女罪，科处5年以上有期徒刑；对于与幼女发生性交行为且具备《刑法》第236条第3款的加重情节之一的，就可以适用10年以上有期徒刑、无期徒刑或死刑。这样一来，无论是认为这两罪之间是想象竞合还是法条竞合关系，就都可以得出上述结论。

实质上，前述对于该解释方法体系合理的质疑，与其说针对的是"以刑释罪"本身，倒不如说针对的是传统解释方法中的"体系解释"。因为当人们质疑"刑罚梯度是否合理"时，本身就蕴含着对整个刑法结构的攻击。在人们心中，刑法应该是构成要件明晰、刑罚配置合理的，然而事实却未必尽如人意。尽管这样，这种现实并未影响我们运用体系解释方法来对各个条文进行解释。其根本原因在于，我们并非通过单一解释方法求得答案，体系解释是如此，作为辅助方法的"以刑释罪"就更是如此了。

（五）对反对意见的回应之二：并不违反罪刑法定原则

真正值得重视的一种批评意见是：这种方法是否违反罪刑法定原则的"明确性"（Bestimmtheit）要求？正如反对者所质疑的那样："……立法机关明明只是修改了绑架罪的法定刑，对绑架罪的构成要件只字未改，怎么会使绑架罪的内涵发生如此重大变化呢？如果刑法解释随着法定刑变化而变化，则又怎么能够保证构成要件的定型性？这种'骑墙式'解释又怎么使民众知道究竟什么样的行为属于绑架罪呢？"①这里反对者所言明的"构成要件的定型性"，正是刑法中罪刑法定原则的明确性要求。

罪刑法定原则的明确性要求，在实体法上体现在我国《刑法》第3条后半段的表述中："法律没有明文规定为犯罪行为的，不得定罪处罚。"这里的"明文规定"正是明确性原则的要求。乍一看，这半句话似乎说明的是"先规定犯罪，然后确定刑罚"，但其实法条所强调的乃是犯罪构成要件本身的明确性，而并未说明"犯罪行为的定义来源于何处"，也就并不排斥"用法定刑来解释何为犯罪行为"这一做法了。并且，"犯罪构成要件的明确性，不意味着处罚范围的合理性……刑罚法规只能将具有处罚根据或

① 叶良芳：《量刑反制定罪：实践和理论的双重批判》，载《东南大学学报（哲学社会科学版）》2018年第1期。

者说值得科处刑罚的行为规定为犯罪。"①

从正向逻辑看,"以刑释罪"无论在立法层面还是司法层面,也均不违反罪刑法定原则的明确性要求。在刑事立法层面上,明确性的判定标准有二:一是是否可能就此推导出立法者的规范保护目的,②二是刑法文本能够为控制任意扩张文义而提供界限。

对于规范保护目的的可能性推导,德国学者罗克辛(Roxin)举例称:德国刑法中"谋杀罪"所规定的构成要件要素"其他卑鄙动机"之所以是合宪的,是因为法律目的在于(相较于普通杀人行为),对特别卑劣的杀人行为要科处更加严厉的刑罚。③ 遵循同样的思路可以认为,绑架罪法定刑的变动,意味着立法者对于犯罪行为的谴责程度发生了降低或升高的变化。当然,在价值逐渐多元的中国社会中,规范的目的并不总是清晰确定的,例如,分则中存在的大量传统解释中包含了"××管理秩序"作为犯罪客体(法益)的表述,就受到越来越多学者的批判。但即使如反对者称,明确性的判断标准并不在于规范保护目的而在于是否具有行为指引可能性和司法限制,④然而法定刑的变动,也会很明显地对个体行为产生指引:对于刑法分则条文中"处……"之前的表述,"普泛听众"或许还存在一定的理解难度或者有迷惑之处,但个罪的具体法定刑变化,则因不需要理解主体者具备对整个刑法体系进行审查和思维的能力,而能够清晰明了地向所有个体传递出法律对某个禁止性行为(如犯罪)的否定程度。而明确性的第二个判定标准,即限制任意解释的可能性,则主要是指向诸如"情节恶劣""起哄闹事"等立法用语本身是否符合明确性要求的问题,与"以刑释罪"无关。⑤

事实上,前述对构成要件定型性的担忧,恐怕其根本误区在于误解了刑法各个原则之间的关系:诚然,明确性要求是一项限制国家权力、保障国民自由的基本措施,但是它与罪责原则——如出于刑事政策考虑而减轻未遂犯责任——并非一种紧张关系,而是互为补充。虽然我国《刑法》规定,对于未遂犯的处罚,"可以比照既遂犯从轻或者减轻处罚",但如果犯罪未遂行为侵害法益的危险性小到不足以动用刑罚时,司法中也不宜将其定罪处罚。因此,在解释诸如未遂行为或帮助行为的正犯化条款时,就必须比照既遂犯条款严格限缩成立范围。对于犯罪的构成要件进行实质解释,也就意

① 张明楷:《罪刑法定与刑法解释》,北京大学出版社 2009 年版,第 51 页。

② 这里是指明确性原则在条文设置上的要求,而非刑法解释方法中的目的解释。前者是指由于刑法文本乃以特定目的之实现作为立法意图,从而反映出立法者的倾向与价值判断;如果无法反映出这种规范目的,则意味着该文本违反罪刑法定原则而当属无效或称违宪条款。而目的解释则是众多刑法解释方法中的一种,并不具有判断的终局性。

③ Claus Roxin, Strafrecht AT, Band I, 4. Aufl., 2006, § 5 Rn. 76. 此处的背景是,德国刑法将故意杀人这项犯罪行为拆分为"故意杀人罪"与"谋杀罪",对后者设置了明显更为严厉的法定刑。

④ 参见高巍:《重构罪刑法定原则》,载《中国社会科学》2020 年第 3 期。

⑤ 当然,可以借助不同法定刑的设置,对前述用语的内涵进行限定。刑法不可能完全排除带有价值说明的概念,否则就会让法律变得极其冗长, Claus Roxin, Strafrecht AT, Band I, 4. Aufl., 2006, § 5 Rn. 69。

味着对所有刑罚规范进行实质解释。[①] 反过来可以推断出，对整部《刑法》其实都需要进行实质解释。刑法除了有罪刑法定原则之外，还存在罪刑均衡原则[②]。后者在实定法上体现为我国《刑法》第 5 条的规定，它除了在立法上要求刑罚配置均衡之外，也同时要求在司法层面上对行为人科处的刑罚轻重应当与其所犯罪行大小相匹配。这种要求的实质在于授权司法实务人员对刑事立法条文进行适度的审查与解释：若立法上所要求的刑罚配置均衡未能实现，则可以通过司法实务，按照罪刑均衡原则的要求，在刑法条文可能的语义范围内适度缩小或扩大其解释范围，或选择与应然的刑罚相适应的罪名，以实现个案中的罪刑均衡。[③] 启蒙意义上的罪刑法定原则是一种价值偏一的原则，其确立的最初目的是抵制罪刑擅断，进而保障人权。[④] 但该原则从绝对主义走向后来的相对主义毋宁是提醒司法适用者，在追求公正的道路上需要不断调整所使用的方法。建立在现代刑罚观念上的罪刑均衡原则，是报应刑论中绝对的罪刑相适应观念与目的刑论中相对的罪刑均衡观念相结合的现代化产物。[⑤] 如果说罪刑法定原则下的明确性要求是为了控制司法任意扩张刑事条文的文义而提供界限，其目的是防止司法权的恣意、擅断，那么罪刑均衡原则的确立则是用司法权限制立法权，其目的是防止机械司法。刑法基本原则之间的关系并不是彼此孤立和相互割裂的，而是内在统一的。"罪刑法定原则作为刑法的精神与灵魂，是刑法基本原则中核心的原则，但该原则不是形式化和机械性的，而应以罪、责、刑相适应原则和刑法面前人人平等原则的基本要求为实质内容……罪刑法定原则与罪、责、刑相适应原则的内在关系决定了，罪、责、刑相适应意义上的量刑合理，只能在刑法框架内予以追求和实现"。[⑥] 从这个意义上而言，其他刑法原则能为探求条款的真义或者说条文的内在理性（ratio legis）提供帮助。解释结果之所以不断变动，是解释者借助各种方法不断发现了法条的真实含义，孤立片段的法条文字本身不变化，并不代表着它的内涵不发生变动。

四、结语

综上所述，一方面，刑罚对构成要件的解释作用本身就隐藏在传统解释体系之中，这是实然的一面。另一方面，作为对一般法律后果的刑罚也同样对犯罪构成要件有反

---

① 参见刘艳红：《刑法解释原则的确立、展开与适用》，载《国家检察官学院学报》2015 年第 3 期。

② 也有学者认为，该原则只是罪刑法定原则的实质侧面，或者认为该原则在立法时规定了各罪的法定刑后，主要是量刑原则，参见张明楷：《刑法学》（上），法律出版社 2016 年版，第 544 页。

③ 参见徐松林：《以刑释罪：一种可行的刑法实质解释方法——以对"组织卖淫罪"的解释为例》，载《法商研究》2014 年第 6 期。

④ 参见劳东燕：《罪刑法定本土化的法治叙事》，北京大学出版社 2010 年版，第 118 页。

⑤ 参见石经海、熊亚文：《何以"以刑制罪"：罪、责、刑相适应原则的定罪意义》，载《科学社会战线》2015 年第 2 期。

⑥ 石经海：《量刑个别化的基本原理》，法律出版社 2010 年版，第 41、42 页。

向制约作用,这是解释者的应然判断。因此,我们在解释构成要件时,必须要考虑刑罚的种类设置与严厉程度的重要意义。当然,我们应该“在法的安定性与个案正义之间进行平衡”①,但也不能高估“以刑释罪”的价值与位置,将其独立为一种新的解释方法。目前来看,只能将其作为一种辅助经典解释方法的下位检测要点。由于传统的法律解释方法本身就不具有结论的唯一性,究竟哪一种正确,事实上取决于解释者先验的价值判断,因此“以刑释罪”同样既不可能独立得出解释的结论,也不能保证解释结论的正确性。即便如此,它也仍然是刑法解释的一种重要方法。随着研究的深入发展,是否还可以进一步挖掘其在教义学中的价值,尚待理论工作者探讨。

① Hans-Joachim Rudolphi, in: SK-StGB, Band I, 9. Aufl. 2009, § 1 Rn. 33.

【判例刑法学】

类案检索制度的法理研讨与实践探索

刘树德　胡继先*

为深化司法责任制综合配套改革，统一法律适用，促进司法公正，印发最高人民法院《关于统一法律适用加强类案检索的指导意见（试行）》（法发〔2020〕24 号，以下简称《意见》），自 2020 年 7 月 31 日起实施。《意见》在总结人民法院类案检索实践经验的基础上，围绕类案的界定、类案强制检索的情形、检索平台、检索范围和顺序、结果运用、法官回应、法律适用分歧解决等，提出了明确的指导意见，进一步规范完善了类案检索制度。本文以《意见》的主要内容为中心，对类案检索制度涉及的主要问题进行研究探讨，以期对类案检索工作有所裨益。

一、类案的界定及判断标准

类案同判既是法律统一适用的内在要求，也是人们衡量司法公正的重要标准。但是，对于类案的判断标准，当前理论界和实务界还存在一定的争议，个别观点甚至以“世界上不存在两片相同的叶子”“人一次也不能踏进同一条河流”为由否认类案的存在。实际上，类案在司法实践中大量而广泛存在，这些案件虽然在具体情节上千差万别，但总是在法律适用过程中会存在基本事实、争议焦点、法律适用问题等方面的相似之处。《意见》将这些案件称为类案，既是着眼于一种相互参酌的裁判方法之考虑，也是服务于统一法律适用的整体目标之所需。

对于类案的界定及判断标准，目前国内理论界和实务界提出多种观点：一是类似案例指与待决案件具有类似因素的案例，包括案件事实相类似、法律关系相类似、案件的争议点相类似、案件所争议的法律问题相类似①；二是对类似案件的判断有四个途径，即案件争议焦点的比较、案情的比较、关键事实的比较以及是否属于狭义的指导性

---

* 刘树德，法学博士，最高人民法院审管办副主任；胡继先，最高人民法院审管办副处长。

① 王利明：《成文法传统中的创新——怎么看案例指导制度》，载《人民法院报》2012 年 2 月 20 日，第 1 版。

案例;[①]三是"同样案件"指在定性分析上确定待决案件的事实与指导性案例的事实在整体性质上是否涉及相同的法律问题,以及在定量分析上看两个案件的具体情节是否可以视为相同;[②]四是案件相似性比对主要从案件事实构成和所涉法律关系入手;[③]五是判例的三个重要元素为要点事实、裁判规则、结论,一般以要点事实来识别同类案件;[④]六是案件类似指比对先例与待决案件诉讼争点所陈述的事实特征,并加以相同或相似性判断,而不是笼统地认定全案事实类似;[⑤]七是类似案件的判断,既有事实问题,又有法律问题;既不是单纯的事实比较,也不是单纯从定义、概念出发进行类比的逻辑作业,而更多地是从案件和法律的意义,从法律拟规范的生活事实的本质中得出。[⑥]

上述观点虽然对类案的判断标准认识不一,但多数观点认为案件事实、案件争点、法律问题是判断是否构成类案的重要因素。《意见》在综合考虑国内外各种观点的基础上,采用了相对客观的定义方式:一是围绕案件的主要特征,将案件基本事实、争议焦点和法律适用问题等方面是否具有相似性作为类案的判断标准;二是考虑类案的可参考性和检索的现实性,将类案范围限定于"已经人民法院裁判生效的案件",将正在审理中的案件排除在外。

二、类案强制检索的具体情形

近年来,"类案不同判"的现象在民商事、行政、刑事审判中时有发生,如对"知假买假"行为的不同法律认定,对"许霆案"等类案的不同处理,对借名买房中房屋产权的不同归属等。这些案件高度相似却得到不同处理,受到社会的广泛关注,进而使司法的公正性备受质疑。实际上,所谓"类案不同判"或"类案异判",只是民众对裁判不公的一个形象说法,问题实质是法律适用不统一的问题。为解决这一问题,最高人民法院除了加强司法解释和案例指导工作之外,近年来日益重视发挥类案检索的作用。2015年最高人民法院印发《关于完善人民法院司法责任制的若干意见》,提出通过类案参考、案例评析等方式统一裁判尺度。此后,最高人民法院先后出台的《关于落实司法责任制完善审判监督管理机制的意见(试行)》《最高人民法院司法责任制实施意见(试行)》《关于深化人民法院司法体制综合配套改革的意见——人民法院第五个五

---

① 参见张骐:《再论类似案件的判断与指导性案例的使用——以当代中国法官对指导性案例的使用经验为契口》,载《法制与社会发展》2015年第5期。

② 参见张志铭:《中国法院案例指导制度价值功能之认知》,载《学习与探索》2012年第3期。

③ 参见孟祥磊、徐平:《论类比推理在案例指导制度中的适用》,载《法律适用》2015年第8期。

④ 参见北京市第三中级人民法院课题组起草的《中级法院司法裁判中判例遵循工作实施办法》(建议稿),载《法律适用》2018年第8期。

⑤ 冯文生:《审判案例指导中的"参照"问题研究》,载《清华法学》2011年第3期。

⑥ [德]亚图·考夫曼:《类推与"事物本质"——兼论类型理论》,吴从周译,台北,学林文化事业有限公司1999年版,第91页。

年改革纲要(2019－2023)》等规范性文件,进一步对创建类案检索机制提出工作要求。

我国是成文法国家,判例虽不具有正式的法源地位,但对法官审理案件具有重要的指导或者参考价值。因此,类案检索对案件裁判而言具有很重要的意义:一方面,类案检索是一种辅助法官作出司法判断的重要裁判方法。一般而言,对于大多数案件,法官完全可以依照法律和自身的审判经验作出正确的判决;但对于一些重大、疑难、复杂案件,法律适用存在争议的案件或者新类型的案件,法官自身可能难以作出正确裁断,有必要通过类案检索,进而参照或参考在先案例作出妥当判决,以提高司法裁判的确定性和可预测性。另一方面,类案检索有助于统一法律适用,促进司法公正。与判例法相比,成文法既具有很多优点,也具有自身的模糊性、不周延性和滞后性等缺点,受此影响不同法官在司法过程中可能对同一法律产生不同理解和认识,从而导致法律适用不统一的问题。类案检索制度在坚持我国成文法体系的前提下,借鉴英美法系及大陆法系其他国家判例制度的优点,旨在充分发挥类案的指导或参考作用,规范和限制法官的自由裁量权,使法官在类案检索的基础上作出更加慎重妥当的裁判,促进法律的统一适用和司法的公平公正。基于此,《意见》结合人民法院工作实际,规定了类案强制检索的四种情形,即拟提交专业(主审)法官会议或者审判委员会讨论的,缺乏明确裁判规则或者尚未形成统一裁判规则的,院长、庭长根据审判监督管理权限要求进行类案检索的,以及其他需要进行类案检索的。

三、类案检索的平台及信息化建设

近年来,随着司法工作与互联网、大数据技术的融合发展,法律法规、裁判文书、法律观点、审判案例等法律检索平台不断涌现。目前,可供类案检索的平台既有官方平台,又有非官方平台。官方平台主要包括最高人民法院建设的“中国裁判文书网”以及地方人民法院创建的检索平台,如北京高级人民法院建立的“睿法官系统”、重庆高级人民法院建立的“类案智能专审平台”、贵州高级人民法院建立的“类案裁判标准数据库”、安徽高级人民法院建立的“类案指引项目”、广西高级人民法院办案系统嵌入的“刑事案件智能研判系统”“法律资源服务系统”“法智罗盘操作系统”等。非官方平台有北大法宝、Alpha 案例库、Openlaw、威科先行法律信息库等。

类案检索的过程就是对法律适用问题进行研究的过程。为方便法官进行类案检索,《意见》明确了类案检索的平台,即中国裁判文书网、审判案例数据库等平台。中国裁判文书网是最高人民法院主导的全国法院裁判文书统一公布平台,初步具备案由、案号、法院名称、法院层级、法律依据等多个信息项的检索及关键词检索,已成为法官、律师、当事人、学者及社会各界检索案件的重要平台。审判案例数据库是各地法院正在积极探索建立的检索平台,实践中业已成为法官进行类案检索的重要平台。此外,从文义解释角度看,《意见》规定的检索平台不仅包括官方主导的检索平台,也包括非官方创建的各种平台。当然,在类案检索中需要注意在非官方平台检索到的类案的真实性、准确性。

"工欲善其事,必先利其器。"目前,中国裁判文书网仅具有初步的检索功能,尚不具备精准检索及智能推送功能,审判案例数据库也尚在探索之中,检索的便捷化、智能化有待提升。因此,开展类案检索工作的首要任务是积极推进检索平台及信息化建设。一方面,各级人民法院要加强技术研发和应用培训,提升类案推送的智能化、精准化水平,各高级人民法院要建立审判案例数据库,为建设全国统一、权威的审判案例数据库奠定基础;另一方面,各级人民法院还要注意类案检索情况的归纳整理,将类案检索报告或类案裁判规则上传检索平台,进一步丰富完善检索平台的内容,实现类案检索的便捷化、系统化。

四、类案检索的范围及顺序

为确保类案检索工作取得实效,避免检索过泛过滥,《意见》规定了类案检索的范围。一是最高人民法院发布的指导性案例。2018年修订的《人民法院组织法》明确了指导性案例的法律地位;最高人民法院《关于案例指导工作的规定》及其实施细则明确赋予了指导性案例的拘束力,要求对于最高人民法院发布的指导性案例,各级人民法院审判类似案例时应当参照。因此,指导性案例对法官审理案件具有明显的拘束力。二是最高人民法院发布的典型案例及裁判生效的案件,本省(自治区、直辖市)高级人民法院发布的参考性案例及裁判生效的案件。多年来,最高人民法院十分重视案例指导工作,除指导性案例以外,编辑的案例有公报案例、人民法院案例选、人民司法案例、中国审判案例要览以及有关业务庭编辑的其他典型案例,这些案例对全国法院的审判工作发挥了重要的指导作用。为做好案例指导工作,近年来各高级人民法院还编有参考性案例,这些案例一般经高级人民法院审判委员会讨论通过,并公开对外发布,对本辖区审判工作也发挥着一定的指导作用。三是上一级人民法院及本院裁判生效的案件。此种案件代表了上一级法院及本院对类似案件的裁判意见,受审级制度及本院(专业)主审法官会议制度、审判委员会制度等因素的影响,一般会成为法官裁判案件的参考依据。实际上,我国司法实践中判例遵循的习惯一直客观存在,遵循上级法院的判例是保证法律的统一适用和司法权威的必要条件,其作用及约束力自然而然地产生于司法的结构和过程中。①

一般情况下,类案检索可在以上范围内进行检索,但也可不限于以上的检索范围,

① 欧阳明程:《从案例到判例之路——从判例制度的视角看我国案例指导制度的局限》,载《山东审判》2012年第5期。

比如在本省(自治区、直辖市)高级人民法院发布的参考性案例及裁判生效的案件中没有检索到类案的,也可以从外省(自治区、直辖市)高级人民法院发布的参考性案例及裁判生效的案件中进行检索;在上一级人民法院及本院裁判生效的案件中没有检索到类案的,也可以在其他先进地区法院裁判生效的案件中进行检索。

除检索的案件或案例范围外,《意见》还规定了检索的时间范围及检索顺序,明确除指导性案例以外,优先检索近三年的案例或案件;已经在前一顺位中检索到类案的,可以不再进行检索。这一规定主要是基于两方面的考虑:一方面,随着社会生活的快速发展,立法观念、司法理念在不断地更新,一些远期案件或案例的裁判观点可能因法律法规、司法解释的修改而失去其参考价值,优先检索近期生效的类案可能更有助于对待决案件的审理。另一方面,类案检索的目的主要是帮助法官办案,不能给法官带来过多工作负担,因此有必要明确类案检索的顺序,适当压缩检索的范围。当然,这一规定属于倡导性的规定,只要有助于公正高效办理案件,必要时承办法官除检索近期的类案之外,也可以检索远期的类案;在前一顺位中检索到类案的,也可以继续在后顺位中检索。

五、类案的判断

类案的判断是类案检索的一个关键环节,也是检索结果运用的基础和前提。实践中,法官可能会检索到大量案件,这些案件与待决案件是否构成类案,则需要进行认真判断。从比较法的角度看,在判例法国家,法官主要运用类比推理的方法,通过比对案件的相似性来决定是否援用判例;而我国以成文法为主,法官主要运用演绎推理的方法,遵循“法律规范—案件事实—裁判结论”的三段论模式适用法律,法官不习惯于运用类比推理的方法裁判案件。《意见》在充分考虑我国司法实际的前提下,适当借鉴判例法国家的相关做法,以列举的方式明确了类案比较的多个维度,即案件基本事实、争议焦点、法律适用问题等,为案件相似性识别和比对提供了比较的基点,为类案的判断提供了基本指引。

类案的判断不仅只有一个方向、一个维度,而是需要从多个方向、多个维度进行比较。首先,需要将检索到的案件与待决案件的基本事实进行相似性识别和比对,这是判断是否构成类案的基本比对点。[①] 案件事实有法律事实和非法律事实之区别,基本事实主要是能够引起法律关系产生、变更和消灭的法律事实,包括主体、行为、客体、事件、因果关系、主观过错等。实践中,法官需要对案件的法律事实,尤其是对裁判结论有直接影响的主要事实进行比较,以判断案件事实是否具有相似性。其次,如果案件的基本事实相似,再对争议焦点进行比较。有学者认为,“案件的争议点是连接待决

---

① 在判例法国家,案件事实上的相似性也是先例与待决案件之间相似性的一个重要判断标准。

案件与指导性案例等的桥梁或中间项”①。争议焦点是当事人之间形成纠纷的关键,是案件的核心问题,也是案件相似性识别和比对的核心点。法官在类案判断中,需要重点对案件的争议焦点进行比对。最后,分析比较两案的法律适用问题是否具有相似性。法律适用问题是案件裁判中需要重点考量的问题,也是影响裁判结论的关键问题。法律适用问题及其解决一般会在裁判文书说理中充分体现,类案检索中需要对法律适用问题进行认真比对,并对裁判观点予以分析,作为判断类案的重要依据。

类案判断是一个类比推理的过程。长期以来,我国法官的思维是演绎式的,习惯于从“大前提—小前提—结论”的演绎推理,运用类比推理的方法较少。由于类比推理是一个“从特殊到特殊”的推理,因此相较于演绎推理“从一般到特殊”的推理,前者在逻辑上面临的问题更多,其可证成性需要克服逻辑上的困难②。在缺乏系统比较训练和相关能力的背景下,我国法官普遍对案例识别的技术与方法相对陌生,对案件事实分析的框架、法律推理的起点等问题缺乏具体认知③。因此,我国法官需要在实践中不断积累案例识别经验、不断增强类比推理能力,认真学习借鉴判例法国家的判例区别和援引技术,为类案的识别判断及参考借鉴奠定坚实基础。

六、类案检索报告

类案检索报告既是类案检索结果及运用的重要表现形式,也是类案检索机制发挥作用的重要载体。2017 年 8 月,发布最高人民法院《司法责任制实施意见(试行)》(法发〔2017〕20 号),明确要求本院承办法官在审理案件时对相关类案进行检索并制作类案检索报告,为合议庭、主审法官会议、审判委员会研究讨论案件提供必要参考。2019 年 2 月,最高人民法院发布“五五改革纲要”,进一步提出完善类案强制检索报告工作机制。在此基础上,《意见》结合审判工作实际,对类案检索报告的制作、内容及应用等作出进一步规定。

一是类案检索报告的制作。近年来全国法院案件数不断增加,法官办案压力加大,人案矛盾突出。考虑这一审判工作实际,《意见》没有对制作类案检索报告作统一、强制的要求,而是明确类案检索情况既可以口头说明,也可以专门制作书面的类案检索报告,并随案归档备查。但无论哪种形式,都要力求客观、全面、准确。二是类案检索报告的内容。《意见》对类案检索报告的内容进行了详细的规定,要求检索报告应当包括检索主体、时间、平台、方法、结果,并对类案裁判要点以及待决案件争议焦点进行提炼,旨在真实反映类案检索的过程和结果。对此,一些地方法院制作了类案检

---

① 高尚:《司法类案的判断标准及其运用》,载《法律科学》2020 年第 1 期。

② 参见高尚:《司法类案的判断标准及其运用》,载《法律科学》2020 年第 1 期。

③ 参见孙光宁等:《指导性案例如何参照:历史经验与现实应用》,知识产权出版社 2020 年版,第 12 页。

索报告的模板，进一步明确了检索报告所应包括的内容。三是类案检索报告的应用。一方面，承办法官在合议庭评议、专业（主审）法官会议讨论中需要报告类案检索情况，并对是否参照或者参考类案等结果运用情况予以分析说明，这对案件的公正裁判、促进类案同判和法律的统一适用将起到非常重要的作用。否则，类案检索将失去其意义。另一方面，各级人民法院应当定期归纳整理类案检索报告，通过一定形式在本院或者辖区法院予以公开，供法官办案参考；同时，也可以将整理好的类案检索报告上传本院或者上级法院的检索平台，不断丰富审判案例数据库等检索平台的内容，方便法官更加高效地进行类案检索。

七、诉讼参与人提交类案与法官回应

近年来，随着司法工作与信息技术的融合发展，类案检索方法对人们来讲已成为现实。司法实践中，一些案件当事人、律师及其他诉讼参与人在诉讼中进行类案检索，并向法院提交检索的案件或者检索报告，以支持自己的诉请或抗辩。从实践效果上看，诉讼参与人提交类案，既有利于当事人对案件裁判结果有一个合理的预期，也对法官公正裁判起到了一定的监督和促进作用。《意见》结合这一实际，对诉讼参与人提交类案及法官回应方式等作了两个方面的规定。

一方面，明确公诉机关、案件当事人及其辩护人、诉讼代理人等可以提交类案，作为控（诉）辩理由。提交类案的时间，可以是立案到结案阶段的任一时间，既可以是庭审前、也可以是庭审中，还可以是庭审结束后案件裁判前。当事人在庭审前或庭审中提交案件或者检索报告的，应当允许庭审阶段对是否构成类案、能否作为案件裁判的参照或参考等问题进行辩论。提交类案的形式，既可以是一个或多个案件，也可以是类案检索报告，但一定要确保提交案件的真实性。

另一方面，明确人民法院的回应方式。一是公诉机关、案件当事人及其辩护人、诉讼代理人等提交指导性案例作为控（诉）辩理由的，人民法院应当在裁判文书说理中回应是否参照并说明理由；这一规定延续了《〈最高人民法院关于案例指导工作的规定〉实施细则》的相关规定[①]，与我国的案例指导制度相配套。二是提交其他类案作为控（诉）辩理由的，人民法院可以通过释明等方式予以回应。此种情况，法官既可以在裁判文书说理中回应，也可以在庭审中释明等方式回应。这一规定对诉讼参与人提交其他类案的回应方式作出比较灵活的规定，既充分考虑了当事人及其辩护人、诉讼代理人等诉讼参与人的诉求，又综合考虑了我国的法律制度、法院的工作实际等因素，以

① 参见《〈最高人民法院关于案例指导工作的规定〉实施细则》第11条第2款规定：公诉机关、案件当事人及其辩护人、诉讼代理人引述指导性案例作为控（诉）辩理由的，案件承办人员应当在裁判理由中回应是否参照了该指导性案例并说明理由。

增强裁判的可接受性。

八、类案的定位

判例是英美法系国家的主要法律渊源,这一点是英美法系和大陆法系国家的明显区别。但是,随着两大法系的互相吸收和借鉴,近年来大陆法系国家日益重视判例在审判实践中的作用,并建立起自己的判例制度。比如,德国联邦宪法法院的判例具有法定的约束力,联邦所有宪法机关、州以及所有法院和机构都应当遵循;其他判例虽不具有正式的约束力,但在德国法中仍然扮演着主要角色,最高法院公布的大多数判决都会引用判例,如果一个法院偏离了自己的判例,则一般会注意到并且加以论证,下级法院通常遵循上级法院的判例。① 又如,法国的判例制度对行政法、劳动法、家庭法和继承法等法律的发展发挥了十分重要的作用。"法国法院尽管没有正式的遵循先例原理,但仍像其他国家一样,具有一种遵循先例的强烈倾向,特别是对高级法院的判决。下级法院对待法国最高法院判决的态度,实质上颇类似于普通法各国下级法院对待上级法院判决的态度"②。

制定法是我国基本的法律渊源,法官依照法律而非判例对案件作出裁判。但是,与多数成文法国家一样,在我国判例虽不具有法源性质,没有正式的拘束力,而事实上会对法官裁判案件存在一定的约束性和参考性。近年来,随着案例指导制度的建立和发展,案例对法院审判工作的作用越来越重要。《意见》在坚持我国现行法律制度体系框架的前提下,将我国的类案检索定位为成文法体系下的具体制度,以充分发挥类案在规范法官自由裁量权、促进法律统一适用等方面的重要作用。一是基于指导性案例的现实地位,规定检索到的类案为指导性案例的,人民法院应当参照做出裁判,但与新的法律、行政法规、司法解释相冲突或者为新的指导性案例所取代的除外。二是考虑到其他类案的参考借鉴价值,明确检索到其他类案的,人民法院可以作为做出裁判的参考。当然,检索出的类案是否可以作为裁判的参考,还需要合议庭或者独任法官斟酌类案的案情、审级、裁判要点、裁判时间等因素,做出综合判断。

需要进一步研究的问题是,如果法院没有参照检索到的指导性案例或者参考其他类案做出裁判,应当如何处理,法院是否应当承担责任,《意见》没有明确规定。对此,日本的判例制度已作出规范。《日本裁判所构成法》第49条规定,"下级法院必须遵循上级法院的判例"。为了确保这一法律得以贯彻落实,日本将违反判例作为上诉的绝对理由,并规定最高法院要在一定程度上受自己在先判决的约束,从而赋予上级法

① 参见[德]罗伯特·阿列克西、拉尔夫·德莱尔:《德国法中的判例》,高尚译,载《中国应用法学》2018年第2期。

② [德]K.茨格威特、H.克茨:《比较法总论》,潘汉典等译,法律出版社2003年版,第382页。

院及最高法院在先判例的实际约束力。这一制度值得我们参考借鉴。

九、类案裁判冲突的处理

类案裁判产生的冲突,主要有两种情形:一是在先类案的裁判尺度之间存在冲突的;二是待决案件拟作出的裁判结果与在先类案裁判尺度存在冲突的。在类案检索中发现类案裁判冲突时如何处理,这是困扰人民法院的一个难题。

对于在先类案的裁判尺度之间存在冲突的,实际上是在先类案的法律适用不一致,这涉及法律适用分歧解决的问题。2019 年 10 月 28 日正式施行的最高人民法院《关于建立法律适用分歧解决机制的实施办法》,对解决最高人民法院生效裁判之间业已存在的法律适用分歧问题提出了解决办法,为各高级人民法院解决法律适用分歧问题提供了很好的示范指导作用。与此相适应,《意见》设置了一个引致条款,规定检索到的类案存在法律适用不一致的,人民法院可以综合法院层级、裁判时间、是否经审判委员会讨论等因素,依照最高人民法院《关于建立法律适用分歧解决机制的实施办法》等规定,通过法律适用分歧解决机制予以解决。

对于上述第二种情形,最高人民法院《司法责任制实施意见(试行)》第 40 条已有规定,[①]主要内容是:(1)在办理新类型案件中,拟作出的裁判结果将形成新的裁判尺度的,应当提交专业法官会议讨论,由院庭长决定或建议提交审判委员会讨论;(2)拟作出的裁判结果将改变本院同类生效案件裁判尺度的,应当报请庭长召集专业法官会议研究,就相关法律适用问题进行梳理后,呈报院长提交审判委员会讨论;(3)发现本院同类生效案件裁判尺度存在重大差异的,报请庭长研究后通报审判管理办公室,由审判管理办公室配合相关审判业务庭室对法律适用问题进行梳理后,呈报院长提交审判委员会讨论。这一规定对待决案件拟作出的裁判结果与在先类案裁判尺度存在冲突的处理程序、处理方法等予以明确,实践中取得了良好的效果。一些地方法院对此也作了尝试和探索,例如,2020 年 8 月,湖南省高级人民法院印发的《关于规范法官裁量权行使保障裁判尺度统一的实施意见(试行)》第 12 条对此种情形的办理程序区分四种情形予以规定。[②] 这些制度、机制的建立,将有助于类案裁判冲突的解决,在更大程度上促进法

---

① 最高人民法院《司法责任制实施意见(试行)》属于最高人民法院本院的规定,不是全国法院的规范性文件。

② 湖南省高级人民法院《关于规范法官裁量权行使保障裁判尺度统一的实施意见(试行)》第 12 条规定:"经检索类案,对待决案件按照以下程序办理:(一)拟作出的裁判结果与检索到的类案裁判尺度一致,且案件不属于监督案件的,承办法官、合议庭作出说明后即可按规定制作、签署裁判文书,承办法官、合议庭也可以对意见分歧较大的案件提请专业(主审)法官会议讨论;(二)拟作出的裁判结果与检索到的类案裁判尺度一致,但案件属于监督案件的,承办法官、合议庭作出说明后按规定将案件报请院、庭长监督;(三)拟作出的裁判结果与检索到的类案裁判尺度存在重大差异的,应当将案件报请院、庭长监督,由院、庭长提交专业(主审)法官会议讨论;(四)在审理新类型案件中,拟作出的裁判结果将形成新的裁判尺度的,应当将案件报请院、庭长监督,由院、庭长提交专业(土市)法官会议讨论。"

律适用的统一。

十、结语

类案检索是统一法律适用、促进裁判公正的重要制度,是全面落实司法责任制改革的重要举措。该项制度包括案件的相似性识别和比对、类比推理的运用、检索说明或报告的撰写、类案的参照或参考、类案裁判冲突的处理等诸多内容,既涉及法官办案习惯的变化、律师执业方式的调整,以及合议庭评议、专业(主审)法官会议、审判委员会制度、法律适用分歧解决机制等相关制度的改革完善,还涉及审判案例数据库等检索平台的完善、技术研发和应用培训以及信息化建设等。各级人民法院需要充分认识类案检索制度的重要价值和意义,认真贯彻落实《意见》的各项要求,在实践中不断发现问题、总结经验,不断健全完善各项工作机制,使类案检索、案例指导等司法制度逐步走向成熟,努力实现法律适用的统一和类似案件类似审判的司法正义,努力让人民群众在每一个司法案件中感受到公平正义。

"类案类判"视域中串通投标"报价"的解释

王　恰　邵　新*

【内容摘要】目前理论界较为一致地将《刑法》第223条第1款中的"投标'报价'"称为投标价格,并解释为投标人向招标人表示愿意中标交易商品或完成工作等的价位,且串通投标报价的形式主要表现为"联手抬高或压低标价"等。但该解释难以满足现实规制需求,导致招投标领域串标行为"同害不同罚"等不合理现象,并产生明显的处罚漏洞。本文采用文义解释、历史解释、体系解释、目的解释等法律解释方法进行分析论证,进而主张"投标'报价'"宜解释为投标人为响应招标,通过投标文件等所报出或出示的可能影响中标结果的实质性事项或条件所具有的价值或作用。

【关键词】串通投标罪　投标报价　法律解释　说理

一、问题的提出:司法实践是否僭越罪刑法定?

案例一:①2013年7月11日,清流县库区移民旅游创业园(酒店)建设工程由代理招标单位三明市工程建设监理有限公司发布招标公告,该工程建筑面积约21,731.86平方米、地上框架5层、总投资约2600万元。截至2013年7月18日17时30分共有133家申请人报名。2013年7月,被告人李某甲挂靠福建航宇建设工程有限公司,被告人罗某甲挂靠福建省腾裕建设工程有限公司、福建正山建设工程有限公司,被告人罗某乙挂靠福建永龙建设工程有限公司、福建省宏源建设工程有限公司,被告人卢某某挂靠福建省南平市基本建设工程有限公司、福建省欣鑫建设工程有限公司,被告人黄某乙挂靠福建南平九峰建设工程有限公司,被告人彭某某挂靠福建中和建设工程有限公司,被告人李某乙、黄某乙挂靠福建省高坪建设工程有限公司、福建有生建设工程有限公司,被告人黄某丙挂靠福建南平江禹水利水电建设工程公司,被告人黄某乙、邓某某挂靠中耀建设(福建)有限公司参与该工程投标。各被告人与其各挂靠公司口头协商,约定由其各挂靠公司负责制作投标的资格审查文件、商务文件,出面参与投标,各被告人负责投标的保证金或支付保证金的利息,支付报名费、挂靠费、制作标书费

* 王恰,江西省龙南市人民检察院副检察长;邵新,中南财经政法大学法学院教授,博士生导师,法学博士。

① 福建省清流县人民法院刑事判决书,(2014)清刑初字第126号。

用、法定代表人或项目经理来参加投标的费用等;一旦中标,挂靠人以中标公司的名义进行承建,中标公司提供资质收取管理费。为谋取中标,2013年7月25日上午,投标前被告人李某甲等10位被告人经商议,将其所挂靠的13家公司联合在一起参加投标,约定只要其中1家中标,便视为13家公司均中标。后经评审133家投标单位的资格标、商务标均合格。具体评标程序为:第一步,按提交文件的顺序,由每个有效投标人的法定代理人或其委托代理人,公开抽取,登记代表该投标人的号码,并当众公布每个号码所对应的投标人,各投标人对抽取结果在《投标单位对应的号码确认表》上签字确认。第二步,招标人公开随机抽取三个号码,第一个号码对应的投标人为第三中标候选人,第二个号码对应的投标人为第二中标候选人,第三个号码对应的投标人为第一中标候选人。经汇总随机抽取的三家候选投标单位及对应抽取号码,最终由被告人黄某乙、邓某某挂靠的中耀建设(福建)有限公司以26,222,180元中标。项目后由被告人李某甲进行处理,其在扣除有关费用后,分别支付13家公司的挂靠人各人民币120,900元并退还其他被告人所交纳的农民工工资保证金。

该案中,被告人李某甲的辩护人认为,"本案的被告人是有串通行为,但没有'相互串通投标报价'……""因为本案的标的是采用固定价标,随机抽取中标人的招标投标形式,在根源上排除了投标者串通投标,抬高标价或者压低标价,所有的投标人机会均等,被告人的场外约定联合,共同中标行为不是投标人的行为,也没有串通投标,抬高标价或者压低标价行为"。判决对上述意见未予采纳并进行了如下分析说理:"经查,各被告人明知自己不符合招标所需资质,就先后找到十三家符合资质要求的公司,希望通过挂靠'借壳'投标,承诺中标后向被挂靠单位缴纳一定比例的'管理费'。十被告人用掌控的十三家公司进行围标,不论十三家单位任何人中标,其均可从中获得利益,其行为在极大地提高自己中标率的同时也使其他投标人的中标率相应降低,破坏招投标过程中应有的公平和公正性,损害了其他投标人的利益"。显而易见,该案判决的分析说理可谓"杜顾左右而言他",根本未能靶向辩护意见,进而使说理苍白无力。

案例二:①2016年7月初,被告人吴某好得悉六安市春江河滨小区整治工程招标,因自身无资质,为中标该工程遂要求被告人翁某帮助围标。翁某随即联系安排安徽博楷建设工程有限公司、安徽郢都生态园林工程有限公司、安徽皖宇建设集团有限公司、安徽徽楚建筑工程有限公司等四家建筑公司参加投标,为防止暴露后被查处,约定由各公司自行支付投标保证金、自行制作标书,若中标即由吴某好建设并支付高额管理费。7月21日该工程开标,安徽博楷建设工程有限公司以654余万元中标。

该案中,辩护人认为,"被告人没有串通报价行为,本次投标所有公司的标的都是

① 安徽省六安市裕安区人民法院刑事判决书,(2017)皖1503刑初249号。

一样的,结果由摇号产生……"该案判决认定被告人行为构成串通投标罪,但对被告人是否具有串通"报价"的行为却未予置评。

案例三:[①]2011 年 9 月,被告人张某林与被告人唐某应获悉湘潭涓水二桥项目挂在网上公开招投标,采取合理定价评审抽取法评标,二人经过商议决定合伙承建此项目,并各自邀请被告人胡某波、谢某民入伙,四被告人各占 25% 的股份。为获取承建湘潭涓水二桥项目,在被告人张某林办公室四人召开会议进行了分工,被告人张某林介绍了前期组织 5 家公司报名围标的情况,张某林负责衔接主单位,唐某应负责资金管理,谢某民负责工程现场管理、材料采购,胡某波负责账目。

被告人张某林联系被告人谭某组织多家具备报名资质的公司报名围标。被告人谭某先后纠集黑龙江省华龙建设有限公司、河南恒建路桥工程有限公司、周口路友路桥工程有限公司、江西省路桥隧道工程有限公司、江西省中汉建设有限公司报名参与湘潭县涓水二桥项目投标。被告人张某林向被告人谭某支付五家参与报名投标的公司 3000 元报名费及 15,000 元报酬,共计 90,000 元,随后谭某支付部分费用给其邀请过来的参与投标公司的相关人员。报名期间,被告人张某林得知湖北省清江路桥建筑有限公司也报了名,为确保顺利中标,其通过被告人谭某找到湖北省清江路桥建筑有限公司湖南分公司法人代表,要求协助围标,并承诺如果公司中标,愿意支付一定的报酬和按工程造价的一定比例支付管理费用。在开标前被告人张某林最终选定河南恒建路桥工程有限公司、周口路友路桥工程有限公司、湖北省清江路桥建筑有限公司参与开标。2011 年 9 月 27 日、28 日,被告人张某林、唐某应、胡某波、谢某民把三家参与开标公司的投标保证金共计 240 万元先后打入张某林和陈某(涓水二桥项目指挥部出纳)的私人账户,再由被告人张某林和出纳陈某把三家公司的投标保证金打入招标公司湖南莲湘路桥建设投资有限公司指定账户。2011 年 9 月 28 日,把选定的三家公司投标人请到湘潭县,并安排食宿,在宾馆把三家公司的投标保证金收据分别送给投标人。2011 年 9 月 29 日开标后,湖北省清江路桥建筑有限公司中标,中标价为 42,010,248 元。被告人张某林按事先承诺把投标报酬支付给谭某,并与湖北省清江路桥建筑有限公司商定按工程造价的 1.2% 收取管理费。

该案中,张某林的辩护人提出,"张某林未与其他投标人相互串通投标报价,其行为不符合串通投标罪的客观构成要件。本次开标采取合理定价评审抽取法,投标人没有串通报价的可能性。串通围标不等同于串通投标'报价'"。该案判决认定被告人行为构成串通投标罪,但对被告人是否具有串通"报价"的行为同样未予置评和说理。

案例四:[②]2011 年 1 月至 3 月间,在南水北调中线一期工程总干渠石家庄市区外

---

① 湖南省湘潭市雨湖区人民法院刑事判决书,(2018)湘 0302 刑初 484 号。

② 河北省正定县人民法院刑事判决书,(2017)冀 0123 刑初 190 号。

跨渠桥梁工程、农村公路跨渠桥梁工程施工项目招标投标过程中,为保证顺利中标,被告人毕某某借用山东黄河工程集团有限公司、济南通达公路工程有限公司、德州市公路工程总公司、新疆兴达公路工程部四家单位资质,对上述工程2、3标段进行围标。被告人付某某、焦某某明知毕某某实施串通投标行为,仍然帮助其借用公司资质参与围标、购买招标文件、缴纳投标保证金等。最终山东黄河工程集团有限公司中标第2标段,中标合同金额人民币18,740,852元;德州市公路工程总公司中标第3标段,中标合同金额人民币12,844,350元。

该案中,辩护人认为,"本案中,毕某某没有与四家投标人串通报价的行为……"该案判决则认为,"被告人毕某某、付某某、焦某某借用多家公司资质进行围标,情节严重,其行为已构成串通投标罪"。显然,该案判决既未对辩护人认为被告人没有串通投标"报价"的意见进行分析说理回应,也未阐释为何借用资质进行"围标"的行为构成串通投标罪,是否具有构成要件该当等。

案例五:[①]2018年年初,被告人崔某在得知高平市神农镇池院村拆迁安置项目工程后,通过靳某介绍认识了高平市神农镇池院村党支部书记牛某1、村委主任牛某2,了解工程招标情况,后崔某找到相识的被告人李某1商量承揽工程事宜,让李某1给其找有资质的公司参与招投标,崔某表示愿意支付"前期费用"。李某1又介绍崔某认识了经营打字、复印部的苏某2,苏某2为崔某联系高平市建筑安装有限公司、金厦建筑安装有限公司、高平市店上安装有限公司、银锋建筑安装有限公司、丰源建筑安装有限公司进行围标,并提出需向其联系的投标公司支付资质使用费,被告人崔某通过被告人李某1于2018年1月25日支付给苏某2现金2.4万元,作为资质使用费,由苏某2分别支付给上述五家公司各4000元,剩4000元苏某2留用。

2018年3月5日,池院村村民委员会委托山西华辰投资咨询管理有限公司发布招标公告,苏某2联系的五家公司均进行了投标报名。与此同时,被告人赵某1看到公告后,让其所在的高平市建设发展有限公司项目经理殷某某找几家公司围标,答应支付6000元资质使用费,殷某某联系了河南宏海建筑安装公司张某3,让张找有资质的公司,表明给使用资质的公司付6000元使用费,张某3又先后联系了河南恒厦建设有限公司、国安建设有限公司晋城分公司和自己的公司,共三家公司报名参与围标。后因部分公司不符合招标条件,剩余符合条件的公司不足三家,致使第一次招标未成功。

2018年3月19日,山西华辰投资咨询管理有限公司第二次发布招标公告,崔某又通过裴某联系了国恒建设有限公司晋城分公司的宋某1,称其叔崔某1想承包该工程,让宋联系有资质的公司报名,中标后施工问题协商解决。宋某1又联系了河南华

---

① 山西省高平市人民法院刑事判决书,(2018)晋0581刑初438号。

普建设有限公司宋某2,后崔某又让被告人李某1联系了晋城市智林建设有限公司报名投标。并给了李某1投标保证金21万元,李某1于2018年4月25日分别支付给国恒建设有限公司晋城分公司、河南华普建设有限公司及晋城市智林建设有限公司7万元投标保证金。参与投标的公司做好资质、业绩等投标文件用邮箱发给苏某2,崔某安排苏某2根据各公司的文件编制三家公司的工程预算书、分项工程预算书装订,在开标前交给三家公司密封。同时,被告人赵某1让殷某某通过张某3联系了河南万融建筑工程有限公司、河南恒厦建筑有限公司进行第二次报名围标,后赵某1感觉该工程利润较小,想放弃投标,指使被告人赵某2找李某1协商弃标事宜,李某1经崔某同意,补偿赵某13万元。2018年4月23日,李某1从崔某处取款3万元作为弃标款付给赵某2。赵某2自己留下1万元,另2万元给了赵某1。

2018年4月28日,高平市神农镇池院村拆迁安置工程项目在高平啸云大酒店开标,被告人崔某安排苏某2与围标的三家投标公司相关人员在饭店一起吃饭,并送至啸云大酒店。最终由崔某组织围标的晋城市智林建设发展有限公司中标,中标金额为7,392,650.02元。赵某1收到崔某给付的弃标款后,未让参与围标的河南万融建筑工程有限公司、河南恒厦建筑有限公司制作投标文件,两家公司也未参与在啸云大酒店的开标仪式。

该案中,辩护人认为,"赵某1与崔某、李某1互不相识,双方没有串通报价……"该案判决认定赵某1的行为构成串通投标罪,但并未进行分析说理。

案例六:[①]2014年9月2日,江西龙南经济技术开发区管理委员会通过江西省公共资源交易网发布龙南新圳工业园30米大道(骏业公司至和利公司段)工程项目招标(以下简称龙南项目),被告人王某某等得知招标信息后,为谋求中标,便同被告人钟某甲、钟乙、熊某某、李某、赖某某等人联系公司进行联合行动串通投标,其中李某又联系了沃某某、杨某某、谢某某等人参与,沃某某再联系梁某某等人参与,先后共计联系包括江西腾威建筑工程有限公司(以下简称腾威公司)在内等60家公司对该项目进行围标。

9月22日上午开标,腾威公司以20,665,747.25元的投标报价中标,之后经钟丙联系,以中标价的15%约309.9万元将该项目卖给了谭某某,由熊某某以腾威公司的名义与谭某某、江某某签订了《工程项目内部承包合同》,熊某某收取工程总造价的1.6%即33.0651956万元项目管理费,其他卖标款由钟某甲、王某某等以每家公司4.4万元分配给参与串标的人员,钟某甲得款19万元,钟乙得款4.4万元。

该案判决认为,被告人钟某甲、钟乙、熊某某、李某、赖某某、沃某某、谢某某、杨某某、梁某某等通过组织联系、借用江西腾威建筑工程有限公司等数十家公司名义的形

---

① 江西省龙南县(现为龙南市)人民法院刑事判决书,(2017)赣0727刑初44号。

式,在投标过程中相互串通投标,损害招标人和其他投标人的利益,情节严重,其行为均构成串通投标罪,而被告人同样并没有说一定是串通的投标报价,判决实际上回避了对被告人是如何串通投保“报价”并进而符合投标人与投标人串通投标报价的罪状表述,未能进行充分有效的说理。

案例七:[①]2017年8月,某设备招标有限公司受一市政工程管理处委托,发布某工程灯光秀设备采购项目(以下简称灯光秀项目)公开招标公告,项目预算金额5600万元。甲股份有限公司法定代表人邱某同其公司员工刘某联系了乙照明工程有限公司、丙照明有限公司和丁灯光科技股份有限公司投标灯光秀项目,并提供给乙、丙和丁三家公司相关灯光秀技术参数等。在投标过程中,邱某、刘某还将自己联系公司的灯光秀技术参数及评分办法给招标代理公司制定招标文件,由代理公司按照自己的提供的技术参数等制定招标文件相关内容。最终,邱某的甲公司在几十家投标公司中获得最高分值,并以5493.147万元中标价顺利中标该项目。

本案中,邱某等并非串通投标“报价”,而是“技术参数”等,其是否构成串通投标罪,存在争议。

《刑法》第223条第1款规定:“投标人相互串通投标报价,损害招标人或者其他投标人利益,情节严重的,处三年以下有期徒刑或者拘役,并处或者单处罚金;”第2款规定:“投标人与招标人串通投标,损害国家、集体、公民的合法利益的,依照前款的规定处罚。”根据上述串通投标罪的罪状表述,第1款为投标人与投标人之间的串通,表述为“串通投标报价”,第2款为招标人与投标人之间的串通表述为“串通投标”。据此,投标人之间的“串通投标”所串通的是“投标‘报价’”,但目前理论上的观点较为一致地认为,“投标‘报价’”是投标人向招标人表示愿意中标交易商品或完成工作等的价位,[②]也称投标价格,除非串通投标报价的形式主要表现为“联手抬高或压低标价”[③]等,否则不构成串通投标罪;而招标人与投标人之间的串通投标,则无串通对象内容的具体限制,更未单纯限制在“报价”上。但是,该理解已落后于现实发展要求,导致招投标领域出现串标行为同害不同罚等不合理现象,并产生明显的处罚漏洞。笔者认为,从立法论的角度而言,宜将《刑法》第223条第1款中的“报价”两字予以删除,并就1、2款做出必要的立法技术调整;就解释论而言,应将“投标‘报价’”作出扩大解释,即投标人为响应招标,通过投标文件等所报出或出示的可能影响中标结果的实质性事项或条件所具有的价值或作用,而不仅仅只是限于投标人向招标人出示的愿意付出的交易商品或完成工作等的价位或价格,比如投标文件中报出的相关技术参数

---

① 江西省龙南县(现为龙南市)人民检察院不起诉决定书,龙检公诉刑不诉(2018)46、47、48号。

② 王作富主编:《刑法分则实务研究》(中),中国方正出版社2013年版,第655页。

③ 张明楷:《刑法学》(第5版),法律出版社2016年版,第832页;黎宏:《刑法学各论》(第2版),法律出版社2016年版,第832页;王作富主编:《刑法分则实务研究》(中),中国方正出版社2013年版,第655页。

本身的作用价值也是投标人的投标报价,它的价值最终一般通过赋分值或评审量化指标等方式得以体现;同时抽签摇号等方式的招投标活动,标书文件等内容同样有影响中标结果的实质性事项或条件,它们对是否符合投标条件能否进入投标甚至中标等,均具有重要作用,因此前述六个案例判决结果均未僭越罪刑法定的底线。本文拟立足于刑法教义学分析,采用最高人民法院《关于加强和规范裁判文书释法说理的指导意见》(法发〔2018〕10 号)第 13 条提出的法律解释方法,即文义解释、历史解释、体系解释、目的解释方法,从必要性和可能性上就解释论阐释"投标'报价'"作扩大解释的教义学理由。

二、从历史解释看现行解释与规制的漏洞

(一)串通投标报价的立法表述及传统解释的源流

串通投标罪在 1979 年《刑法》没有规定,系 1997 年《刑法》新增加的一种犯罪。从 1996 年 8 月 8 日的刑法分则修改草稿到最终形成 1997 年《刑法》第 223 条,即第 1 款"投标人相互串通投标报价,损害招标人或者其他投标人利益,情节严重的,处三年以下有期徒刑或者拘役,并处或者单处罚金",第 2 款"投标人与招标人串通投标,损害国家、集体、公民的合法利益的,依照前款的规定处罚。"该罪的立法表述虽然数易其稿,但第 1 款中"串通投标报价"的罪状表述时至今日亦未曾修改。[①] 其实,投标人之间的串通行为并要求"串通投标报价"并非无源之水。从历史解释观角度,较早规制招标投标领域相关不当行为的法律是由原国家工商行政管理局负责起草并于 1993 年 12 月 1 日开始实施的《反不正当竞争法》,该法第 15 条分两款分别规定"投标者不得串通投标,抬高标价或者压低标价""投标者和招标者不得相互勾结,以排挤竞争对手的公平竞争"这里的第 1 款抬高标价或者压低标价,其实就是投标人通过串通投标报价而实现,1997 年《刑法》第 223 条第 1 款"串通投标报价"的立法表述也正是源于此,正如《刑法》条文的释义所言,"'相互串通投标报价,是指投标人在投标中,包括投标前和投标过程中,串通一气,商量好采取抬高标价或者压低标价等行为,既包括多方相互串通,也包括多方串通",[②]也正因如此,理论界亦大都将"抬高标价或者压低标价"作为"串通投标报价"的情形予以阐释。

(二)行业法律规范对串通投标行为类型的扩充

任何法律规范的出台均有其特定的历史背景和彼时的现实需要,但立法者不得不面对发展变化着的社会现实并适时完善相关规范或妥善解释相关法律。随着经济的

---

① 关于该罪立法表述的变动详情,参见高铭暄:《中华人民共和国刑法的孕育诞生和发展完善》,北京大学出版社 2012 年版,第 437 ~ 438 页。

② 郎胜主编:《中华人民共和国刑法释义》(第 6 版),法律出版社 2015 年版,第 362 页。

迅猛发展,围绕串通投标行为的规制,经济类等行业法律规范对串通投标的行为类型进行了必要的扩充。就在1997年《刑法》实施不久,原国家工商行政管理局于1998年1月16日公布施行《关于禁止串通招标投标行为的暂行规定》,其第3条规定:"投标者不得违反《反不正当竞争法》第十五条第一款的规定,实施下列串通投标行为:(一)投标者之间相互约定,一致抬高或者压低投标报价;(二)投标者之间相互约定,在招标项目中轮流以高价位或者低价位中标;(三)投标者之间先进行内部竞价,内定中标人,然后再参加投标;(四)投标者之间其他串通投标行为。"由此可见,该规定已经对作为《刑法》第223条第1款"串通投标报价"立法表述来源的1993年版《反不正当竞争法》第15条予以了扩充,如果说上述四项扩充内容中的前三项依然与"投标报价"有关,那么第4项的表述,则明确了投标人之间仍有其他"串通投标"的行为,而不仅只有"串通投标报价"一种。之后2000年1月1日《招标投标法》实施,招投标领域的不当行为规制脱离《反不正当竞争法》,在《关于〈中华人民共和国招标投标法(草案)〉的说明》中,明确阐释了当时招投标领域的需要规制的现状,"当前,招标投标活动存在一些突出问题,主要表现:……投标人串通投标……""草案还对投标人和投标活动作了规定,主要是:……(四)投标人不得串通投标,不得排挤其他投标人的公平竞争,不得以低于成本的报价竞标,也不得以他人名义投标或者以其他方式弄虚作假,骗取中标。"①这一规制也明确体现在当时《招标投标法》第32条第1款的规定,即"投标人不得相互串通投标报价,不得排挤其他投标人的公平竞争,损害招标人或者其他投标人的合法权益。"这里"不得相互串通投标报价"与"不得排挤其他投标人的公平竞争"不是手段或方式与目的或结果的关系,而是并列的不同的行为方式,"本条所讲'排挤其他投标人的公平竞争',是指投标人彼此之间以口头或者书面的形式,就投标报价的形式以外的其他形式互相通气,达到避免相互竞争,共同损害招标人利益的行为。"②明确说明了招投标领域中禁止性的"串通投标"行为,而不仅是"串通投标报价"行为。直至2017年12月28日新修订的《招标投标法》实施,其中关于投标人之间的禁止性串通行为,均不仅限于"串通投标报价",从修订后的新《招标投标法》的第32条与修订前该法第32条等相关规定均可见一斑。同时,在《招标投标法》实施过程中,国务院《招标投标法实施条例》于2012年2月1日施行,2017年和2018年两次修订,但其第39条和第40条对投标人之间的串通投标行为明确了11种情形,该规定内容一直未曾改变,而"串通投标报价"只是11种情形中的一种情形。但是,刑法中相关的规制类型并无任何变动。

---

① 曾培炎:《关于〈中华人民共和国招标投标法(草案)〉的说明》,载中国人大网2018年3月8日,http://www.npc.gov.cn/wxzl/gongbao/2000-12/06/content_5007155.htm。

② 卞耀武主编:《中华人民共和国招标投标法释义》,法律出版社2000年版,第82页。

（三）刑法条文传统解释的僵化及其规制漏洞

虽然经济类法律规范等对串通投标的行为类型进行了必要的扩充，但《刑法》第223条第1款对投标人之间的串通投标行为的规制类型，一直限于"串通投标报价"这一种禁止性的串通投标行为，且刑法条文的传统解释并未随着社会经济生活的变迁而进行相应变化，导致刑法处罚产生漏洞。目前实践中很多项目采取"统一报价，摇球中标"，所有投标人的投标文件或标书中，投标报价是一样的，不存在串通投标报价的必要性。在具体案例中，作为投标人的行为人的确也没有串通投标报价，而是仅仅通过联系多家公司进行围标，进而谋求中标几率的更大化。因此，《刑法》第223条第1款中将行为限制在"串通投标报价"，在坚守罪刑法定原则下，按照目前的传统理解，则存在大量投标人与投标人之间串通投标行为具有处罚必要性而难以处罚；同时，招标项目动辄几亿元，违法成本低亦不能更好地解决或遏制串通投标的违法行为。其他没有说明的案例（如上述七个案例，而实践中的数量并不止于此）意味着司法实践对于重新解释"串通投标报价"有着强烈的现实需求。

三、从体系、比较解释与法益保护看同害同罚的实质要求

当然，是否具有处罚的必要性的判断，并非只是违法成本高低的问题，而是同害同罚的实质正当性要求。

（一）从体系解释分析，区别对待无违法实体（或根据）上的理论依据，扩大解释具有必要性

刑法中的体系解释有不同界定，正如恩斯特·A.克莱默教授在谈到体系解释时指出，"单个规定在整个法律、法律部门，甚至在整个法秩序中的体系地位，对确定规范意旨至关重要"①"刑法体系解释分为条文内部、条文之间以及整个刑法典之间、法秩序统一性、法的规范逻辑与情理价值之间四个层次"。② 无论如何界定，有一点是一致的，即一般认为体系解释是根据刑法条文在整个法秩序或整个刑法等同一体系中的地位，联系相关法条的含义，阐明其规范意旨的解释方法。就最狭义的体系而言，联系同一条的不同款项进行阐释，显然是体系解释的题中之意。此处比较第223条第1款与第2款在行为主体及方式时可以发现，招标人与投标人之间的串通，仅仅要求"串通投标"而非以"报价"为对象限制在"串通投标报价"这一狭窄的情形，但是投标人与投标人串通和招标人与投标人之间的串通，就违法的实体或根据而言，无论从结果无价值还是从行为无价值视角（当然二元无价值论上亦相同），这一主体上的区别对于违法性而言通常没有实质上的不同，两个主体的行为方式区别对待并没有实质上的依

① ［奥］恩斯特·A.克莱默：《法律方法论》，周万里译，法律出版社2019年版，第55页。
② 王东海：《刑法体系解释分为四个层次》，载《检察日报》2017年9月25日，第2版。

据。具体言之,投标人与投标人之间的串通和招标人与投标人之间的串通,主要行为方式均是“串通投标”行为,仅因行为主体不同或者受损法益主体不同,而将投标人之间的串通投标行为和投标人与招标人的串通投标行为在行为对象上(报价或其他)作不同限制,在违法性区分上理论依据不足。

一方面,如果说区分原因是因侵害的对象不同,使受损具体法益主体有别,那么这点值得商榷。一是从第1款和第2款具体法益主体分析。第1款严重侵害了招标人或者其他投标人的利益,与第2款侵害了国家、集体、公民的合法利益,虽然具体法益主体性质并不完全相同,但其均是市场经济活动的平等参与者,平等参与市场经济活动,利益同等保护而没有特别不同。二是从第2款受损具体法益主体本身分析。第223条第2款用于表述“……损害国家、集体、公民的合法利益的……”将国家、集体涉公主体与公民这一私人主体予以并列,显然,条文罪状规定本身也未因受损利益主体身份、性质不同,而将其利益重要程度作不同看待,在此情形下,若恣意从保护利益的具体主体不同因而需要将投标人与投标人之间的“串通投标”限制为“串通投标‘报价’”,则违反了罪状建构的价值性中的平等性原则,“罪状建构中基于那些并不对行为的社会危害性程度和行为人人身危险性的评价产生决定影响的因素的考虑所导致的刑法保护力度或调控范围的不平等,往往使同等危害行为没有同等的刑罚后果或同等法益得不到同等的保护”。①

另一方面,就行为主体上而言,刑法并没有规定招标人与投标人之间和投标人与投标人之间在串通投标行为时,在行为主体上要求有不同的构成要件要素等,单从主体分析,也并无产生违法性程度不同的因素存在。或许有观点会认为第2款中没有第1款“情节严重”的规定表述,说明招标人与投标人之间的串通投标比投标人之间法益侵害更严重。但是,实际上第2款援引第1款的法定刑,包括“情节严重”,作为有权解释的最高人民检察院、公安部2001年4月18日《关于经济犯罪案件追诉标准的规定》(公发〔2001〕11号)第68条及其后的2010年《关于公安机关管辖的刑事案件立案追诉标准的规定(二)》第76条,均对串通投标罪第1款和第2款的立案标准做了同样的规定。《关于公安机关管辖的刑事案件立案追诉标准的规定(二)》第76条规定“投标人相互串通投标报价,或者投标人与招标人串通投标,涉嫌下列情形之一的,应予立案追诉:(一)损害招标人、投标人或者国家、集体、公民的合法利益,造成直接经济损失数额在五十万元以上的;(二)违法所得数额在十万元以上的;(三)中标项目金额在二百万元以上的;(四)采取威胁、欺骗或者贿赂等非法手段的;(五)虽未达到上述数额标准,但两年内因串通投标,受过行政处罚二次以上,又串通投标的;(六)其他情节严重的情形。”尤其是“投标人相互串通投标报价,或者投标人与招标人串通投

① 刘树德:《罪状建构论》,中国方正出版社2002年版,第124页。

标,涉嫌下列情形之一的""其他'情节严重'的情形"兜底规定。所以,第223条两款中的行为对法益的侵害程度是相当的,招标人主体身份、行为方式(针对的串通对象)的不同并未增加违法程度。

(二)从比较解释分析,串通投标报价与其他串通投标行为宜作相同评价

我国台湾地区的"政府采购法"明确规定招投标过程中围标、绑标、泄密等行为的罚则,其第87条第4款规定"意图影响决标价格或获取不当利益,而以契约、协议或其他方式之合意,使厂商不为投标或不为价格之竞争者,处六月以上五年以下有期徒刑,得并科新台币一百万元以下罚金。"第5款规定"意图影响采购结果或获取不当利益,而借用他人名义或证件投标者,处三年以下有期徒刑,得并科新台币一百万元以下罚金。容许他人借用本人名义或证件参加投标者,亦同。"①由此可见,以契约等方式合意,意图获取不当利益,进而使投标人实质上不参与竞争的行为,都可能会被治罪,其实行行为的类型化主要是从行为人的主观目的和客观结果两个方面进行,而不是从行为主体和具体行为对象,"使厂商不为投标或不为价格之竞争者"实际上就是表述市场(竞争)秩序受损,至于是通过何种行为客体或对象体现,此处则在所不问。相比大陆规定的串通投标罪的行为类型,覆盖面更广,法网织得更细。以投标人和投标人之间的串通投标行为为例,我国台湾地区"政府采购法"第87条第4款规定,可以涵盖大陆《招标投标法实施条例》中投标人相互串通投标的所有行为方式,即投标人之间协商投标报价等投标文件的实质性内容、投标人之间约定中标人、投标人之间约定部分投标人放弃投标或者中标、属于同一集团、协会、商会等组织成员的投标人按照该组织要求协同投标、投标人之间为谋取中标或者排斥特定投标人而采取的其他联合行动。同时,台湾地区还对租借他人资质进行投标进行了明确的规定。

因此,将第223条第1款中"串通投标报价"作扩大解释,从而尽可能涵盖"串通投标"的行为类型,实则具有必要性。

(三)从法益保护角度,不同行为对象的法益侵害相当,禁止必要性等同

"刑法的任务是法益保护,从而,可以说,刑法在考虑抑制过度介入这一自由主义原则的同时,将违反法益保护目的的事态作为禁止的对象。从这样的理解出发,禁止的对象就是引起了法益侵害或者法益侵害的危险",②而从禁止的对象来说,投标人之间就投标报价进行串通,与就相关技术参数等投标文件的其他实质性要求内容进行串通,这两种串通行为对串通投标罪保护的法益侵害,没有什么不同,均侵害了招标投标竞争秩序。原则上,不论串通投标对象或事项为何,只要串通的投标事项代表、反映招投标竞争秩序,则与串通投标报价具有相当的法益侵害性或说社会危害性,处罚串通

---

① 黄昭元等主编:《综合小六法》,台北,新学林出版股份有限公司2018年版,第B-300页。

② [日]山口厚:《刑法总论》(第3版),付立庆译,中国人民大学出版社2018年版,第103页。

投标报价的行为而不处罚串通投标技术参数等事项,会产生同害不同罚的处罚漏洞,显然不具有妥当性。同害同罚要求对"串通投标报价"做出现实的合理的妥当的解释。

同时,行政法规的同一规制,说明行为危害性相当,禁止必要性亦需等同。《招标投标法实施条例》自2012年2月1日起施行,并分别根据2017年3月1日《国务院关于修改和废止部分行政法规的决定》和2018年3月19日《国务院关于修改和废止部分行政法规的决定》做过两次修订,但其中第39条和第40条关于禁止投标人相互串通投标的五种情形及视为投标人相互串通投标的六种情形,均未做任何修订,其中第39条第2款第1项规定,"投标人之间协商投标报价等投标文件的实质性内容",此处显然是将投标人之间的串通"投标报价"与其他"投标文件的实质性内容"在禁止的必要性上作同等对待,也说明串通投标报价行为与串通投标文件中的其他实质性事项或条件的法益侵害性相当,禁止的必要性等同。

四、从文义解释分析,扩大解释可求

或许有学者已经发现"串通投标报价"这一罪状表述的存在问题,并进而将其阐释为"投标人彼此之间通过口头或书面协议、约定,就投标报价及其他投标条件(如投标者的技术装备、经济实力、信誉和经营管理等)私下串通,相互勾结,采取联合行动,以避免相互竞争",[①]应当说该解释较之传统观点有所进步,但上述将"投标报价"解释为"投标报价及其他投标条件(如投标者的技术技术装备、经济实力、信誉和经营管理等)",则明显有违背罪刑法定原则之嫌,因为将"报价"与"其他投标条件"并列,则"其他投标条件"就不可能在语义上等同于"报价",这不是价值判断问题,而是如此解释出现了明显的语义偏颇,故仍有必要从文义解释对"报价"作新的审视。

罪刑法定原则是刑法的基本原则,解释刑法必须坚守罪刑法定,但刑法并不禁止扩大解释,"'虽然类推解释是被禁止的,但容许进行扩张解释',从而在具体的妥当性(当罚性)的要求与法的安定性的要求之间谋求均衡",[②]而且"刑法条文的字面通常含义比刑法的真实含义窄,于是扩张字面含义,使其符合刑法的真实含义"[③]亦是理所应当。当然,扩大解释是对用语通常含义的扩张,而不是超出用语可能的含义为之,"应该反对试图通过实质正义等实质标准来突破形式的罪刑法定"。[④] 基于此,针对《刑法》第223条第1款中"串通投标'报价'"作出扩大解释具有可能性及可行性。其一,就文义解释而言,没有超出条文用语的可能语义。《现代汉语词典》关于"价"的解释

① 周光权:《刑法各论》(第3版),中国人民大学出版社2016年版,第315页。

② [日]前田雅英:《刑法总论讲义》(第6版),曾文科译,北京大学出版社2017年版,第51页。

③ 张明楷:《刑法学》(第5版),法律出版社2016年版,第41页。

④ 刘艳红:《实质刑法观》(第2版),中国人民大学出版社2019年版,第290页。

有四个:①价格;②价值;③化合价的简称;④姓。显然,此处具有讨论意义的只能是①价格和②价值。① 将"投标'报价'"解释为"投标人向招标人出示的愿意付出的交易商品或完成工作等的价位或价格",主要是将"价"字作"价格"之意理解;但"价"字不仅可作"价格"理解,还可以作"价值"解释,即"用途或积极作用"之意,且具体情形下,价格与价值还表现为表与里、外在与内在的关系,价值不仅可以反映为价格,还可以有"价格"所不具有的更广的语用意义。因此,摈弃理论界对"投标报价"的解释,而将其扩大解释为"投标人为响应招标,通过投标文件等所报出或出示的可能影响中标结果的实质性事项或条件所具有的价值或作用",并未超越文义范围或射程之外,不仅符合罪刑法定原则,且克服了现有处罚不周全的弊端。其二,就体系而言,扩大解释并无不当。或许会有观点认为,即将"投标报价"扩大解释后,则第 1 款中的"串通投标报价"与第 2 款中"串通投标",其涵盖范围相当,则从立法表述用于的简洁性出发,两款可以合并,但是立法并未合并,这明显不符合立法技术要求,进而辅助说明对第 1 款中"投标报价"的扩大解释并不适当。但是,扩大解释妥当与否的判断,主要分析解释是否超出用语的语义射程范围,而非其他。其实,本来"串通投标报价"的涵盖范围也比"串通投标"小,扩大解释后,二者规制范围依然是前者比后者小,并非相当,招标人与投标人之间不仅可以就报价串通,也可以就其他影响公平竞争等市场秩序的事项串通,比如串通内定投标人、将其他投标人透露给内定投标人等,这都超出了"串通投标报价"的范围。因此,就体系而言,扩大解释并无不当。

五、结论

实践中,目前就投标人与投标人之间的串通行为,纳入犯罪圈认定串通投标罪的常见有三种行为类型:一是有报价且串通投标报价类型,二是无串通投标报价但串通技术性参数等实质性事项,三是既无串通报价又无串通实质性事项而仅仅是组织公司围标(当然,不串通、互通实质性事项而围标的情形极少)。从实质正当性或处罚必要性分析,三种类型均应构成串通投标罪,而传统解释只能涵摄第一种类型,本文的解释则可涵摄第一和第二种类型,甚至第三种类型,因为即便抽签摇号等方式的招投标活动,标书文件等内容同样有影响中标结果的实质性事项或条件,它们对确定是否符合投标条件能否进入投标甚至中标等,均具有重要作用。据此,本文前述所引六个案例判决结果均未僭越罪刑法定。当然,针对招投标领域的串通投标乱象,招投标法领域已从评标的综合评分法,或要约价招标,或摇号式中标等,穷尽多种行政手段予以解决而又不能有效治理,《刑法》第 223 条第 1 款与第 2 款针对不同串通投标主体而设置不

① 参见中国社会科学院语言研究所词典编辑室编:《现代汉语词典》(第 6 版),商务印书馆 2012 年版,第 625 页。

同的行为类型目前并无实质合理性,进而使实质正当性难以实现,司法实践又屡屡出现突破罪刑法定底线的嫌疑,面对前述诸多因素,从立法论分析,将《刑法》第223条第1款中的“报价”两字予以删除,并就第1款和第2款做出必要的立法技术调整或许是彻底的解决之道,本文仅仅立足于刑法教义学视角进行解释探讨。

聚众斗殴罪的司法裁判与法理阐释

魏　东　金俊含*

【内容摘要】聚众斗殴罪的行为定型论，宜从“多众犯”和“对向犯”两个方向切入。基于多众犯视角判断，“聚众”需满足首要分子聚集三人以上的斗殴群体（除自己以外但包括对方在内的）。基于对向犯视角判断，在仅单方具有斗殴故意时，可运用片面对向犯理论对无斗殴故意且未造成严重后果的一方免于刑罚处罚。可从客观和主观两个方面讨论聚众斗殴罪的违法性。客观违法性在于社会秩序被扰乱与斗殴行为的危险性，主观违法性在于行为人主观方面的动机。当行为主体仅实施聚众行为时，要从聚众群体本身的危险性与聚众行为是否造成的现实危险两方面考虑该行为是否兼具主观与客观的违法性。聚众斗殴罪的归责类型只能为故意，实务中可以“聚众斗殴中有意义的行为”为标志，先排除案件中不予归责的一般参加者，再以行为类型为参考，根据行为主体对犯罪所起到的作用，合理认定案件中的首要分子与其他积极参加者。对于转化犯的主体归责范围，在能够查明造成危害结果的具体行为人时，转化范围仅限于直接致害人；在不能查明时，先根据首要分子的态度，再根据首要分子在聚众斗殴过程中实施的行为性质具体判断是否需对首要分子归责。

【关键词】聚众斗殴罪　聚众犯　对向犯　归责类型　转化犯

引言：司法判例与问题意识

聚众斗殴罪，是指聚集众人形成多方对向关系，实施相互殴打行为而扰乱社会秩序的犯罪。以聚众斗殴罪为刑事案由，在中国裁判文书网搜索到的判决书数量近 3 年中每年均超过 11,000 份。实务中聚众斗殴案件通常伴随着人员伤亡、财产损毁等严重后果。有时发生的大规模持械斗殴，参与主体则可能涉及多人甚至成百上千人，严重扰乱了社会管理秩序，甚至威胁着社会中不特定主体的人身、财产安全。

从理论上讲，本罪涉及多众犯论、对向犯论、共犯论、正当防卫论、转化犯论等众多理论难题。实务中本罪具有多发性、较大的社会危害性以及广泛的社会影响力。对于本罪在实务中遇到的众多疑难问题，不同学者各持己见，最高司法机关尚未出台相应

---

* 魏东，法学博士，四川大学法学院教授，博士生导师；金俊含，四川大学法学院 2021 届刑法法学硕士。

司法解释,而各地则相继出台了相关处理意见或会议纪要,并成为法院判案的重要参考。学术观点的激烈碰撞与审判机关的各行其是使实务中对于同类型案件的处理方式各不相同,这不利于“类案类判”制度的有效推行,也不利于对聚众斗殴罪进行精准打击,因而必须加以研究解决。

目前还没有以聚众斗殴罪为主题的学术专著,对本罪的研究多以犯罪构成理论为逻辑顺序,在论述中涉及一些实务中的常见争议问题。具体而言,一方面散落于各类刑法学教材中,另一方面体现在讨论刑法分则条款适用问题的相关专著中。此外,在部分以聚众犯罪为视角的理论专著中也对本罪基本问题略有涉及。在中文论文方面,涉及聚众斗殴罪的论文主要可以分为两类:第一类以犯罪构成的解释为主,以本罪在实务中的常见问题为辅进行研究。第二类通常选取某一个问题点或某一实务案例切入,进行更深层次的研究。集中讨论的问题包括:(1)本罪的行为样态,即“众”的构成人数;(2)“持械”情节的审查与判定;(3)案件中首要分子、积极参加者的区分认定;(4)本罪的主观方面,即探讨单方斗殴故意与主观方面动机的必要性问题;(5)共犯中的责任承担问题;(6)针对《刑法》第292条第2款的性质进行讨论,具体探究在聚众斗殴过程中造成人员伤亡的罪名确定问题。

目前各地出台的解释文本多以法条为中心,先对“聚众”“首要分子”“积极参加者”等概念进行限定,再对法条中规定的加重情节进行规范性描述,最后根据造成严重后果的不同情形给出相应处理意见。

(一)司法判例

结合本文“讨论问题”的研究主题需要,通过检索中国裁判文书网和各种官方媒体报道,本文中收录了25个较为典型的“聚众斗殴案”司法判例,见表1:

表1　典型判例

序号	案例名称	讨论问题
案例一	何某等聚众斗殴案	行为的多众性
案例二	欧阳某等聚众斗殴案	行为的多众性
案例三	侯雨某正当防卫案	片面对向犯理论的适用
案例四	雷某甲等三人聚众斗殴(未遂)案	片面对向犯理论的适用
案例五	卢某聚众斗殴案	片面对向犯理论的适用
案例六	聚众斗殴案	片面对向犯理论的适用
案例七	陈某聚众斗殴案	与寻衅滋事行为的界限
案例八	赵金某等故意伤害案	与故意伤害行为的界限
案例九	倪以某等聚众斗殴案	与故意伤害行为的界限
案例十	杨某、封某等聚众斗殴案	与寻衅滋事行为的界限

续表

序号	案例名称	讨论问题
案例十一	徐某、邓某等聚众斗殴案	行为发生的场所
案例十二	李天某、高某聚众斗殴案	“持械”的认定
案例十三	施某某等17人聚众斗殴案	流氓动机的必要性
案例十四	张某等聚众斗殴案	聚众行为的认定
案例十五	王乾某故意杀人案	斗殴组织危险性
案例十六	蒋某等聚众斗殴案	罪与非罪的界限
案例十七	祁某等寻衅滋事案	与寻衅滋事罪的界限
案例十八	张国某、魏某、张某等聚众斗殴、过失致人死亡案	行为中的过失心态
案例十九	李某等聚众斗殴案	其他积极参加者的认定
案例二十	刘某、王甲等聚众斗殴案	首要分子的认定
案例二十一	刘某、吴某等聚众斗殴案	首要分子的认定
案例二十二	赵某、谢某等聚众斗殴案	主体结构分析
案例二十三	任某、佘某、丁某故意伤害案	转化犯分析
案例二十四	安某、刘某等聚众斗殴案	转化犯主体范围
案例二十五	区瑞某等组织、领导、参加黑社会性质组织案	转化犯主体范围

（二）问题意识

本文从聚众斗殴行为、聚众斗殴罪的违法性实质和聚众斗殴行为主体的归责三个方面入手，具体确立本文研究聚众斗殴罪的“问题意识”，并针对这三个方面问题进行系统化研究。

首先，聚众斗殴行为一般由不法集团或团伙实施，表现为拉帮结伙相互勾结打群架。但是也有一部分案件仅有少数人参加。学界一般认为总人数为三人即可称为“众”，但这种说法并非没有争议，例如，当某一方人数不满足三人时，该方或者对方是否可以评价为聚众斗殴罪的“众”就可能存在问题。有学者将“聚众”理解为动词，将聚众行为视为本罪的实行行为，有学者将“聚众”理解为形容词，认为这是双方行为整体上呈现的特征，实际上聚众是对斗殴规模的描述。对此，应当如何理解聚众斗殴罪的客观行为？即“聚众”是一类行为还是一种状态描述？本罪属于聚众犯罪，但其天然具有对向性，即双方相争则为斗。有学者认为本罪双方主体具有结构的依存性，故斗殴的成立需要满足对向性，但有些学者认为本罪行为人不以对方行为的存在为前提，因为单方聚众斗殴也可成立聚众斗殴罪。那么应当如何理解本罪主体间的对向关系？聚众斗殴是否应当被归入对向犯当中？相应地，对向犯当中的片面对向犯理论可以解决聚众斗殴罪当中的何种问题？

其次,聚众斗殴的违法性实质为何,何种行为才符合本罪的违法性值得深入探讨。一方面,聚众斗殴罪的违法性表现在于其扰乱了社会管理秩序,即由不特定个体社会生活构成的观念性结构。有学者将此问题转化为"在公共场所实施聚众斗殴行为",并进一步讨论"公共场所"的概念内涵。另有学者认为公共秩序并不限于公共场所,在较僻静的私人场所进行聚众斗殴的同样扰乱了公共秩序。那么应当如何评价这里的社会管理秩序受到扰乱?聚众斗殴罪的违法性还表现在斗殴行为威胁着不特定主体的生命安全,实务中案件常伴随"持械"现象,最初对于"械"的认定限于通常意义上的足以致人伤亡的工具(如治安管制器具等),随着一些不属于传统意义上的"械"(球拍、砖块、酒瓶、硫酸等)出现在案件中,目前通常结合行为人使用情况和造成后果进行认定。此外,"持械"的理解也值得进一步探究,有学者认为应理解为携带并使用,有学者认为虽未实际使用但在行为过程中向对方显示的,也应认定为"持械",实务中某些地方法院将临时就地取材或夺取对方器械并使用的也以持械聚众斗殴论处。如何对非传统意义上的"械"进行解释,使"持械"这一要素的理解既符合司法实务需要,又不会超出语义上的最远射程,而不至于演变成为类推解释就成为另一值得讨论的问题。

另一方面,聚众斗殴罪的基本内容实质源于流氓罪,有学者认为聚众斗殴罪虽然脱离了流氓罪,但本质上没有"去流氓化",泄愤报复、争霸一方、逞强斗狠等动机内容是本罪的主观违法性要素。流氓动机是划定罪名界限的重要标志。同时,又有很多学者对此类说法进行反驳,认为本罪罪状当中没有对此进行明文规定,罪名的设立在于保护法益,是否具有该动机不影响法益侵害的认定,用其他理论(想象竞合理论)同样可以进行罪名区分。流氓动机抽象而不可察,应对这一"旧"的社会观念产物予以摒弃。因此值得讨论的问题是,流氓动机是否该成为本罪构成要件的要素之一,流氓动机的表现为何,是否在客观上应有所体现。在此基础上,行为人仅实施聚众行为是否符合聚众斗殴罪主客观两方面的违法性,何种聚众行为可以被评价为聚众斗殴罪的未遂。

最后,聚众斗殴罪的归责类型一般为故意,一方面首要分子的聚众行为可以反映出其认识到自己的行为可能会产生扰乱社会秩序(甚至造成不特定他人人身伤害)的结果,并对此持放任、追求的态度。其他成员在被聚集后实施的斗殴行为可以反映出行为人对自己和共同犯罪人的行为均持有故意心态。另一方面聚众斗殴过程中是否会出现过失心态?出现的相应伤亡结果是否与过失心态有关?各地司法意见曾对首要分子和其他积极参加者以行为类型为标志进行区分。但实践中行为多样化、复杂化,应当如何具体认定这三类主体,是否可以用排除的方法逐级筛除,最后得到一个适当的结论。

本罪第2款被认为是典型的转化犯。张明楷老师将其理解为法律拟制,即根据责任主义，即使行为人不存在致人重伤、死亡的故意，但造成严重结果的，也应该转化。陈兴良老师认为应属于注意规定，在发生重伤、死亡结果时，需根据情况，结合转化犯罪的构成要件来具体定罪，不能简单以结果决定。刘之雄老师则认为本条款意在不违反罪刑法定的原则的情况下，减轻犯罪检控的证明负担，是一种立法推定，但这种推定是可以结合具体情形进行反驳的。该争议主要涉及首要分子的转化问题。一方面在能够查明直接致害人时，首要分子是否应当对其所纠集行为人造成的结果负责；另一方面当无法查明时，是否应当一律由首要分子负责。通常来说，首要分子召集他人聚众斗殴，其应对所召集主体的行为方式有基本的预判或对伤害程度有提前说明，但聚众斗殴具有突发性、激情性，其特点就在于斗殴规模、伤害结果和社会影响的不确定性。所以这里的首要分子并非可以完全支配、控制斗殴组织中成员的行为。故组织成员造成严重结果时，如何对其归责？即转化犯的主体范围成为另一个需要讨论的问题。此外，当聚众斗殴的一方为黑社会性质组织时，其领导者是否应当一律对成员个人犯罪造成的结果负责的问题也值得研究。

本文通过对以上问题进行梳理，希望将法理与实务相结合，提出具有可操作性的处理规则，为司法实践提供参考。

一、聚众斗殴罪的行为定型论

聚众斗殴罪属于必要的共犯，根据分则只能由二人以上主体构成的犯罪。① 即从客观方面讲，必须由二人或者二人以上达成意思一致并且共同实施才能构成犯罪。必要的共犯，通常被分为多众犯（集团犯），即在构成要件中，行为主体以“众人”的形式向相同的目标和方向实施犯罪行为；以及对向犯（偶遇犯），指在构成要件中，行为人之间实施了相互对应的行为。② 聚众斗殴罪因为必须有三人以上才能构成，故一般被归入多众犯之中，但根据其行为特点可知，聚众斗殴罪的客观行为兼具多众和对向两方面的特征。

（一）作为多众犯的聚众斗殴行为定型

“多众”在我国刑法中一般指“三”以上。③ 对于聚众斗殴罪来说，“三”一般包含本数，这里需要讨论的问题是：成立“多众”的三人及以上是指一方人数达到三人还是总人数达到三人，三人之中是否包括“聚众者”本人在内？进一步说，当某一方人数不满足三人时，该方或对方是否可以评价为聚众斗殴罪？

对此，学界最初存在三种观点：观点一，认为本罪需满足参与多方主体的人数均为

① 参见熊亚文：《必要共同犯罪概念及其功能问题研究——一个域外概念的中国化思考》，载《河南财经政法大学学报》2016 年第 3 期。

② 参见包国为：《对向犯之探究》，载《科学 · 经济 · 社会》2012 年第 4 期。

③ 参见李宇先：《聚众犯罪研究》，人民法院出版社 2019 年版，第 35 页。

三人及以上;[①]观点二,认为仅需参与的其中一方达到三人及以上,[②]不要求各方都必须满足三人以上;观点三,认为参与斗殴的各方总人数达到三人及以上即可,因为这足以影响到某一地区社会秩序的稳定。[③]

之后,学界以“聚众者”为着眼点,讨论“多众”的构成情况。有学者认为“众”是指将聚众者个人包含在内至少达到三人;[④]有学者认为“众”应理解为除首要分子以外的多人,不少于三人。[⑤] 当一方不足三人时,有学者认为因为本罪需符合聚众三人以上进行斗殴,所以一方仅有一人或两人向对方斗殴的,不能被评价为聚众。[⑥] 另有学者认为,即使一方仅有一人或二人,但另一方满足三人及以上的,可以称为聚众。[⑦]

“多众”虽为事实性判断,但仅以事实上人数多少作为标准是一种形式解释论立场,[⑧]在此基础之上还要规范判断“众”的形成原因。聚众斗殴属于“作为共同犯罪的聚众犯罪”[⑨],聚众犯罪是指刑法分则中,以首要分子聚众为犯罪构成要件的,由其所纠集的不特定多数主体共同实施的犯罪。有的属于犯罪集团、有的属于一般共同犯罪,有的则是由个别或极少数犯罪分子煽动而成,甚至包括一些不明真相的群众。[⑩] 聚众行为的特征有:其一,公然性。与一般共同犯罪所希望的隐秘性不同,聚众犯罪的公然性指可被特定或不特定人所共见共闻,或不特定人可以随时加入。其二,无组织性。指参加聚众的各分子或全体之间欠缺紧密的意思沟通及联络,组织内部具有复杂性。平野龙一教授将此形容为“该集团的各个个人的意思所不能支配的集团”[⑪]。从组织形态意义讲一般无确定的目的性,并具有临时性。其三,激情性。行为人在聚众之后极易实施冲动行为,众人行为存在一定复杂性。其四,暴力危险性。聚众犯罪的实行行为对于特定区域的公共安全存在潜在威胁,而且极易侵害他人的人身及财产权利。[⑫]

据此,若形成这样的组织形态,对于“多众”较为合适的理解是首要分子聚集的人数不少于三人,即只要首要分子聚集了(除本人以外,包括对方在内的)三人及以上即符合本罪的多众犯特征。一方面,当首要分子聚集的数人是(除自己之外)满足包括

① 参见何秉松:《刑法教科书》,中国法制出版社1997年版,第882页。

② 参见郭立新、黄明儒主编:《刑法分则典型疑难问题适用与指导》,中国法制出版社2011年版,第416页。

③ 参见郭立新、黄明儒主编:《刑法分则典型疑难问题适用与指导》,中国法制出版社2011年版,第416页。

④ 参见马克昌主编:《百罪通论》,北京大学出版社2014年版,第937页。

⑤ 参见刘德法:《聚众犯罪理论与实务研究》,中国法制出版社2011年版,第104页。

⑥ 参见赵秉志主编:《扰乱公共秩序罪》,中国人民公安大学出版社1999年版,第302页。

⑦ 参见张明楷:《刑法学》,法律出版社2016年版,第1060页。

⑧ 参见张明:《聚众斗殴罪的司法疑难问题探析》,载《中国审判》2007年第10期。

⑨ 参见陈兴良:《判例刑法学》(下卷),中国人民大学出版社2017年版,第511页。

⑩ 参见江平:《中国司法大辞典》,吉林人民出版社1991年版,第99页。

⑪ 参见[日]大谷实:《刑法讲义各论》,黎宏译,中国人民大学出版社2008年版,第335页。

⑫ 参见郭立新、黄明儒主编:《刑法分则典型疑难问题适用与指导》,中国法制出版社2011年版,第64~68页。

对方在内的三人及以上便可构成聚众斗殴罪。如案例一：何一因怀疑王二偷其手机，酒后回到宿舍后，纠集郑、徐二人，使用工具殴打王二、逼迫其承认并立下字据。在王二无法忍受并趁机跑出后，三人立刻对其追赶围堵。后王二在采用翻越阳台的方式进行躲避时，坠楼而亡。[①] 法院认定本案中纠集他人、持械殴打的行为是聚众斗殴行为。另一方面，如果一方仅有一人或二人，公然向“众人”一方发起挑战，若对方达到三人及以上也可能构成聚众斗殴罪。如案例二：欧阳某与陈、李、黄、罗 4 人偶遇，因欧阳某酒后挑衅并殴打黄某，双方遂在公共场所互相斗殴，最终欧阳某被人刺伤胸腔后死亡。[②] 本案中欧阳某虽仅有一人，但因其向对方众人挑衅而导致众人斗殴的结果，故符合“聚众”的要素。此外，若案情为甲、乙两人分别纠集丙、丁二人形成“二对二”的四人斗殴结构，因不符合首要分子聚集三人及以上的特征，不应被评价为聚众斗殴罪。同时，因本罪的参与人数决定了斗殴规模，又间接决定了对社会秩序影响的程度。对此，《刑法》第 292 条第 2 项中，特别将参与斗殴的人数作为加重处罚的法定因素加以规定。

综上所述，就聚众斗殴罪的多众犯特征来说，首先在事实判断中要求双方总人数至少为四人；其次在规范判断中，应确定在众人结构里，存在首要分子聚集的三人及以上的斗殴群体。

（二）作为对向犯的聚众斗殴行为定型

《唐律疏议》曰：“相争为斗，相击为殴。”成立聚众斗殴罪要求行为主体之间存在双方或多方关系（对合关系），斗殴也可以理解为对合行为的一种。那么聚众斗殴作为一种对合行为是否属于对向犯？

1. 聚众斗殴罪与对向犯

德日刑法理论中认为对向犯属于共同犯罪类型的一种，[③]主要强调各行为主体及其行为之间的关联性。对于其本质构造有几种理解方式：其一，指众多行为人来自不同的方向，但意在同一目标；[④]其二，对向犯以（二人以上）行为人之间有对向性行为为构成要件；[⑤]其三，对向犯的参与者来自“对向”的关系，多数参与者之间角色相对但互相之间意思达成“合致”。[⑥] 此外又根据其涵盖的范围认为对向犯是指：第一，双方合

---

① 参见李正文：《单方聚众斗殴行为也可认定为聚众斗殴罪——天津二中院判决何赛等聚众斗殴案》，载《人民法院报》2010 年 1 月 21 日，第 6 版。

② 参见李光明：《万安青年之死引发法律争鸣》，载大江网，https://jxfzb.jxnews.com.cn/system/2007/07/30/002531629.shtml。

③ 参见谢望原：《共同犯罪成立范围与共犯转化犯之共犯认定》，载《国家检察官学院学报》2010 年第 4 期。

④ 参见[德]克劳斯·罗克辛：《德国刑法学》（总论），王世洲译，法律出版社 2013 年版，第 108 页。

⑤ 参见[日]大塚仁：《刑法概说》（总论），冯军译，中国人民大学出版社 2003 年版，第 234 页。

⑥ 参见林钰雄：《新刑法总则》，台北，元照出版有限公司 2019 年版，第 409 页。

为一个整体共同触犯一个罪名[1](如重婚罪);第二,双方以对方互为犯罪对象,只要行为人均构成犯罪,可以不考虑罪名是否相同[2](如行贿罪和受贿罪);第三,基于双方的对向行为[3](如购买和贩卖淫秽物品的行为)。目前,理论界通常认为对向犯就是构成要件中以多方主体的互相对向行为为必要的犯罪。综上所述,若一个罪名属于对向犯,则需满足对向犯中主体的多方性以及行为的对向性。

对于聚众斗殴罪与对向犯的关系,有学者认为本罪中斗殴的成立需要满足对向性;[4]有学者认为对向犯是对合行为的别种称谓,对合行为的每一方可以由聚众斗殴行为实施,并且双方具有结构的依存性。[5] 有学者则明确表示应将本罪理解为对合犯。[6] 与此相反,有学者认为成立聚众斗殴罪的行为人,并不以对方行为的存在为前提,聚众斗殴行为可由一方或双方实施,包括单方聚集三人以上殴打对方的情形。[7]

一般来讲对向犯要求多方之间达成某种一致的目的,行为人的行为使其整体成立共同犯罪。也就是主体方向不同,行为目的相同。[8] 就主体的多方性而言,各方参与者之间具有"功能上的双重角色",即仅有一方主体存在不能成立犯罪,需要以他方(行为)的相互补充为前提,一方行为主体同时可以被规范评价为他方的行为客体。[9] 首先聚众斗殴罪需要多方行为主体,一方是另一方的犯罪对象(侵害目标),各参与者同时具备本方行为主体与对方行为客体两种角色;其次一方行为人成立聚众犯毋庸置疑,但也可以将双方看作由所有参与者组成的一个集合体,正因为对方行为人的存在,形成了实体上或观念上的对向结构,本方才得以成立犯罪。故本罪符合对向犯特征中的主体多方性。就行为对向性而言,需要双方有同一目标,或在双方达成某种意思合致(无所谓目的)基础上实施犯罪行为,[10]也就是对向行为需体现各主体之间达成一定意义上的"犯罪合意",这是对向犯的成立要件,需要考虑主体与行为间的关联性。[11] 那么聚众斗殴罪多方主体之间是否存在某种犯罪合意呢?聚众斗殴以聚众行为和相互斗殴行为为客观表现形式,多方之间都知晓自己和对方的行为会扰乱社会秩序,在这一程度上有共同的认识和意志。从某种程度上来讲,这也是达成犯罪合意的一种,具有目标的一致性。同时,有学者认为行贿罪与受贿罪(对向犯的一种)中双方主体

---

① 参见陈兴良:《论犯罪的对合关系》,载《法制与社会发展》2001年第4期。

② 参见杨春洗、杨敦先主编:《中国刑法论》,北京大学出版社1998年版,第145页。

③ 参见张明楷:《刑法学》,法律出版社2016年版,第386页。

④ 参见陈兴良主编:《刑法各论精释》(下),人民法院出版社2015年版,第954页。

⑤ 参见刘士心:《刑法中对合行为初探》,载《河北大学学报》2005年第1期。

⑥ 参见陈兴良主编:《刑法各论精释》(下),人民法院出版社2015年版,第959页。

⑦ 参见于志刚主编:《案例刑法学·各论》,中国法制出版社2016年版,第404页。

⑧ 参见蔡淮涛:《对向犯研究》,武汉大学2015年博士学位论文,第35页。

⑨ 参见李岚林:《对向犯罪论研究》,中国政法大学出版社2016年版,第76~77页。

⑩ 参见林山田:《刑法通论》(下),北京大学出版社2012年版,第93页。

⑪ 参见[德]克劳斯·罗克辛:《德国刑法学》(总论),王世洲译,法律出版社2013年版,第251页。

均为各自目的而实施行为,[①]与此类似,聚众斗殴罪在共同目的之下也有自己一方的独立目的,即用行为的暴力达到压制对方的目的。故聚众斗殴罪存在行为的对向性。综上所述,聚众斗殴罪整体上看符合对向犯的成立要件,可以理解为对向犯。

2. 聚众斗殴罪与片面对向犯

实务中会出现几种特别情形。情形一:案件中仅单方具有斗殴故意,但存在双方互相殴打行为。如案例三:足浴店老板沈某因怀疑葛某等人对其不利,故纠集本店员工雷某等四人持械来到葛某的养生会所。沈某先行进入无故损坏店内财物,殴打店内人员。其中,雷某持凶器刺侯某大腿,侯某在使用(对方掉落)球棍挥打过程中击中雷某头部,后雷某死亡。[②] 情形二:对立双方关系已经形成,但因为其他原因没有实施斗殴行为(对向行为),如案例四:某日下午,雷某因赌博输钱与他人发生纠纷,遂纠集多名(二三十人)乙村村民前往甲村帮助雷某追讨赌资,并与甲村村民李甲等人发生冲突。当晚李乙得知其父李甲发生冲突,便纠集二十余人到甲村为李甲出气。雷某得知,为教训李乙,便组织一百余名乙村村民(手臂系红色塑料带),持械前往甲村斗殴;李乙得知后带领七十余人手持工具(左手佩戴白手套)聚集在甲村村口。而后警方人员在半路拦截雷某等人,斗殴事件没有发生。[③] 情形三:双方关系已经形成,但因双方实力悬殊,一方逃跑,仅有另一方实施殴打行为,案件过程中没有双方相互殴打的情节。如案例五:某日肖甲与徐乙发生纠纷并约架,双方纠集多人在A处吵架后各自离开。二日后,肖甲又纠集众人到A处围堵徐某。徐乙纠集3人持械应战,但在双方相遇后肖甲一方逃跑,案件中未发生双方互相殴打行为。[④] 案例三中虽双方实施了互相殴打行为,但仅存在单方斗殴故意,案例四中虽事实上存在双方人员,但双方人员未曾碰面,案例五中双方人员碰面但没有发生双方之间的互殴行为。那么在上述情形中,是否影响聚众斗殴中的对向性结构?是否仍符合对向犯中主体的多方性以及行为的对向性特征?何种情形可以运用片面对向犯理论予以认定。

片面对向犯是指根据法律规定处罚一方,却未规定处罚另一方的犯罪形态。[⑤] 如销售与购买伪劣商品的行为。其主要被用于探讨其中一方主体是否具有可罚性的问题。[⑥] 对此,主要有三种观点:一是团藤崇光提出的“立法者意思说”,即因为行为定型性或行为的通常性;二是平野龙一提出的“实质说”,因为该方主体存在欠缺违法性或欠缺责任的情形;三是西田典之提出的“立法者意思说”和“实质说”并用的学说,认为

① 参见谢望原:《共同犯罪成立范围与共犯转化犯之共犯认定》,载《国家检察官学院学报》2010年第4期。
② “侯某秋正当防卫案”,最高人民检察院指导案例24号(2018年)。
③ 广东省韶关市武江区人民法院刑事判决书,(2015)韶武法刑初字第88号。
④ 浙江省余姚市人民法院刑事判决书,(2020)浙0281刑初170号。
⑤ 参见刘明祥:《论片面对向犯》,载《法商研究》2020年第5期。
⑥ 参见周航:《片面对向犯的相关研究》,南昌大学2019年硕士学位论文,第9页。

该方行为可能属于可罚范畴之外的不可罚领域。[①] 张明楷老师认为片面对向犯中必要参与行为的可罚性,宜结合“个别实质说”和“立法者意思说”进行理解。[②] 故不可罚一方的参与行为主要表现为两种情形:一是违法性程度尚不值得处罚;二是刑法进行了特别规定,仅对一方进行处罚。

对于聚众斗殴案件中仅有单方斗殴故意的情形是否影响本罪成立?理论上存在两种对立观点:肯定说与否定说。(1)肯定说(肯定影响说),理由为:一是本罪行为具有交互性,本罪主观特征为双方互相的斗殴故意。若仅一方具有斗殴故意,则不是行为人对整个社会的公然挑战,不符合本罪特征。[③] 二是双方都具有的斗殴故意是区分本罪与他罪的重要标志。三是在司法中认定双方的斗殴故意,有利于限定本罪的处罚范围。[④] (2)否定说(否定影响说),理由有:一是单独一方在斗殴故意主导下实施了斗殴行为,也会侵害本罪的保护法益。[⑤] 二是根据对方的主观故意评价本方是否成立犯罪不合乎犯罪构成的逻辑,[⑥]斗殴故意是对行为人一方的主观心态,并非对双方主体的要求。[⑦] 三是在司法实践中有地区司法机关出台意见认为仅存在单方斗殴故意,不影响该方成立聚众斗殴罪。[⑧] 实务中仅具单方斗殴故意的可以进一步分为两种情形:其一,双方未曾约定,其中一方临时起意聚众欲寻找对方进行斗殴。其二,双方以斗殴的故意聚众,但其中一方在斗殴之前因某种原因放弃斗殴。如案例六:甲乙双方欲聚众斗殴,但到场后甲发现对方人多势众且携带刀、棍等器械,便放弃斗殴,但在仓皇逃窜中被对方发现并被乙方众人群殴。[⑨] 通过梳理相关文献和实务处理意见可知,否定说更被认可(几乎成为通说)。所以仅存在单方斗殴故意的情形不影响聚众斗殴双方(或多方)形成对向性结构,不影响聚众斗殴罪的成立(否定影响说)。

因此对于聚众斗殴罪来说,其主体之间的对向关系仅要求满足观念上的对合,即参与主体只需要存在多方关系,并不要求多方都必须实施互殴行为。[⑩] 案例四与案例五中即使双方没有实施互殴行为(甚至并未碰面),也形成了对向犯的主体间关系,又因双方均为斗殴行为进行了事前的准备行为(持械),故也具备对向犯行为的对向性。

---

① 参见钱叶六:《对向犯若干问题研究》,载《法商研究》2011 年第 6 期。

② 参见张明楷:《对向犯中必要参与行为的处罚范围》,载《比较法研究》2019 年第 5 期。

③ 参见张菁:《聚众斗殴罪的司法认定》,载《法学》2006 年第 3 期。

④ 参见黄生林、糜方强、邓楚开:《论聚众斗殴罪的若干问题》,载《人民检察》2002 年第 3 期。

⑤ 参见杜文俊:《聚众斗殴罪的成立及司法适用再探讨——兼评该罪的废除论》,载《政治与法律》2012 年第 5 期。

⑥ 参见张启环:《聚众斗殴罪的实务问题研究》,载《公安研究》2013 年第 2 期。

⑦ 参见陈兴良主编:《刑法各论精释》(下),人民法院出版社 2015 年版,第 962 页。

⑧ 江苏省高级人民法院、江苏省人民检察院、江苏省公安厅《关于办理聚众斗殴案件适用法律若干问题的意见》(苏高法[2009]56 号)。

⑨ 参见河南省新乡市中级人民法院刑事裁定书,(2005)新一终字 3 号。法院认定殴打方构成聚众斗殴罪。

⑩ 参见陈兴良主编:《刑法各论精释》(下),人民法院出版社 2015 年版,第 954 页。

但他们都不属于片面对向犯的情形，而是聚众斗殴罪的未遂。另外，当一方聚众来到约定斗殴地点，对方没有斗殴之意也未出现在斗殴地点时，聚众一方同样仅可能成立聚众斗殴罪的未遂，而另一方虽引起对方斗殴故意，但因其本无斗殴之意（无主观故意），更没有实施违法行为，所以不成立犯罪。

而案例三中的侯某等人虽与对方实施了互相殴打行为，然该方主观方面没有斗殴故意，客观方面虽造成了对方人员的死亡，但雷、沈一方聚众持具有较大杀伤力的工具进行斗殴，该行为具有严重危及人身安全的危险性，所以侯某行为应被评价为正当防卫，排除违法性。本案除可以运用正当防卫理论排除行为的违法性外，也可以根据片面对向犯理论认定侯某一方不受刑罚处罚。

综上所述，可以将聚众斗殴罪视为对向犯的一种。同时，当一方没有斗殴故意（被动斗殴）且行为没有超过必要的限度时，可以运用片面对向犯理论确认其行为不受刑罚处罚。

（三）聚众斗殴行为定型关系论

根据前文论述可知，聚众斗殴行为指聚集众人形成多方关系，并实施相互殴打的行为。其兼具多众犯和对向犯的特征。为了明确聚众斗殴行为的特殊性，在此需进一步讨论两个问题：其一，是否众人互殴行为均应被评价为聚众斗殴行为？其二，如何将聚众斗殴行为与客观上同样带有暴力性质、侵犯人体健康权益的"殴打"行为（如故意伤害行为和寻衅滋事行为）区别开来？

1. 聚众斗殴行为与不法侵害意图

聚众斗殴行为的典型特征是双方或多方分别纠集众人进行互相侵害行为，但并非所有具备该特征的行为都是聚众斗殴行为。本罪的认定需在此基础上满足双方或多方主体都具有不法侵害的意图的案件。[①] 除一人引发的特殊斗殴情形（如案例二）以外，通常情况下双方的不法侵害意图都产生于聚众行为之前。

这里可以分为两种情形：其一，主动斗殴的双方因为纠纷产生不法侵害意图，遂聚集众人相约斗殴。如案例四，本案中雷某为教训对方，李乙为李甲出气，双方都产生了不法侵害意图，遂各自聚集多名村民准备与对方互殴。这说明双方对斗殴事件已有预料，有意不回避，并且聚集众人创造有利条件，壮大己方实力，存在预期的侵害[②]。此时具备对向性的双方不存在加害与被害的关系，进而否定了任意一方行为的合法性，双方实施的均为聚众斗殴行为。其二，矛盾发生后，一方先产生不法侵害意图实施聚众行为对另一方进行殴打，另一方在承受殴打的过程中产生不法侵害意图，临时纠集

① 参见最高人民法院刑事审判一至五庭主编：《中国刑事审判指导案例5》，法律出版社2017年版，第75页。

② 参见陈兴良：《互殴与防卫的界限》，载《法学》2015年第6期。

众人与对方进行殴斗。此时对于后聚众一方,要查明其是否具有积极加害意思,这涉及斗殴与防卫的判定。需要注意的是,如果行为人在案件发生过程中仅是借助众人力量,使对方行为人受到人身自由方面的控制,那么行为人就没有不法侵害意图,也不属于聚众斗殴行为。[①]

若不法侵害意图产生在聚众行为之后,则对向性表现为一方众人与另一方众人之间的互殴,此时的众人互殴行为不一定是聚众斗殴行为。如案例七:某日被告人陈甲、陈乙等人与被告人朱甲、王乙等人在某娱乐场所内各自活动期间,因误付账单事宜,朱甲与陈甲陈乙发生争执。王乙(朱甲方)见此率先动手殴打陈甲,后双方其余人员分别加入,拳打脚踢或使用酒瓶在歌厅公共区域内发生互相殴打事件,最终造成8人轻微伤,该娱乐场所受到一定财产损失。[②] 本案中斗殴发生经过是在朱甲、陈甲在争执中,王乙(朱甲同事)主动出手殴打陈某,后双方人员见状自发实施相互殴打。聚众斗殴罪中所规制的众人互殴形态需要由行为人实施的聚众行为引起,而本案均为人员(在没有直接或间接聚众行为的情形下)自发参与斗殴。故仅符合寻衅滋事罪的第(四)项客观行为类型,故行为人实施的是寻衅滋事行为。

2. 聚众斗殴行为与同类行为的区分

聚众斗殴行为具有暴力性质,即使用暴力、胁迫或其他手段,以排除对方的抗拒意志或能力。[③] 司法实践中一般是指不法团伙或集团间出于报仇、争霸进行的厮打、斗殴、群殴。[④]

张明楷老师认为聚众斗殴行为可理解为"聚众斗"与"聚众殴"。"聚众斗"指多方行为人之间相互攻击;"聚众殴"指多众一方主体单纯攻击另一方。[⑤] "聚众斗"行为要求双方在客观上有"斗"的可能(互动性),需要双方的配合,一般应达到"势均力敌"的对立形态,并且双方对于互殴行为有共同的认识和故意。而"聚众殴"行为一般会出现单方压制的情形,此时双方力量不均,需要将斗殴行为与同类行为进行区分。

如案例八:赵某与马某存在矛盾,赵某听闻马某要对自己不利,故决定抢先下手。某日晚,赵某得知马某在A处出现,便聚集李某、韩某等六人,各持砍刀到A处寻找马某。在看见马某后,赵某等人持刀逼近马某。马某在发现后便跑向附近河堤,赵某见状持刀带头追去。马某为躲避他人追打跳下河堤并游向河心。赵某等人在附近躲藏约半小时后离开,后马某被发现因溺水死亡。[⑥] 案例九:倪某等人欲为自己"老大"挽

---

① 参见赵秉志主编:《中国刑法典型案例研究》,北京大学出版社2008年版,第265页。

② 参见徐立明:《寻衅滋事与聚众斗殴罪的区分》,载《人民司法》2010年第8期。

③ 参见杨士隆:《暴力犯罪:原因、类型与对策》,台北,五南图书出版股份有限公司2015年版,第3页。

④ 参见孟庆华、马章民主编:《刑事案例诉审评·寻衅滋事罪》,中国检察出版社2014年版,第113页。

⑤ 参见张明楷:《刑法学》,法律出版社2016年版,第1060页。

⑥ 参见最高人民法院刑事审判一至五庭主编:《中国刑事审判指导案例2》,法律出版社2017年版,第557~558页。

回面子,遂召集多人(二十余人)于某日下午携刀等器械寻找“东边”人(对方)殴打。当行至A处时,遇到(疑似对方人员的)被害人张某,众人便围住张某并实施殴打行为。随后倪某等人窜至B处(“东边”人经常聚集处),找到“东边”人,随即发生众人持刀互砍事件。① 故意伤害罪中的伤害行为主要指侵害他人生理机能的健全。学者认为伤害行为与殴打行为区别在于:客观上主要表现为后果的不同,对人体健康造成损害的是“伤害行为”,仅造成表皮损伤的是“殴打”②。实际上殴打虽为暴力打击,但未达重伤的程度。③ 明显多数方对少数方实施殴打,极易造成人体健康的损伤,这也被规定为德国刑法中危险伤害罪的加重处罚情形之一,其立法旨意为若与其他参与者共同实施的身体伤害行为,客观上会提升对被害人的危险性。④ 故案例八、案例九中因出现明显多数方对少数方(一人)的殴打局面,被害人马某和张某若达到轻伤及以上,则应考虑行为人成立故意伤害罪。本罪行为与共同故意伤害的行为可从三点进行区分:一是聚众性,这种聚众具有临时性,并非提前详细预谋,而是在激情支配下的希望聚集更多力量以充实本方势力。二是行为力度与手段的不一致性,聚众斗殴行为往往会选用危险程度高的工具(如砍刀、枪支),但可能持而不用,主要用于恐吓对方,给对方带来心理上的压力,行为中往往随意捅刺,意图减弱对方伤害能力;而故意伤害中持有器械一般都是为了使用,在行为过程中会选取对方致命部位进行攻击。三是对向性,聚众斗殴一般表现为双方或多方以暴力互相攻击;而故意伤害一般存在弱势而被动的一方,不具有对向性。

寻衅滋事中的殴打行为在原因、对象选择和手段方法上均有随意的特点。⑤ 而聚众斗殴案件中的一方斗殴组织成员通常知晓自己的斗殴对象,故具有特定性。⑥ 故不能将对多人随意殴打他人的行为认定为聚众斗殴。⑦ 此外,聚众斗殴的组织一般需要在斗殴行为实施以前特别召集,即有“聚众”的过程;而寻衅滋事的组织一般无须特别纠集,众人已经由于其他原因聚集在一起。在此基础上,要特别区分聚众斗殴行为与“借故生非”型寻衅滋事行为,如案例十:杨某、封某伙同蒋某等人于某日到一公司工厂门前,以该厂有人打伤其同伙为由,持械并追打工人,致工厂内人员李某等人受伤。⑧ “借故生非”型寻衅滋事罪是“无事生非”型寻衅滋事罪补充类型,是指行为人因

① 参见最高人民法院刑事审判一至五庭主编:《中国刑事审判指导案例5》,法律出版社2017年版,第52页。

② 参见陈兴良:《判例刑法学》,中国人民大学出版社2018年版,第45页。

③ 参见魏东:《案例刑法学》,中国人民大学出版社2019年版,第292页。

④ 参见王钢:《德国判例刑法》(分则),北京大学出版社2016年版,第74~80页。

⑤ 参见何庆仁:《寻衅滋事罪研究》,载《中国刑事法杂志》2003年第4期。

⑥ 参见孟庆华、马章民主编:《刑事案例诉审评·寻衅滋事罪》,中国检察出版社2014年版,第116页。

⑦ 参见李宇先:《聚众犯罪研究》,人民法院出版社2019年版,第187页。

⑧ 参见刘树德:《实践刑法学·个罪》,中国法制出版社2009年版,第203~204页。

为生活中偶然矛盾借故生非,从而寻衅滋事,[1]具体指虽事出有因,但行为人刻意扩大事态,进而实施寻衅滋事行为。[2] 有学者将"借故生非"理解为"小题大做"(故意找碴),在一般人看来不可能引起纠纷,[3]其只是对随意行为的描述。[4] 案例十中殴打对象为该厂工人,具有一定的特定性;但并非该厂中的某一特定人员,实则具有不特定性。又因为本案中犯罪原因的"随意性",故本案中的行为应理解为寻衅滋事行为。[5]

综上所述,聚众斗殴行为是指行为人聚集众人形成多方对向关系,实施的相互殴打行为。一方面根据多众犯特征,需要满足首要分子聚集了除自己以外的,包括对方在内的三人及以上的斗殴群体。根据对向犯特征,多方之间要满足观念上的对向,一方没有斗殴故意且行为没有超过必要的限度时属于片面对向犯,不应受刑罚处罚。另一方面本罪中行为人不法侵害意图需产生在聚众行为以前;聚众斗殴过程中出现单方压制情形的,要特别与同类型相似行为做出区分。

二、聚众斗殴罪的违法性判断

刑法分则中描述的行为均是禁止一般社会大众实施的行为,如果行为人刻意违反或是忽视该规定,实施了构成要件行为,就具备一般意义上的违法性,有被刑罚处罚的基础。换言之,违法性是指行为人所实施的行为为法所不容。[6]

继价值判断被引入构成要件以后,违法性由形式向实质过渡,[7]内容更为抽象。[8] 对此,学界主要存在"法益侵害说"和"规范违反说"两种主要见解。基于客观说的"法益侵害说"认为违法性本质在于危害行为造成了法益侵害或法益有被侵害的危险,故违法行为就是产生法益侵害或有侵害危险的行为。偏向主观说的"规范违反说"认为应根据行为人的(非责任层面)主观认识或意思内容判断违法性。[9]

(一)聚众斗殴行为的客观违法性

聚众斗殴属于是聚众犯罪中的行为犯,其行为的客观违法性实质由本罪保护法益引申而来。它回答了为什么要禁止该行为,以及将其认定为违法的原因。学界对此主

---

① 最高人民法院、最高人民检察院《关于办理寻衅滋事刑事案件适用法律若干问题的解释》第1条,2013年7月15日发布。

② 参见陈兴良:《寻衅滋事罪的法教义学形象——以起哄闹事为中心展开》,载《中国法学》2015年第3期。

③ 参见陈小炜:《"口袋罪"要论——以寻衅滋事罪的限制和消减为重点》,苏州大学2017年博士学位论文,第86页。

④ 参见魏东、悦洋:《寻衅滋事罪"随意殴打他人"的法教义学分析》,载《四川师范大学学报(社会科学版)》2017年第4期。

⑤ 本案二审被改判为故意伤害罪,理由是造成了一人轻伤,两人轻微伤的结果。

⑥ 参见于振华:《刑法违法性理论》,瑞兴图书股份有限公司2010年版,第107~108页。

⑦ 参见张明楷:《刑法学》,法律出版社2016年版,第1060页。

⑧ 参见陈文昊:《从法益衡量到利益衡量:违法阻却事由的消弭与实质违法性的兴起》,载《厦门大学法律评论》2017年第4期。

⑨ 参见林钰雄:《新刑法总则》,台北,元照出版有限公司2019年版,第226页。

要有两种不同的观点:其一,有学者认为本罪保护双重法益即主要是公共秩序,次要是公民人身权利[①](特定或不特定的公民人身权利、公私财产);[②]其二,有学者认为本罪仅保护单一法益,即社会秩序的安定[③](或社会管理秩序)。[④]

1. 社会公共秩序层面的客观违法性

秩序者,乃公众之安宁也。[⑤] 国家运用公权力对此进行保护。民法学中的公共秩序一般包括社会中的公共秩序和生活秩序。[⑥] 而刑法中的概念要较之更具规范性与确定性。我国学者认为刑法中的社会公共秩序可以理解为"集体法益"。[⑦]

社会秩序法益一般包括公众的安宁、安全与健康,还包括社会风俗与公众信用。[⑧]聚众斗殴行为具有抽象的公共危险性,[⑨]对于本罪保护法益中"公共秩序"的理解,有学者认为指抽象意义上的社会秩序或者社会中公共场所的秩序。[⑩] 有学者认为"公共秩序"是指社会中人们根据公共生活需要,应当遵守的共同准则。[⑪] 还有学者认为是指根据社会中公德和法律体系所维系的社会正常运作状态。[⑫] 有学者参照日本刑法中"骚乱罪"对比得出结论:社会秩序是指"特定地域中公众的安宁与和平",这是指一种观念意义上的秩序。[⑬] 因为社会公众原本具有生活的安宁感,但在目睹或知晓聚众斗殴的情景之后,可能会产生社会秩序被破坏的印象。

对"社会公共秩序被扰乱"的评价应当兼具两个方面的内容:其一,事实层面上的社会一般规则,如是否违反相关法律法规;其二,公众已经存在或可推定的观感,如是否已形成社会舆论或被一定地区民众普遍知晓。具体特点表现为:(1)行为的公开性。指聚众斗殴行为并非在秘密情形下进行,可以为不特定人或多数人所能共见共闻,[⑭]甚至行为人有意使事态严重化,进而使其产生公共秩序被破坏的印象。(2)场所的开放性。指行为实施地不是完全封闭的场所,同时也不必是公共场所。而是根据不

---

① 参见马克昌主编:《百罪通论》,北京大学出版社 2014 年版,第 937 页。

② 参见刘德法:《聚众犯罪理论与实务研究》,中国法制出版社 2011 年版,第 178 页。

③ 参见赵廷光、张正新主编:《常见罪行新论》,法律出版社 2014 年版,第 281 页。

④ 参见陈兴良主编:《刑法各论精释》(下),人民法院出版社 2015 年版,第 964 页。

⑤ 参见林培仁:《刑法分则实务》(上),台北,元照出版有限公司 2017 年版,第 115 页。

⑥ 参见王利明:《中华人民共和国民法总则详解》,中国法制出版社 2017 年版,第 39 ~ 40 页。

⑦ 参见刘艳红:《公私法一体化社会下公序良俗原则的刑法适用》,载《现代法学》2020 年第 4 期。"集体法益"是指一切潜在的社会成员均可以对其加以利用的法益,不可能将他的特定部分分配给社会中的特定成员。

⑧ 参见[日]大谷实:《刑法讲义各论》,黎宏译,中国人民大学出版社 2008 年版,第 332 页。

⑨ 参见杜文俊:《聚众斗殴罪的成立及司法适用再探讨——兼评该罪的废除论》,载《政治与法律》2012 年第 5 期。

⑩ 参见张启环:《聚众斗殴罪的实务问题研究》,载《公安研究》2013 年第 2 期。

⑪ 参见张军主编:《刑法(分则)及配套规定新释新解》,人民法院出版社 2016 年版,第 1385 页。

⑫ 参见马克昌主编:《百罪通论》,北京大学出版社 2014 年版,第 937 页。

⑬ 参见陈兴良主编:《刑法各论精释》(下),人民法院出版社 2015 年版,第 953 页。

⑭ 参见李宇先:《聚众犯罪研究》,人民法院出版社 2019 年版,第 64 ~ 65 页。

特定(或多数)公众社会生活所需要,可能会进入或离开的场所,①包括夜晚僻静的公共场所和具有一定封闭性质的营业性场所等。如案例十一:某服装店内二员工邓某、徐某因琐事发生矛盾,邓某联系龚甲、龚乙来到店内,徐某亦联系李某、张某赶至服装店。后双方于店内相互斗殴,其间得知此事的(邓某方)张丙、张丁,(徐某方)沈戊、李己分别赶至店内参与斗殴。在此过程中,双方人员均不同程度受伤。② 本案虽发生在具有一定封闭性质的场所内,但因该场所客观上具有营业性质,不特定人可进入或离开,故符合场所的开放性,属于本罪中的"公共场所"。(3)组成人员的不特定性,指客观上不特定主体可以随时加入和离开,组织规模不易预测。一方面组成人员可以在斗殴过程中继续纠集其他人员,另一方面行为人也可能主动或被动脱离其所属组织。

2. 不特定群体人身安全层面的客观违法性

因聚众斗殴行为具有伤害罪的相关特质,故被一些大陆法系国家和地区规定为伤害罪的一种类型,如德国刑法,③以及我国台湾地区刑事相关规定。④ 在这个方面,我国聚众斗殴行为的客观违法性主要表现在:其一,人员众多叠加引起的伤害程度加重,即达到破坏一地的公共安宁所必要程度的多数人;⑤其二,持械(斗殴)造成的危险升级。对于第一点前文已经论述,这里主要讨论对于"持械"的理解与认定。

"持械"会给斗殴的对方带来心理震慑,也造成不特定公众内心的恐慌感,加大对公共秩序的侵害程度。⑥ 目前,实务案件中已经出现了大量"非常规意义上"的物品并且已经被认定为"持械"。较为合适的思路是先对案件中行为人使用的物品进行事实上的评价,再根据行为人的使用目的对"持械"进行排除,最后根据禁止类推原则进行检验并再次排除。

首先,实务中最初认为"械"是指规范性文件⑦中限定的器械或凶器。当发生争议时,一般可以将其技术特性与普遍意义上"械"的性能进行比较。⑧ 后学界根据物体自身性质意义和使用意义理解为"足以致人伤、亡的工具(如刀、枪、棍、棒)"。如有学者认为"械"具备较为坚硬的物理属性,有固定形体,存于人体以外,并且可被人感知和

---

① 参见王梦娇:《论刑法中的"公共场所"》,华东政法大学2018年硕士学位论文,第30页。

② "徐某、邓某等聚众斗殴案",江苏省扬州市广陵区人民法院刑事判决书,(2015)扬广刑初字第309号。

③ 《德国刑法》第231条第1款规定:参与斗殴或者参与多人实施的攻击的,如果此次斗殴或攻击造成了人员死亡或者严重的身体伤害,则行为人构成参与斗殴罪。

④ 台湾地区刑事相关规定第283条:聚众斗殴致人于死或重伤者,在场助势而非出于正当防卫之人,处三年以下有期徒刑,下手实施伤害者,仍依伤害各条之规定处断。

⑤ 参见[日]大谷实:《刑法讲义各论》,黎宏译,中国人民大学出版社2008年版,第335页。

⑥ 参见高蕴嶙:《"持械"聚众斗殴认定三步法》,载《检察日报》2021年2月2日,第7版。

⑦ 如《公安部对部分刀具实行管制的暂行规定》,〔83〕公发〔治〕31号。公安部《管制刀具认定标准》,公通字〔2007〕2号。

⑧ 参见《公安部关于将陶瓷类刀具纳入管制刀具管理问题的批复》,公复字〔2010〕1号。

掌握。[①] 有学者认为"械"的评价要点为:本身足以致人伤亡;外观上可使社会公众在认知范围内产生危险感。[②] 还有学者认为"械"是具有杀伤力、行为人对其有使用目的的人工性器物。[③] 随着实践中非常规性"械"的出现,其认定范围也日益宽泛,是否应当认定为"械"存在争论。例如,硫酸、辣椒水虽不具备坚硬的外表和物理性质,但其危险性极高;木凳、竹竿、[④]球棒[⑤]虽为生活化物品,但使用起来有致人重伤甚至死亡的可能;此外还有藏獒等凶猛且带有杀伤力的动物;以及使用机动车"冲撞、碾压"对方。据统计,在近十年的聚众斗殴刑事案件中,有驾车情形的约占30%。[⑥] 如案例十二:潘某、吴某等5人酒后至某舞厅娱乐。宋某因潘某与其女友陈某搭讪,遂心生不满,双方因此产生矛盾。宋某纠集高某、吴某等人(由吴某驾驶机动车赶至现场)。双方来到舞厅门口进行斗殴,其间李某因头部被砸伤便欲驾车离开现场,此时同行的高某指认前方吴某可能是砸伤他的人。李某遂驾车将吴某撞倒后离开。[⑦] 对于案件中行为人使用的物品应当根据三个方面进行初步的事实评价:其一,物品自身技术性能。需将其与规范性文件中"械"的物理性质与化学性质进行比较。其二,考察行为人对于该物品的使用方法。行为人是否根据其自身性质(如坚硬的球棒或可勒住他人的皮带)进行使用,将其化身为具有杀伤力的"凶器"。其三,造成的伤害结果,即是否使对方的反抗能力减弱或者丧失。案例十二中,李某在离开斗殴现场以前,为报复泄愤,驾驶机动车冲撞对方。具体而言,一方面机动车本身即具有一定的危险性,它被认为是风险社会中风险来源的一种,并且行为人驾车撞人的做法在聚众斗殴中较普遍意义上的"械"危害性更大;另一方面对方在被撞击后,客观上伤害能力和反抗能力在不同程度上均有降低。

其次,聚众斗殴中行为人持械主要以压制对方为目的,故在此要根据行为人的使用目的进行限定。有学者将"持"限定性理解为"拿住"或"握住",但并不要求行为人在案件过程中实际使用。[⑧] 有学者认为"持械"应以事前准备为原则,以实际使用为必要。[⑨] 故"持械"目的在于:精神层面意图使对方产生恐惧心理;在实体层面明显提高

① 参见陈兴良主编:《刑法各论精释》(下),人民法院出版社2015年版,第972页。

② 参见亢爱清、许东俊:《如何理解并认定持械聚众斗殴中的"持"和"械"——冼某泉等五人聚众斗殴案》,载《法治论坛》2020年第3期。

③ 参见李心春、栗相恩:《聚众斗殴罪中持械的认定》,载《人民司法》2015年第3期。

④ 参见亢爱清、许东俊:《如何理解并认定持械聚众斗殴中的"持"和"械"——冼某泉等五人聚众斗殴案》,载《法治论坛》2020年第3期。

⑤ 参见古承宗:《犯罪支配与客观归责》,台北,元照出版有限公司2018年版,第53页。

⑥ 参见李爱君、周晓:《驾车聚众斗殴行为的类型化认定及法律适用若干问题》,载《法律适用》2020年第22期。

⑦ 参见最高人民法院刑事审判一至五庭主编:《中国刑事审判指导案例5》,法律出版社2017年版,第66~68页。

⑧ 参见陈兵:《论持械聚众斗殴的"持"与"械"》,载《中国刑事法杂志》2013年第12期。

⑨ 参见张二保:《聚众斗殴中"持械"争议问题探究》,载《中国检察官》2019年第23期。

自身的伤害能力(杀伤力)。二者是“或”的关系,具备其一即可认定为“持械”。在此要特别注意的是,持械对于行为人使用物品在使用能力和支配程度上都有一定的要求。在使用能力上,对于一些不足以使对方产生恐惧心理的非常规性生活物品,要考察行为人是否具有使用它们的能力,即是否可以实际明显提高自己的伤害能力。如行为人使用领带,但其仅用以向对方“抽打”而没有采用“勒”的方式。在支配程度上,要具体考察行为人是否对该物品可进行有效支配。若不能则不应在这一层面认定为“持械”,如行为人携带一只非自己所有的动物,且不听命于他,则行为人无法对其进行有效支配,故应排除。若案件中行为人使用物品满足“持械”的两个目的,则可以进入下一步进行分析。

最后,要根据禁止类推解释的原则对“持械”进行检验与排除,即不得超出“持械”语义的最远“射程”。[①] “械”可以具有物理性质和化学性质但不该具备生命体征和一定的独立思考能力。具备生物特征的物超出此范围,故携带动物参与聚众斗殴在这一层面上不能被评价为“持械”。

综上所述,案例十二中针对行为人使用机动车这一情形。首先,由于机动车本身具有伤害能力(其本身就是风险社会的让步),行为人驾驶冲撞使机动车的伤害性质得以展现,客观上使对方丧失反抗能力。其次,机动车客观会提高行为人的伤害能力,也会使对方产生恐惧心理。最后,机动车没有超出“械”语义的最远射程,不属于需要禁止的类推解释。故将该情形认定为“持械”聚众斗殴是合适的。

(二)聚众斗殴行为的主观违法性

主观违法要素是指除构成要件的故意以外的,行为人主观心理状态的要素范围中,需要对主观违法性进行补充的某种意图。[②] 其意义在于压缩犯罪成立的范围,若欠缺这一主观违法要素,则其不完全符合犯罪构成要件的内涵,从而不成立犯罪。故其关键在于是否存在有助于违法性判断的意义。[③] 若存在有助于违法性判断的意义(意欲或意图),则存在主观性违法要素。我国刑法中的主观违法性要素有法定和非法定两种形式,法定的主观违法性要素就是法律已经明确对此进行规定的要素,如贷款诈骗罪条文中的“以非法占有为目的”。非法定的主观违法性要素是否存在,学界存在很大争议。但若承认构成要件之中存在非法定主观违法性要素,那么得到的解释结论普遍有利于被告人,故被许多学者接受。[④]

---

① 参见亢爱清、许东俊:《如何理解并认定持械聚众斗殴中的“持”和“械”——冼某泉等五人聚众斗殴案》,载《法治论坛》2020年第3期。

② 参见林钰雄:《新刑法总则》,台北,元照出版有限公司2019年版,第187页。

③ 参见陈兴良:《刑法分则规则之明知:以表现犯为解释进路》,载《法学家》2013年第3期。

④ 参见陈兴良:《施某某等聚众斗殴案:在入罪与出罪之间的法理把握与政策拿捏——最高人民检察院指导性案例的个案研究》,载《法学论坛》2014年第5期。

在学理解释上,学者们普遍认为本罪存在特殊主观要素。马克昌老师认为,本罪的主观内容为报复他人,争霸一方等不法意图。① 陈兴良老师认为本罪主观内容为寻求精神刺激、填补精神空虚等不法意图。② 这里说的不法意图就是“流氓动机”,源于旧刑法中的流氓罪。故本罪“流氓动机”的内容是指争王称霸、追求精神刺激。③ 体现出行为人对公德、法律等社会规则的藐视。但毕竟聚众斗殴罪的罪状之中没有规定主观违法性要素。故流氓动机是否为本罪非法定的主观违法性要素,理论上目前分为必要说和不要说。

主张不要说的学者以张明楷老师为代表,主要认为:(1)流氓动机本身没有实际意义,内容不明确,不是一个规范意义上的概念;(2)将流氓动机认定为本罪主观违法性要素没有实际意义,因为设立罪名主要在于保护法益,没有该动机也不影响认定法益被侵害的事实;(3)运用想象竞合犯原理便可区分罪与非罪,此罪与彼罪,无须借助流氓动机。④ 后在此基础上其他学者还认为,之前流氓罪中流氓动机的必要基础在于1979年高度管控的社会机制,如今随着改革开放和多元化社会价值体系的形成,摒弃流氓动机是如今社会现实基础在法律层面的必然反映。⑤ 流氓动机在理论和实际上均认定困难。⑥ 其最多可以成为一个量刑因素。⑦ 不要说对必要说质疑的关键点在于:其一,“流氓动机”是否可以作为刑法上的规范性概念加以运用?其二,“流氓动机”是否可以限定罪名范围,具有限制罪名成立的功能?其三,“流氓动机”可否成为区分本罪与他罪的实质要件?其四,聚众斗殴罪是否有必要沿用原先对流氓罪的解释?

主张必要说的学者以陈兴良老师⑧为代表,陈老师回应道:(1)是否应当将流氓动机作为聚众斗殴罪的主观违法要素与流氓动机的实体认定是两个不同的问题,流氓动机可以起到限定犯罪范围的作用,相关指导性案例表明若系民事或邻里纠纷关系引起纠纷的,属于事出有因,不是本罪构成要件行为。如案例十三:甲村与乙村近年来因土地和排水问题经常发生纠纷。某日当镇政府组织施工时,施某纠集众多甲村村民手持器械到达施工地,李某纠集众多乙村村民手持器械也到达该处与施某方对峙。过程中

---

① 参见马克昌主编:《百罪通论》,北京大学出版社2014年版,第936页。

② 参见陈兴良:《规范刑法学》(教学版),中国人民大学出版社2014年版,第342页。

③ 参见刘红艳:《刑法中的动机理论研究》,武汉大学2015年博士学位论文,第88页。

④ 参见张明楷:《犯罪之间的界限与竞合》,载《中国法学》2008年第4期。

⑤ 参见王然、温少昊:《聚众斗殴罪法律适用问题探究》,载《人民司法》2012年第5期。

⑥ 参见赵俊甫、陈庆安:《聚众斗殴罪若干争议问题探析》,载《河南省政法管理干部学院学报》2007年第2期。

⑦ 参见刘伟:《聚众斗殴罪基本问题新探究——以沪、苏、浙三地司法意见为样本》,载《云南大学学报法学版》2008年第2期。

⑧ 参见陈兴良:《施某某等聚众斗殴案:在入罪与出罪之间的法理把握与政策拿捏——最高人民检察院指导性案例的个案研究》,载《法学论坛》2014年第5期。

甲村一方与乙村一方互相谩骂、扔石子。公安工作人员进行劝离,但仍有村民叫骂或扔石子。最终造成了警方人员和财产损失。[①] (2)想象竞合犯原理为从一重罪处罚,但轻罪与重罪的区分在司法中本就属于疑难问题,而将流氓动机作为主观违法性要素在区分罪名方面更为便捷、清晰,流氓动机有助于区分罪名适用。(3)聚众斗殴罪由流氓罪分解而来,具有一定明确性。脱离流氓动机反而会丧失立法的合理性。寻衅滋事罪的相关司法解释[②]对于本罪适用具有相当的参考价值。故最后不应摒弃沿革解释。

我们认为,流氓动机属于本罪的主观违法性要素,有助于理解和认定聚众斗殴罪。主要理由是:

首先,刑法的设立虽为保护社会法益,但每个刑事判决本身都是法理与人情的博弈。刑法和法益从来都不是绝对客观的。主观要素和动机也是衡量保护法益是否被侵犯的必要考量因素。

其次,在流氓动机支配下实施的聚众斗殴行为才是本罪的惩罚对象。仅以法益侵害为标准认定本罪,表面上有效打击犯罪,然而实际收益存疑。最高人民法院曾出台文件[③]将源于婚恋、邻里等民事纠纷引发的寻衅滋事类行为区别于寻衅滋事罪中的行为,本罪虽没有最高司法机关出台的专门司法解释,但司法机关在通常情况下,也不将因民事纠纷引起的群体性械斗行为认定为聚众斗殴罪。因为社会秩序由不特定个体组成,故本罪保护法益具有不特定性,这与流氓动机的不确定性相对应。对于因特定个体之间的民事纠纷引发的群体斗殴事件,因为该纠纷涉及的人员是特定的,同时相关人员也可以预测到对该事件的发生,虽形式上符合聚众斗殴罪的构成要件特征,但这仅是对特定个体造成生命或财产的威胁,故对本罪所要保护的(社会秩序)法益而言,实际上不具有直接危害性。[④] 公权力的一味介入,可能不利于民众纠纷的解决,反而将问题复杂化。

再次,社会整体在飞速进步,但流氓动机不是特定社会机制的产物,也不是不法分子对于严格社会管控形势的恶意挑战,而是人与生俱来的一种心理特征,无关乎时间与空间。在该情绪驱使下,行为人冲动、偏激,欠缺理性而使用暴力手段发泄内心的压抑情绪。这样的主观违法加之聚众斗殴的行为才是本罪完整的构成要件。本罪保护法益包含的内容不仅有一定的社会损害性,还有该社会损害形成的原因以及造成的影

---

① 施某等17人聚众斗殴案,最高人民检察院指导案例第1号(2010年)。

② 参见最高人民法院、最高人民检察院《关于办理寻衅滋事刑事案件适用法律若干问题的解释》(法释〔2013〕18号),第1条。

③ 参见最高人民法院、最高人民检察院《关于办理寻衅滋事刑事案件适用法律若干问题的解释》(法释〔2013〕18号),第1条。

④ 参见车浩:《诽谤罪的法益构造与诉讼机制》,载《中国刑事法杂志》2021年第1期。

响。故不将案例十三中的甲乙村民之间的斗殴认定为聚众斗殴罪,并非全因刑事政策的考量。

最后,本罪的流氓动机并非一种模糊的心理状态,其有以下客观表征:其一,行为的公开性。聚众斗殴行为往往在公开情形下展开。甚至希望将事态严重化、复杂化并借此扰乱社会秩序。其二,聚众斗殴发起的瞬间性。事件由起因至高潮、结束,一般存续时间很短。行为人往往希望将组织规模在短时间内发展庞大以显示自己的不可侵犯性。这也表现在本罪富有一定的激情性,在经过一段时间的发泄以后,激情减弱,理性恢复,便重返生活常态。① 案例十三中事件的起因是由甲、乙两村长期纠纷导致的,不符合瞬间性的特点,故未体现出行为人的流氓动机。其三,目的与行为的不相称性。行为人以压制为主,以伤害为辅。在斗殴时往往携带具有较大杀伤力的器械,却并不希望造成对方重伤或死亡的严重后果。其只希望从心理、气势和实力方面压制对方,以显示自己一方的威力。

综上所述,无论是理论还是司法实践方面,将流氓动机理解为本罪的非法定主观违法性要素(流氓动机必要说)均更具合理性。

(三)聚众斗殴行为的违法性关系论

实务中并非将多人斗殴行为均认定为聚众斗殴行为。其他规范性文件②中将该种类型的行为规范化为"结伙"斗殴。若事实上已经发生了聚众斗殴行为,此时除具有特殊的案发起因以外,一般违法性的确认毋庸置疑。但当行为人仅实施聚众行为还未实施斗殴行为时应如何评价其违法性?值得注意的是,在尚未发生斗殴情形之前,本罪的处罚对象仅为首要分子实施的组织、谋划行为。那么何种情形的聚众行为具备聚众斗殴罪所要规制的全部(客观和主观)违法性要素呢?

1. 聚众行为的违法性分析

聚众斗殴行为可以分解为两个部分,即抽象意义上以破坏社会管理秩序为目的的聚众行为与具体层面上以侵害社会不特定成员人身或财产安全为表现形式的斗殴行为。二者均为行为人主观流氓动机的显性表达。聚众行为主要起组织作用,属于组织犯。③ 对于组织犯目前尚无相对明确的规定,但我国《刑法》中有两种运用方式:一是首要分子的组织行为,对其组织对象起到支配和控制力量,如第 294 条;④二是将有特别分工的行为人的行为规范化为一种独立的构成要件行为,如第 358 条。本罪中的组织行为属于后者。

关于本罪"聚众"与"斗殴"的理解,有几种不同看法。一种观点认为本罪为复行

① 参见李宇先:《聚众犯罪研究》,人民法院出版社 2019 年版,第 69 页。

② 如《治安管理处罚法》《预防未成年人犯罪法》。

③ 参见李宇先:《聚众犯罪研究》,人民法院出版社 2019 年版,第 251 页。

④ 参见刘德法:《聚众犯罪研究》,武汉大学 2009 年博士学位论文,第 21 页。

为犯,包括聚集众人与结伙斗殴两个行为,[①]本罪中的"聚众"与"斗殴"是方法行为与结果行为的关系,二者事实上是一个不可分割的整体。[②] "聚众"与"斗殴"又为并列或者偏正关系,"聚众"也是实行行为。另一种观点认为本罪为单一行为犯,聚众只是相互斗殴的形式,因为刑法中非聚众形式的斗殴并不成立犯罪,从某种层面讲,聚集众人行为造成的危险尚不紧迫,[③]单纯为"殴斗"的"聚众"仅有预备犯罪的性质,是聚众斗殴罪的预备行为。此外,当已经聚集的双方数人临时起意斗殴的,也可被评价为聚众斗殴行为。[④]

这里要讨论的问题是,其一,聚众行为是否应被视为本罪实行行为?其二,突发状况导致因其他原因聚集在一起的众人斗殴的,是否属于聚众斗殴?换言之,突发状况发生后,无明显聚众行为但形成众人多方对立的局面进行斗殴的,如何认定首要分子的聚众行为?

聚众行为是指策划、指挥、组织或参与等行为。[⑤] 在事实层面,聚众行为主要由首要分子实施,可以用于对首要分子的认定;在规范层面,聚众行为是罪与非罪,聚众犯罪与其他犯罪的区分标志。首先,聚众行为已被规范化为刑法意义上的危害行为,[⑥]首要分子在短时间吸收一定范围内的社会中不特定群体组成了一个犯罪群体,其通过聚众行为使他人产生犯意,刺激行为人产生冲动的情绪,甚至可能引发他人的聚众行为生成第二、三层组织者。故该聚众行为具有现实违法性,是本罪一种独立的构成要件行为,也是聚众斗殴行为中不可缺少的组成部分;其次,司法实践中将被聚集的斗殴组织但因其他原因而斗殴未逞的,认定为聚众斗殴罪的未遂。[⑦] 这是因为本罪的聚众行为是以斗殴为目的而聚集众人,从某种意义上来说,该行为足以扰乱社会秩序。[⑧]行为人在斗殴之前确定犯罪时间地点、殴打对象、准备犯罪工具、制订计划,已经使本罪保护法益受到现实紧迫的危险。故将聚众行为理解为本罪实行行为是较为合适的。只要行为人实施了复行为犯中的一种行为即可,不要求行为人实施构成要件中的全部行为。[⑨]

---

① 参见王作富:《刑法分则实务研究》,中国方正出版社2013年版,第1123页。

② 参见张正新、金泽刚:《论我国刑法中的聚众犯罪》,载《法商研究》1997年第5期。

③ 参见刘德法:《聚众犯罪理论与实务研究》,中国法制出版社2011年版,第84~85页。

④ 参见张明楷:《刑法学》,法律出版社2016年版,第1061页。

⑤ 参见李宇先:《聚众犯罪研究》,人民法院出版社2019年版,第46页。

⑥ 参见《刑法》第97条规定:"聚众犯罪中起组织、策划、指挥作用……"

⑦ 参见江苏省高级法院、检察院、公安厅联合下发的《关于办理聚众斗殴等积累犯罪案件适用法律若干问题的讨论纪要》,苏公厅[2000]399号,2000年10月11日发布。

⑧ 参见陈兴良:《施某某等聚众斗殴案:在入罪与出罪之间的法理把握与政策拿捏——最高人民检察院指导性案例的个案研究》,载《法学论坛》2014年第5期。

⑨ 参见陈兴良:《施某某等聚众斗殴案:在入罪与出罪之间的法理把握与政策拿捏——最高人民检察院指导性案例的个案研究》,载《法学论坛》2014年第5期。

因突发情形斗殴的不必然构成聚众斗殴罪(可能为《刑法》第293条第4项[①]情形)。在斗殴行为实施以前,众人非因首要分子特别聚集,而是由于其他原因会聚在一起的,此时需要评价众人会聚和斗殴的原因。若因日常生活需要会聚的(如家庭聚会),则不能评价为"聚众",故而不构成聚众斗殴罪。但因日常生活原因会聚,在与(素有恩怨的)另一方相遇时,临时号召大家对该方进行打击报复,这样的煽动行为可以评价为"聚众",故同样构成聚众斗殴罪。另外,若社会团伙因特别原因聚集(如为商讨打击、报复另一组织而会聚;或地点为不法团伙日常聚集地),也可以评价为本罪的聚众行为。值得注意的是,当案件中无明显聚集行为,但在短时间内形成众人多方对立的局面进行斗殴的,是否可以评价为聚众斗殴行为呢?这里应审查是否存在"隐形的聚众行为"。如案例十四:甲村的张三、张四等人欺负乙村的王五,致王五挨打吃亏。次日,王五纠集十余人驱车持械来到甲村找张三算账。打斗开始以后,张五、张六闻讯持械赶到现场帮助张三、张四等人斗殴,结果造成双方均有人轻伤。[②] 本案中张三等人并无明显的聚众行为,但是否可以评价为聚众斗殴呢?这需要进一步分析,经查张三是甲村"一霸",张四等人平日听命于张三,该"组织"经常聚集实施违法犯罪活动,已达成某种默契,无须特别举动就可聚集。根据此种背景,可以认定张三具有"隐形的聚众行为",可被评价为规范上的聚众行为,同时张三也应被认定为本案中的首要分子。

在明确以上问题之后,应讨论何种聚众行为具备聚众斗殴罪中全部的违法性要素。对此应从两方面予以认定。

其一,以斗殴群体组织特性衡量主观违法性。大部分案例表明斗殴群体中成员多为当地人,组织结构多以熟人关系网络为主,这样的组织产生于中国"熟人社会"的背景之下,即由盘根错节的私人联系所构成的网络格局。特征是:一是多头性。该组织成员相互之间往往有根据熟人关系(血缘、地缘、友缘)产生的"天然信用"。无论谁受到"不公",组织中的其他成员都会自发地纠集他人为其"讨说法"。其中每个人都有成为首要分子的可能,对事实起到支配性作用。二是发散性强、不确定性强。组织成员会动用自己的身边力量维护这样的情感连接,易牵扯不特定社会成员,并为维护情感实施不计后果的行为。如案例十五:葛甲与曾有恋爱关系刘乙(女)通话引起刘乙男友高丙不满。刘乙遂叫其友人杨丁赶来劝说高丙(杨丁叫当时一同吃饭的张、黄二人共同前往)。其间,葛甲再次给刘乙打电话并与高丙发生争吵,后相约于A地见面。葛甲纠集王戊,王戊叫上身边陈、丁等人同车来到A地。此时,刘乙、高丙、杨丁等3

① 《刑法》第293条第4项规定:"在公共场所起哄闹事,造成公共场所秩序严重混乱的。"

② 参见刘德法:《聚众犯罪理论与实务研究》,中国法制出版社2011年版,第79页。

人已在A地。双方发生互殴行为,厮打中,王戊持刀将杨丁刺死。[①] 本案中虽由葛甲、刘乙、高丙引起。但因为友缘关系,杨丁、王戊各自将身边其他人引入案件当中,造成严重的伤亡结果,扰乱了社会秩序,也体现了"熟人社会"的弊端。三是组织规模易发展壮大。熟人社会背景下的组织成员易借助相互之间的关系激发出牢固的亲切感与信任感。吸引更多的熟人加入,组织结构更加复杂,同时该组织的规模有继续壮大的可能,[②]甚至发展为不法团伙或集团。综上所述,对于已经具有初步规模的小团体、小组织,若曾屡次实施多人斗殴的行为,要给予充分重视。当组织成员实施了聚众行为,应结合聚众规模考虑其成立聚众斗殴罪的可能性,否定此类组织成立与发展的合法性。

其二,以扰乱社会秩序为标准衡量客观违法性。本罪为行为犯,即不要求犯罪行为客观造成外界一定变动或影响。[③] 但不应将所有聚众行为都视为本罪的着手或既遂。[④] 值得处罚的聚众行为需造成一定抽象意义上的危害结果,这种结果不能完全等同于某种具体对象遭受的实际损失,而是对抽象社会关系造成的损害。根据前文所述,社会公共秩序被扰乱意味着事实层面上的社会一般规则被打破或公众已经存在的或可推定的"社会秩序混乱或社会安宁不在"的观感。如案例四,本案中虽没有造成双方人员的实际损害。但聚众行为已经发展到出动警力予以制止,说明社会秩序已经被打破,需要动用公权力予以强制维护,此外雷某与李乙组织两村共计200余人,该规模足以使当地其他村民产生社会秩序混乱的内心感受。综上所述,在分析聚众斗殴案件时要仔细甄别行为人身份、主观动机和目的、造成的危害结果等情节,综合评价行为人主观方面及客观方面的违法性。

2. 聚众斗殴行为与相似罪名该当行为的违法性界限

前文提到,因宅基地、责任田等与山林水利、相邻关系等民事纠纷引起的群众性械斗不宜认定为聚众斗殴罪。如案例十六:多年以来,某乡所辖的蒋家村与刘家村为一块土地权(以下简称A地)发生争议,乡政府向两村代表支书刘甲及村委会主任蒋乙强调在确定好A地的权属问题之前,刘、蒋两村均不得使用。某日,蒋家村因故需要用地,蒋乙遂邀集蒋丙等人提出使用A地,当他人提出该地有权属纠纷时,蒋乙提出先用再说。为此蒋、刘两村村民持械在A地对峙,蒋乙不顾乡干部制止,指使他人强行使用,双方遂发生械斗。蒋乙在斗殴过程中大肆煽动,致两村村民打斗在一起,蒋丙

① 参见最高人民法院刑事审判一至五庭主编:《中国刑事审判指导案例5》,法律出版社2017年版,第58页。

② 参见王烁:《中国的熟人社会与有组织犯罪的组织特征》,载《犯罪研究》2014年第6期。

③ 参见林钰雄:《新刑法总则》,台北,元照出版有限公司2019年版,第92页。

④ 参见张明楷:《刑法学》,法律出版社2016年版,第1061页。

致刘家村一名村民死亡。[①] 本案中双方参与者大多为相邻关系,故犯罪样态与聚众斗殴罪较为相似,但行为人本身一般都是出于维护自身利益,而不是一时争王称霸的流氓动机,所以不符合聚众斗殴罪的主观违法要素。相关文件指出,[②]该类型案件处理的重点为组织、策划械斗的首要分子和积极实施械斗的直接致害人。故若案件造成严重后果的,应根据行为和结果对责任人单独定罪。就本案来说,蒋乙作为村委会主任明知 A 地有权属争议,主动提出并指挥、策划村民使用。当发生械斗以后没有制止,还大肆煽动村民情绪,致使械斗升级,造成严重结果。蒋乙的煽动行为实际上起到教唆他人(蒋丙)犯罪的作用,属于教唆犯。应当按被其教唆的蒋丙的行为性质进行认定,故蒋乙构成故意杀人罪。在处理此类案件时一方面需要从促进社会和谐的角度考虑,另一方面应兼顾法律效果与社会效果的考量,更好维护法律的尊严与公信力。[③]

聚众斗殴行为与聚众扰乱公共场所秩序行为的违法性主要在于主观上聚众的原因不同,前者一般因为生活中的小事而后者群体成员存在某种共同的诉求。客观上前者主要以斗殴行为为表现形式,而后者的行为方式相对多样化,主要为了阻碍公共场所或交通秩序正常运行,阻碍国家公权力正常依法执行职务。[④] 聚众斗殴罪与故意伤害罪(共同犯罪)分别为行为犯和结果犯,二者违法性客观上在于,前者会以公开互殴的方式扰乱社会秩序以实现自己争王称霸的目的,而后者会以隐秘的方式实现自己的犯罪目的。主观上的不法体现在前者为流氓动机,而后者是概括的伤害故意。

聚众斗殴罪与寻衅滋事罪在区分时应当结合主客观两方面的特征。寻衅滋事行为具有一定概括性与模糊性,通常将评价性要素作为其行为的定型化根据,[⑤]故以聚众斗殴行为为标准进行区分相对合适。在客观方面,聚众斗殴罪中通常不是一方被动承受对方打击,而是众人使用暴力互相攻击;[⑥]这使斗殴行为造成的不良影响更大,造成他人的恐慌感更强烈。而寻衅滋事罪一般具有单方积极性,不存在聚众的情节,没有多众性的要求。在主观方面,主要在于流氓动机中内容的不同。聚众斗殴罪表现为交互性,双方均欲以多众且危险性高的伤害行为使对方屈服。寻衅滋事罪表现为单向性,行为人往往随机寻找缘由和对象,[⑦]从而肆意取乐、发泄不良情绪。[⑧] 一般仅单方具有侵犯意图。如案例十七:某日祁某等人与李乙等人因有矛盾,双方约定在 A 地碰

---

① 参见李宇先:《聚众犯罪研究》,人民法院出版社 2019 年版,第 186 页。本案蒋乙一审认定为故意杀人罪,二审认定为聚众斗殴罪。

② 参见最高人民法院《全国法院维护农村稳定刑事审判工作座谈会纪要》(法〔1999〕217 号)。

③ 参见陈兴良:《施某某等聚众斗殴案:在入罪与出罪之间的法理把握与政策拿捏——最高人民检察院指导性案例的个案研究》,载《法学论坛》2014 年第 5 期。

④ 参见张明楷:《刑法学》,法律出版社 2016 年版,第 1057 页。

⑤ 参见陈兴良主编:《刑法各论精释》(下),人民法院出版社 2015 年版,第 986 ~ 989 页。

⑥ 参见刘德法:《聚众犯罪理论与实务研究》,中国法制出版社 2011 年版,第 180 页。

⑦ 参见汪世涛:《"随意殴打型"寻衅滋事罪的规范阐释》,南京师范大学 2012 年硕士学位论文,第 10 页。

⑧ 参见王作富:《刑法分则实务研究》,中国方正出版社 2013 年版,第 1028 页。

面解决纠纷。当天双方到达A地时,因警察巡逻遂决定改天再约,随后各自离开。祁某等见对方人员(李乙等人)乘车离开便在后追赶。至B处时,祁某等人追赶上落在最后的李乙,便对其实施殴打(但殴打行为持续不足一分钟便离开),经鉴定李乙轻伤。①

本案中双方聚众并到达斗殴地点,但因警察巡逻而斗殴未遂。双方约定离开,但其中一方未放弃斗殴,追赶对方并对该方人员实施殴打行为,造成对方轻伤结果。观点一认为,双方本均已放弃当天斗殴,但祁某方临时起意追赶对方并实施短时间(一分钟)的殴打行为,这符合寻衅滋事罪中主观方面的随意性特点。观点二认为,一方面,被告人殴打对象的选择具有确定性。另一方面,警察巡逻这一介入因素并不异常,不能阻止聚众与殴打行为的因果关系。殴打行为虽然在时间节点上略微滞后,但整体上仍构成聚众斗殴罪。② 本案争点在于双方本达成合意放弃斗殴,但一方临时起兴追逐另一方并实施殴打行为应当如何认定。首先,根据前文所述聚众斗殴一般需要具备对合性,即有实力均等的双方通过互相殴打试图分出胜负输赢。但本案殴打行为实施的情形为祁某等人只针对对方落在最后的李乙实施了不到一分钟的殴打,而不是因为双方的互殴行为共同扰乱社会秩序,且李乙个人当时不可能有聚众斗殴的故意。故此时应当考虑祁某等人是否存在单方斗殴的故意。其次,聚众斗殴的主观内容一般为争霸、报复,寻衅滋事行为一般为发泄情绪、追求刺激。就祁某等人短时间殴打李乙并迅速撤离这一行为来说,谈不上争王称霸,只可能使行为人精神上短时间内产生满足感。故祁某等人当时不存在单方斗殴的故意,不符合聚众斗殴罪的主观心态。最后,寻衅滋事罪一般具有单方积极性,受害人普遍被动而消极,本案双方的关系符合该种特征。综上,行为人构成寻衅滋事罪。

综上所述,聚众斗殴行为的客观违法性实质在于其扰乱了社会正常秩序并威胁着不特定主体的人身安全;主观违法性在于行为人存在流氓动机。行为人仅实施聚众行为时,若聚集的斗殴组织存在危险性且已经造成社会秩序混乱的可以评价为聚众斗殴罪未遂。以上特征可以作为违法性界限区分本罪与他罪行为。

三、聚众斗殴罪的有责性判断

根据刑法学归责原理,归责类型主要有故意责任和过失责任两种类型。本罪属于故意犯罪,这种故意指知晓自己实施的行为可能扰乱社会秩序,却意欲或放任的主观心理状态。③ 流氓动机是刺激行为人犯罪的内心动因,也作为本罪主观违法要素对主

① 辽宁省辽阳市白塔区人民法院刑事判决书,(2018)辽1002刑初字第56号。

② 参见张兵、马诗清:《聚众斗殴罪犯罪构成的全局性考量》,载《中国检察官》2019年第10期。

③ 参见陈兴良:《规范刑法学》(教学版),中国人民大学出版社2014年版,第342页。

观违法性进行补充。而其意图并希望以聚众斗殴方式造成社会秩序混乱及他人身体侵害结果是归责的原因。行为人的故意心态对于不法结果具有主观上的关联性，即规范责任意义上的可责难性，[①]故应当对其追究刑事责任。

(一)归责类型的具体展开

1. 斗殴组织成员的心理特征

聚众斗殴罪具备聚众犯罪特有的心理状态，即自己从属于全体一分子的情感，在这样的情绪感染之下，行为人聚集而成的组织整体上产生了超越个人情感而存在的某种群体性意识，并且可能使各行为人在无意识或半意识状态下实施各种行为。其特征主要有：一是情绪易受支配。组织成员间形成心理上的一体感，认为自己是集体的一员。情感共识传达迅速，在短时间产生兴奋感并在气氛和心情的渲染之下产生有恃无恐的情绪，力求在众人面前显示自己的威力，为组织作出自我牺牲。二是意识控制能力下降。与驱使自己实施行为的个人意识不同，当个人单独不敢实施的行为，在加入组织后敢于与众人一同实施。对他人的提议不加以思考，遮蔽个人本来应该具有的理性，无暇顾及四周客观情况和应当遵守的社会规范。个人责任感大大降低。三是行为暴力特征升级。心理上行为人的个性丧失、判断能力下降。相应地会自发实施暴力而狂热的行为，实施激情犯罪。这样的行为难于控制，并且在被阻止后容易再次实施。[②]为了遏制在这种在强烈情绪驱使下实施的社会越轨行为。故刑法将刑罚适用的时间点提前，将聚众斗殴罪规范为行为犯，并将实务中一部分聚众行为视为本罪的未遂形态。

参与聚众斗殴的行为人（具有完全刑事责任能力）一般不仅为了某种个人的利益，更多的是欲通过其所属组织行为的合力作用下维护个人或组织整体不可侵犯的形象，满足己方虚荣心，以压倒对方为目的满足心理安慰。并且其运用的手段不惜以违反国家的法纪扰乱社会正常秩序为代价。拥有意志自由的行为人未能如同社会中一般人那样正常遵守规范，在这种心态下实施的具有社会损害性的行为，不符合法秩序的合理期待，应当承担刑事责任。

2. 聚众斗殴主体间的故意

故意犯的可非难性，在于行为人主观上意志自由的无价值性，即其行为体现出的敌对或无视法秩序的心态。[③] 本罪的主观特征表现为直接故意，[④]行为人一般出于流氓动机公然藐视国家法律和社会公德，通过积极促成聚众斗殴的行为，反映出其希望

---

① 参见[德]许迺曼：《区分不法与罪责的功能》，王皇玉译，台北，新学林出版股份有限公司2006年版，第570页。

② 参见李宇先：《聚众犯罪研究》，人民法院出版社2019年版，第70~80页。

③ 参见林钰雄：《新刑法总则》，台北，元照出版有限公司2019年版，第304页。

④ 参见刘德法：《聚众犯罪理论与实务研究》，中国法制出版社2011年版，第182页。

并追求扰乱社会秩序的主观心态。①

实施聚众斗殴行为的共同犯罪人存在相同的犯罪故意。包括两个方面:在认识因素中,行为主体认识到自己的行为可能会产生扰乱社会秩序,甚至侵害不特定他人身体健康的结果;在意志因素中,行为人认识到自己与所属组织成员的行为结果,并意欲该结果发生。这两种因素的有机结合就构成了聚众斗殴行为人的意思联络。有学者特别概括为三类斗殴故意:其一,基于双方(或多方)行为人事前约定的斗殴故意,即多方参与者在事前沟通确定斗殴的时间和地点;其二,当场凭借心领神会的斗殴故意,即在发生争执过程中,对立多方不约而同地产生斗殴故意,继而实施斗殴行为;其三,经由挑拨被动形成的故意,超过适度的防卫意识,即由一方经对方挑逗之后,因心中愤愤不平,继而聚众与对方相互殴打。② 值得注意的是,不要求参与斗殴的行为人均持相同的目的与动机,只要行为人意识到自己与他人一同实施聚众斗殴行为即可。③

对于聚众斗殴过程中,行为人是否会存在过失心态的问题。实务中有这样的案例(如案例十八):张甲、魏某、王某等人在某马路上,与被告人张乙、赵某、张丙、韩某等人因争抢沙子、水泥引起纠纷,双方持镐把、砖头、灭火器、工兵锹等物发生械斗,打斗的过程中,被告人张乙在驾车逃离现场时疏忽大意将被害人张丙碾压。对方张甲、魏某等人上前对张丙进行殴打后离开,后发生张丙死亡结果。④ 经医学鉴定显示,张丙系外力挤压致心脏破裂而死,综合其他证据,可以认定张丙系因(本方)张乙逃离过程中疏忽大意碾压而死(过失心态产生于聚众斗殴之后),故张乙应承担过失致人死亡的责任。根据现有证据不能证明,张丙的死亡结果与对方人员的殴打行为存在因果关系,故不应对张甲等人归责。另有案例因为行为人在斗殴过程中,因携带的枪支走火击中他人而导致死亡。⑤ 综上所述,聚众斗殴实施过程中会存在过失心态致他人伤亡,但这种往往与聚众斗殴行为本身没有刑法上的因果关系。故本罪的归责类型只能为故意,在发生伤、亡结果时,一方面要明确聚众斗殴发生的具体时间和空间,另一方面要充分查明该结果与何种行为之间存在因果关系,若与聚众斗殴行为无关的,应根据该过失心态,评价为其他过失类犯罪。

(二)归责主体的分析

聚众斗殴犯罪一般涉及人数众多,为限定更合理的处罚范围,根据《刑法》第292条规定,应将首要分子和积极参加者列为处罚对象。

---

① 参见张菁:《聚众斗殴罪的司法认定》,载《法学》2006年第3期。

② 参见赵俊甫、陈庆安:《聚众斗殴罪若干争议问题探析》,载《河南省政法管理干部学院学报》2007年第2期。

③ 参见李宇先:《聚众犯罪研究》,人民法院出版社2019年版,第185页。

④ 山西省大同市平城区人民法院(原山西省大同市城区人民法院)刑事判决书,(2018)晋0202刑初字第119号。

⑤ 湖南省邵阳市中级人民法院刑事裁定书,(2012)邵中刑一终字第147号。

从理论上讲,本罪中的首要分子主要实施组织、策划、指挥行为,是积极促成斗殴事件发生的主体。其意图通过聚集众人、叠加力量从而打压与其产生纠纷的对象。① 积极参加者是指以积极的心态参加到聚众犯罪中来,行为表现突出(对结果贡献较大)的行为人。初步看来,似乎可以从客观行为划定主体身份。然实践中一方面由于人员组成的复杂性、不稳定性。另一方面组织具有多头性特点,即在聚众斗殴过程中,众人情绪会受不特定人感染,并在其主导下实施相应行为。故实施组织、策划行为的不一定是首要分子,积极参加者也可以实施。有学者遂将各主体分为主犯和从犯的关系,但继而出现了主犯与首要分子关系的纷争。② 另有学者将积极参加者区分为主犯型积极参加者和从犯型积极参加者,③但这样双重概念叠加的定义,必定使其形象更加模糊,实践中运用更加困难。故可以首先在理论上明确首要分子与积极参加者的关系。其次根据现实案件中各主体在犯罪中实施的客观行为,排除不具备可罚性的一般参加者。最后根据对犯罪起的作用区分首要分子和一般参加者。

1. 首要分子和积极参加者为共同正犯关系

首要分子与积极参加者都可能实施了本罪的构成要件行为,事实上首要分子也是积极参加者的一类。④ 二者应为共同正犯关系。

一方面,二者符合共同正犯的成立条件。一是聚众斗殴罪的多众性决定了实施本罪的主体人数为二人以上。二是互相之间有分工合作的共犯行为。各行为人为聚众斗殴的实行承担了现实犯罪计划中某些必要的犯罪贡献(实施了构成要件行为的一种),故互相之间为分工合作与角色分配的关系。⑤ 又因为聚众斗殴行为是复合行为犯,各行为人实施促成斗殴发生的不同行为,互相之间有分工和配合,整体可以评价为实施了全部实行行为,又属于分担的共同正犯。⑥ 三是行为人之间存在共同犯罪的决意。就主观要素而言,共同正犯特征在于有共同犯罪的决意。即所有的犯罪参与者相互之间均有认识及实施犯罪的意思,其中包括特定罪名的故意、犯罪计划内容、彼此相互协力等主观认知,并且以此意思内容作为所有共同犯罪参与者必须为他人之分工行为负责的责任基础(直接交互归责)。基于这样的共犯决意,行为人之间存在共同的认识因素与意志因素。同时只要行为人之间达成犯意联络(共同犯罪决意)便等同于满足了主观构成要件的故意。

另一方面,值得处罚的聚众斗殴行为人实际上应作为一个整体对其行为造成的结

① 参见孟庆华、马章民主编:《刑事案例诉审评·寻衅滋事罪》,中国检察出版社 2014 年版,第 116 页。

② 参见董邦俊:《刑法中的主犯研究》,载《现代法学》2003 年第 5 期。

③ 参见张启环:《聚众斗殴罪的实务问题研究》,载《公安研究》2013 年第 2 期。

④ 参见王子琪:《聚众斗殴罪的若干问题研究》,华东政法大学 2015 年硕士学位论文,第 9 页。

⑤ 参见林钰雄:《新刑法总则》,台北,元照出版有限公司 2019 年版,第 438 页。

⑥ 参见陈兴良:《共同犯罪论》,载《现代法学》2001 年第 3 期。

果负责。有学者曾明确指出,共同正犯本身所呈现出来的“集合性单元”才是规范上应受归责的行为主体,而这种集合整体本质上为多数人所结合形成的组织单元。通过人的组织结合形式与一个可受归责的共同犯罪,我们才能够间接掌握别的犯罪参与者对法规范约束性的忽视程度,而不是逐一评价犯罪参与者是否实现客观的不法构成要件及具有行为故意,以此确定犯罪参与者的摆脱法规约束的意思。[①] 简言之,共同正犯间彼此互相利用,故应该整体观察,合一判断。无须再考虑共同正犯的个别行为或举动,是否均为危害结果发生的直接原因。

对于共同正犯与其他共犯的甄别,主要有三种理论:其一,主观说。即依行为人主观想法,以正犯意思参与,将犯罪结果视为自己的行为成果,是为了实现自己目的而实施行为。其二,犯罪支配理论。该理论重点关注客观参与行为。社会上的一般人在意志自由的前提下,可以判断自己的行为是否违法,并抑制自己的行为,因此行为人能够成为正犯,必须成立犯罪是否对如何实现有支配性。其三,“主观—客观”择一理论。即参与实施构成要件行为的主体,都是正犯;帮助犯仅限于主观上以帮助犯意思,并且未参与实施犯罪构成要件行为的主体。[②] 这些理论学说中,犯罪支配理论更有说服力。根据犯罪支配理论,区别共同正犯与其他共犯(首要分子、积极参加者与一般参加者)的关键在于其实施的客观行为支配力有所不同,并且可以从不同行为之中推知行为人的主观心态,故在此可以通过梳理聚众斗殴过程中有意义(有支配意义)的行为,并以此为标准,明确各行为人的身份与对危害结果做出的具体贡献。

2. 首要分子和积极参加者的成立范围

一般参与者实施的行为可以分为两类:第一类,指行为人虽参与到斗殴组织当中,但没有实施实质性行为。第二类,指行为人实际参与到犯罪之中,但情节显著轻微、危害不大。考虑到案件涉及人数众多,故此两类行为无须施以刑罚。[③]

对于第一类一般参加者,其与积极参加者实际上并不难以区别。因为此类一般参加者对于犯罪的贡献明显较小,其行为违法程度较低,危害性不大,在规范层面上不值得刑罚处罚。具体而言,主观上具有一种随波逐流的心态,情绪不高涨。不追求也不关心危害结果是否发生。[④] 客观上行为人可能是被迫参与斗殴,没有实施殴打行为;或者只是在现场周围观望、喊口号烘托气氛。[⑤] 他们态度不积极,对危害结果没有任何实质性贡献行为。此类主体没有与首要分子和其他积极参加者主观上达成有效的共犯决意,无须为他们造成的危害结果负责。对于第二类一般参加者。有学者认为要

---

① 参见古承宗:《犯罪支配与客观归责》,台北,元照出版有限公司2018年版,第58~60页。

② 参见黄惠婷:《另类说法:刑事案例选读》,台北,翰芦图书出版有限公司2017年版,第52页。

③ 参见张明楷:《刑法学》,法律出版社2016年版,第388页。

④ 参见黄顺玉:《聚众斗殴犯罪研究》,厦门大学2018年硕士学位论文,第19页。

⑤ 参见于志刚主编:《案例刑法学·各论》,中国法制出版社2016年版,第405页。

根据“参与程度决定论”①对行为人进行甄别。即考虑行为主体对聚众斗殴贡献得多少，同时兼顾其主观恶性的轻重。② 据此，我们需要梳理聚众斗殴过程中有意义的行为，根据行为人的具体参与程度，识别出第二类一般参加者。

根据司法机关出台的关于聚众斗殴罪的处理意见③和相关案例中可以初步将本罪中首要分子和积极参加者实施的具体行为分为两类。A 类（促成犯罪实施的）：a. 组织类行为，包括最初的聚众行为与被组织后又自发或被要求纠集他人的行为。b. 策划类行为，包括谋划犯罪的实施以及指挥跟进犯罪实施（直接调度他人）的行为。此类行为可以在事前也可以在事件进行中实施，可以在当场也可以在幕后实施。B 类（致使危害结果产生的）：起到物理作用的有，a. 实施斗殴类行为，b. 提供便利类行为，包括为他人提供斗殴器械以及提供交通工具（接送人员赶赴或离开斗殴场地）；起到心理作用的有，a. 煽动情绪类行为（打消他人心理负担），b. 增势助威类行为（增加己方信心以至于积极实施犯罪行为）。因为上述行为对犯罪的过程和犯罪结果起决定性影响，对犯罪事实起到一定支配的作用，④属于识别聚众斗殴罪当中的标志性行为，并且可以抽象的评价为本罪的构成要件行为。实施此类行为的主体客观上对犯罪结果的有贡献，能够反映出其主观上对扰乱社会秩序持有某种积极心态。聚众斗殴过程中有意义的行为请参见表 2：

表 2　聚众斗殴过程中的行为分析

<table>
<tr><th colspan="2">性质</th><th colspan="2">客观行为</th></tr>
<tr><td colspan="2" rowspan="2">A. 促成犯罪实施</td><td>a. 组织类行为</td><td>（1）最初聚众
（2）被组织后又主动组织他人</td></tr>
<tr><td>b. 策划类行为</td><td>（1）制订计划
（2）指挥他人</td></tr>
<tr><td rowspan="4">B. 致使结果产生</td><td rowspan="2">物理作用</td><td colspan="2">a. 实施斗殴类行为</td></tr>
<tr><td>b. 提供便利类行为</td><td>（1）提供器械（增强本方伤害能力）
（2）提供交通工具</td></tr>
<tr><td rowspan="2">心理作用</td><td colspan="2">a. 煽动情绪类行为</td></tr>
<tr><td colspan="2">b. 增势助威类行为</td></tr>
</table>

---

① 参见张菁：《聚众斗殴罪的司法认定》，载《法学》2006 年第 3 期。

② 参见张明：《聚众斗殴罪的司法疑难问题探析》，载《中国审判》2007 年第 10 期。

③ 参见江苏省高级人民法院、江苏省人民检察院、江苏省公安厅《关于办理聚众斗殴等几类犯罪案件适用法律若干问题的讨论纪要》（苏公厅〔2000〕399 号）。江苏省高级人民法院、江苏省人民检察院、江苏省公安厅《关于办理聚众斗殴案件适用法律若干问题的意见》（苏高法〔2009〕56 号）。浙江省高级人民法院印发《〈关于审理聚众斗殴犯罪案件相关问题的纪要〉的通知》（浙高法〔2013〕227 号）。

④ 参见廖北海：《德国刑法学中的犯罪事实支配理论研究》，武汉大学 2009 年博士学位论文，第 77 页。

因为一般参加者不能在犯罪中起到重要作用,主观心态不应过于积极,参与程度较低。故可以用“行为+结果”的方式予以认定。一般参加者仅实施了A、B两类行为中的某一小类具体行为。如行为人参与斗殴并造成了他人重伤或死亡的结果,只要该结果至少能够被其预见(排除意外事件),都应将其评价为其他积极参加者。此外,若行为人为本方其他人员提供斗殴工具,只要他人运用此工具并被评价为“持械”的,则因为其对犯罪起到重要作用,故无论其是否参与实际斗殴都属于积极参加者。如案例十九:某日,李甲驾驶一辆轿车运载物品包括镐把(146根)、手套(157副)至某处,为到此地实施斗殴的相关人员运送识别身份的标志和斗殴工具所需器械,被警方抓获。[①] 法院认为李甲为他人提供大量斗殴工具,主观上持有积极心态,客观上实施了参与行为,构成聚众斗殴罪。若行为人仅提供交通工具的,要根据具体情况进行分析。当行为人仅将众人运送至斗殴场地随即离开,未参与实施其他行为时,不宜认定为积极参加者;当行为人实际参与犯罪过程,既送至又协助撤离的,则可以考虑将其认定为积极参加者。当行为人在提供交通便利过程中,运用交通工具实施伤害行为的(如案例十二),其应当被认定为其他积极参加者。但需要注意并非参与斗殴(甚至参与持械斗殴)的行为人就不可以被评价为一般参加者。如李某涛、吴某龙聚众斗殴案[②]中,虽行为人胡某2实施了持械斗殴行为,但公诉机关认为胡某2犯罪情节较轻微,决定对其不起诉。

综上所述,一般参加者在聚众组织中较为被动,仅在他人的安排下实施一些辅助性工作。[③] 在功能上具有可替代性,即使没有其存在,他人也有达成犯罪目的的可能。总之,一般参加者不是犯罪结果发生的必然条件。

3. 首要分子和积极参加者的区分认定

《刑法》第292条对其中的首要分子和积极参加者分别设置了不同的法定刑幅度。本罪虽没有明文加以规定,但首要分子对聚众斗殴行为起到核心作用,其主观恶性和行为的社会危害性均比其他人员严重,根据罪刑相适应原则,应当将首要分子作为一个酌定量刑情节,量刑幅度应略高于积极参加者。[④] 故区分首要分子与积极参加者具有重要意义。

首先在宏观意义上,一般认为首要分子在犯罪过程中起到核心作用,积极推动并主导犯罪的发生。[⑤] 首要分子的作用意在明确实施斗殴的对方,预判己方规模和造成

---

① 参见张明:《聚众斗殴罪的司法疑难问题探析》,载《中国审判》2007年第10期。

② 参见李某涛、吴某龙聚众斗殴案,遵义市中级人民法院刑事判决书,(2018)黔03刑终字第166号。

③ 参见文军:《聚众斗殴罪司法适用疑难问题探析》,吉林大学2020年硕士学位论文,第14页。

④ 参见包国为:《聚众斗殴罪量刑实证研究》,载《政法论丛》2017年第4期。

⑤ 参见王子琪:《聚众斗殴罪的若干问题研究》,华东政法大学2015年硕士学位论文,第6页。

的不良影响。有学者认为聚众斗殴主体可能仅由积极参加者组成，首要分子并非必要。[①] 但本文认为，因为聚众行为是本罪不可缺少的构成要件行为。若案件中无明显的首要分子，是由本就聚集在一起的众人偶遇素有恩怨的对方，进而实施斗殴行为的。应将“聚众斗殴提议者”（提出实施某种危害行为的犯意）视为本案中的首要分子。如案例二十：刘某、王甲、王乙、柏某等人曾因被徐某等人殴打而蓄意报复。某日，刘某、王甲、王乙等人在A村的某一活动现场偶遇徐某。遂纠集欧某、施某等人准备对徐某等人进行报复，后欧某等人又纠集李某等四人。当晚，刘某、王甲、王乙、柏某等人将正在观看演出的徐某拖出人群进行殴打，徐某挣脱跑走后，刘某、王甲等人又手持木棍追上殴打，致徐某死亡。[②] 本案中没有明显的首要分子。但通常情况下聚集的众人不可能毫无交流的同时动手实施殴打行为，故应将案件中提议斗殴者评价为首要分子。此外，“事件起因人”（事件因其所起）同理也不必然为本罪的首要分子，要根据其在案件中具体实施的行为来确定其身份。积极参加者更多地起到协助作用，一方面其为首要分子出谋划策，帮助完善犯罪计划。另一方面其对犯罪的实施表现出浓厚兴趣，踊跃参与当中。

其次在具体案件中，对于首要分子来说，其必定同时（直接或间接）实施A、B类中的某些行为。其中不一定要求亲自实施，可以指挥他人实施。如案例二十一：刘某与吴某产生纠纷，双方约定在A处某娱乐场所解决纠纷。后刘某纠集刘1、刘2、刘3、刘4、刘5组织斗殴。待刘某方人员来到A处时，刘某因故（与刘1）离开。刘2、刘3、刘4、刘5冲进该娱乐场所，与在该处等候的吴某、吴1斗殴。并造成吴1重伤。待刘某、刘1返回时，斗殴已结束，人员已都离开。[③] 本案中刘某虽并未实际参与斗殴，但其纠集众人，并在其授意下众人前往歌厅实施了斗殴行为。故其应被评价为首要分子。而积极参加者没有此种限制，可以实施某一行为也可能参与全部行为。值得注意的是，聚众斗殴犯罪中首要分子的身份相对固定。但此外其他人的身份均可能会发生变动。犯罪活动是一个动态发展的过程，行为人可能会随着自己在聚众犯罪中的作用而发生身份的变化。[④]

综上所述，本罪的主体结构有三种形式：一是“首要分子+积极参加者”结构。即组织全员态度积极，合力导致危害结果发生。二是“首要分子+一般参加者”结构（仅一人动手），如案例二十二：某日，赵甲与谢乙在饭店发生口角并发生肢体冲突，后赵甲电话邀约张、朱等五人持木棒，谢乙纠集杨、裴等七人前来帮忙打架，傍晚双方人员

---

① 参见邓卓行：《聚众斗殴罪的刑法规范考察与判例分析》，中国青年政治学院2015年硕士学位论文，第9页。

② 刘某等聚众斗殴案，江苏省东海县人民法院刑事附带民事判决书，(2020)苏0722刑初字第542号。

③ 参见张棉：《一方不足三人能否构成聚众斗殴》，载《人民检察》2011年第10期。

④ 参见李宇先：《聚众犯罪研究》，人民法院出版社2019年版，第42页。

到达约定现场后,赵甲与谢乙二人动手互殴(其余人均未动手),其间赵甲用同伙携带的木棒击打谢乙,谢乙也用随身携带的匕首将赵甲戳伤。[①] 该种结构中,应当将双方的行为视作一个整体进行评价。所谓"聚众"的人数不是指实际动手的人数而是指当场首要分子纠集的人数。故本案中应将赵甲、谢乙评价为首要分子,并认定为持械聚众斗殴。而其余人员虽来到现场,且其中部分人员手持木棒,但并未当场实际动手或使用。故本案中除赵甲、谢乙以外的其他人均为一般参加者。三是"首要分子+积极参加者+一般参加者"结构。具备该结构的聚众斗殴案件通常人数众多,造成的社会影响相对更大。故应根据上述"首先排除一般参加者,其次找出首要分子,最后明确其他积极参加者"的逻辑思路明确各参与主体的具体身份。

(三)共犯责任

本罪主要侵犯的法益是社会管理秩序,然而聚众斗殴案件极易发生不特定主体重伤、死亡的结果。对此,刑法对聚众斗殴罪特别规定了转化犯。[②] 对于转化犯的特征学界有不同观点,有学者认为应当包括:一是法律表现形式特定,由法律特别规定。二是法律中明确限定转化范围,明确轻罪与转化后的重罪。三是必须具备法律明文规定的条件。[③] 有学者认为应当包括:罪质发生转化;行为人主观故意和客观行为的变化;由法律明文规定;行为人在基于两个犯罪故意的情况下实施了两种犯罪行为,同时满足两个犯罪的构成要件。[④] 后有学者总结为先行行为、转化条件和法律规定三个要素。[⑤] 对这样立法精神的解读有法律拟制[⑥](根据法益侵害性相同,无关乎主观心态)、注意规定(需符合转化罪名的构成要件)[⑦]以及可反驳的立法推定(意在减轻证明负担)[⑧]三种不同的观点,但该条款的运用要遵循行为人主观恶性和客观危害与转化罪名符合罪行相适应原则。[⑨]

如案例二十三:某日凌晨,佘甲、丁乙、任丙(未成年人)于某饭店就餐时,因不堪在隔壁餐馆用餐的顾某多次挑衅,于是佘甲提议众人教训顾某。佘甲、丁乙、任丙三人遂冲进隔壁餐馆,佘、丁二人对顾某、冯某(顾方)实施殴打,任丙使用匕首捅刺颜某

① 参见李琦:《聚众斗殴,双方各自仅一人动手的行为该如何认定》,载《检察日报》2021年2月9日,第7版。

② 参见陈兴良:《刑法疏议》,中国人民公安大学出版社1997年版,第472页。

③ 参见王仲兴:《论转化犯》,载《中山大学学报(哲学社会科学版)》1990年第2期。

④ 参见赵炳贵:《转化犯与结果加重犯——兼谈刑讯逼供罪的立法完善》,载《中国刑法杂志》2001年第1期。

⑤ 参见杨华:《转化犯研究》,南京大学2011年硕士学位论文,第22页。

⑥ 参见张明楷:《刑法学》,法律出版社2016年版,第1062页。

⑦ 参见陈兴良:《判例刑法学》(下卷),中国人民大学出版社2017年版,第515~525页。

⑧ 参见刘之雄:《聚众斗殴致人重伤、死亡的刑法适用——以立法推定为视角的分析》,载《湖北警官学院学报》2016年第4期。

⑨ 参见陈伟:《聚众斗殴"致人重伤、死亡"的定性困惑及教义厘定》,载《法学》2019年第3期。

（顾方）、韩某（顾方）数次。随后，佘甲、丁乙、任丙意图离开现场时遭到谭某（顾方）进行阻拦，三被告又对谭某进行殴打、捅刺。后韩某死亡，颜某、谭某受轻伤。① 本案中没有明显的聚众行为，但佘甲首先提议去教训对方，众人同意并一同前去斗殴（该行为可评价为聚众斗殴中的聚众行为）。又在后续积极实施斗殴行为，故其行为对本案结果具有促成犯罪实施和致使结果产生两方面的作用，其可以被评价为聚众斗殴中的首要分子。明确这一点之后，需要讨论本案转化为故意伤害罪还是故意杀人罪。一般本罪主观构成要件为概括的伤害故意，因此在发生死亡结果时，需要首先明确行为人是否对该死亡结果持故意的心态，若无法查明，则仅能将其认定为故意伤害致死罪。首先，本案因临时起意教训对方，故双方不存在过节，不能查明行为人存在事前的杀人故意。其次，佘甲因对方酒后挑衅而心生不满意图教训对方，行为顺序为佘甲、丁乙对顾某、冯某实施殴打——任丙使用匕首捅刺颜某（顾方）、韩某（顾方）数次——佘甲、丁乙、任丙对谭某进行殴打、捅刺，直接致害人任丙没有针对某人致命部位实施杀害行为，也没有毫无节制地反复多次殴打，仅是逞强好胜，意图压倒对方的流氓行为，不能反映出明显的杀人故意，只有概括的伤害故意。上述行为应被视为一个完整的过程，是任丙在同一个伤害故意下实施的一系列行为，不能将其中一个致人死亡的行为单独提取出来认定为杀人行为，②故没有证据显示任丙具有明显的杀人故意。此外，任丙在案发当时尚未成年，难免因慌乱或在激情支配中胡乱捅刺，对结果没有充分认识。综上本案应当将任某的行为转化为故意伤害罪。

据此，总体上聚众斗殴罪的转化犯应具备以下条件：其一，转化结果与行为具备时间、空间上的一致性。本罪与转化罪名存在时间上的衔接性，即转化条件需在聚众斗殴过程中实现。③ 其二，法定转化结果（重伤、死亡结果）客观可归责于聚众斗殴行为。其三，归责主体对此结果存在概括的故意。在归责过程中，仍要坚持主客观相统一原则和罪责自负原则。④

1. 转化犯中的主体范围

所有的故意犯都只在"主观认识、意志要素与客观构成要件之间具备对应关系"的范围内承担刑事责任。共同正犯也如此，正犯之间仅在共同决意的范围内，有认识和意志地相互作用，进而对因此而来的所有犯罪贡献承担责任。若一旦超出了共犯决意的范围，则其他共同正犯无须负责。

聚众斗殴罪的共犯决意为首要分子和积极参加者之间对于扰乱社会秩序以及造

---

① 江苏省高级人民法院刑事判决书，(2009)苏刑终字第0080号。

② 参见黄志、朱纲：《聚众斗殴致人伤亡应依据行为人的主观犯意转化定罪》，载《人民司法》2011年第4期。

③ 参见童志兴：《试论聚众斗殴罪的转化》，载《人民司法》2001年第11期。

④ 参见刘蓓：《聚众斗殴转化犯的基本疑难问题探析》，载《社会科学动态》2019年第6期。

成他人轻伤及以下伤害的故意内容。然聚众斗殴的特别之处在于,其具有群体性、临时性和行为的松散性、暴力倾向性等特征,当事人和其他不特定人员都难以掌控预测斗殴后果。[①] 故聚众斗殴罪中转化犯的主体范围就成为一个值得探讨的问题。对此理论上存在"全部转化说"与"部分转化说"。"全部转化说"是指当致对方重伤、死亡时,本方积极参加人员均应对此结果负责,全案根据结果转化定罪;此外若本方人员若有重伤、死亡的,则应对本方以聚众斗殴定罪处罚。[②] 理由是这样处理符合立法原意,[③]若出现重伤、死亡结果,那么整个案件性质随之转化,行为人承担责任也应相应转化,处理时要遵循共同犯罪的原则。[④] "部分转化说"是指转化犯的主体范围应该限定在直接致害人或在无法查明致害人情况下的首要分子。理由是要充分考虑刑法要兼顾社会稳定与人身安全,在行为人具备直接的可归责性时,才能对发生的重伤、死亡的结果承担责任,[⑤]否则将会刑罚失当。

在判断归责主体范围时,本文赞同"部分转化说"。共同正犯对于超过共同决意范围的内容,无须负故意犯的刑责。实务中贸然将所有积极参与者均划入归责范围的做法有结果归责之嫌,不符合法治要求。

2. 划定归责主体范围的具体思路

判断具体归责主体时,支持"部分转化说"的学者指出:首先需要把握三个要素,即共同加害行为、主观上致人重伤或死亡的故意以及共同加害行为与结果的因果关系;[⑥]其次,学者们有不同的判定思路。有学者认为应当考察参与者的作用地位与现实力度,具体判断行为对于结果发生的"直接原因力"。[⑦] 有学者认为在能查清直接致害人时,由直接致害人负责;在不能查清时,全部由首要分子负责。[⑧] 还有学者在此基础上认为,在不能查明时,要充分考虑首要分子的预谋内容和具体实施行为。[⑨] 若首要分子强烈表明排斥重伤、死亡结果发生或仅有概括、模糊故意(未授意针对某人进行殴打,也未明确伤害程度)[⑩]的情况下,不能对首要分子归责。在作刑法解释时,应公正地作出罪解释而不是随心所欲地作入罪解释,故应该在遵循罪刑法定和罪刑相适

① 参见郑岳龙:《聚众斗殴罪发生转化后其罪名和主体如何确定》,载《中国审判》2008年第2期。

② 参见黄生林等:《论聚众斗殴罪的若干问题》,载《人民检察》2002年第3期。

③ 参见岳龙:《聚众斗殴罪发生转化后其罪名和主体如何确定》,载《中国审判》2008年第2期。

④ 参见张棉:《一方不足三人能否构成聚众斗殴》,载《人民检察》2011年第10期。

⑤ 参见张磊、朱军:《司法实践中聚众斗殴罪的疑难问题及其认定》,法律出版社2012年版,第236页。

⑥ 参见张启环:《聚众斗殴罪的实务问题研究》,载《公安研究》2013年第2期。

⑦ 参见陈伟:《聚众斗殴转化犯的范围及其界定》,载《法治研究》2018年第1期。

⑧ 参见张磊、朱军:《司法实践中聚众斗殴罪的疑难问题及其认定》,法律出版社2012年版,第236~237页。

⑨ 参见任能能、王田:《聚众斗殴致人重伤、死亡案件中首要分子的罪责》,载《人民司法》2011年第14期。

⑩ 参见马贤兴:《聚众斗殴案件中对纠集者、首要分子如何处理——兼谈对刑法第292条第2款的理解与适用》,载《中国刑事法杂志》2004年第5期。

应原则的前提下，尽量缩小归责范围。本文认为，在归责判断过程中，需要确定首要分子对于结果主观上至少能够预见的程度，并不超出其预期。对此，需要充分探究首要分子的主观意愿。在划定范围时应当依照以下思路（请参见图1）：

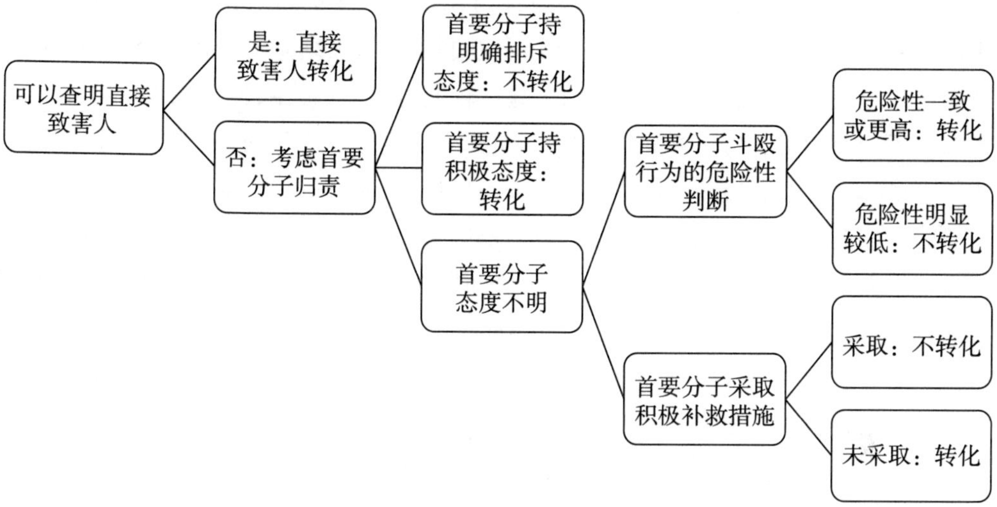

图1　范围划定思路

首先，在发生严重结果时，需要确定案件中的直接致害人。可以直接查明的，除有充分证据证明行为人为过失心态的，都应按转化犯处理。[①] 此处需要注意，当一方众多行为人共同伤害对方一人，并造成人员重伤或死亡结果的，应当将共同加害人全部转化为相应罪名。[②] 若造成伤亡后果，但不能通过现有证据查明具体加害人时，则所有参与直接加害行为的主体均应对此负责。在此之后可以通过量刑来体现各人施加作用力的大小。[③]

其次，当不能查明直接致害人的（如斗殴场所现场光线昏暗），此时应考虑首要分子的转化问题。虽然一般首要分子要召集他人聚众斗殴，应当对众人的行为和结果有一个基本预判，但其纠集的斗殴组织没有结构上的稳固性，对组织成员没有达到紧密的控制程度，故其不能决定其他人员行为的发展态势。在这种情况下，要首要分子对其纠集人员实施的所有行为结果均承担责任并不合理。[④] 在这一阶段先要探究首要分子对行为结果的态度。当首要分子对犯罪结果有明确限制时（明确表示不能造成伤亡结果的），不应对其归责。当首要分子对伤亡结果明显不排斥、或他人提议后默

① 参见卢有学、桑骊：《聚众斗殴定罪转化新探》，载《学术论坛》2009年第10期。

② 参见陈伟：《聚众斗殴转化犯的范围及其界定》，载《法治研究》2018年第1期。

③ 参见谈磊：《聚众斗殴罪转化犯的相关问题研究》，华东政法大学2013年硕士学位论文，第26～30页。

④ 参见马贤兴：《聚众斗殴案件中对纠集者、首要分子如何处理——兼谈对刑法第292条第2款的理解与适用》，载《中国刑事法杂志》2004年第5期。

许该结果时,可以对其归责。

最后,当首要分子意思表示不明确时,要根据其实施的客观行为推测其主观意愿。本文认为可以根据其实施的行为进行判断。一方面,根据首要分子斗殴行为的危险性进行判断。当首要分子斗殴行为的危险性与他人一致或更高时(同样持械或他人徒手而首要分子持械),可以推测出首要分子追求他人伤亡结果的积极心态,故可初步断定应当归责。当首要分子斗殴行为危险性较低时(本人徒手,但其他人持械并且其不知),不应当归责。另一方面,在本方人员暴力程度逐步升级时,若首要分子积极制止但未果的应考虑不归责。若首要分子未明确加以控制的,应当对此负责,转化为相应罪名。如案例二十四:安某与张某产生纠纷,遂与刘某(张某男友)相约解决,随后各自纠集数十人。安某方统一着装,携带球拍、皮带等。双方到场后随即发生斗殴。打斗中,王某(刘某方)因被安某方人员持球拍打伤头、面部而受重伤。[①] 本案中安某作为首要分子,在不能查明其主观心态时,根据其行为危险性与他人一致且在他人斗殴时并未加以制止。故应对本方人员造成的重伤结果负责,转化为故意伤害罪。但对于纠集王某(被害人)斗殴的刘某,没有伤害王某的故意和行为故应以聚众斗殴罪论处。

3. 共犯脱离

实务案件中有斗殴一方为黑社会性质组织的情形,但其领导者没有实际参与其中(其不知或仅在事前认可、默许其成员的行为),而后造成了他人伤、亡的结果,此时该组织、领导者是否需要对其成员的行为负责?在该种情形下是否可以运用共犯脱离的理论限制或免除刑事责任?对此应首先了解共犯脱离理论的原理和运用,其次梳理通常情况下黑社会性质组织的组织者、领导者的责任承担情况,最后结合本罪特征归纳出相应结论。

共犯脱离的问题,是指当其中某些共犯停止继续实施犯罪行为,在何种的情况下,要对其他共犯导致的结果负责,从而仅让其承担中止或未遂的刑事责任。该理论为共犯关系行为人搭建一条"退路",试图瓦解犯罪共同体,有利于解决相关共同犯罪问题,主要观点为:行为人真挚努力脱离说(大冢仁提倡)、行为人之间共犯关系解除说(大谷实提倡)以及行为与结果的因果关系切断说(西田典之提倡)。[②] 在我国目前以第三种学说为主,认为共犯脱离就是行为人虽参与共同犯罪行为,但后来消除了自己对犯罪的贡献,切断最终结果与其所实施的共犯行为(物理与心理上的)因果性。张明楷老师认为在处理此类问题上可遵循"不法为重心、正犯为中心、因果性为核心"的

① 参见宫小汀:《聚众斗殴致人伤亡的转化定性分析》,载《人民司法》2011年第18期。

② 参见李海良:《群体性事件刑法规制研究》,西南政法大学2014年博士学位论文,第127~129页。注:a. 真挚努力脱离说强调共犯人的真诚态度。b. 共犯关系解除说强调脱离人的影响力消除后,原犯罪组织形成了与其无关的新共犯关系或犯意。c. 因果关系切断说强调消除物理和心理上的因果关系。

原则(以下简称三心原则)。详言之,首先在不法层面由危害结果识别相关正犯行为,其次判断与正犯结果存在因果关系的具体共同正犯(符合共同正犯成立条件),再次分别判断各参与人的主观故意内容,最后分别给各参与人量刑。① 但三心原则并不能完全适用于聚众斗殴罪,一方面本类案件人员众多、场面混乱,难以根本查明死伤结果的具体行为人,②故本罪的存在意在解决一些举证方面的棘手问题;另一方面由于聚众斗殴罪的突发性、临时性和暴力性等特征,其犯罪计划模糊,各参与人可能对共犯联络的内容认识不一致。此外,因为黑社会性质组织具有特殊性,故还需在此基础上,结合具体情况进一步分析。

与一般的聚众斗殴一方的组织形态(规模较小、组织结构松散)不同,黑社会性质组织通常成员之间联系紧密,存在某种控制状态,故具有较为紧密的组织结构。③ 当成员实施的行为符合黑社会性质组织实施的犯罪类型时,就可以将该行为视作黑社会性质组织实施的违法犯罪活动,从而要求其领导者负责。④ 实际上共犯脱离问题就是因果关系的判断问题,⑤故对此需要主要考察黑社会性质组织领导者与直接致害人之间是否存在犯意联络,是否对其犯罪有物理或心理上的促进作用。首先,需要考虑领导者是否存在明示行为。即是否对直接致害人的行为存在事前的默许或事后认可。若领导者明显反对的,则没有使其承担罪责的基础。其次,查明是否存在组织概括性犯意。⑥ 包括为组织利益实施,主观上为组织谋取非法经济利益、扩大组织不良影响力给人以威慑等,以及虽成员主观上并非为组织利益实施,但客观上符合组织利益的情形;行为符合组织纪律规则、遵循组织惯例,如成员为了完成组织交代的任务没来得及请示而实施的相关行为。上述两类情形有助于黑社会性质组织形成非法控制,⑦故一般不宜排除在不知情的领导者责任范围之外。最后,考察组织结构的严密程度。实务中存在一些规模较大的黑社会性质组织,成员人数较多,故组织领导者与外围组织成员联系较松散。⑧ 此类组织领导者对其外围成员控制能力较弱,在其没有实际参与或不知情时,其存在与危害结果之间没有直接因果关系,故不宜对其归责。综上所述,若聚众斗殴的实施与组织本身发展和相关利益没有关联,也非按组织纪律、惯例而实施,在组织意志之外单独实施犯罪行为,应当被认定为组织成员的个人犯罪。⑨ 如案

① 参见张明楷:《刑法学》,法律出版社 2016 年版,第 400 ~ 401 页。

② 参见黄仲夫:《刑法精义》,台北,犁斋社有限公司 2018 年版,第 596 页。

③ 参见陈兴良:《论黑社会性质组织的组织特征》,载《刑事法杂志》2020 年第 2 期。

④ 参见最高人民法院发布《审理黑社会性质组织犯罪案件工作座谈会议纪要》,法〔2015〕291 号。

⑤ 参见张明楷:《刑法学》,法律出版社 2016 年版,第 449 页。

⑥ 参见袁雪:《黑社会性质组织犯罪案件中首要分子责任范围和作用评价》,法律出版社 2018 年版,第 167 ~ 168 页。

⑦ 参见李林:《黑社会性质组织犯罪司法认定研究》,法律出版社 2013 年版,第 42 ~ 43 页。

⑧ 参见陈兴良:《论黑社会性质组织的组织特征》,载《刑事法杂志》2020 年第 2 期。

⑨ 参见陈兴良:《论黑社会性质组织的行为特征》,载《政治与法律》2020 年第 8 期。

例二十五:谢某(区某某领导黑社会性质组织中的骨干成员)、李某因交通事故赔偿问题与梁某产生纠纷,谢某遂与梁某相约到A处谈赔偿事宜。后梁纠集十余人到达A处,与谢某、李某发生争执,双方发生斗殴。本案中黑社会性质组织领导者区某未亲自参与,且没有证据显示其同意或授意实施,事前知情或事后作出任何意思表示。[①] 本案中行为人是为个人利益而实施,该聚众斗殴行为是在组织意志之外,故应该认定组织成员个人犯罪,不能将任何结果归责于区某。

① 参见最高人民法院刑事审判一至五庭主编:《中国刑事审判指导案例5》,法律出版社2017年版,第72页。

殴打型寻衅滋事罪的司法裁判与法理分析

何　强*

【内容摘要】“随意殴打他人”是寻衅滋事罪的四种类型中适用最多、争议最大、理解最难的情形。解决殴打型寻衅滋事罪的理解适用困难关键在于否定其“口袋罪”的属性，立足于教义学原理，厘定本罪的客观、主观层面构成要件的内涵。明确殴打型寻衅滋事罪的保护法益是人们对在社会交往中其人身安全不会受到不确定侵害的制度性信赖；主观要件是行为人选择不特定侵害对象的这种“随意”的心理态度；行为方式“殴打”为行为人以自己的身体或者借用其他工具对不特定他人身体进行打击，“殴打”本身与伤害结果无必然联系；作为入罪标准的“情节恶劣”是与保护法益相联系的。

【关键词】寻衅滋事　随意殴打　法益保护　“口袋罪”

一、问题提出

（一）案例引入

案例一：2014年4月，被告人张某某之妻庞某在某医院进行剖宫产手术。在此期间，张某某因怀疑该院妇产科男医生刘某某故意看庞某私密处而心生不满，欲对刘某某实施殴打，因被人劝阻而未实施。后伙同被告人庞某某、胡某某在该医院住院部四楼医生办公室处对刘某某实施殴打，造成被害人刘某某轻伤二级。一审法院判决被告人张某某、庞某某、胡某某犯寻衅滋事罪，分别判处有期徒刑1年10个月、2年、1年8个月。①

案例二：2014年5月，上诉人张某某于地下车棚与被害人于某某发生争执，后被拉开。张某某之子张某淳得知此事后，于车棚地上出口处殴打于某某，其朋友张某军、于某隆、赵某（另案处理）见此也上前殴打于某某。在殴打过程中，张某某持剪刀对于某某胸、腹部等处连刺数剪，致于某某因锐器刺破右肺、肝脏、左肾造成急性大失血死亡。一审法院判决被告人张某某犯故意杀人罪判处死刑，缓期2年执行，剥夺政治权

---

* 何强，四川大学法学院2019级刑法学专业硕士研究生。

① 参见最高人民检察院《检察机关依法惩处涉医违法犯罪典型案例》之6。

利终身;被告人张某淳、张某军犯故意伤害罪,均判处有期徒刑10年;被告人于某隆犯故意伤害罪,判处有期徒刑3年。宣判后,以上被告人均提出上诉,二审法院维持对上诉人张某某的判决,对上诉人张某淳、张某军、于某隆的定罪量刑均予以改判,分别以寻衅滋事罪判处三人有期徒刑3年6个月、3年、1年6个月。[①]

案例三:2018年5月,被告人张某与曹某某、洪某某、姚某某等人(均另案处理)在某KTV娱乐,后因不满该KTV经理未赠送酒水,殴打KTV经理及服务人员杜某某、彭某某、李某等人,并打砸该KTV大厅内设施,造成被害人杜某某、彭某某、李某轻微伤和部分物品损坏。一审法院判决被告人张某犯寻衅滋事罪,判处有期徒刑10个月。宣判后,被告人张某提出上诉。二审法院裁定驳回上诉维持原判。[②]

案例一中,法院判决以被告人等"在医院内随意殴打医务人员,情节恶劣"为由,认定其构成寻衅滋事罪;案例二中,二审法院以上诉人等"因琐事随意殴打他人,犯罪情节严重"为由,直接将一审认定的故意杀人罪改判为寻衅滋事罪;案例三中,二审法院以上诉人"无视国家法律,随意殴打他人,致二人受轻微伤"为由,认定其构成寻衅滋事罪。可以看出,法官在适用寻衅滋事罪的随意殴打条款时的说理部分阐述是不够的,基本上都是就案件具体行为符合本罪法定构成要件行为"随意殴打他人,情节恶劣"而一笔带过。案例直观地展示出主张废除本罪的学者所认为的本罪客观要件和主观要件的含义不明确而导致难以区分本罪与相关犯罪。[③] 如案例一和案例二中行为人对被害人的蓄意报复与故意伤害罪的构成要件并无区别,案例二中二审法院将一审法院认定的故意杀人行为直接认定为寻衅滋事行为。此外,案例三中行为人在特定场所(KTV)殴打特定人员(KTV工作人员)如何构成对寻衅滋事罪所保护的公共秩序的侵害,裁判文书也并未给出明确阐释。

(二)案例反思

不同场合对寻衅滋事罪的认定差异所展现出的本罪行为具象的跨度之大,实际上内含着法官对本罪的"口袋罪"定位,从而折射出我国刑事治理中仍然存留的政策依赖和结果责任的价值取向。如果说将寻衅滋事罪定性为"口袋罪",对于某些具有一定社会危害性但又不构成直接相关罪名的行为是否有必要采用"兜底"的寻衅滋事罪处罚,确有必要反思。然而这里真正需要反思的是:本罪是否确为"口袋罪"? 学界一般认为某个罪名成为口袋罪的原因有二,即条文规定的模糊性与司法实践的曲解。[④] 当然,笔者认为根本原因还是条文规定的模糊性,正是条文含义不清给了曲解条文含义的空间。而条文的模糊性又体现在两个方面:一是刑事立法有意设置的兜底条款,

① 参见辽宁省高级人民法院刑事判决书,〔2015〕辽刑三终字第00105号。

② 参见天津市第三中级人民法院刑事裁定书,〔2019〕津03刑终8号。

③ 参见王良顺:《寻衅滋事罪废止论》,载《法商研究》2005年第4期。

④ 参见孙万怀:《以危险方法危害公共安全罪何以成为口袋罪》,载《现代法学》2010年第5期。

典型如以危险方法危害公共安全罪；二是本身不属于兜底条款但刑法条文对构成要件的规定不明确，如本文所讨论的寻衅滋事罪。① 因此，如果认为寻衅滋事罪是“口袋罪”，也就是说寻衅滋事罪的条文无法给出一个判断行为是否构成寻衅滋事罪的清晰标准，接着对本罪“口袋罪”性质的质疑，进一步追问：寻衅滋事罪的条文是否确无法提供判断行为是否符合寻衅滋事罪的明确的构成要件标准？

明确寻衅滋事罪构成要件的直接依据必然是刑法条文。就殴打型寻衅滋事罪而言，其条文表述为“破坏社会秩序”“随意殴打他人，情节恶劣的”，从而可以将其抽象行为概括为“行为人随意殴打他人造成社会秩序被破坏”；至于条文中的“情节恶劣”则既可以是对寻衅滋事殴打行为本身的评价，也可以是对危害结果的评价。同时最高人民法院、最高人民检察院 2013 年 7 月 15 日发布的《关于办理寻衅滋事刑事案件适用法律若干问题的解释》（以下简称《解释》）第 1 条和第 2 条则在刑法条文的抽象行为概括之上，勾勒出本罪的部分具体形象。从刑法条文得出的本罪抽象行为到《解释》给出符合本罪的具体情形，似乎给出了本罪的构成要件和判断标准。例如，“随意”可以具体表现为行为人“寻求刺激、发泄情绪、逞强耍横、借故生事”，“情节恶劣”可以通过殴打行为的结果、次数、工具、对象、场合等因素来判断。然而，《解释》的不完全列举并无法给出一个普遍适用的判断标准，具体到本文开头的三个案例，案例一和案例二中行为人对被害人的蓄意报复的主观心态并不符合寻求刺激、发泄情绪、逞强耍横或者借故生事的心理，而案例三中行为人索要赠品不得而实施殴打的此种心理状态似乎也难以用以上心理动机词语概括。最终，即使《解释》存在，本罪的构成要件仍是处于模糊状态，仍在“口袋罪”的质疑之中。

无论是对案件适用寻衅滋事罪的质疑还是对本罪“口袋罪”定性的质疑，最终的落脚点还是回到本罪的构成要件内涵解读上。换言之，明确本罪随意殴打条款所概括的抽象行为的实质内涵，勾勒出本罪的教义学形象，从而能够给出一个高度概括的判断标准是本罪理解适用与回应“口袋罪”质疑的关键。

二、殴打型寻衅滋事罪的保护法益

从刑法的法益保护目的以及犯罪本质的法益侵害性出发，厘清刑法条文的保护法益，对解释和适用刑法条文有根本性的指导意义。寻衅滋事罪规定在第六章“妨害社会管理秩序罪”的第 1 节“扰乱公共秩序罪”，直观上，本罪的保护法益应当是“公共秩序”。本罪规定了四种类型的寻衅滋事行为，各类行为直接指向的保护法益不同，分别为人身安全权、行动自由权、名誉权、财产权与公共场所秩序。寻衅滋事罪在刑法中的体系设置和条文内容设置引发了有关保护法益的两个争议：其一，作为本罪保护法

① 参见张训：《口袋罪视域下的寻衅滋事罪研究》，载《政治与法律》2013 年第 3 期。

益的“公共秩序”或者“社会管理秩序”具体含义是什么;其二,作为本罪的直接保护法益的秩序法益与几类寻衅滋事行为直接指向的个人法益之间的关系如何,即本罪保护法益是单一法益还是双重法益。①

“秩序”在现代汉语中的语义为“有条理、不混乱的情况”;词语本身高度抽象,而无论是把秩序扩展为社会管理秩序还是公共秩序,对于词语含义的具体化并无帮助。即使在法律上把秩序法益解读为“社会生活所必须遵守的行为准则与国家管理活动所调整的社会模式、结构体系和社会关系的有序性、稳定性与连续性”,②也并未有助于从实质上把握社会秩序。保护法益的高度抽象意味着对构成要件的解释缺乏有效限制,由于任何犯罪都是对社会秩序整体的侵害,③这就使寻衅滋事罪作为故意伤害罪、侮辱罪、抢夺罪、破坏他人财产罪成立不能(而又认为“确有必要”④处罚)时的兜底罪名成为可能。⑤ 从这个意义上说,本罪本身就带有无限扩张的“基因”。

为避免保护法益的过度抽象而导致寻衅滋事罪的适用违背罪刑法定原则,学界纷纷提出从实质上把握寻衅滋事罪的保护法益,限制寻衅滋事罪的成立范围。目前,具象化秩序法益的路径大致有两种:其一,直接解读寻衅滋事罪所保护的秩序法益,从而试图对公共秩序给出一种明确而具体的表达,如把公共秩序看作人们在长期生存实践中基于公共生活关系而逐渐形成的有条不紊的状态,⑥或者把寻衅滋事罪所保护的公共秩序看作社会的良好风尚。⑦ 其二,绕过解读公共秩序以个人法益来具象化寻衅滋事罪的保护法益。这种方式的法益解读又有两种途径:第一种,把寻衅滋事罪的保护法益解读为双重法益,秩序法益和(各类寻衅滋事行为直接指向的)个人法益,并且秩序法益是第一位的,个人法益为第二位,⑧也就是说只有行为同时侵犯社会秩序法益和个人法益时才可能构成寻衅滋事罪;第二种,放弃为公共秩序寻找一个更为具体的表述(甚至放弃以公共秩序作为寻衅滋事罪的保护法益),直接以各类寻衅滋事行为指向的个人法益确定具体的保护法益,把寻衅滋事罪的保护法益解读为与公共秩序相关联的个人法益,例如,殴打型寻衅滋事罪的保护法益就为与公共秩序相关联的人身安全。⑨ 但这两种路径的法益解读仍然存有疑问。首先,无论是把公共秩序看作人们

① 参见孟庆华:《寻衅滋事罪的理论与实践》,人民出版社2014年版,第48页。

② 参见张明楷:《刑法学》,法律出版社2016年版,第1030页。

③ 参见高铭暄、马克昌主编:《刑法学》,北京大学出版社、高等教育出版社2019年版,第52页。

④ 需要注意的是,这里的“确有必要处罚”是一般公众认知上或者说法官认为的“确有必要”,而并非真正的刑法意义上的“确有必要”。

⑤ 参见孟庆华:《寻衅滋事罪的理论与实践》,人民出版社2014年版,第37页。

⑥ 参见郭泰峰:《试析寻衅滋事罪的构成特征及司法认定》,载《黄石理工学院学报》2009年第2期。

⑦ 参见孟庆华:《寻衅滋事罪的理论与实践》,人民出版社2014年版,第52页。

⑧ 参见魏东、悦洋:《寻衅滋事罪“随意殴打他人”的法教义学分析》,载《四川师范大学学报(社会科学版)》2017年第4期。

⑨ 参见张明楷:《寻衅滋事罪探究》(上篇),载《政治与法律》2008年第1期。

生活的有条不紊的状态，还是社会的良好风尚，仍然不能具象化公共秩序，在实践中仍然不得不追问到底什么是有条不紊的状态或者到底什么是社会的良好的风尚。其次，借助个人法益来充实抽象的秩序法益一定程度上有助于从实质上把握寻衅滋事罪的保护法益，限制寻衅滋事罪的成立范围。但是绕过问题并未解决问题，在寻衅滋事罪双重法益或者与公共秩序关联的个人法益理论之下，还是需要判断何种情况下公共秩序会因对个人法益的侵害而受到侵害或者什么样的个人法益才是与公共秩序相关联的，并且如果直接以个人法益解读本罪保护的秩序法益还会带来与本罪作为公共秩序犯罪的体系地位相冲突的问题。质言之，在现行刑法对寻衅滋事罪的体系安排之下，解读本罪的保护法益，公共秩序是绕不开的。

直接面对"秩序"本身，在哈耶克的"二元秩序"理论之下，服务于个体的自生自发的秩序（内部秩序）是刻意建构的人造的秩序（外部秩序）的起点，人造的秩序是维护自生自发的秩序的必要条件。[①] 从这个逻辑上讲，个人法益是秩序法益起点，秩序法益是维护个人法益的必要条件，也就是说秩序法益最终应当能够回归到个人法益且秩序法益的目的是维护个人法益。因此，可以通过作为某种秩序法益起点的个人法益来明确此种秩序法益的内容（事实上这个思路就是前文提到的以个人法益来具象化本罪保护法益）。但这里需要注意的是，本罪作为"扰乱公共秩序罪"的体系定位，使本罪最终的法益结论一定还是要落脚到公共秩序，而不能越过秩序将法益实质归结到具体的某种个人法益。以案件为例，在"陈某某寻衅滋事罪案"[②]中，法院判决认为"被告人陈某某为发泄嫉妒、仇富和内心不平衡的情绪，用自制铁锥戳破停在路边或停车场汽车的轮胎，任意损毁公私财物，其侵犯的对象具有不特定性，侵害了社会公共秩序，该行为与具有明确特定对象、侵害的客体为公私财物所有人所有权的故意毁坏财物罪具有区别"。法官特意强调在定性为寻衅滋事罪的本案中，被告人的行为虽然损坏了众多被害人的财物，但是将其认定为寻衅滋事罪并非因其对财产法益的侵害，而是因其通过对不特定对象的财物侵害而破坏了社会公共秩序。不过法官并未进一步指出这里所说的"公共秩序"的具体内涵是什么。

寻衅滋事罪规定四种行为类型中前三项直接指向的是个人法益中的人身安全权、行动自由权、名誉权、财产权，虽然第四种行为指向的法益是公共场所秩序，但是这种公共场所秩序直接牵涉的还是个人在公共场所的安全。[③] 而且在理论和实务中一般都认为寻衅滋事行为是针对不特定对象，[④]那么从寻衅滋事行为人和潜在的可能受害者两个视角来看，对行为人而言，其目标对象的不特定意味着其行为侵犯的是不特定

---

① 参见戴锦澍：《集体法益中秩序法益的结构与反思》，载《四川警察学院学报》2019 年第 1 期。

② 参见江苏省仪征市人民法院刑事判决书，〔2013〕仪刑初字第 0267 号。

③ 参见张明楷：《寻衅滋事罪探究》（上篇），载《政治与法律》2008 年第 1 期。

④ 参见陈兴良：《寻衅滋事罪的法教义学形象——以起哄闹事为中心展开》，载《中国法学》2015 年第 3 期。

对象的人身安全、行动自由、名誉、财产;站在社会个体的角度,行为人侵害对象的不特定对个人来说意味着侵害的来源不确定,现代社会如果人们在公共交往中需要时刻担心自己会受到不明侵犯,社会必然陷入停滞。因此,这里的秩序可以说实际指的是人们正常社会交往秩序,刑法所要维系的就是让人们相信其处在安全的社会环境中可以自由地进行各种社会活动。据此,可以把本罪的保护法益归纳为人们对在社会交往中不会受到不确定侵害的制度性信赖。

此种法益解读结论其实还是通过个人法益实质化本罪的秩序内涵,具体而言,本罪中行为人通过对不特定对象的个人法益侵害来破坏人们对社会安全的信赖。但是,与把寻衅滋事罪的保护法益解读为与公共秩序相关联的个人法益使得本罪的法益最终落脚到个人法益相比,将本罪的法益最终落脚到人们对社会安全的制度性信赖更能够维持本罪作为“扰乱公共秩序罪”的体系定位。此外,以个人法益充实本罪的秩序法益内涵,也解决了有关本罪的单一法益与双重法益之争。

最后,当把寻衅滋事罪所保护的秩序法益解读为人们对在社会交往中不会受到不确定风险侵害的制度性信赖时,那么对应地,殴打型寻衅滋事罪的保护法益就是人们对在社会交往中人身安全不会受到不确定侵害的制度性信赖。

三、随意殴打型寻衅滋事罪的构成要件解读

随意殴打型寻衅滋事罪在刑法中的条文表述“随意殴打他人,情节恶劣的”,对其进行拆解,得出本罪的核心要件为“随意”“殴打”“情节恶劣”。分别确定以上要件的性质与内涵,是适用该条文的关键。同时,由于学界在讨论寻衅滋事罪的场合都会代入“流氓罪”的思考,所以在解读本罪时对于如何放置“流氓动机”的问题难以回避。

(一)“随意”的定性与判断标准

学界在寻衅滋事罪上讨论的交锋主要集中在本罪的主观要件上,并且很多学者把本罪的主观要件看作区分本罪与其他相似罪名的标准,如高铭暄教授就认为本罪的主观要件是本罪与故意伤害罪的本质区别。① 具体到殴打型寻衅滋事罪上,其主观要件在法条上体现为随意的规定,而笔者梳理学界已有论述发现,有关“随意”的讨论主要集中在这两个问题:其一,随意的性质是什么,属于主观要素还是客观要素,如果认定为主观要素,那么又属于何种主观要素;其二,随意的含义是什么,即如何判断随意。本文对随意的分析也主要围绕这两个问题展开。

1.“随意”的性质厘定

在随意的性质问题上,学界对随意性质的认定大致有以下几种。第一种,把随意认定为一种纯粹的主观要素,同时随意作为主观要素可以进一步解读为行为人的犯罪

① 参见高铭暄、梁健:《寻衅滋事罪若干疑难问题探讨》,载《人民司法(应用)》2008年第17期。

动机,并且这种动机在寻衅滋事罪中应当是一种流氓动机。① 第二种,把随意认定为一种客观要素,对随意殴打本身应当作客观判断,应当从客观的殴打次数、殴打人数的多少来进行判断。② 第三种,认为随意既是一种主观要素,同时也是一种客观要素,即随意既是主观随意又是客观随意,并且客观随意从属于主观随意;其中主观随意仍然是行为人的流氓动机,客观随意则是流氓动机外化的客观表现。③

在随意的性质认定上,笔者认为无论是从语义本身还是刑法类似用语的对比(如对比"随意殴打"与"故意伤害")出发,随意体现出来的都是一种行为人的主观心理态度。即使随意殴打行为确实可能与一般的殴打在客观表现上有所区别,例如,随意殴打一般在次数和对象上要多于一般殴打,但同时也的确存在随意殴打与一般殴打在客观表现上一致的情形,④也就是说某些客观表现实际上并非随意殴打行为的本质特征。因此,就随意本身的性质而言,很难说是一种客观要素。

至于在认定随意为主观要素之后再探讨随意这种主观要素属于何种性质的主观要素,是犯罪动机(寻衅滋事罪中的流氓动机)还是一种犯罪故意(寻衅滋事罪中的一种特殊故意)或者是其他一种类型的主观要素这一问题,笔者并不认为是寻衅滋事罪在司法实践中的适用亟待解决的问题。因为随意是殴打型寻衅滋事罪的法定构成要件,无论把随意看作犯罪(流氓)动机还是其他主观要素类型都不妨碍随意是成立殴打型寻衅滋事罪的必备要件,认定其为何种类型的主观要件并不会对最终的结果有任何影响。同理,在认定随意为主观要素之后可能还有主观违法要件或者责任要件的讨论(通常来说行为无价值论者倾向于把随意认定为主观的违法要件,而结果无价值论者倾向于把随意认定为责任要件),笔者同样认为这种争论的主要意义还是在理论层面;因为无论认为随意是主观违法要件还是责任要件,当行为人主观上不具有随意时,都不可能以寻衅滋事罪定罪处罚,即实践上的处理不会因随意是主观违法要件还是责任要件而有所不同。因此,相较于讨论随意属于何种类型的主观要素,更重要的是明确如何判断随意。

2."随意"的内涵厘定

接着前文的结论,可知判断随意应当抓住两个关键:其一,随意的主观要素性质,换言之,对随意的判断应当排除客观要素;其二,本罪所保护的秩序法益,即随意这种主观心理态度指向的应当是公民在社会交往中的人身安全。通常来说,针对特定人的殴打行为并不会带来公众在社会交往对自己人身安全的担忧,只有当公众面临不确定

---

① 参见刘红艳:《随意殴打型寻衅滋事罪研究》,载《中国刑事法杂志》2014 年第 1 期。

② 参见张明楷:《寻衅滋事罪探究》(上篇),载《政治与法律》2008 年第 1 期。

③ 参见何庆仁:《寻衅滋事罪研究》,载《中国刑事法杂志》2003 年第 4 期。

④ 比如某甲心情烦躁意图打人取乐,便打了前方抽烟的某乙一巴掌;某 A 与前方抽烟的某 B 有仇便冲上去打了某 B 一巴掌。某甲与某 A 的殴打行为的客观表现完全一致,但是很难说两个行为的性质完全一致。

殴打危险时才会担忧;对于行为人而言则意味着其殴打的对象是不特定的,但是这里的不特定不应当是殴打对象是多数而应当是对象的选择不特定,也即殴打的对象既可能是单数也可能是复数。所以,对随意的理解关键在于行为人对象的选择不特定。在进一步判断对象选择不特定上,笔者认同何庆仁教授主张的判断主观随意(对象选择不特定)的双重置换规则:一方面,把行为人置换为另一个社会正常人,看其是否会实施殴打行为,如果不会殴打,则可以判断行为人主观上具有随意;另一方面,把被害人置换为另一个社会正常人,在同样的环境里该人实施同样的行为,如果行为人仍会殴打则是随意,如果不会则不是。[①] 以唐某某寻衅滋事案[②]为例,被告人唐某某因值班医生周某某提醒其戴口罩,并制止其在病房内抽烟,唐某某心生不满,与周某某发生口角,继而殴打周某某及劝阻群众,造成三人轻微伤,法院认定其行为构成寻衅滋事罪。在本案中,一个社会正常人不会因为其他人劝阻自己无视疫情防控需要在公共场所吸烟而殴打他人,并且一个社会正常人出于公民的社会责任感也会劝阻危害疫情防控的抽烟行为;因此,认定唐某某的殴打行为主观上具有随意并无问题。但是需要注意的是,此处的置换规则应当是在社会一般人之间置换,如果置换的群体是特定,那么依然不能认为行为人主观上具有随意。比如前文列举的案例三,或许会有观点认为如果此时的 KTV 经理及服务人员不是杜某某、彭某某、李某等人而是其他人,张某仍然会殴打,从而认为张某是针对不特定对象,因而主观上具有随意;但是殴打型寻衅滋事罪的保护法益是针对社会一般人而言,并非某个特定群体,随意所要求的对象选择不特定,此处的"特定"不仅仅是指针对特定的某个对象而且也包括某类具有特殊身份的人。这也是本案与唐某某寻衅滋事案的区别。唐某某寻衅滋事案中所有的在场人员都可能是潜在的受害人,而本案中除了特定的 KTV 工作人员其他人不可能成为受害人,因此,认定张某主观上具有随意并不合理。

综合上述分析,在殴打型寻衅滋事罪的适用中对随意的理解应当要把握两点:其一,随意是一种主观要素,是行为人的心理态度;其二,随意这种心理态度主要是行为人在殴打对象的选择上不特定而非对象多数。

3. "流氓动机"的体系定位

我国刑法理论传统上分析寻衅滋事罪都自觉或者不自觉地从历史的角度去解读本罪,主要理由是,本罪与 1979 年《刑法》中的"流氓罪"[③]存在历史渊源,脱胎于"流氓罪"的寻衅滋事罪自然也应当以"流氓罪"去看待本罪。在这种思维模式之下分析寻衅滋事罪,必然要在解释论体系中给予"流氓动机"适当的地位。另外,现行刑法寻

---

① 参见何庆仁:《寻衅滋事罪研究》,载《中国刑事法杂志》2003 年第 4 期。

② 参见最高人民法院《第一批 10 个依法惩处妨害疫情犯罪典型案例》之案例 8。

③ 1979 年《刑法》第 160 条第 1 款规定:"(流氓罪)聚众斗殴,寻衅滋事,侮辱妇女或者进行其他流氓活动,破坏公共秩序,情节恶劣的,处七年以下有期徒刑、拘役或者管制。"

衅滋事罪条文、其他相关条文以及本罪相关的司法解释文本中并不存在“流氓罪”“流氓行为”“流氓动机”等词语。因此,传统理论在本罪中放置“流氓动机”时,只能通过解释的方式将其纳入本罪的构成要件之中。例如,把本罪条文规定的“随意”这一主观要件直接等同于“流氓动机”,[①]或者把“流氓动机”看作本罪的非法定的主观违法要素,视为刑法解释论上的“约定俗成”。[②]

传统理论在解析寻衅滋事罪时始终强调“流氓动机”,除了沿袭我国的刑法关于本罪的立法传统和解释习惯,还有一个重要原因是很多学者认为“流氓动机”是本罪与其他相似罪名的区分标准,也是罪与非罪的区分标准,简言之,特定的犯罪动机是本罪独立存在的重要支撑。[③] 首先,就沿革立法传统和解释习惯来说,笔者认为因为寻衅滋事罪脱胎于流氓罪就一定要将流氓罪中“流氓动机”放置在寻衅滋事罪中,实际上是“过于重视沿革解释,而忽视了刑法的修改”。[④] “流氓”一词本就因其具有相当的非规范性而作为刑法用语历来为学者所诟病,现行刑法废除流氓罪,此后的司法解释也并未使用“流氓”一词来解释相关罪名。在立法和司法解释因“流氓”一词的不规范性而将其从刑法规范中移除的同时,学界在解读寻衅滋事罪时反而仍然沉迷在流氓罪之中实在令人难以理解。并且,在日益强调教义学的现在,忠实于刑法文本是刑法教义学的应有之义,即使是对刑法教义学有不同意见的学者也认可《刑法》是刑法解释的“基本确信、信仰规则”。[⑤] 那么,在现行刑法规则之外去寻找解释结论,以 1979 年《刑法》中的流氓罪看待现行刑法中的寻衅滋事罪虽不说毫无道理,但至少说在解释论上并非无懈可击。最后,即使是从一种比较功利的角度来看,认为寻衅滋事罪引入“流氓动机”能够更好地区分罪与非罪、此罪与彼罪同样也值得商榷。离开流氓动机同样也能够将寻衅滋事罪与其他犯罪相区别,[⑥]当然不同的学者对于如何从寻衅滋事罪本身条文内容来将其与其他犯罪相区别有不同理解,此处笔者不展开论述。就本文而言,笔者前文对本罪条文中的“随意”进行解读并将其与本罪保护法益相联结,实际上也是通过条文本身来区别本罪与其他犯罪,从而实现无须“流氓动机”即可明确区别本罪。

(二)“殴打”的实质内涵

从寻衅滋事罪条文看,本罪的行为方式为殴打。就字面意思而言,对于“殴打”的理解应当不存在太多分歧,但事实并非如此。梳理学界相关的讨论,笔者认为对殴打

---

① 参见刘红艳:《随意殴打型寻衅滋事罪研究》,载《中国刑事法杂志》2014 年第 1 期。

② 参见陈兴良:《寻衅滋事罪的法教义学形象——以起哄闹事为中心展开》,载《中国法学》2015 年第 3 期。

③ 参见张维、黄佳宇:《寻衅滋事罪司法困境之评析》,载《法学杂志》2011 年第 5 期。

④ 张明楷:《刑法分则的解释原理》(上),中国人民大学出版社 2011 年版,第 50 页。

⑤ 参见张明楷:《也论刑法教义学的立场——与冯军教授商榷》,载《中外法学》2014 年第 2 期。

⑥ 参见樊华中:《寻衅滋事罪规范内的追问与规范外的反思——以随意殴打型切入分析》,载《中国刑事法杂志》2011 年第 8 期。

含义争论的分歧是源于对本罪与其他相似罪名(主要是故意伤害罪或者故意杀人罪)的区分,即殴打致人重伤或者死亡时应当认定为寻衅滋事罪还是故意伤害罪或者故意杀人罪的问题(因为当殴打致人轻微伤时根本就不构成故意伤害罪,所以此时并不存在寻衅滋事罪与故意伤害罪的区分问题),当采取不同的区分理由时自然会导致对殴打的不同理解。对于本罪与故意伤害罪或者故意杀人罪关系的处理,目前主流的观点有两种:一种是当下司法实务中的主流观点,将寻衅滋事罪中的殴打限定为轻伤及以下的行为,[①]即当行为人寻衅滋事殴打致人轻伤及以下时成立寻衅滋事罪,致人重伤或者死亡时,成立故意伤害罪或者故意杀人罪,因而此种观点之下的殴打应当理解为"没有达到重伤程度的暴力打击行为"[②];另一种是采取想象竞合的理论,当行为人寻衅滋事殴打致人重伤或者死亡时成立寻衅滋事与故意伤害或者故意杀人的想象竞合,从一重罪处罚即可,那么这种观点之下,可以直接根据殴打的字面意思将其解读为"直接对他人身体行使有形力的行为",[③]而无须根据殴打行为造成的结果来限制解释殴打的成立范围。

笔者认为,为了解决寻衅滋事致人重伤或者死亡的定性问题,从而限制寻衅滋事罪中殴打的成立范围实无必要。首先,根据前文对寻衅滋事罪保护法益的分析得出殴打型寻衅滋事罪所要保护的秩序法益是人们对在社会交往的人身安全不会受到不确定侵害的制度性信赖,而非单纯的人身安全,只是说行为人对这种社会安全信赖的破坏要通过攻击个体来实现,所以可能出现一个行为同时符合寻衅滋事罪和故意伤害罪或者故意杀人罪的构成要件的情形。这种情形完全符合我国传统刑法理论对想象竞合犯——"一个行为触犯数个罪名的犯罪形态"[④]的认识,对于此种情形按照想象竞合犯的处断原则"从一重罪"处理并不会导致任何理解上的混乱以及罪刑不相适应。其次,即使是将寻衅滋事罪看作"口袋罪"而要求尽可能地限制实质解释和扩张解释的冲动,[⑤]"殴打"一词本身狭窄的词义就已经限制了本罪的成立范围,而无须再去寻找其他理由来限制殴打的成立。这样的限制解释反而会得出不合理的解释结论,比如将造成重伤或者死亡结果的暴力打击行为排除在殴打行为之外的解释结论就很不合理,因为殴打是一种行为,这种行为可能不会对被害人造成任何伤害,也可能造成被害人轻伤,还可能造成被害人重伤或者死亡,并不会因为最终造成的危害结果不同而导致对行为本身性质的认定不同。同时,笔者之所以认为殴打本身的词义就已经限制了寻

---

① 如浙江省高级人民法院《关于执行刑法若干问题的具体意见》中规定:"寻衅滋事,随意殴打他人,如果殴打致人重伤的,应以故意伤害罪定罪处罚;如果殴打他人致人轻伤的,仍应以寻衅滋事罪定罪处罚。"

② 参见魏东、悦洋:《寻衅滋事罪"随意殴打他人"的法教义学分析》,载《四川师范大学学报(社会科学版)》2017年第4期。

③ 参见张明楷:《刑法学》,法律出版社2016年版,第1063页。

④ 高铭暄、马克昌:《刑法学》,北京大学出版社、高等教育出版社2019年版,第182页。

⑤ 参见张训:《口袋罪视域下的寻衅滋事罪研究》,载《政治与法律》2013年第3期。

衅滋事罪的成立范围是基于对殴打与伤害之间关系的理解。伤害与殴打并非对立关系，伤害可以包容评价殴打。具体来说，刑法意义上的伤害是对人身体的损害，[①]这种损害既可以通过对人的身体暴力打击（殴打）实现，也可以通过其他非身体暴力实现，如以某些腐蚀性物质（如硫酸）、特殊器械（如枪械）、精神伤害（如恐吓）等方式来损害他人身体。因此，可以把殴打看作伤害的一种行为方式，在此意义上殴打本身就是狭窄的——仅指的是行为人以自己的身体或者借用其他工具（并且这种工具给他人带来损害并非基于工具本身的物理特性而是由于行为人自身力的作用）对他人身体进行打击使他人产生痛苦（可能有身体损害结果，也可能没有身体损害结果）。通常来说，在实践中进入司法评价的殴打型寻衅滋事案件的行为方式都不会超出殴打本身的含义范围，如本文以上出现的所有案例，将行为人的行为认定为“殴打”都无争议。

对殴打的理解应当立足于其本身的语义，把握住此种行为作为一种不必然包含某种特定结果的行为的特性，就能够得出符合教义学的解释结论。并且由于可以通过想象竞合平衡寻衅滋事中的殴打造成严重伤害后果时的罪刑匹配，也无须额外限制解释殴打的范围。

（三）与法益联结的“情节恶劣”

相较于殴打型寻衅滋事罪的其他法定构成要件因缺乏明确的司法解释而在解释结论上有诸多争议，本罪中的“情节恶劣”由《解释》给出了明确的认定标准。具体分析司法解释对殴打型寻衅滋事情节恶劣的认定，可以大致把情节恶劣的判断标准分为这几类：造成他人伤害结果、多次行为、使用凶器、针对弱势群体、公共场所行为。[②] 因此，即使目前学界对殴打型寻衅滋事罪“情节恶劣”的理解有多种观点，并且对司法解释所认定的情节恶劣几种具体情形仍有异议，[③]但是至少在司法实务中对情节恶劣的认定是明确的、不存在实质争议的。笔者在此无意讨论司法解释合理与否或者对情节恶劣提出一种新的解释结论（事实上提出一种新的解释结论在现有司法解释之下也是不必要的），而只是从教义学的角度解读《解释》所认定的这几种情节恶劣的具体情形，从而明确实践中如何把握殴打型寻衅滋事罪的入罪标准。

从刑法的法益保护目的出发，“情节是否恶劣，应当围绕法益受侵害或者威胁的程度作出判断，”[④]因此，应当将司法解释规定的几种情节恶劣的具体情形与本罪的保

① 笔者这里所说的“伤害”是一种广义上的伤害，也就是说所有伤害罪的保护法益为个人之身体法益，包括身体之完整性与身体之不可侵害性、生理机能之健全与心理状态之健康等。参见林山田：《刑法各罪论》（上册），台北，台湾大学法学院图书部 1999 年版，第 101 页。

② 参见最高人民法院、最高人民检察院《关于办理寻衅滋事刑事案件适用法律若干问题的解释》第 2 条。

③ 参见孟庆华：《寻衅滋事罪的理论与实践》，人民出版社 2014 年版，第 288 ~ 290 页。

④ 张明楷：《刑法学》，法律出版社 2016 年版，第 1064 页。

护法益相联结。通过前文的分析,笔者把本罪所保护的秩序法益解读为人们对在社会交往中的人身安全不会受到不确定侵害的制度性信赖,同时情节恶劣通常理解为划分随意殴打型寻衅滋事罪与一般寻衅滋事违法行为界限的标准,①那么与保护法益相联结就可以将其理解为殴打行为达到破坏人们对不受不确定殴打侵害的这种制度性信赖而构成犯罪的程度。也就是说,司法解释通过殴打行为的结果、次数、工具、对象、场合等因素来判断寻衅滋事行为对人们对不受不确定殴打侵害的这种制度性信赖的破坏程度是否达到可以认定为犯罪的程度。换言之,司法解释认为当寻衅滋事中殴打行为具有规定的几种情形时就意味着该行为对人们对社会安全信赖的破坏达到了应当处以刑罚的程度。如案例一中,张某某、庞某某、胡某某的殴打行为造成一人的轻伤;案例三中,张某等人的殴打行为造成三人轻微伤;而在案例二中,张某淳、张某军、于某隆的殴打行为则仅针对被害人一人,且法院判决最终被害人的死亡结果并未归属给三人的殴打行为。如果只是单纯以司法解释对"情节恶劣"的规定来判断行为的危害程度,那么就可以认定案例一和案例三中被告人的殴打行为对人们对社会安全信赖的破坏达到了应当处以刑罚的程度,相反案例二中被告人的殴打行为则并未达到需要刑罚介入的程度。当然,并非只要未造成司法解释规定伤害结果绝对不构成寻衅滋事罪,还是应当整体分析寻衅滋事行为,综合理解构成要件,才能最终确定行为是否符合寻衅滋事罪的构成要件且达到刑罚介入的程度。

明确司法解释规定的情节恶劣的几种具体情形与寻衅滋事罪保护法益之间的内在联系,要求在实践中判断寻衅滋事行为的入罪与否不能简单地看是否具有司法解释规定的几种情节恶劣情形,在具有司法解释规定的具体情节恶劣的情形时还应当实质判断是否破坏了人们对社会安全的信赖;也即如果一个殴打行为符合司法解释规定的情节恶劣的具体情形之一但是并未破坏人们对社会安全的信赖,也不能构成寻衅滋事罪,反之亦然。

四、结论

(一)案例总结

前文在分析殴打型寻衅滋事罪的各构成要件时以本文开头引用的三个案例为例,大致可以看出这三起差异巨大的寻衅滋事典型案例在法律适用上并非毫无问题。总体来说,笔者认为以上三个案例对于被告人的行为适用寻衅滋事罪的殴打条款都不合适。

就案例一而言,张某某因怀疑妇产科男医生刘某某故意看其妻私密处而心生不满,伙同被告人庞某某、胡某某对刘某某实施殴打,造成被害人刘某某轻伤。张某某等

---

① 参见戴羽、汪耕云:《浅谈随意殴打型寻衅滋事罪之界定》,载《法制与经济》2011年第11期。

人针对特定对象的刻意报复很难说主观上具有随意的心态，因此，即使通过殴打造成被害人轻伤也不符合殴打型寻衅滋事罪的构成要件，其行为自然也就无法危及人们对在社会交往中的人身安全不会受到不确定殴打侵害的制度性信赖。与案例一类似，案例二中张某淳因其父与被害人于某某发生纠纷伙同张某军和于某隆殴打报复于某某，或许在该案中对于能否将被害人的死亡结果归属于张某淳等三人的殴打行为有争议，但可以确定的是张某淳等人的刻意报复行为确不符合殴打型寻衅滋事罪所要求的行为人主观上具有随意的心态，也就不符合本罪的构成要件。至于案例三，张某因对该KTV经理未赠送酒水不满，对该KTV经理及服务人员杜某某、彭某某、李某等人进行殴打，前文在讨论随意的判断标准时指出该案的殴打行为的对象为特定身份群体（KTV工作人员）而否认行为人主观心态上的随意，进而再否定该殴打行为侵害了殴打型寻衅滋事罪所保护的社会一般人对在社会交往中的人身安全不会受到不确定侵害的制度性信赖，从而否定本案适用寻衅滋事罪的殴打条款。

（二）解释立场

本文开头提出了对司法实践将寻衅滋事罪定位为“口袋罪”的疑问，并且指出回应口袋罪质疑的关键还是在于能否明确本罪的教义学形象。就殴打型寻衅滋事罪而言，在明确本罪的保护法益为秩序法益而非单纯的个人法益之后，通过主、客观要件的实质解读明确本罪的行为方式有其特殊之处，可以显著区别于其他类似罪名（主要指故意伤害罪），从而使本罪的教义学形象能够清晰。因此，自然可以否定本罪的口袋罪属性。基于此，可以得出司法实践将本罪认定为“口袋罪”并非条文本身模糊以至于完全无法清晰适用，而是选择性地模糊，更多考量的是经验性的“确有必要处罚”。以本文开头的案例一和案例二为例，案例一发生在2014年4月最高人民法院、最高人民检察院、公安部、司法部、国家卫生和计划生育委员会联合发布《关于依法惩处涉医违法犯罪维护正常医疗秩序的意见》背景之下，案例二存在被害人死亡的结果，前者的处罚动力来源于民众对“医闹事件”不满而引出“严打医闹”的政治决策，后者的处罚必要则受我国民众“死者为大”的朴素认知驱动。因此，当出现了观念上的有“处罚必要”的情节时，案件事实却又不符合刑法规定的构成要件，则通过选择性地模糊构成要件来达到处罚的目的。从而不得不思考，这种基于政治、社会观念的处罚必要性并不能直接等同刑法上的可处罚性。相较于其他国家将大量轻罪设置为违警罪进行刑事处罚而言，我国刑法处罚范围更窄，将原本在域外国家视为违警罪的行为规定在治安管理处罚法中进行治安处罚而非刑事处罚，从而构建起针对危害社会的行为的“刑罚与治安处罚二元制裁体系”；①也就是说，在我国，一个具有社会危害性的行为但是又不符合刑法规定的构成要件，就意味着此种危害社会的行为并未达到需要由刑法

① 参见何显兵：《二元制裁体系视角下“实淫”新解》，载《法治研究》2019年第2期。

介入的程度,强行适用刑法评价反而与我国的刑事法治理念相冲突。

从对将寻衅滋事罪认定为“口袋罪”的质疑引出的对貌似寻衅滋事行为的处罚必要性思考之外,还有寻衅滋事罪与类似罪名的区分问题,这里的区分既包括了寻衅滋事罪与其他类似罪名的区分(如案例一和案例二),也包括了寻衅滋事罪内部行为的区分(如案例三)。首先,就寻衅滋事罪与其他类似罪名的区分来说,笔者赞同张明楷教授提出的对于寻衅滋事罪与其他罪名之间的关系,“不应过于强调此罪与彼罪之间的区别与区分标准,而应注意此罪与彼罪的想象竞合”,①以想象竞合犯的处罚原则处罚。就本文讨论的殴打型寻衅滋事罪而言,无论是以“流氓动机”作为寻衅滋事罪的核心要素,还是不将其作为寻衅滋事罪的构成要件要素,都能够得出基于寻衅滋事的故意(流氓动机下的故意或者侵犯不特定对象的故意)而实施的殴打行为同时符合殴打型寻衅滋事罪和故意伤害罪的构成要件。因为,无论故意的起点如何,行为时刻故意的内容和对象是确定的。换言之,“如果犯罪的主观方面符合寻衅滋事罪的构成要件,那么也肯定符合故意伤害罪的构成要件”。② 不过这里仍需强调的是,笔者所赞同的是,当一个寻衅滋事殴打行为造成了被害人轻伤以上结果时,行为本身肯定也符合故意伤害罪的构成要件,例如,某甲心情烦躁意图打人取乐,便打了前方抽烟的某乙一巴掌,不料造成某乙右眼失明,某甲对不特定对象实施殴打符合殴打型寻衅滋事罪“随意殴打他人,情节恶劣的”构成要件,同时由于其实施殴打行为时对象又特定化,其行为同时又符合故意伤害罪的构成要件;但是一个符合故意伤害罪的行为并不必然符合殴打型寻衅滋事罪的构成要件,比如本文开头的案例一和案例二,行为人基于报复的目的,行为对象无疑是特定的,并不存在对象的特定化过程,也就意味着以上两案并不能以寻衅滋事罪评价。然后,针对本文开头提出的案例三,笔者还提出了寻衅滋事罪内部行为的区分问题。在前文中笔者否定了案例三适用寻衅滋事罪的随意殴打条款,但是笔者并不否认该案认定为寻衅滋事罪有误。该案中行为人对 KTV 工作人员的殴打所要达到的只是索要“赠送酒水”的目的,行为更符合本罪的强拿硬要条款,殴打行为只是实现其强拿硬要目的的手段。因此,本案更符合适用寻衅滋事罪的强拿硬要条款,而非随意殴打条款。

最终,在寻衅滋事罪尤其是本文重点讨论的殴打型寻衅滋事罪的解释适用上,要坚持的立场包括,从严格的构成要件和刑事法治原则出发理解对于一般意义上的寻衅滋事的处罚必要性,以包容评价的思维区别适用本罪与其他类似罪名,也要注意区分适用寻衅滋事罪的内部条文。

---

① 张明楷:《寻衅滋事罪探究》(下篇),载《政治与法律》2008 年第 2 期。

② 高铭暄、梁健:《寻衅滋事罪若干疑难问题探讨》,载《人民司法·应用》2008 年第 17 期。

疑罪的刑法解释适用

白　晟*

【内容摘要】我国刑法没有对疑罪及其处理原则进行明确规定。但无论是学界和实务界普遍将疑罪分为两种情形：事实认定存疑和法律适用存疑。深入分析，事实认定存疑是由于证据不够确实、充分，无法排除合理怀疑所导致，具体又分为涉及犯罪构成即定罪的事实认定与涉及量刑的事实认定证据不够确实、充分两种情形。其本质问题是证据不够确实、充分，是证据法中涉及证据的认定问题，应更多地属于刑事诉讼法规制的范畴。而在犯罪事实认定清楚的情形下，是适用此罪还是彼罪、是一罪还是数罪以及是何种犯罪形态等法律适用问题，在司法实践中更多将其称为"疑难案件"，涉及的是刑法规制的范畴，不应是严格意义上的"疑罪"。可以从法官对证据的认证角度对疑罪进行界定，将疑罪分为定罪证据不足和量刑证据存疑两种情形，并从证明标准与证明方法的适用上对案件事实的认定进行具体探讨，提出对定罪证据不足的案件严格适用疑罪从无原则，对量刑证据存疑的案件适用有利于被告人原则进行处理。

【关键词】疑罪　证明标准　疑罪从无　有利于被告人原则

问题的提出：

案例一：公诉机关指控，2018 年 10 月 15 日晚，办案民警在一房间内将涉嫌犯贩卖毒品罪的被告人周某某、朱某某（二人系夫妻关系）抓获，民警现场在房间内查获毒品疑似物和压片机、烤箱等物品。经鉴定，查获的净重为 573.60 克的红色粉末中检出甲基苯丙胺成分，含量为 3.6%；查获的净重为 305.27 克的白色晶体中检出咖啡因成分；查获的净重为 21.24 克的白色晶体中检出甲基苯丙胺成分，含量为 69%；查获的净重为 0.15 克的绿色颗粒中检出甲基苯丙胺成分，含量为 3.6%。经查，2017 年 12 月 19 日，被告人周某某、朱某某在共同居住的这同一房间内以 5500 元的价格贩卖冰毒 50 克给罗某某；2018 年 1 月 22 日，被告人周某某、朱某某再次在该房间内以 5500 元的价格贩卖冰毒 50 克给罗某某。

在本案中，公诉机关指控二被告人构成贩卖毒品罪，并没有划分主从犯，提供的证

* 白晟，四川大学法学院博士研究生，四川省洪雅县人民法院党组书记、院长。

据主要有现场查获的毒品、尿检报告,毒品购买者罗某某的证言、罗某某妻子吴某某的证言,二被告人送罗某某、吴某某回家的相关证据,以及被告人周某某和罗某某、吴某某的通信和转账记录等。但二被告人均辩称自己不构成贩卖毒品罪,现场查获以及贩卖给罗某某的毒品系对方所有。周某某的辩护人提出周某某系贩卖毒品犯罪共同犯罪的从犯,其对现场查获的毒品以含量低为由,不应认定为贩卖毒品的数量。朱某某的辩护人提出指控朱某某构成贩卖毒品罪的证据不足,朱某某不构成犯罪;即使构成犯罪,被告人朱某某也系从犯。本案争议的焦点主要为二被告人是否构成犯罪,贩卖毒品的数量如何认定;二被告人是否划分主从犯,若划分主从犯则如何认定。

一、疑罪的界定

疑罪是人类理性和人权保障的产物,它本身存在一定的悖论。刑事诉讼的核心问题是证明,即司法人员运用证据证明案件的真相,并希望达到与客观事实完全一致的效果,因此刑事诉讼的目标是"客观真实";然而诉讼证明是一种回溯性证明,由于人类认识能力的有限性,司法证明的结果不可能与案件事实的真相完全一致,必然会产生部分查不清的事实。这时对案件如何处理是各国司法实践中必须解决的问题。对于刑事法官来讲,更不能拒绝裁判,对公诉机关提起的指控必须作出认定,有罪还是无罪、罪重还是罪轻都需要明确予以答复,这当中就包括了对事实不清的疑罪的处理。

何为疑罪?实务界理解不一,理论界存在分歧。从字面上理解"疑",是指不能确定是否真实,不能有肯定的意见,不能确定。"罪",谓之犯罪行为。疑罪就是不能准确地确认犯罪行为。归纳起来,主要有以下一些观点:(1)疑罪是指司法机关对被告人是否犯罪、罪行轻重疑惑不决,难以确证的情况。[①] (2)疑罪是指在刑事诉讼活动中,因证据不足而对犯罪嫌疑人、被告人是否构成犯罪以及罪行轻重,此罪、彼罪与一罪、数罪等方面难以作出正确判断的情况。[②] (3)疑罪主要是指事实不能查清或者不能完全查清的犯罪。[③] (4)疑罪是指在刑事诉讼过程中,因犯罪事实和证据方面存在无法对犯罪嫌疑人、被告人做出有罪判断的疑点的情形。[④] (5)疑罪是指诉讼主张虽有证据予以支持却达不到证明程度所要求的标准,对被告人是否构成犯罪或罪行轻重既不能证实也不能证伪而处于悬疑状态。[⑤] (6)疑罪是指有罪证据和无罪证据相当而又不能相互否定的刑事案件。[⑥] (7)疑罪是指虽经反复侦查仍然事实不清,证据不足

---

① 向朝阳、龙波:《对疑罪之司法抉择的学理及应用研究》,载《中国刑事法杂志》1999年第3期。

② 胡云腾、殷启俊:《疑罪问题研究》,载《中国法学》2006年第3期。

③ 王勇:《定罪导论》,中国人民大学出版社1990年版,第50页。

④ 刘柏纯、邓昭宾:《论疑罪的认定》,载《政法学刊》2005年第5期。

⑤ 张建伟:《"疑罪"的含义与处理原则》,载《检察日报》1997年3月31日,第2版。

⑥ 宁汉林、魏克家:《中国刑法简史》,中国检察出版社1997年版,第270、271页。

而难以认定的疑难案件。[①] (8)疑罪是指对定罪的证据不够确实充分,但又有相当的证据说明被告人有重大犯罪嫌疑的案件。[②] (9)疑罪是指在刑事诉讼中,司法机关对受理的刑事案件经审查在定罪与否的问题上存在疑问且未得到合理排除的一种状态。[③]

在司法实践中,司法人员不仅对疑罪的界定存在偏差,而且在部分疑罪案件的处理原则上存在一定的随意性。此外由于长期将"客观真实说"作为指导原则,部分司法人员不愿意承认存在疑罪的情况,要求对于每一个案件必须查明案件真相,导致个别案件长期得不到处理或者作出"留有余地"的判决。笔者认为,疑罪是客观必然存在的情形,符合人类认识局限性的认知规律。疑罪就是认定被告人犯罪事实的证据不够确实、充分,无法排除合理怀疑所导致,具体又分为涉及犯罪构成即定罪的事实认定与涉及量刑的事实认定证据不够确实、充分两种情形,其本质问题是证据不够确实、充分,是证据法中涉及证据的认定问题,应更多地属于刑事诉讼法规制的范畴。而在犯罪事实认定清楚的情形下,是适用此罪还是彼罪、是一罪还是数罪以及是何种犯罪形态等法律适用问题,在司法实践中更多地将其称为"疑难案件",涉及的是刑法规制的范畴,不应是严格意义上的"疑罪"。本文探讨的疑罪系第一种情形,即认定案件事实的证据是否达到我国刑事诉讼法要求的确实、充分,而对证据是否确实、充分如何界定,这就涉及证明标准问题。

针对案例一来讲,对于被告人周某某和朱某某构成贩卖毒品罪的证据是否确实充分,系罪与非罪的认定,属于认定二被告人犯罪构成的事实的证据是否存疑的疑罪情形,是证据认定问题;对于二被告人在共同犯罪中的作用,如何认定主、从犯,属于认定二被告人在共同犯罪中量刑事实的证据是否存疑的疑罪情形,也是证据认定问题;而对于毒品的含量是否影响对犯罪数量的认定,则纯粹是刑法的适用问题。

二、"疑"与"非疑"的判断标准——证明标准

(一)证明标准的概念

证明标准是一个与证明责任密切联系的概念。证明标准问题也是近年来我国理论界和实务界争论较大的一个问题,无论从实体公正还是人权保障的角度,其都有存在的必要性。根据《布莱克法律词典》的界定,证明标准是指当事人履行证明责任如何使证据确信而必须达到的状态。通俗地讲,证明标准实际上就是"证明尺度,据以衡量什么时候证明才算成功"。[④]

---

① 宋英辉:《刑事案件事实认定中的几个问题》,载《政法论坛》1991年第1期。

② 邹瑜、顾明总主编:《法学大词典》,中国政法大学出版社1991年版,第1642页。

③ 谢进杰:《"疑罪从无"原则的证据学三维》,载《成都理工大学学报》2007年第2期。

④ [德]汉斯·普维庭:《现代证明责任问题》,吴越译,法律出版社2000年版,第91页。

2018年修改后的《刑事诉讼法》第51条规定:"公诉案件中被告人有罪的举证责任由人民检察院承担,自诉案件中被告人有罪的举证责任由自诉人承担。"这是我国《刑事诉讼法》中就刑事诉讼中的证明责任分配原则作出的明确规定,并延续了举证不力承担败诉后果的法律规定。陈瑞华教授认为作为司法证明的基本构成要素,证明责任是指提出诉讼主张的一方提出证据证明所主张的待证事实的义务。具体来说,证明责任的概念可以包含提出主张事实、履行举证义务、完成论证过程以及承担败诉后果四个密不可分的要素。①

证明责任应是司法证明的一部分,具体到刑事审判中就是举证责任,指的是人民检察院提起公诉后作为控方应当承担的证明其指控成立的责任,系他向证明。而刑事审判中的证明标准,是指承担举证责任的控方,对其指控事实的证明所要达到的真实程度,然后将此作为已经发生的"事实",并据以施加相应的法律后果。这里就要对涉及"真实"的一对概念进行区分,即"客观真实"和"法律真实",二者是司法证明中关于案件事实认定的一对范畴。所谓客观真实,是指司法活动中人们对案件事实的认识完全符合客观的实际情况,即符合客观事实的真实;所谓法律真实,是指司法活动中人们对案件事实的认识符合法律所规定或者认可的真实,是法律意义上的真实,是在具体案件中达到法律标准的真实。② 尽管我们在司法认识活动当中,想探寻客观真实,但是最终我们是不可能完全知晓客观真实的;这一是因为事物发生后即不可能再现,二是因为认识总是会存在偏差。因此,我们所能认知的最多是最接近客观真实的法律真实。刑事法官在刑事审判中所应做的也就是根据控辩双方提供的证据材料,首先对发生的案件做出法律真实的认定,最终结合法律规定做出判决。

(二)主要证明标准简介

法律是人制定的,法律真实的内涵和标准也是由人规定的;因此在不同的国家和不同的历史时期,法律真实的内涵和标准也有所不同,主要有以下三种方式:

一是古代的"神明裁判"制度,在中西方均存在。例如,通过某种肉体折磨或者考验来证明案件事实的水审法、火审法、毒审法等,按照《汉谟拉比法典》中的有关规定,如果自由民的妻子被他人告发有通奸行为,但是她自己不承认,那么法官就会命人将该女子扔到河水中,如果该女子沉入水中就证明她有罪,如果浮在水面,就证明她无罪。以今天的眼光来看,这种证明方式是违反科学的、荒诞的,但是不可否认,这是当时的历史条件下追求法律真实的一种定分止争、维护社会秩序的有效方法。

二是中世纪欧洲大陆国家盛行的"法定证据"制度,指法律事先规定各种证据的证明力和评判标准,法官在审判中必须遵循这些规则,没有自由裁量权。例如,其规定

---

① 陈瑞华:《刑事证据法》(第3版),北京大学出版社2018年版,第430页。

② 何家弘、刘品新:《证据法学》,法律出版社2019年版,第341、342页。

最好的完整证明就是两个可靠的证人,其证言内容统一是认定被告人有罪或者无罪的结论性证明;这和我国“文化大革命”中,对证据认定的一种说法,即“一人供听、二人供信、三人供定”类似。在英国早期确定的证据规则中,最具有代表性的是文书证据规则,即“文书审”,就是在与某文书所确立的权利义务关系有关的诉讼中,法官必须而且只能依据该文书作出裁判。

三是在17世纪欧洲大陆资产阶级革命和启蒙运动以后,对证据制度进行了改革,1808年的法国《刑事诉讼法典》规定了自由心证制度。所谓自由心证,是指证据的价值和证明力不再由法律事先做出具体明确的规定,法官和陪审员在审判中可以运用自己具有的“人类普遍认知能力”来自由判断具体案件中各种证据的证明力。① 心证是指法官根据证据达到的内心确信,法官根据内心确信后的证据来认定案件事实。在英美法系国家并没有法定证据制度这一自由心证制度产生的历史前因,也无对应的专门性术语,证据规则较多,并主要关注证据的可采性问题;而对于证据证明力、证明价值的判断,主要也是赋予法官和陪审团自由裁量,并要求达到内心确信的标准,较多采用“排除合理怀疑”的表达方式。英国学者塞西尔·特纳称:“所谓合理的怀疑,指的是陪审员对控告的事实缺乏道德上的确信、对有罪判决的可靠性没有把握时所存在的心理状态。因为,控诉一方只证明一种有罪的可能性(即使是根据或然性的原则提出的一种很强的可能性)是不够的,而必须将事实证明到道德上的确信程度。”②在对证据证明力的判断和案件事实的认定模式上,两大法系是相通的,以法官和陪审员主观自由判断并最终形成内心的确信。同时,当然主观判断的基础是证据,并依据理性和良知自由来进行判断,“法官心证的产物只能是有限制的、主观的‘视其为真’,是思想、自然和经验的耦合”。③

(三)我国的刑事证明标准——“案件事实清楚,证据确实、充分”

刑事诉讼的目标是查明案件真相,即查明案件事实,这是各国刑事诉讼证明均希望达到的结果。我国封建时代的立法都已特别注重发现事实真相,强调定罪要做到“无疑”“明白”。④ 在新民主主义革命时期,我党形成了实事求是的作风和路线,要求在证据“确实”“充分”的基础上作出裁判。中华人民共和国成立以后,司法机关继承和发扬司法工作的优良传统,在对案件的处理上继续强调“取得确凿的证据”“查明确

---

① 何家弘、刘品新:《证据法学》,法律出版社2019年版,第27页。

② [英]塞西尔·特纳:《肯尼刑法原理》,华夏出版社1987年版,第549页。

③ [德]汉斯·普维庭:《现代证明责任问题》,吴越译,法律出版社2000年版,第99页。

④ 例如,《唐律疏议》上有:“若赃状露验,理不可疑,虽不承引,即具状断之。”参见刘俊文点校:《唐律疏议》卷第二十九,“断狱”“诸应讯囚者”条,中国政法大学出版社1999年版,第593页。再如,《大清刑律》规定:“凡在外审理案件,应照案内人犯籍贯,批委该管地方官审理明白,申祥完结。”参见田涛、郑秦点校:《大清刑律》卷三十七,“刑律”断狱门下“辨明冤枉”,中国政法大学出版社1999年版,第587页。

实与客观事实相符”。[①] 到了1979年,我国制定了第一部刑事诉讼法,仍将当中规定的“犯罪事实清楚,证据充分”作为刑事审判的证明标准。1996年修改后的《刑事诉讼法》将证明标准表述为“案件事实清楚,证据确实、充分”,这更符合证明的逻辑顺序,起诉指控的首先目标是查明案件事实,然后再结合《刑法》规定,认定是否构成犯罪,因此将“犯罪事实”修改为了“案件事实”,在2012年和2018年对《刑事诉讼法》进行修改时,此表述得以延续。1996年修改后的《刑事诉讼法》新增了“证据不足,不能认定被告人有罪的,应当作出证据不足、指控的犯罪不能成立的无罪判决”的规定,首次在《刑事诉讼法》中对疑罪从无原则作出了明确规定。2012年修改后的《刑事诉讼法》首次对“证据确实、充分”作出了进一步解释,即需要满足三个条件:一是定罪量刑的事实都有证据证明;二是据以定案的证据均经法定程序查证属实;三是综合全案证据,对所认定事实已排除合理怀疑。

我国刑事审判的证明标准不是偶然得出的;它既不同于大陆法系的“内心确信”,也不同于英美法系的“排除合理怀疑”,经过漫长的自我发展历程,符合我国的语言表达习惯和文化背景。但笔者认为,若深入分析,无论是“案件事实清楚,证据确实、充分”,还是“内心确信”“排除合理怀疑”,都具有相同之处,追求的诉讼目标相同,最终都是法官主观上形成对案件事实的内心确信,但确信的基础是客观证据并要经过法定的程序。

对“案件事实清楚,证据确实、充分”进行解析,所谓“案件事实清楚”就是刑事证明需要达到的标准,应指认定案件事实的法官对于涉及案件定罪量刑是有关事实都已经查清楚了,是法官主观上的认知;而“证据确实、充分”,应该是对法官认知的根据即对证据提出的具体要求。“确实”应是对证据质量的要求,即据以定罪量刑的证据应符合合法性、客观性、关联性的要求,并经过举证、质证、认证等法定程序查证属实,不是虚假的,即满足“据以定案的证据均经法定程序查证属实”这一条件;“充分”应是对证据数量的要求,是指所有定罪量刑的事实都有相关证据予以证明,即满足“定罪量刑的事实都有证据证明”这一条件,至于证据的数量要达到多少,要视案件的不同情况而定。对证据质和量的要求达到一定程度,就能够认定案件事实,是对证据的正面综合评价所产生的结果,让法官对案件事实建立“内心确信”;在司法实践中对于绝大多数案件,法官都是通过正面界定来确认案件事实,并能够达到“案件事实清楚”的程度,在此种情形之下,不存在“疑罪”的问题。例如,在案例一中,若被告人周某某和朱某某都承认公诉机关指控的贩卖毒品的事实,二人的供述在时间、地点、贩卖数量、支

---

① 例如,最高人民法院在1956年10月写出的《各级人民法院刑、民事案件审判程序总结》中,指出:“在法庭调查阶段,必须把案件事实彻底查清,取得确凿的证据……被告人的供词,必须经过调查研究,查明确实与客观事实相符的,方可采用。”参见韩延龙主编:《中华人民共和国法制通史》(下),中共中央党校出版社1998年版,第60~61页。

付方式等主要的犯罪事实上基本一致，而且得到了购买者罗某某陈述的印证，与本案的其他证据所证明的案件事实也相互吻合，这时法官就能通过现有证据确认案件事实，最终作出案件事实清楚、证据确实充分的认定。

至于对“排除合理怀疑”如何理解与运用，笔者认为，它和“证据确实、充分”是同一事物的两个方面，是相辅相成的，“排除合理怀疑”是一种以试错和反证的方法来确认案件事实。我国《刑事诉讼法》中规定的“排除合理怀疑”，是指排除符合常理的、有根据的怀疑，不仅包括“最大程度的盖然性”，而且包括结论之“确定性”“唯一性”。[①]如果案件的同一事实得到越多份经查证属实的证据的同一性证明，它的真实性就越强，就越能排除合理怀疑。例如，被告人杀人的经过有其供述、证人证言、现场监控等多份证据证明，且证明的内容是一致的，这时法官就能直接通过这些证据认定案件事实，辩方难以提出存疑之处，法官也不会产生合理怀疑。当然若认定案件事实的证据不足，例如，被告人对其杀人事实予以否认，有两名证人证实目击了被告人杀人的经过，但一名证人对行凶者是否系被告人不能确认，另一名证人对案发的时间不能确认，被告人辩解在一名证人确认的案发时间，他不在案发现场，并提出了相关证据，法官对此案的证据进行评判时，就会发现在案件基本事实的认定上存在诸多疑点，需要对相关疑点结合证据一一甄别：若能够排除合理怀疑，就能形成内心确信；若不能，对案件事实的认定就存疑，案件证据也就未能达到确实、充分的标准。在司法实践中，案件的疑点多由被告人及辩护人提出，这时控方应运用证据和逻辑推理等方式对这些疑点进行解释说明，从而达到排除法官合理怀疑的效果。

在案例一中，被告人朱某某辩解称其不吸食毒品，不知道什么是毒品，现场查获以及贩卖给罗某某的毒品都是其妻子周某某的，其没有参与到贩卖毒品的犯罪之中。针对以上疑点，就需要相关证据证实其辩解真实或者不真实，从而排除法官的合理怀疑。从对被告人周某某和朱某某的尿检来看，二人均呈冰毒阳性；从案发现场，即二人的租住房，搜出大量的吸毒工具，被告人周某某和购毒者罗某某均证实周某某吸毒，且三人还在该租住房一起吸食过毒品；被告人周某某和购毒者罗某某还均证实，在罗某某购买毒品后，朱某某在看到毒品的情况下，还和周某某一起开车送罗某某回家。以上证据，均从反证方面证实了被告人朱某某的辩解不实，其不但知道毒，还吸食毒，并和其妻子周某某一起贩卖毒品，从而排除了法官对其辩解合理性的怀疑。

三、“疑”与“非疑”的主要证明方式——印证规则

整个刑事审判的过程就是一个证明的过程，证明被告人是否构成犯罪，证明被告人的犯罪情节。在取证、举证、质证和认证的司法证明环节中，认证无疑是最终环节，

① 陈光中主编：《刑事诉讼法》（第5版），北京大学出版社、高等教育出版社2013年版，第180页。

取证、举证、质证是前提,认证是最终归宿,对证据的最终认定在于法官的一锤定音。随着庭审实质化改革的不断深入,要求庭审在认定证据中起决定性作用;在庭审中法官要根据举证、质证情况对证据进行审查、判断,最终作出筛选、认定。只有通过法官的认证活动,证据材料才能最终被确定为定案的根据,并据以形成案件事实,并最终对被告人的定罪量刑作出裁判。对证据与案件事实的认定应遵循一定规则,只有那些经审查后被认为具有合法性、客观性与关联性的证据材料才能作为定案的依据;同时要根据印证规则,对证据和案件事实进行综合判断,排除合理怀疑。

(一)印证规则的法律界定

证据相互印证规则,被刑事证据理论广泛接受,也是在司法实践中大量运用且被证明是行之有效的一项证据规则;通俗来说,它要求在刑事案件的认定中"孤证不能定案",认定案件事实必须有相互之间能够印证的证据被采信。例如,《刑事诉讼法》第55条规定,只有被告人供述,没有其他证据的,不能认定被告人有罪和处以刑罚,就是这一规则的体现。

在《辞海》中对"印"一字的解释为"彼此符合",如:印证、心心相印。[①] 在通俗意义上理解,"印证"就是指事物之间的相互证明。作为刑事证据认证与案件事实认定的一种方式,学界对印证证明从不同角度有不同的理解。龙宗智教授认为,刑事印证证明是指在刑事诉讼中利用不同证据内含信息的同一性来证明待证事实,这里的同一性包括信息内容的同一与指向的同一;印证证明既适用于个别证据的判断,也适用于证据的综合判断,还适用于对证据真实性、合法性和相关性的判断。[②] 陈瑞华教授认为,印证证明规则在我国刑事诉讼中主要作用于三个领域,即确定自相矛盾的言词证据的证明力,审查案件是否达到法定证明标准,以及判断被告人供述是否得到补强;在此基础上,他区分了作为证明方法的印证和作为证明标准的印证,指出证据相互印证规则强调根据两个以上具有独立信息源的证据进行认定,注重证据信息的相互验证,避免仅凭孤证定案。[③]

2004年龙宗智教授在其《印证与自由心证——我国刑事诉讼证明模式》一文中认为印证证明模式是我国刑事诉讼中主要运用的证明模式,据以使用证据来证明案件事实;并认为由于我国刑事诉讼中证据的证明力未受法定限制,个别证据的证明力判断以及证据的综合判断主要依靠法官根据案件的具体情况作出,因此,"印证证明模式"仍然属于自由心证体系。[④] 笔者对此深以为然,并认为印证属于自由心证的一种证据与案件事实认定模式,而且无论是当下还是今后,都将长期是我国刑事诉讼中证据与

① 夏征农、陈至立主编:《辞海》,上海辞书出版社2009年版,第2740页。
② 龙宗智:《刑事印证证明新探》,载《法学研究》2017年第2期。
③ 陈瑞华:《论证据相互印证规则》,载《法商研究》2012年第1期。
④ 龙宗智:《印证与自由心证——我国刑事诉讼证明模式》,载《法学研究》2004年第2期。

案件事实认定的主要方式。① 对于印证证明模式的利弊以及需要注意的问题,学界有众多论述与研究,本文主要从证明方式角度,对司法实践中如何运用印证规则认定证据做一论述。

2010 年最高人民法院、最高人民检察院、公安部、国家安全部、司法部发布的《关于办理死刑案件审查判断证据若干问题的规定》、2012 年《刑事诉讼法解释》以及《法庭调查规程》等法律、法规中都对印证规则有所体现,尤其是在《刑事诉讼法解释》中关于证人证言、被告人供述和辩解、间接证据、隐蔽性证据以及对证据综合审查与运用中均提到要运用印证规则来对相关证据进行认定。

(二)印证规则的适用原则

在印证规则的具体应用上,应把握两个原则。一是对单个证据独立审查优先原则。从对印证规则的诟病来看,侦查人员为了达到证据之间相互印证的目的,存在违法取证甚至制造印证证据的情形,尤其是存在刑讯逼供等非法手段,强迫犯罪嫌疑人作出与其他证据相印证的供述,或者制造伪证与犯罪嫌疑人供述相印证。从对发生的重大冤假错案来看,均存在以上情形。案件发生后,侦查人员首先发现遗留案发现场的血迹、指印、涉案物品等客观证据,同时还会进行尸检、现场勘查等常规操作,然后排查出犯罪嫌疑人;这时为了获得与已有证据相印证的供述,采取刑讯逼供等非法手段收集证据,强调犯罪嫌疑人供述与其他证据相互印证,如在滕某善一案中,公安机关使用不让其睡觉的方式,强迫滕某善按照尸检的情况对碎尸细节进行供述,以达到供述和尸检相互印证的效果。同时还存在根据犯罪嫌疑人供述,伪造证据的情形,如在佘某林一案中,公安机关出具一份提取笔录,称根据佘某林的供述在沉尸处提取了一个蛇皮袋,内装有四块石头,后经核实,该笔录系人为编造,事实经过是先提取了蛇皮袋,后再提讯佘某林,佘某林在指供下作出交代。因此,必须从证据来源、内容、形成过程、证据与案件事实的关系等方面对每一个证据进行认真细致独立的审查,对证据的合法性、客观性和关联性作出有效判断;同时对不具有以上特性的证据一定要严格排除,尤其是对存在非法取证或者不能有效证明证据来源的证据要严格予以排除。这是印证规则适用的基础。

二是对同一证明主体的印证排除原则。同一证明主体的数个陈述,无论前后间隔

① 部分学界观点认为印证与自由心证有着较为严格的区分,我国刑事诉讼中的印证规则不注重证据的内在内容、缺乏逻辑和经验判断,由于过分强调印证导致对证据合法性的审查不够,导致非法取证现象较多,甚至与庭审实质化改革的推进存在冲突之处。笔者认为,任何一项制度与规则都有利弊,重点在于适用者如何趋利去弊,有效利用,并对发现的相关问题有效制止。在西方国家适用自由心证模式的过程中,同样会运用印证规则来认定证据与案件事实,在各国提起公诉的案件中,几乎不会存在只有孤证就进行诉讼的情形。同时在我国刑事诉讼模式局部演进的过程中,在没有大的改变前提下,尤其是在没有贯彻直接言词原则的情形下,印证规则始终应是证据认定的主要规则,同时应将非法证据排除、刑事辩护保障、疑罪从无等原则严格执行,提升法官对印证规则的运用能力,保障印证规则的有效适用,防止冤假错案的产生。

有多长、取证主体是否同一,也无论是以哪种形式体现,如同一证人的证言,针对案件事实的证明前后做了四次陈述,分别是不同的侦查人员收集,有三次是笔录、一次是证人的自书材料,但其在本质上仍属于一个证据,其相互之间不存在相互印证的问题,不能适用印证规则。有人会产生疑问,若每次陈述都不一致,怎么办?证人的每次陈述一致或者不一致,涉及的是对哪一份陈述采信的问题,这里需要适用印证规则,将每一份陈述和其他证据一起综合判断,能否相互证明,最终决定对哪份陈述予以采信。刑事诉讼法关于证人证言与被告人的供述和辩解的采信,均是采用印证规则,对于能够与其他证据相互印证的证言与被告人供述与辩解予以采信。[①] 这里要注意的一个问题是,不同主体对同一对象作出的认定可以纳入印证的范围,如针对同一鉴定事项不同鉴定机构作出的多个鉴定意见,针对同一毒品的提取既做了提取笔录,又进行拍照,还进行了同步录音录像,可以将这些证据纳入印证范围,证明某一案件事实的真实性。越能够得出同一性,每个单独证据的证明力就越强,就更应被采信。司法实践中,公诉人时常以被告人多次供述一致为由,认为被告人的前后供述相互印证,并将其作为多份证据以此来提高被告人供述的证明力,这是不恰当的。因此,相互印证的证据类型主要存在于不同种类的证据之间,或者证据种类虽然相同但证据来源不同的证据之间。

根据证据与案件主要事实的关系,可以将证据分为直接证据和间接证据。案件主要事实包括两个方面,一是犯罪事实是否发生;二是产生犯罪事实的犯罪行为是否为被告人实施。凡是能够单独、直接证明案件主要事实的证据,是直接证据。根据直接证据的内容,无须经过推理过程即可直接地了解被指控的犯罪事实是否发生,犯罪行为是否为被告人实施。例如,被害人、证人目击整个犯罪过程发生的陈述和证言,被告人对自己实施犯罪过程的供述或辩解,将犯罪实施的行为人、时间、地点、手段、结果等都呈现出来。凡是不能单独、直接证明,而是需要和其他证据相结合才能证明案件主要事实的证据,是间接证据。间接证据与案件主要事实的联系往往是间接的,需要经过一定逻辑推理的过程。由于间接证据的局限性,在只有间接证据时,推理、证明的过程往往更加困难、复杂。[②] 例如,被告人遗留在案发现场的指纹、物证,从案发现场提

---

① 2020年《刑事诉讼法解释》第91条规定:"证人当庭作出的证言,经控辩双方质证、法庭查证属实的,应当作为定案的根据。证人当庭作出的证言与其庭前证言矛盾,证人能够作出合理解释,并有其他证据印证的,应当采信其庭审证言;不能作出合理解释,而其庭前证言有其他证据印证的,可以采信其庭前证言。证人当庭作出的证言,经控辩双方质证、法庭查证属实的,应当作为定案的根据"。第96条规定:"审查被告人供述和辩解,应当结合控辩双方提供的所有证据以及被告人的全部供述和辩解进行。被告人庭审中翻供,但不能合理说明翻供原因或者其辩解与全案证据矛盾,而其庭前供述与其他证据相互印证的,可以采信其庭前供述。被告人庭前供述和辩解存在反复,但庭审中供认,且与其他证据相互印证的,可以采信其庭审供述;被告人庭前供述和辩解存在反复,庭审中不供认,且无其他证据与庭前供述印证的,不得采信其庭前供述。"

② 江必新主编:《最高人民法院刑事诉讼法司法解释理解与适用》(上),人民法院出版社2015年版,第341页。

取的作案工具,证明被害人死亡时间和原因的尸检报告、鉴定意见等。

在案例一中,由于二被告人均是做的无罪供述,只有毒品购买者罗某某对其购买毒品的经过进行了陈述,系直接证据;其他证据都是间接证据。

(三)印证规则适用的主要类型

司法实践中,大多数案件既有直接证据,又有间接证据。根据适用标准的不同,印证规则主要存在以下三种情形:

第一,直接证据或者间接证据各自之间全面印证,或者直接证据被其他若干间接证据所印证。在第一种情形下,两个证据材料之间关于案件事实的内容能够基本吻合,如被告人供述其在某天、某地实施了伤害某人的行为,与同案被害人关于犯罪时间、地点、实施犯罪的具体行为和结果的陈述一致;或者两名目击证人,虽然不知道被告人的具体身份,但就被告人实施犯罪的经过所做的证言在内容上一致。这时,两个直接证据之间、两个间接证据之间都得到了相互印证。第二种情形下,一项证据材料证明的全部事实,分别被其他若干证据材料证明的事实所印证,虽然每一个间接证据不能证明案件的主要事实,但每一间接证据所证明的结果能够使直接证据的全部内容得到印证。如案例一中最终认定二被告人构成犯罪就是此种情形,根据毒品购买者罗某某的陈述与指认,找到了被告人周某某、朱某某的共同居住房;被告人周某某与购买者罗某某的手机转账记录与罗某某关于购买毒品支付毒资的内容相互印证;被告人周某某和朱某某供述认可某天驾车送罗某某回家,被告人周某某车辆的行车路线记录与罗某某陈述的周某某二人在其购买毒品后驾车送其回家的内容相互印证,等等,都是通过众多的间接证据来印证直接证据的情形。

第二,间接证据之间具有同向性。此种情形主要适用于间接证据之间和凭借间接证据证明全案事实的情况,两个或者若干间接证据证明的事实内容虽然各不相同,但指向具有同一性,都具有证明案件事实作用。例如,在一起杀人案件中,证人证言、作案工具、指纹、尸检报告等证明的内容分别是案件事实的一部分,但都是指向同一犯罪事实,综合评判,证据之间能够相互证明,结合起来能够证明全案事实。

第三,证据之间只有部分事实和情节能够相互印证。例如,被告人关于杀人犯罪事实的供述与被害人的陈述,都是直接证据,但被告人供述的事实经过更全面,被害人陈述的只是杀人的具体过程,被告人供述和被害人陈述只有在关于杀人经过的部分事实能够相互印证。

(四)印证规则需达到的印证程度

第一,对于直接证据或者间接证据之间的相互印证,只要求证据材料之间在基本内容、基本情节上一致即可,并不要求在每一个细节上都完全一致,这也符合人对事物的认知规律。例如,被告人供述的犯罪经过和被害人陈述,对于被告人当天穿的什么颜色的鞋了,犯罪时间具体是几时几分,可能有不一致之处,但只要两个证据材料对大概的案发时间、地点、犯罪行为手段等能够有一致陈述即达到了相互印证的效果。因为,所有证据材料都是犯罪经过的事后提取,不可能是犯罪事实的完全还原,尤其是言词类证据,由于受个体因素、时间间隔以及利益关系等原因的影响,可能出现记忆模糊甚至错误记忆和部分不实陈述。因此有经验的法官在审查言词证据时,如果证据中所有的细节都一致,反而会引起法官的高度警觉,会认为侦查人员有伪造证据之嫌,不然不同的言词证据不会在众多细节上都保持一致,这不符合认知规律。同时,对于直接证据被间接证据所印证的情形,间接证据所包含的事实与直接证据的事实在内容上应形成一定的重合关系。

第二,对于指向一致的间接证据认定案件事实的相互印证,要求所有证据材料都必须达到完整性、同一性、闭合性的高度统一,间接证据之间能够相互印证,且得出关于案件事实的唯一性结论。2020年《刑事诉讼法解释》第140条规定:“没有直接证据,但间接证据同时符合下列条件的,可以认定被告人有罪:(一)证据已经查证属实;(二)证据之间相互印证,不存在无法排除的矛盾和无法解释的疑问;(三)全案证据形成完整的证据链;(四)根据证据认定案件事实足以排除合理怀疑,结论具有唯一性;(五)运用证据进行的推理符合逻辑和经验。”对于只运用间接证据之间的相互印证来认定案件事实做了明确的规定与限制。由于间接证据不能直接证明案件的主要事实,完全依靠间接证据来认定案件事实是一个复杂和困难的推理证明过程,推理是由人来进行的,就难免出现疏漏,因此在运用间接证据来认定案件事实时,必须严格按照法律规定,反复审查证据的真实性与推理的严密性,做到慎之又慎。

第三,对于只有部分事实和情节的证据之间能够相互印证,这时对证据如何认定与采信。如果部分无法印证的事实是涉及对被告人定罪量刑的事实,则是案件审理中必须要进行证明的事实,无其他证据印证则不能认定该证据,即不能作为定案的根据予以采信;反之,能够得到其他证据的印证,如果被印证的细节特征越多、特殊性程度越高,则证据的可信度就越高,越容易被法庭采信。如果无法印证的事实不涉及对被告人的定罪量刑,则不是属于非证明不可的情形,不影响对该证据的认定与采信。如果证据之间重合的是一般性内容,而非关键的特殊性情节,则不能草率地认定证据之间得到了相互印证,并予以采信。例如,被害人陈述在案发当天是王某某实施了犯罪行为,并对王某某的性别、外貌特征、穿着等关键细节进行了描述;同时提取到一名证人的证言,对其目击的行凶者的性别、外貌特征、穿着以及逃跑等情况等进行了证实,对于行凶者的穿着以及外貌特征做了与被害人类似的陈述,但是由于其距离案发现场较远,其关于行凶者的面目、身体特征、穿着情况等推测情况较多,不能肯定。这时,就不能简单地认为被害人的陈述与证人证言能够相互印证,从而认定谁是行凶者这一需要证明的关键事实,至少还要综合其他证据予以评判。对于行凶者逃跑的情况,由于被害人没有证实相关事实,只是证人在作证时提到,若经过认定对案件的处理没有影响,则可以不再证明。

四、疑罪的处理原则

2013 年 11 月最高人民法院发布《关于建立健全防范刑事冤假错案工作机制的意见》(以下简称《意见》),第 6 条明确规定:“定罪证据不足的案件,应当坚持疑罪从无原则,依法宣告被告人无罪,不得降格作出‘留有余地’的判决。定罪证据确实、充分,但影响量刑的证据存疑的,应当在量刑时作出有利于被告人的处理。死刑案件,认定对被告人适用死刑的事实证据不足的,不得判处死刑。”[①]2017 年 11 月最高人民法院发布《人民法院办理刑事案件第一审普通程序法庭调查规程(试行)》(以下简称《规程》)第 52 条规定:“法庭认定被告人有罪,必须达到犯罪事实清楚,证据确实、充分,对于定罪事实应当综合全案证据排除合理怀疑。定罪证据不足的案件,不能认定被告人有罪,应当作出证据不足、指控的犯罪不能成立的无罪判决。定罪证据确实、充分,量刑证据存疑的,应当作出有利于被告人的认定。”最高人民法院在《意见》和《规程》中对司法实践中出现疑罪情形如何处理,做出了明确的规定:对定罪证据不足的案件,坚持疑罪从无原则;对量刑证据存疑的案件,按有利于被告人原则处理。

(一)对定罪证据不足的案件,应当坚持疑罪从无原则,坚决反对疑罪从有、疑罪从轻、疑罪从挂

惩罚犯罪和保障人权始终是刑事诉讼的价值追求,只是在不同的历史时期,立法和司法反映的侧重点不同而已。从 1979 年刑事立法的背景来看,立法者选择了一种偏重于客观事实和客观证明状态的证明标准,将查明案件的真相作为公检法三机关共同的任务,对于办案机关能够查明案件真相保持一种高度的乐观主义态度,侧重于对犯罪的打击,当时的主流观点认为:“从根本上看,任何案件事实,通过正确的收集、分析证据,是可以查清的”。[②] 因此,在 1979 年制定的《刑事诉讼法》总则中规定:“人民法院、人民检察院和公安机关进行刑事诉讼,必须以事实为根据”。该法将查明案件客观事实作为刑事诉讼追求的目标是正确的,但过分强调了办案机关的查证能力,未将控辩审三方的诉讼职能进行有效区分,导致发现真相的主导目标和其他价值目标发生冲突时,如何认定证据、如何处理案件,没有作出明确规定,如对非法方法收集的证据如何取舍、对于证据“确实、充分”如何认定、对于穷尽了一切调查手段仍无法查明案件事实真相的案件如何处理,加上当时“严打”的刑事政策,导致部分案件在证据不足的情形下草率作出有罪判决,部分案件又长期不决,一直处于调查之中。

---

① 司法实践中,对于死刑案件被告人判处死刑的证据适用标准比普通刑事案件更为严格,但本文不将死刑案件的证据适用作单独讨论,将归为定罪证据不足的疑罪和量刑证据存疑的疑罪两种划分之中。

② 张子培主编:《刑事诉讼法教程》,群众出版社 1987 年版,第 192 页。

随着1996年《刑事诉讼法》的修改,刑事诉讼结构发生了重大变革,吸收了当事人主义刑事诉讼结构诸多特征。审判方式从审问式改变为控辩式,取消了卷宗全案移送制度,改变了法官在庭前对案件进行实质性审查的做法;重新配置了控辩审三方职能,改变了法官直接调查证据的方式,确立了以控辩双方为主导、辅以法官调查的庭审模式,允许控辩双方针对对方证据进行反驳性发问或者提出质证意见,削弱了法官在证据调查方面的主导地位,尤其是明确提出了"证据不足,不能认定被告人有罪的,应当作出证据不足、指控的犯罪不能成立的无罪判决"的规定,首次在刑事诉讼法中对疑罪从无原则作出了明确规定,这是刑事诉讼理念的重大进步。

所谓疑罪从无,就是在刑事司法中出现这种既不能排除犯罪嫌疑又不能证明有罪的两难情况下,从法律上推定为无罪的一种处理方式。疑罪从无是罪刑法定原则、无罪推定原则的具体体现,是对过去司法实践中存在的疑罪从有、疑罪从轻、疑罪从挂的否定。

在纠问式的诉讼模式中,奉行有罪推定和口供主义,刑讯逼供等违法取证方式普遍存在,对疑难案件采取"疑罪从有"的处理原则,即尽管没有足够的证据能确定被告人有罪,仍然问罪并处以刑罚。这是封建专制社会野蛮、落后、践踏人权在刑事诉讼中的具体反映。无罪推定作为现代刑事诉讼的一项基本原则,是在否定纠问式诉讼制度的基础上形成并发展起来的一项法律原则,它与刑法中的罪刑法定原则一起,构成了现代刑事法律制度的基石。无罪推定,指未经法院作出生效的有罪判决,任何人都应被推定为法律上无罪的人。《刑事诉讼法》第12条规定:"未经人民法院依法判决,对任何人不得确定有罪。"这是对这一原则的直接体现。无罪推定主要体现在以下三个方面:一是作为旨在规范刑事诉讼过程的基本原则,无罪推定适用于刑事程序启动之后和法院作出生效判决前的诉讼过程之中;二是无罪推定为犯罪嫌疑人、被告人设定了"法律上无罪"的诉讼地位;三是无罪推定为犯罪嫌疑人、被告人确定了一系列基本的程序保障,使其能够与国家追诉机构展开诉讼对抗,并对法院的司法裁判施加积极的影响。[①] 这一地位的确立,保障了犯罪嫌疑人、被告人在法律上的相关权利的实现,非必要不被羁押、不能被刑讯逼供等非法方式取证、获得辩护尤其是律师帮助、在庭审中平等对抗等一系列权利,只有在犯罪嫌疑人、被告人不被当作"有罪的人"对待时才能实现,为疑罪从无原则的实现奠定了坚实的程序保障。

在定罪证据不足的情况下,疑罪的实质就是裁判者处于裁判有罪与无罪的"两难"境地,其核心问题就是有部分证据能够证实被告人具有犯罪嫌疑,但又不能达到刑事诉讼法要求的"证据确实、充分"的证明标准,裁判者不能排除对罪与非罪认定的合理怀疑。审判人员应只对证据负责,追求的是法律事实,而非客观事实。审判人员

---

① 陈瑞华:《刑事证据法》(第3版),北京大学出版社2018年版,第58~59页。

只能根据控辩双方提出的证据来探求案件的真相，在法定程序内，严格依据程序所允许的范围和方式，对控辩双方提供的证据进行审查、分析、判断，从而形成法律事实，而不能超越职权范围去任意探求客观事实真相。若定罪证据达不到确实、充分的证明标准，按照疑罪从无原则，此时审判人员就应作出被告人无罪的判决。

在以往的司法实践中，对疑罪的处理存在疑罪从有、疑罪从轻、疑罪从挂的现象。具体来说就是在认定被告人有罪的证据不足的情况下，对被告人作有罪处理，或者作“留有余地”的从轻判决处理，或者将案件长期搁置不做处理的现象。比较典型的情形就是被告人被执行死刑后，真凶出现；或者对被告人折中判处较轻刑罚后，真凶出现；或者案件已经远远超出法定的审理期限，但是司法机关坚持要将案件事实查清或者由于相关部门达不成较为一致的处理意见，法院不对案件罪与非罪作出实质处理，导致被告人长期被羁押，法院不作出判决的情况。

之所以出现对疑罪的以上处理方式，主要有以下三个方面的原因：一是司法机关“重打击，轻保护”的刑事理念。刑罚是专政工具，是“刀把子”，因此只要出现了严重的社会危害结果，即使“疑罪”也要将被告人“法办”，给社会一个交代，经常出现案件还没有经过人民法院判决，就向社会大肆宣扬犯罪嫌疑人的犯罪行为，对侦查人员进行表彰奖励，给疑罪的最终处理造成极为被动的外界环境。二是由于我国没有较为系统完善的证据认定规则，对刑事诉讼法要求的“证据确实、充分”的标准缺乏统一认识，疑罪在司法认知上没有明确界定。针对同一具体案件，侦查机关有侦查机关的标准。公诉机关有公诉机关的标准，法院有法院的标准。因此，过去一段时间法院在办案过程中，势必既要考虑法律效果，还要考虑社会效果，要兼顾各方的立场，特别是相关职能部门之间“重配合，轻制约”，对那些证据方面存在问题的案件，不能有效排除非法证据，“不敢不判”“不敢放人”，往往采取了疑罪从轻、疑罪从挂的方式处理。三是法院依法独立行使审判权未得到有效保障。一方面，全民的法治意识还不够强，社会舆论、“民愤”、被害人亲属的过激行为等都对案件的公正审理产生了影响；另一方面，对法官错案责任的追究，不是建立在案件证据和事实的认定上，而是以最终查明的实际结果倒推责任，导致部分法官不敢对疑罪案件按疑罪从无原则进行处理，而选择折中稳妥的方式，比如疑罪从挂。

震惊全国的杜培武一案就是没有坚持疑罪从无原则的典型。在1998年案发后，杜培武作为犯罪嫌疑人被抓获，作为公安民警的他被刑讯逼供，尽管在庭审中其辩称有罪供述系被刑讯所致，但昆明市中级人民法院一审仍以故意杀人罪判处其死刑；案件上诉后，云南省高级人民法院在二审时，发现案件有诸多疑点（被害人的枪支以及随身携带的物品等关键物证均未找到），且不能排除杜培武被刑讯逼供的情况之下，作出该案证据不足，留有余地改判杜培武为死缓，直到真凶出现，杜培武才被宣告无罪。

(二)对量刑证据存疑的疑罪案件,应以有利于被告人原则对犯罪事实和情节进行认定

有利于被告人原则源于古罗马法中的"有疑,为被告人利益"原则。近年来,有利于被告人原则逐渐成为我国刑事程序法和实体法学者们共同关注的热点问题,相关研究文章的数量也不断攀升。不过,学者们对有利于被告人原则的理解,存在分歧。尤其在适用范围上,有的学者认为有利于被告人原则只适用于"事实存疑"的场合,即案件事实模糊不清难以判别时,审判人员应作出有利于被告人的决定;而有的学者认为其还应适用于"法律存疑"时,即法律条文模糊不清时,应作有利于被告人的解释;有学者认为"存疑"是有利于被告人的必要前提,只有存有疑问时才能适用有利于被告人原则①。笔者在本文中,将有利于被告人原则适用于影响被告人量刑的事实存疑情形,当然事实存疑的原因是认定相关事实的证据不能相互印证,存在无法排除的合理怀疑。根据最高人民法院《意见》和《规程》的规定,定罪证据确实、充分,但影响量刑的证据存疑的,应当在量刑时作出有利于被告人的处理。

在司法实践中,对被告人的量刑有影响的事实存疑,既包括案件事实本身,如对个别盗窃物的价值鉴定,有3000元和5000元两个鉴定结果,都达到了定罪的标准,这时法官需要对犯罪金额作出认定;还包括对被告人从重、从轻、减轻或者免除处罚等相关犯罪情节的认定,如被告人是否构成自首、立功等。针对量刑事实和情节存疑两种情况,笔者以以下两个案件为例,进行分析说明。

案例二:在一起故意杀人案件中,被告人王某承认其杀害了被害人张某,但是在杀人的起因上,王某供述称其和张某长期有不正当的男女关系。张某出租屋的钥匙是张某给他的,案发当天他到张某的出租屋和张某一起居住,之后由于琐事和张某发生争吵、扭打,他一气之下将张某杀害。而被害人张某的丈夫及其他亲属均否认王某和张某有不正当的男女关系,只是表示被告人和被害人仅是同村,相互认识而已。而且被害人丈夫及多名亲属均证实,被害人和其丈夫婚后关系一直较好,且育有一子,没有矛盾。因此,被害人亲属提出,被告人是偷配被害人出租屋的钥匙,并半夜潜入被害人出租屋先将被害人强奸,为掩盖犯罪事实又残忍地将被害人杀害。通过调查,其他多名证人均证实在案发前一段时间看到过被告人到被害人上班的地方找过被害人,而且被告人还帮助被害人做过饭,但均无法证实二人是否有不正当的男女关系。

对于故意杀人的事实,被告人王某供认不讳,但对于杀人的原因,被告人的供述与被害人亲属的说法不一,由于被害人已经死亡,现有证据不能确切地反映出案发当晚的具体经过,存在事实认定上的疑点,而且这一犯罪事实又会直接影响到被告人的量刑。笔者认为此种情形就是对案件量刑事实认定的证据存疑,属于影响量刑的事实存

① 何诗扬:《有利被告原则的历史重考与当代应用释疑》,载《政法论坛》2011年第4期。

疑,在杀人原因的事实认定上应作有利于被告人的认定,认定被告人系激情杀人而不是入室强奸后杀人,最终在量刑上作出有利于被告人的处理。

案例三:在被告人李某涉嫌抢劫一案中,公诉机关根据被告人的户籍登记信息认定被告人犯罪时已满18周岁,系成年人。而被告人的辩护人当庭提出,被告人出生于农村,而当地农村在户籍登记时登记农历的出生日期是普遍存在的。被告人李某当年户籍登记的就是登记的农历日期,而被告人的实际年龄小于登记年龄,犯罪时被告人没有年满18周岁,并提供了被告人的学籍证明及相关亲属、邻居的证言,证实被告人犯罪时未满18周岁。

虽然在一般案件中,对于被告人年龄的认定以户籍登记为主,但对本案综合分析,对认定这一事实的相关证据存疑,进而在认定被告人犯罪时是否系未成年的重大量刑情节上存疑。审判人员首先认真审查了辩护人提供相关证据的合法性、真实性,然后实地进行了调查核实,虽然没有找到被告人的出生证明,但辩护人提供的两名证人证实被告人和其邻居孩子的出生相隔很近(相隔10天之内),而且按照被告人出生时的当地风俗,认定小孩的出生日期一般以农历为准,大多家庭在小孩到一定年龄后才会进行户籍登记,且登记时间多为农历出生时间,因此不能排除辩护人辩护意见的真实性。最终,合议庭作出了有利于被告人的认定,认定被告人犯罪时系未成年人。

另外,在案例一中,二被告人的辩护人都提出自己的被告人系从犯,在本案中只有被告人周某某和朱某某实施犯罪,不可能将二人都认定为从犯,最终合议庭根据现有证据,认定购毒者罗某某是从周某某处购买毒品,且毒资的支付也是周某某在具体和罗某某联系,虽然认定朱某某明知周某某贩卖毒品还帮助运输,但认定朱某某是主犯的证据不充分,最终作出了有利于被告人朱某某的认定,将其认定为贩卖毒品的从犯。

总之,对疑罪的处理原则,是现代法治社会对司法工作的基本要求,是法治文明的重要体现。在具体案件的处理中,法官一定要坚持无罪推定和证据裁判原则,严格排除非法证据,充分保障被告人的诉讼权利,尤其是辩护权,对存疑的证据不采信,中立裁判,让疑罪从无和有利于被告人原则得到贯彻实施。

【刑法教义学】

过失犯的结果回避义务

魏　东　赵天琦*

【内容摘要】结果回避义务的本质是社会义务规范，其机能在于要求行为人按照共同确立的社会基准行为规范行事，社会义务规范揭示了个体行为走向社会认同，再到法律评价的动态过程，是沟通个体主观责任与社会客观分配责任的中间项。作为过失犯客观的违法要件判断标准的“可避免性理论”与“风险升高理论”之间并非“对立”或者“对应”关系，而是“补充关系”。社会义务规范这一注意义务本质决定着这种“补充关系”的成立，应当以结果回避义务作为基准行为之前提要素，以风险升高作为过失实行行为的衡量要素，以规范目的违反关联以及结果回避可能性作为行为与结果之间的可归责性。在填充结果回避义务时，为坚持罪刑法定原则对于新型过失犯应当引入“首次裁判案件免责”规则，以有效确证刑法意义上新型过失犯罪注意义务的正当性。结果回避义务有助于界定社会中的基准行为，具有区分过失犯与故意犯的规范机能。

【关键词】结果回避义务　社会义务规范　可避免性理论　风险升高理论

引言:“赵某文交通肇事案”引发的疑问

刑法上过失犯的刑事责任理论历经新、旧过失论的演进。旧过失论以结果无价值为取向，将结果预见义务视为其核心，而新过失论以二元的行为无价值为基础，将结果回避义务视为其核心。一般认为，纯粹的旧过失论局限于主观责任方面考察过失，是心理责任论的产物，已不符合现代刑法责任理论的基本观念。因为，这样的旧过失论是在传统“牧歌社会”中为了应对偶尔例外地发生的人身事故而具有充分机能而已。① 诚如周光权教授所指出的那样，旧过失论存在着两点难以避免的问题：一是在“合义

---

* 魏东，法学博士，四川大学法学院教授、博士生导师；赵天琦，四川大学法学院2019级刑法学专业博士研究生。

① 参见马克昌：《比较刑法原理》，武汉大学出版社2002年版，第251页。

务替代行为”案件中,明显存在预见可能性,如何说明行为人不负过失责任成为难题;二是在相当一部分涉嫌过失犯罪案件中,其实与主观方面并无关系,一律将过失作为主观责任要素讨论,属于“眉毛胡子一把抓”,并无必要。[①] 因此,宜坚持新过失论的基本立场,围绕结果回避义务讨论过失犯的责任行为发生则结果确定不发生的,阻却结果归责,否认犯罪过失的成立。然而,随着客观归责理论在我国的发展,一种“风险升高理论”夹杂着旧过失论的结果无价值取向对条件说、预见可能性加以重新组装,在司法实践中有极为广泛的市场,对以结果回避义务为中心的新过失论提出了新的挑战。

案例一:赵某文交通肇事案[②]被告人赵某文驾车在某路口行驶,该处限速60公里/小时,其车速事后检测为超出77公里/小时,在其看见道路上散放的雨水井盖后采取措施不及,车轧上井盖后失控,冲撞路上隔离带后闯入辅路,撞击了一辆正常行驶的汽车以及骑自行车正常通行的刘某等人,造成三人死亡、二人受伤的重大交通事故。交通管理部门事后认定,赵某文对此次事故负全部责任。一审法院经审理认为:被告人驾驶车辆时违章超速,而且没有履行必要的注意义务,当其发现散落于路面上的雨水井盖时,已无法采取有效措施,这是引起事故发生的原因,判处被告人构成交通肇事罪。后赵某文在上诉中称,事故发生的原因是轧上井盖所致,但二审法院并不予以支持,指出:赵某文车辆确实轧在散放在道路上的雨水井盖,但是,缺少证据证明,轧上井盖是否一定导致该案的发生。事实证明,赵某文已超过该路段的限速标志,是因为赵某文违章超速,故轧井盖后已无法控制车速,导致采取措施不及,是造成此次肇事的一个原因,赵某某上诉理由不充分。

围绕赵某文交通肇事案,形成了不小的争议。显然,实务部门采用了客观归责理论。依此理论,赵某某严重超速,制造了不被容许的风险,显著地升高了驾驶行为的风险,此种情况,超速驾驶升高风险的行为与重大交通事故之间虽然达不到排除如果存在“合义务的替代行为”(不超速)则必定不会发生该事故的合理怀疑,也足以认定赵某某的行为成立过失犯罪(交通肇事罪)。因为“依风险升高理论,即便在具体案件中不能判定合义务行为能够近乎肯定避免法益侵害结果的发生”,也可成立过失。[③] 然而,这种见解遭到了“可避免性说”主张者的反对。“不能肯定行为人违反了结果避免义务(客观注意义务),更不能认为行为人的结果避免义务违反与结果发生之间存在因果关联(新过失论),自然也就不能将结果归属于行为人(客观归责论)”。[④]

---

① 参见周光权:《客观归责与过失犯论》,载《政治与法律》2014年第5期。

② 参见北京市第一中级人民法院刑事附带民事裁定书,(2005)一中刑终字第3679号。

③ 参见蔡仙:《过失犯中风险升高理论的内在逻辑及其反思》,载《清华法学》2019年第4期。

④ 周光权:《风险升高理论与存疑有利于被告原则——兼论“赵某文交通肇事案”的定性》,载《法学》2018年第8期。

上述典型案例背后引发的学术争议,充分展现了我国过失犯理论的纷纭图景。新旧过失论的对话,逐步发展为过失论与客观归责之间的对峙。源起于德国的客观归责之"风险升高理论"试图再造过失犯的体系面貌,使以往格外注重结果回避义务(结果回避可能性)的过失犯构造日益受到质疑。诸如,作为通说的"可避免性理论"存在拔高证明标准使得"存疑有利于被告原则"被过度滥用、缺乏注重社会效应的一般预防功能以及导致被害人得不到合理保护等实践危机。相应地,反对"风险升高理论"的观点也直指其欠缺正当性,不当降低入罪门槛,难以得出妥当的结论。近年来,有研究者溯源两种理论的立论依据,认为在"结果回避"与"风险升高"的争论背后是更加宏大的"作为传统刑法体系首要原则的责任主义原则与作为目的理性刑法体系导向的一般预防刑事政策之争"。[①] 有学者更是直截了当地指出,过失犯的构造并不单纯是过失犯本身的问题,检讨过失犯的构造可以促成对犯罪阶层理论的反省,尤其是对过失犯主观不法的诠释可能颠覆传统犯罪阶层结构。[②] 这种研究视野可以说抛开了纯粹的观点争辩,进一步升华为两种宏观体系的分张。然而,值得追问的是:这样一种"对立论"是否恰当?应当如何行之有效地构建过失归责的逻辑判断体系?虽然有研究已将目光置于两者的结合,但仍停留于简单的"拼装",缺乏从功能论的视角深入触及结果回避义务的生成机理、规范意义,更难以为实务操作提供有效的指引。

一、结果回避义务本质论:"社会义务规范说"的提倡

结果回避义务本源于个体心理的理性反思,因而违反结果回避义务在主观责任方面具有非难可能性;本源于个体心理的理性反思,经由社会化共识机制,客观化为一种回避结果的普遍性规范要求,升格为"社会义务规范"。

(一)从预见义务到结果回避义务

关于过失犯的注意义务,日本学者山口厚认为应当分为结果预见义务与结果回避义务两类:结果预见义务违反是与故意犯中的故意相对应的责任要素,而结果回避义务的违反则是与故意犯相通的、以引起了构成要件的结果为内容的构成要件该当性的要件。[③] 新过失论肇始以来,基本确立了结果回避义务作为过失判断的核心地位。关于结果预见义务与结果回避义务之关系,在日本被广泛讨论的"药害艾滋案"中得以很好的说明。身为血友病患者的被害人接受了大学医院非加热浓缩血液制剂的输血治疗,因该血液制剂而感染了艾滋病并死亡,作为这一领域医学专家的被告人安部英在得知美国使用该制剂引发艾滋病的情况后,仍对患者使用,其行为可否判断为涉嫌

① 蔡仙:《过失犯中风险升高理论的内在逻辑及其反思》,载《清华法学》2019年第4期。

② 参见许玉秀:《当代刑法思潮》,中国民主法制出版社2005年版,第335页。

③ 参见[日]山口厚:《刑法总论》,付立庆译,中国人民大学出版社2011年版,第229页。

业务上的过失责任(过失致死罪责任)?法院判决认为,其结果预见可能性程度很低,从而否认了结果避免义务。[①] 这一判决确立的原则是:结果回避义务存在的前提是行为人预见了结果发生的危险。新过失论也对此表示认可,而并非全然排除对结果预见可能性的考察。现在通常认为,在逻辑顺序上结果的预见义务是结果回避义务的前提,但从过失要件的顺位来看,结果预见可能性被作为是推导出结果避免义务的第二顺位要件。[②] 本文认为,结果避免义务在行为层面(回避可能性)、心理层面(预见可能性)两个方面对行为人的行动提出了要求,对于有效规范社会的角度看,构筑了多层次的防范机制,更加符合现代社会特点,因此,对过失犯的基本理解应当更加强调结果回避义务。关键的问题是,结果回避义务应当如何理解?对其本质的理解决定着应当确立何种标准具体判断结果回避义务的违反及其结果归责。

(二)结果回避义务≠能力维持规范

有力的观点认为,"注意义务的本质是能力维持规范,其机能在于将行为人遵守规范的能力维持在一定水平之上"。[③] 这种见解与德国刑法理论所倡导的"人格的自律"相一致,即法秩序要求任何人都应当具有认识和避免对于被保护法益的危险的能力。[④] 但本文对此有如下质疑:

其一,这种观点脱离了刑法作为行为规范的判断。陈璇教授在论及行为规范与注意义务时认为,前者是防止法益侵害出现的禁止规范,后者是要求行为人能力维持的命令规范。[⑤] 但这种区分混淆了行为规范与命令规范的位阶与逻辑关系。在法理上,行为规范本身就既包括禁止规范,也包括命令规范,将行为规范限缩为禁止规范并与命令规范对立的说法是不严谨的。事实上,注意义务的本质绝不仅是维持能力,当然也包括要求行为人遵循法所确证的规则,防止法益侵害的出现。

其二,刑法的目的是保护法益,强调通过调控行为人的行为来维持整体社会的安定与团结,但上述见解仅着眼于个别化的"道德自设",使得义务规范沦为无本之木,在调整行为的功能上仿佛失去了抓手,削弱了公众的刑法认同。进而,不能周全地诠释义务本质的规范意义与社会意义,无益于实现刑法的法益保障机能。许玉秀教授对于能力维持规范所谓"逾越能力即无义务"提出过犀利的反驳,"受规范对象有能力满足规范的价值要求,并不是架构义务或者架构规范基本价值的构成要素;受规范者能否满足规范的要求,只可能是一个会影响规范范围和效果的调节要素"。[⑥] 换言之,行

---

① 参见陈家林:《外国刑法理论的思潮与流变》,中国人民公安大学出版社 2017 年版,第 232 ~ 233 页。

② 参见[日]佐伯仁志:《刑法总论的思之道·乐之道》,于佳佳译,中国政法大学出版社 2017 年版,第 243 页。

③ 陈璇:《注意义务的规范本质与判断标准》,载《法学研究》2019 年第 1 期。

④ 参见[德]耶塞克、魏根特:《德国刑法教科书》(下),许久生译,中国法制出版社 2017 年版,第 761 页。

⑤ 参见陈璇:《注意义务的规范本质与判断标准》,载《法学研究》2019 年第 1 期。

⑥ 许玉秀:《当代刑法思潮》,中国民主法制出版社 2005 年版,第 349 页。

为人是否有遵守规范的能力只不过是影响因素,而非决定因素。

其三,容易陷入行为人刑法的窠臼。倘若按照上述能力维持规范说的理解,刑法可以对人格的"不自律"进行处罚,会导致刑法的规范机能不是从行为的角度去评价行为人,而是要求行为人"应当做个谨慎的好人",这有堕入一元的行为人刑法的危险。即使是考夫曼在拟定"自我决定、自我完成、自我所有"的人格形象时,也与"自律论"划清了界限,并将"自律论"视为以危险的主观主义为目标而加以警戒。[①] 普珀也指出,如果没有一个标准形态,而直接依行为人特质而定,则规范不成为其规范。[②]

就实践的开展效果而言,这种抽象判断缺乏具体的可操作性,更难以说明监督过失情况中监督人的结果回避义务。在监督过失犯罪中,在引入了被监督人行为的情形下,很难如能力维持规范说所言存在监督人本人将自己陷入某种无能力的状态。因而,这种能力维持规范说显然无法解释复杂化的客观关系,能力维持调节的仅仅是行为人自身内隐状态,而非外化的行为,自然无法指向复杂的社会管理中的监督与被监督关系。

(三)结果回避义务的本质是社会义务规范

结果回避义务的本质是一种社会义务规范,其机能在于要求理性的行为人按照共同社会生活所确立的基准行为规范行事。社会义务规范的形成是个体理性走向群体规范的过程,充分揭示了个体行为走向社会认同,再到法律评价的动态过程,是沟通个体主观责任与社会客观分配责任的连结点。

其一,结果回避义务最初源于个体对其不谨慎行为的理性反思。从过失的发生机制上看,行为人的内心世界是其不法行为的前提,毕竟任何刑法意义上的行为都是"意志—行为"的一体,只有从内心意志走向外部世界的行为才是刑法可以调控的行为,不考虑过失犯中主观的责任要素而对其处罚是违背责任主义原理的。即是说,过失行为的产生与行为人心理上的疏忽与怠慢不可割裂,只有欠缺注意是因为心理上的不足所导致的过失才是可罚的。在社会生活中,人人都有其自由意志支配的权力空间,但也有相应的自我约束、自我克制的义务准则。当作为社会交互环境中的行为人由于自己的不谨慎行为造成危害结果时,其心理上应当有作为理性人的自责与自省,诸如"我应当更加谨慎的驾驶避免结果发生""我应当提前认真检查设施的安全性避免事故的发生"。这样的"理性人反思"就是结果回避义务产生的个体根据,也是行为人主观责任产生的根据。

其二,个体的理性反思走向群体的社会共识是结果回避义务的形成途径。基本可以描述为:由单个个体自觉自常的理性反思所形成的一系列诸如业务规则、日常经验、

① 参见[日]甲斐克则:《责任原理与过失犯论》,谢佳君译,中国政法大学出版社2016年版,第3页。
② 参见许玉秀:《当代刑法思潮》,中国民主法制出版社2005年版,第346页。

普遍常识等，个体心理事实经过大多数个体的普遍认同，逐渐汇集为社会大众所普遍接受的义务共识。这种大众心理共识是群体对常态化的行为环境、条件等综合认知的产物，是通向社会道德规范、行业规范、行政规范等一切规范的中介。“市民通过自身体验往往更容易理解应尽的注意义务”，[①]这一判断正好说明了注意义务的本源。部分共识经由法的确证或裁判成为分散于各类规范之中的义务。譬如，司法判决将交通法规归纳为“根据经验和思考对可能危险进行全面预见的结果”。[②] 也如井田良教授所指出，“我们必须遵守的无数的社会规则像网络一样存在……为了回避一定的法益侵害结果，要求遵守这样的社会的行为准则时，结果回避义务的内容与社会的行动准则相一致”。[③] 值得注意的是，道德标准、行业准则、行政规范以及其他规范所确证的义务虽然是结果过回避义务的必要要件，但不必然成为其充分条件，是否最终成为刑法所确证的义务来源，还需要考量它与刑法规范目的的关联意义，需要考察“客观情境”对行为人所承担义务的影响。如果不考虑刑法规范目的、“客观情境”，则意味着所谓的义务最终偏离了社会大众共识可以接受的范围，使个体负担了社会体制机制之外不可承受之重，即超越了社会体制中的规范预防的边界。据此，个人的理性反思对应着心理责任，社会大众共识对应着功能责任，它们共同构筑起过失犯的责任基础。这充分展现了一种规范责任论的立场，即过失责任乃心理事实与规范间的结合关系，“一方面在主观面重视行为人之心理事实；他方面复在客观面加入行为违反规范之要素，融合社会之期待与行为人之具体状况”。[④]

其三，在社会规范义务的层级上，具有主观的结果回避义务与客观的结果回避义务的双重构造。主观的结果回避义务源于行为人作为“理性人”的反思，具有内省性，这种义务的赋予促使行为人主动调节自己的身心，倘若行为人缺乏这种“理性人”的内省或者没有基于这种内省主动调节自己的身心，则存在违反主观的结果回避义务问题。当然，仅仅存在主观的结果回避义务并不能完成对行为人行为的归责。尚需要具有违反客观的结果回避义务的一致性。即在违反主观的结果回避义务的前提下，行为人缺乏由内而外的正确举止，违反了社会的行为准则。倘若缺乏这种客观的结果回避义务的违反性，则不能归责。特别重要的是，主观的结果回避义务与客观的结果回避义务的一致性问题，仅仅当两者一体违反的情况下，才是真正意义上的违反结果回避义务。仅违反主观的结果回避义务，不违反客观的结果回避义务，在社会共同体的角度看，并没有真正违反规范；仅违反客观的结果回避义务，不违反主观的结果回避义务，对行为人不能进行主观的责难。从刑罚的目的看，强调主观的结果回避义务，重在

① [德]耶塞克、魏根特：《德国刑法教科书》(下)，许久生译，中国法制出版社 2017 年版，第 758 页。

② 参见[德]罗克辛：《德国刑法总论》，王世洲译，法律出版社 2005 年版，第 716 页。

③ [日]井田良：《讲义刑法学·总论》，有斐阁 2008 年版，第 200 页。

④ 参见廖正豪：《过失犯论》，台北，三民书局 1989 年版，第 68 页。

强调刑罚的报应,因为行为人显然背弃了一个基本的“理性人”要求,需要刑罚的报应性责难;①强调客观的结果回避义务,重在实现刑罚的一般预防,因为行为人不遵守社会规则要求,明显地破坏了规范的一般预防效力。在功能论上,唯有把结果回避义务的本质界定为社会义务规范,才能整合报应刑与一般预防的规范目的。社会义务规范与能力维持规范最大的区别在于前者不仅局限于个体主观过失,而是紧扣刑法的行为规制机能,将义务置于社会意义与规范目的之下做考虑,因此更具客观性与可操作性,避免因为行为人个人能力的高低而采用不同标准,出现“鼓励落后”等不利后果。

其四,社会规范义务这一本质必然要求采取兼容“可避免性理论”与“风险升高理论”。“风险升高理论”在过失判断中难以负担说明行为违法、风险判断、因果关系等全部任务,不考察结果回避义务这一预设前提会导致其不仅没有合理地限定过失犯的成立范围,反而走向扩张处罚的另一极。其忽视了过失犯是以结果回避义务为构造中心的特殊性,若不以注意义务的前提设定为起点,就会切断行为违反与结果出现的义务关联,遮蔽对义务主体、义务内容的具体甄别。因而,应当将结果回避义务的判断置于风险升高的判断之前。进言之,“可避免性理论”与“风险升高理论”在过失犯客观方面的判断中应当具有“互补关系”,过失判断应当以结果回避义务作为前提要素(基准行为的设定),以风险升高作为过失实行行为的衡量要素(结果回避义务的违反),以规范目的违反关联以及结果回避可能性作为行为与结果之间的可归责性。在这里,结果回避可能性成了限制归责的有效判断要件,风险升高则负担起行为判断的重任,因此不具有结果回避可能性的行为不应当仅凭提升风险而被归责,而是否具有结果回避可能性应当作更为细致地具体判断。这种具体判断并非意味着“风险升高”即可视为结果实现,“风险升高”仅仅属于风险的实现。“风险升高理论”的误区在于,将诉讼上的“推论”直接上升为“推定”,从而将结果犯转化为了危险犯。这种做法缺乏法律上的依据,是违背罪刑法定原则的。“风险升高理论”在风险社会的理念上,为实现对犯罪的一般预防,过分扩大了“风险升高”与危害结果的关联性,从而走到了客观归责理论的反面立场,违背了规范目的的初衷,不能予以支持。

二、结果回避义务认识论:“可避免性理论”与“风险升高理论”的关系

旧过失论将过失理解为行为人主观上的心理态度,重视结果预见义务(预见可能

① 违反主观的结果避免义务,即是违反了“理性人”要求,需要对其运用刑罚使其得到报应性责难。在行为人的理性反思之中,必然存在对危害结果可能性的认知。换言之,如果过失犯之客观危害后果超出了行为人认知的可能,则不能对行为人进行基于“理性人”基准的主观非难。从这种意义上看,强调主观的结果回避义务是报应刑的要求。换言之,在过失犯之中,肯定结果与行为之间的因果关系,仅仅是完成了刑罚报应的第一步,只有在结果是行为人认知可能性的范畴,才能真正体现出报应,即一种“理性人”的批评。如果在客观上,结果与行为之间的因果关系均无法承认,报应刑发动的前提都成为问题。

性），但由于存在预见内容含糊暧昧、不能确切地限定过失犯的成立范围等弊端，新过失论将过失判断的重心转移到了不法阶层的结果回避义务（结果回避可能性）之上。普遍认为，结果回避义务是过失判断的核心问题，过失的本体是对结果回避义务的违反，结果回避义务成为基准行为的设定标准。[①] 而近年来，风险刑法观念的萌生以及客观归责理论的提倡在方法论上为过失归责的判断逻辑开辟了新方向，即经由客观归责理论改造后，对过失犯不法构造的判断开始从风险升高角度进行体系重构。"风险升高理论"作为客观归责理论的下位规则，以行为人客观上是否升高发生结果的风险来决定归责与否，这一理论与传统"可避免性理论"并列成了过失归责的理论基础。由此，在当代过失犯理论存在"可避免性理论"与"风险升高理论"之争。

第一，"存疑有利于被告"之分歧。根据"可避免性理论"，"结果的可避免性必须达到近乎确定的盖然性程度，才能够肯定结果归责；在不确定结果能否避免时则应当根据疑罪从无原则否定结果归责"[②]。换言之，行为人即使实施了"合义务的替代行为"，结果仍然不可避免地会发生，那么在违反义务与出现结果之间就不具有刑法意义上的义务违反关联性，因而不可归责。但难题在于，如何在事实上证明"合义务的替代行为"的实施肯定会避免构成要件的结果。正如批评者所言，由于"合义务行为能够近乎肯定会避免结果"的证明标准几近"必然"，如此拔高证明标准不可避免地会出现过度适用"存疑时有利于被告原则"而导致轻纵犯罪，使得"刑法分则对过失犯的规定变得形同虚设，失去其意义"。[③] "风险升高理论"则认为"存疑有利于被告"或者"疑罪从无"应当受到限制，只要行为人违反注意义务的行为不当地提升了结果发生的危险，行为人即应为所发生的结果负责，纵使相同结果在符合义务的情形下，仍有发生的可能，也不影响行为人应负的责任。而"存疑有利于被告"只是程序法之原则，其主要目的在于限制法官对犯罪事实及刑罚要件不明时，不得对行为人科处刑罚，其与实体法上可罚性范围的问题无关。因而，赞成"风险升高理论"的观点大都从较高可能性的角度解释其在个案中的运用，或者认为结果避免可能性涉及的只是价值判断问题，而非事实证明，因此不适用"存疑有利于被告"原则，由于事实的多变，只能取以概率地推测；甚至，这种概率只需要超过50%即可以肯定结果归责。[④]

第二，结果犯与危险犯之对立。"将结果犯转换为危险犯"是对"风险升高理论"最严厉的批评。坚持"可避免性理论者"认为，过失犯作为典型的结果犯，倘若行为人履行合义务行为也会造成同样结果的出现，行为人就不具可罚性，该理论严格要求行为人的义务违反与结果的出现必须具有规范目的下的关联性。但风险升高论者则认

---

① 参见王海涛：《过失犯罪中信赖原则的适用及界限》，中国人民公安大学出版社2011年版，第110页。
② 徐凌波：《义务违反的竞合与结果可避免性》，载《南京大学学报》2018年第2期。
③ 郝川、詹惟凯：《过失犯归责问题再探》，载《法学杂志》2018年第10期。
④ 参见陈璇：《注意义务的规范本质与判断标准》，载《法学研究》2019年第1期。

为,如果违反注意义务的行为明显地超出可容许风险的边界,显著提高了法益受侵害的风险,或者如果实施合义务的替代行为就会显著降低法益受侵害的风险,即可肯定对行为人的归责。根据这一观点,过失犯则由结果犯转向了危险犯,结果的出现仅仅成了“客观的处罚条件”,于是结果归责的成立条件被大大地降低了。质言之,“风险升高理论”会导致在行为违反注意义务但与结果的出现并不存在义务关联时,这种与结果切断的风险升高行为也可以被归责。对于混淆结果犯与危险犯的指责,“风险升高理论”从两个方面予以了回应。其一,“因果关系充足论”从事实的因果层面出发,认为不被容许的风险包含在行为之中,因而只要行为与结果之间存在事实层面的因果关系,不被容许的风险就一定会在结果中成为现实。即是说,结果的客观归责本来就是要由行为人所制造的危险作为媒介而予以确定,结果犯是不被容许的风险以构成要件合致的结果实现。其二,“关联标准降低论”则认为,“风险升高理论”也要求构成要件行为与损害结果之间具备某种关联,只是其所要求的关联程度并非百分之百的,在本质上过失犯仍然是结果犯,①它只是“放宽了事实关联性的程度”。② 假设实施了合义务替代行为也会发生相同的结果(结果的回避是不可能的)的情况下,否定因果关系的重要条件是“一直以来被视为必要条件的可能性程度在事实上的缓和”。也就是说,结果犯的构成要件也是根据禁止危险、禁止升高危险的禁令或要求降低危险的诫命而形成,因此,实害结果乃是透过危险的实现而来,关于实害责任的确定也必须透过危险责任来定。③ 然而,客观归责理论以行为人所制造的风险在规范保护目的之内为前提,“因果关系充足论”只考虑条件的因果关系而忽视行为与义务违反的关联性,脱离了客观归责的基本体系,而被诟病为了维护该理论以牺牲本来的体系为代价;“关联标准降低论”则将可能性混淆为现实性,在逻辑上缺乏自洽。

第三,报应刑与一般预防之差异。如前所述,已有研究从两种理论争论表象洞悉到范式选择的不同立场,并将其概括为:“可避免性理论”是建立在以责任主义为基础的传统刑法理论土壤之上的,它以结果作为不法要素,是面向过去的以报应为目的的体系;而风险升高理论则是以一般预防为基础的,构筑于现代刑法目的理性体系之上的体系,其侧重面向于未来的刑事政策的一般考量。④ 在罗克辛看来,刑罚的目的只能是针对将来的一般预防,而报应理论并不具有社会正当性,在报应理论中刑罚的科处和刑罚的幅度都跟社会必要性没有关系。⑤ 质疑的声音却批判,“不应在确定损害

---

① 参见徐成:《论风险升高理论的法理证成——基于事实推定的视角》,载《苏州大学学报(法学版)》2018年第4期。

② 劳东燕:《事实因果与刑法中的结果归责》,载《中国法学》2015年第2期。

③ 参见郑铭仁:《危险升高理论之研究》,台北,政治大学法律研究所1995年硕士学位论文,第154页。

④ 参见蔡仙:《过失犯中风险升高理论的内在逻辑及其反思》,载《清华法学》2019年第4期。

⑤ 参见罗克辛:《构建刑法体系的思考》,蔡桂生译,载《中外法学》2010年第1期。

结果是否能被归责于行为人之前贸然考察预防必要性,否则便会陷入倒果为因的危险之中"。[①] 这种刑罚目的意义上的对立更具有根本性,可以说,报应刑与一般预防的对立构成了前面两个层次的对立基础。因为强调报应,必然注重于结果的现实性,过失犯规定的结果要件是否齐备,以及是否因违反注意义务而导致成为刑事归责的重要判断标准,过失犯因而必须是结果犯,"存疑有利于被告"仅仅是刑事诉讼上结果犯的一个自然要求。相反,如果强调一般预防,结果是否存在对于发动刑罚而言并不重要,重要的是有危险的行为,因此,结果犯可能被诠释为危险犯,所谓结果就被视为客观的处罚条件,进一步,客观的处罚条件只需要客观存在,是否因为升高的风险所导致并不重要。

"可避免性理论"与"风险升高理论"二者在过失犯判断要件与归责标准上存在显著的差异,只能择其一,这是主流的"对立论"的见解。[②] 现在理论上兴起了一种具有调和色彩的"对应论"。"对应论"认为,注意义务的违反对应制造法益风险,其下位规则是进一步判断行为是否"未制造风险",或者"未制造不被允许的风险"。客观避免可能性则对应实现法所反对的风险,其下位判断规则包括反常的因果历程、合法替代行为等内容。[③] 运用风险升高理论并不排斥适用"存疑有利于被告原则",而只是限制其适用的空间,对风险是否升高应作规范意义上的判断,而不仅限于事实上的观察。[④] "对应论"主张将违反注意义务作为风险升高的对应概念,认为二者完全可以相互替代适用的观点忽视了两种理论在过失判断体系中的不同功能。正如许迺曼教授所言,用客观归责中"制造不被允许的危险"取代客观注意义务违反不切实际,实际只是加以补充,制造危险的判断脱离不了注意义务违反的判断,因为违反行政规则、条理、习惯上的注意义务对于危险制造的判断具有指示性意义。[⑤]

无论是"对立论"(择一),还是"对应论"(替代)均存在着不合理之处,应当倡导的是一种"补充关系论",即"可避免性理论"与"风险升高理论"均属于新过失论语境下的过失犯注意义务违反与归责判断的标准,并非那种非此即彼的择一关系,也不能由此与彼相互替代。之所以坚持"补充关系论",其全部根据均在于对过失犯注意义务本质理解的回归。

---

① 徐成:《论风险升高理论的法理证成——基于事实推定的视角》,载《苏州大学学报(法学版)》2018 年第 4 期。

② 在德国,明确主张"风险升高理论"的罗克辛、许乃曼彻底地放弃了对结果避免可能性的考察,但主流观点对于风险升高理论仍持质疑、反对态度。在我国,陈兴良教授、劳东燕教授、陈璇副教授支持风险升高理论;车浩教授则站在了明确的反对立场,支持可回避性理论。

③ 参见周光权:《客观归责与过失犯论》,载《政治与法律》2014 年第 5 期。

④ 参见周光权:《风险升高理论与存疑有利于被告原则——兼论"赵某文交通肇事案"的定性》,载《法学》2018 年第 8 期。

⑤ 参见[德]许迺曼:《关于客观归责》,载许玉秀、陈志辉主编:《不疑不惑献身法与正义:许迺曼教授刑事法论文选辑》,台北,新学林出版股份有限公司 2006 年版,第 524 页。

三、结果回避义务解释论:内容填充与裁判规则

将过失犯结果回避义务理解为社会义务规范意味着,对于结果回避义务的确认需要从社会客观义务中拣选注意规范,合目的地评价行为与结果之间的回避可能性这一归责问题。正因为过失犯结果回避义务源于开放式的社会义务规范,基于罪刑法定主义,需要确立一种"法官释法"的社会义务规范的确认机制,对于新型过失犯而言首次裁判免罚则是妥当的裁判规则。

过失犯罪的构成要件中通常没有明确结果回避义务的种类和程度,我国《刑法》第15条第2款规定:"过失犯罪,法律有规定的才负刑事责任"。张明楷教授正确地指出,对于"法律有规定"应解释为"法律有文理的规定",即除了"明文规定"之外,根据具体条文的文理能够合理认为法律规定了过失的构成要件时,认定成立过失犯罪。其进一步指出"法律有规定"的实质理由包括以下三重内涵:一是根据尊重人权主义原理,只有行为严重侵害了法益时,才能确定为过失犯罪;二是按照责任主义原理及刑法的基本原理,过失犯罪以存在对应的故意犯为前提;三是依循刑法的谦抑性与刑罚的目的,"法律有规定"不能以其他法领域规定的过错形式为标准。[①] 问题的关键是,如何依据"法律的文理规定"确定结果回避义务的内容以及如何证立其正当性?更确切地说:结果回避义务内容的填充逻辑是什么?如何判断?

一般而言,新过失论者多以行政取缔法规作为结果回避义务的义务来源。在德国,通常以《德国民法典》第276条第1款第2项为一般规定,即以"忽视社会交往中的必要的注意义务"为过失客观的构成要件的补充,此外也会考虑司法判决和文献对过失判定的意义。在罗克辛看来,填充规范至少包含法律规范与交往规范,前者是立法者发布的禁止危险的抽象规定;后者则是由私人的利益团体在技术领域为了从事特定活动而创设的有关"规则手册",例如,体育运动项目的体育规则或电子技术领域的有关指南。[②] 在我国台湾地区,有观点主张包括法令上的注意义务、习惯或条理上的注意义务、基于先行行为的注意义务、在日常生活上基于尊重他人法益所应为的注意义务。[③] 在大陆,通说和判例也基本援引行政法规或参考日常生活中阻止危险发生的其他交往规范作为义务内容。然而,由于填充规范的参差多态,若不明确设定其填充原则与填充规则,会导致出现裁判认定的混乱以及刑罚处罚的扩张。

对结果回避义务内容的填充,首先需要解决的是罪刑法定原则与开放构成要件的矛盾问题。过失犯的开放构成要件历来存在违反罪刑法定原则的质疑,因其构成要件缺乏定型性与明确性往往导致处罚的恣意。近来,以刑事政策与价值判断为引导的刑

---

① 参见张明楷:《刑法学》(第5版),法律出版社2016年版,第283~284页。

② 参见[德]罗克辛:《德国刑法总论》,王世洲译,法律出版社2005年版,第717页。

③ 参见廖正豪:《过失犯论》,台北,三民书局1989年版,第103~109页。

法规范保护目的理论成为限制过失处罚的新方向,其理论初衷在于从规范论、目的论上弥补过失犯罪经验主义的认定惯性。有观点指出,规范保护目的理论对构成要件实质化谨守罪刑法定原则的边界以及在此基础上重构过失犯的归责体系发挥了重要作用。[①] 换言之,在认定过失时应当确认注意规范的保护目的与具体个罪构成要件保护目的的合致性,考虑二者是否印证。例如,无证驾驶的行为人在高速路上正常驾驶,被害人突然窜到路上,行为人来不及躲闪而将被害人撞死的案件中。刑法是防止危险现实化为危害后果,若本案中假使可以证明被告人有证驾驶造成死亡也不可避免,就不能对行为人进行刑法上的归责。否则,刑法构成要件的保护目的就沦为了以刑法的手段单纯地防止本因由行政规范所禁止的无证驾驶。据此,目的理性刑法观念下,过失犯罪中罪刑法定原则的落实最终是由裁判者的"能动"司法来实现的。正如功能主义刑法论者所倡导的"法律适用本身承担着演进法律的任务"以及利益法学所要求的"注重理论的实践意义",[②]过失犯归责中类型化确立结果回避义务的任务主要由裁判者所负担。

但是,上述观点仍然存在未尽之处。裁判者将社会义务规范上升为过失犯的注意义务,这仅仅是完成了裁判规范的生成。从罪刑法定而言,裁判者通过自己的解释建立了社会义务规范与刑法上注意义务的链接,但并不意味着确立了行为规范。行为规范作为行为的指引,必须向社会公开宣告,以确定日常行为的边界。过失犯开放式的构成要件不同于其他构成要件,其并不明确地被记载于刑法文本,无法经由刑法文本的公布、确认直接实现行为边界的告知功能。因此,需要将裁判者对规范的解释变成具体的法律适用活动,经由刑事审判活动,控辩双方的法庭论辩,将存在的社会义务规范升格为刑法上的注意义务,这事实上是一个"法官释法"的过程。正因如此,"法官释法"面临的问题是,一方面既要通过审判活动实现裁判规范向行为规范的衍生,另一方面又要考虑到初次受到审理的新型"过失类型"本身发生于"法官释法"之前的事实。

对于新型过失犯,为避免过失认定的扩张,应当肯定"法官释法"或者通过指导性案例确证规范义务内容的填充规则,刑法适用上应当提倡一种"对首次裁判案件中的被告人免责"的裁判规则,以有效确证刑法意义上新型过失犯罪注意义务的正当性。特别是对于在自动驾驶与尖端医疗领域出现的新型过失犯罪类型尤其应当审慎处理。在这些领域当中,不同于传统上已存在的被法规范或经验主义固定下来的义务内容,由于不存在(或存疑)结果回避义务的明确标准,行为是否违反义务是难以辨明的。换言之,由于行为规范的不明确,导致对行为评价的标准不明确。对于缺乏作为基准

---

① 参见李波:《规范保护目的理论与过失犯的归责限制》,载《中外法学》2017 年第 6 期。

② 参见劳东燕:《功能主义刑法解释论的方法与立场》,载《政法论坛》2018 年第 2 期。

行为义务内容指导的新型过失犯罪,倘如不通过首次裁判对规范予以确立,就无法获得结果回避义务内容的正当性。虽有观点将自动驾驶车辆犯罪的义务来源分为三类:一般交通运输管理法规;有关自动驾驶车辆的特别交通运输管理法规;责任主体对产品的承诺与规范。① 但是,上述法律规范、承诺规范是否可以成为刑法意义上的义务内容是值得慎思的。因为不成体系的规程与指引并不确切地存在于刑法的构成要件之中,这不仅对是否符合注意规范的保护目的提出了特别严格的审查要求,也在不存在明确的针对自动驾驶技术的规制规范时,对是否能够引证一般规范作为刑法意义上的注意义务提出了正当性的质疑。

例如,2018 年 3 月美国亚利桑那州发生了一起 Uber 自动驾驶汽车撞倒行人并导致其死亡的事故。初步调查发现这辆 Uber 自动驾驶汽车超速行驶,并没有试图刹车,安全驾驶员直到碰撞前没有收到任何信号。根据美国交通部 2017 年 9 月发布的自动驾驶汽车指南《自动驾驶系统:安全愿景 2.0》针对自动驾驶系统提出的 12 项安全标准,其中一项为物体和事故探测和反应(Object and Event Detection Response,OEDR),如果可以证明 Uber 自动驾驶系统不符合这项或其他各项安全标准,则可能需要承担责任。由于无法查明事故中自动驾驶系统存在缺陷,最终美国检方宣布 Uber 公司不承担交通事故的刑事责任。值得注意的是,作为首例自动驾驶致死案,如果在该案中自动驾驶系统被查明确实存在缺陷,违反了 OEDR 标准所确立的技术准则,就需要通过首次裁判对被告人的免责处理将技术规范确证为刑法意义上的安全保障义务规范。在我国,除了 2017 年 12 月 15 日北京市发布的《北京市关于加快推进自动驾驶车辆道路测试有关工作的指导意见(试行)》对自动驾驶所作的笼统规定外,尚未出台明确的确定各方主体安全保障义务的参数标准。倘若提前出现了类似的案例,因法的滞后性所造成的义务内容空缺就需要司法者去填补、释明与证立。因此,为了克服新型过失犯罪中开放构成要件的不确定性,避免刑法的过度介入损害有益于社会发展的技术革新,在兼顾罪刑法定原则与刑法保护法益的目的下,对于这类过失犯罪中首次裁判中的被告人应当予以免责的优待,并以此裁判反向宣示、确证面向未来的刑法义务规范内容,这样的填充逻辑才是合法且妥当的。

四、结语

事实上,结果回避义务不但是过失犯的决定性要素,也是故意犯的决定性要素。关于故意犯与过失犯的关系,学理上存在排斥关系说、递进关系说的不同看法。目前递进关系说逐步成为有影响力的观点,认为故意、过失之间不是彼此异质的责任类型,而是彼此同质递进的责任类型关系,即过失的责任较轻而故意的责任较重,但是二者

① 参见彭文华:《自动驾驶车辆犯罪的注意义务》,载《政治与法律》2018 年第 5 期。

在责任性上具有同质性。[①] 以此学理为依据，可以说不但过失犯有结果回避义务，而且故意犯也有结果回避义务，二者有责性的共同法理根据正是在于违背了结果回避义务：过失犯对结果回避义务的偏离程度较小，故意犯对结果回避义务的偏离程度较大，因此，前者的责任性通常较轻而后者的责任性更重。质言之，对基准行为的偏离程度具有界分过失犯与故意犯的规范机能，个案中需要引入“风险升高”概念作为衡量标准，并结合“客观情势”作具体判断。

例如，在轰动全国的孙某铭案[②]中，理论界就其行为定性存在以危险方法危害公共安全罪与交通肇事罪的争议。基于风险升高作为偏离基准行为的衡量要素的观点，本文认为“风险升高”判断中具体语境（情境）对于行为定性和罪责类型有极大的影响：[③]其一，如果结果避免可能性不存在（或者存疑）是“客观情势”（尤其是客观环境条件）所决定的，应当依法认定行为人的行为不构成犯罪；其二，如果结果避免可能性不存在或者几乎不存在是由于“行为人的行为”提升了法益风险所致，而非“客观情势”所决定的，应依法认定行为人的行为构成故意犯罪；其三，如果结果避免可能性存在，“控方只有证明如果行为人合乎义务地行动，结果近乎肯定会避免时”，由于行为人行为提升了法益风险而致危害结果发生的，才应依法认定行为人的行为构成过失犯罪。对于上列第三种语境（情境）的行为，即一般情境下醉驾致人死亡的行为，尤其是在城市郊区或者野外情境下醉驾致人死亡的行为，由于客观上存在结果避免可能性（并且可能较大），仅仅因为行为人过于自信“轻信能够避免”而未能避免最终导致危害结果发生的，构成作为过失犯罪的交通肇事罪。而对于第二种语境（情境）的行为，如孙某铭在城市闹市区严重超速、恶劣跨越双实线逆行、醉驾、连续多次撞击多辆正常行驶中的机动车并致多车、多人车毁人亡的行为，因为（危害）结果避免可能性不存在或者几乎不存在是由于“行为人的行为”提升了法益风险所致，而非“客观情势”所决定的，应依法认定行为人的行为构成作为故意犯罪（间接故意犯罪）的以危险方法危害公共安全罪。

“刑罚只有通过维护行为规范的效力、强化国民对规范之信赖的方法，间接实现

---

① 参见张明楷：《刑法学》（第5版），法律出版社2016年版，第291页。

② 基本案情：2008年12月14日中午，四川省成都某技术公司员工孙某铭驾驶别克轿车搭载其父母去成都市东郊一酒楼为亲属祝寿。在大量饮酒后，孙某铭先是驾车送父母到成都火车北站乘坐火车，而后又驾车返至市东郊的成龙路往成都市龙泉驿区方向行驶。当日17时许，孙某铭在一路口从后面撞上与其同向行驶的一辆比亚迪轿车。事故发生后，孙某铭并没停车处理，而是驾车逃离现场，继续往龙泉驿方向行驶，并呈“S”形高速前行约2公里，至限速为60km/h的“卓锦城”路段时，其又以两倍以上的车速越过绝对禁止超越的道路中心黄色双实线，先后撞向对面正常行驶的长安奔奔、奥拓、蒙迪欧及奇瑞QQ共四辆轿车，直至其车不能动弹，造成四人死亡、一人重伤及公私财产损失5万余元的严重结果。

③ 参见魏东：《案例刑法学》，中国人民大学出版社2019年版，“前言”，第5～7页。

法益保护”。[①] 过失归责判断中,“可避免性理论”旨在从因果性关系角度限定过失处罚的范围,风险升高的正确定位是将其运用于对过失实行行为的判断之中,通过事实判断与价值判断相结合的方式以行为提升风险的程度衡量行为偏离基准行为的程度。二者作为过失判断的基本方法论应当是“补充关系”。结果回避义务作为过失归责的关键,是指为了避免结果发生,站在行为人立场的一般人在遵守社会生活上所要求的一般行动准则时应该如何行动,以接近于这个社会的“标准行为”或者“典型行为的义务”,其核心在于强调社会对于个人行为的约束,以及个人对于社会准则的遵守。对于其本质的理解必须从规范论的角度阐释它是社会分配给个人的客观义务,这种客观义务经由了个体到群体的认知确认,最后被法确证为一种为社会大众所认同与信赖的具有正当性基础的客观行为准则(行为规范)。归根结底,结果回避义务不仅仅是过失犯归责的基础,也是故意犯归责的基础,结果回避义务设定了一种标准、典型行为,偏离程度越高体现出不法程度越高,同时折射出主观层面责任的程度也就越高。过失犯对结果回避义务设定的标准行为偏离程度较低,因而体现出一种过失的不注意;故意犯对结果回避义务设定的标准行为偏离程度较高,因而体现出一种故意的逾越标准行为。由此,结果回避义务也成为过失犯与故意犯统一的评价基准。

---

① [德]乌尔斯·金德霍伊泽尔:《法益保护与规范效力的保障论刑法的目的》,陈璇译,载《中外法学》2015年第2期。

过失犯的实行行为

王　濛*

【内容摘要】在过失犯是否具有实行行为的问题上，刑法理论界存在必要论和不要论的观点对立，目前必要论占据主流地位。过失犯的实行行为是一种独特的行为类型，与故意犯的实行行为属于并列关系。研究过失犯的实行行为，应当对其进行科学分类。客观归责理论与注意义务违反说并不是互相对立的两种理论，认定过失犯的实行行为不仅是一个事实判断，也是一个法律评价意义上的规范判断，立足于行为无价值与结果无价值的二元论立场，过失犯的实行行为可以被界定为违反注意义务且具有实质上不被允许的引起法益侵害的危险的行为。

【关键词】过失犯　实行行为　必要论　注意义务　客观归责

引　言

在刑法理论上，过失论经历了一个从旧过失论、新过失论、修正的旧过失论再到新新过失论的发展过程。过失犯的实行行为是过失犯成立客观方面的要件，但它却长期不被视为问题。在旧过失论中，仅仅把预见可能性作为责任的核心，而不重视过失行为的实行行为性，表现为一种结果无价值的意味，因此欠缺在客观方面的限制过失犯成立的条件，导致过失犯的处罚范围过大。① 到了新过失论，才开始重视过失的“行为”属性，认为过失的本质并不在于预见可能性而在于违反客观注意义务。这种客观注意义务，即结果避免义务的认定依据在于行为人是否违反了社会日常生活中一般要求的结果回避行为，即基准行为，由此，新过失论也被称为基准行为说。新过失论不仅重视过失犯的结果无价值，更强调过失犯的行为无价值，其将过失的重点从责任论移入行为性质方面，从而为认定过失犯实行行为提供了契机。② 由此，过失犯认定从对主观注意义务（结果预见义务）的违反为中心转变为对客观注意义务（结果避免义务）的违反为中心。此后，修正的过失论也强调过失犯实行行为的重要性。

在过失实行行为问题上，国内的研究还比较薄弱。笔者在对国内相关理论文献的

---

* 王濛，四川大学法学院 2020 级刑法学专业博士研究生。

① 参见陈子平：《刑法总论》，台北，元照出版有限公司 2017 年版，第 212 页。

② 参见何荣功：《实行行为的分类与解释论纲》，载《云南大学学报（法学版）》2007 年第 3 期。

搜集整理时发现仅有十余篇主题文献,而且学界的既有研究几乎都没有参照中国的司法实践,仍然停留于教科书中所宣讲的经典案例及虚拟案例,如山羊毛案、载重卡案等,或着墨于分析域外案例。① 由此可见,对于过失实行行为的深入思考和研究不同于其他刑法问题所处的存量研究阶段,而是处在一个增量的发展阶段。陈兴良教授曾一语中的地指出我国刑法理论和司法实务存在过失犯罪的研究,但却缺乏犯罪过失的研究,特别是过失实行行为的研究。我国传统刑法理论重视过失犯罪的研究却有意无意地忽略了犯罪过失的研究,导致其理论深度和体系化存在不足;我国司法实践中也存在仅仅关注和考察危害结果要素,只要结果发生就一概要将行为人处以过失犯罪的乱象,导致不公正、不合理的刑法归责结论和负面社会效果。理论研究的薄弱和司法实务的不妥当处理都昭示着深入研究过失犯特别是过失实行行为的重要价值和意义:对我国刑法的规范化、科学化、精细化具有非常重要的理论价值,对于纠偏我国司法实践中一些不合理、不妥当的结论和做法具有十分重要的现实意义。

一、我国过失犯规制模式的特殊性

(一)立法侧面:过失犯的规制局限于结果实现

法定犯时代,过失犯的内容由法律创设。我国《刑法》第 14 条第 2 款规定"故意犯罪,应当负刑事责任"、第 15 条规定"应当预见自己的行为可能发生危害社会的结果,因为疏忽大意而没有遇见,或者已经预见却轻信能够避免,以致发生这种结果的,是过失犯罪。过失犯罪,法律有规定的才负刑事责任"确定了"处罚故意犯为原则、处罚过失犯为例外"的处罚原则,与此同时,《刑法》分则同样没有对过失犯的实行行为进行明确规定或者表述,而是在某些罪名中直接使用"过失"这一词语,如过失致人重伤罪、过失致人死亡罪,或者在法条中表述为"违反某项法律法规,造成严重后果"等。由是之故,根据罪刑法定原则的要求,无论是故意犯还是过失犯,都需要刑法明文规定的才能进行定罪量刑,而对于刑法没有规定为犯罪的则一律不得法外入罪。从这一点看,似乎故意犯与过失犯的处罚模式并无区别,但实际不然。"处罚故意犯为原则、处罚过失犯为例外"的处罚原则背后实际体现的是刑法对故意犯和过失犯规制范围的不同,即故意犯包括故意实害犯与故意危险犯两种类型,而过失犯仅限于过失实害犯单一类型。换言之,《刑法》中的过失犯的成立很大程度上只局限于责任领域,确立过失犯的处罚依据和处罚范围完全从行为人的主观罪过态度进行证成,对过失犯罪的客观方面关注阙如,将过失犯罪的客观构成要件限缩为结果,规制范围局限于实害犯。

根据《刑法》总则和分则关于过失犯罪的具体条文,可以看出,我国的过失犯罪以

---

① 参见车浩:《假定因果关系、结果避免可能性与客观归责》,载《法学研究》2009 年第 5 期;陈璇:《论过失犯的注意义务违反与结果之间的规范关联》,载《中外法学》2012 年第 4 期。

结果发生为要件,但是对于“结果”的具体内涵,法律尚未明确规定,学界对此有四种见解。一是“实害结果说”,认为总则中的“结果”只能理解为实害结果,危害结果是过失犯罪的客观尺度,一旦被突破,很容易造成过失犯罪的范围无限制扩大。但是,过于形式化地解释不利于法益保护,也不适应于风险社会的需要,因此不具有合理性。二是“区分无意义说”,储槐植教授认为对于危险结果是否属于犯罪结果的争论没有太大的实际意义。因为公共安全法益自身具有特殊性,其法益价值已经超出其自身而外延到安全性,因此造成公共安全法益处于危险之中的行为,就已经是对公共安全法益的侵害。而综观世界各国关于过失危险犯的立法,无不是突出了对公共安全法益的特殊保护。① 虽然此说从刑法的实质目的是保护法益的角度论证了其观点,但是其抛开对法律条文进行解释的做法,违反了罪刑法定原则。三是“重构说”,此说认为《刑法》第 15 条中的“结果”应该修改为“结果和严重危险”。随着科技的发展,传统的过失犯罪已经很难满足现代社会的需要了,需要重构我国的过失犯罪理论,增设过失危险犯。② 但是由于其需要进行修法程序,增加立法成本,也不是最优选择。四是“双重含义说”,此说认为,《刑法》第 15 条中的“结果”应当广义地解释为包含实害结果和发生实害结果的危险两种情况。日本很多学者认为危险犯和实害犯同于结果犯,我国学者在此基础上进一步提出,危险犯与实害犯同是结果犯,只是结果不同,危险犯所要求的是危险状态的结果,而实害犯要求的是实际的损害。③ 总则对结果的概括式规定,正是为过失危险犯的成立预留下空间,因为分则中存在过失危险犯的规定。④

笔者赞同“双重含义说”。首先,有学者使用实质解释论的方法,从法益保护和维持法秩序稳定的角度,论证结果的广义性;其次,也有学者采用了主观解释论的方法,根据刑事立法者的意图,即分则中既然存在有过失危险犯的立法例,那么总则中关于结果的规定也就理应包括造成危险这种状态,以此来论证自己的观点。实质解释的方式更能实现对法益的保护,同时也避免了法律条文的频繁改动。立法技术是有限的,而社会的变化是无穷的,先前的立法无论如何也无法涵盖将来的所有情况,如果对法律条文进行频繁的修改,不利于刑法的稳定性进而可能动摇公众对刑法的敬畏感,但是通过实质解释就可以较合理地解决这个问题。

(二)司法侧面:过失犯的判决依赖于责任要素

实行行为,不仅是一种行为,而且是一种构成要件该当的行为,其虽然是在个别学说理论中运用的理论概念,但在我国过失犯实务判决里,至少从裁判文书网公开的判决来看,并未运用实行行为概念来特定过失犯行为。

① 参见储槐植、蒋建峰:《过失危险犯之存在性与可存在性思考》,载《政法论坛》2004 年第 1 期。

② 参见刘基、屈耀伦:《论过失危险犯》,载《兰州大学学报》2003 年第 2 期。

③ 参见高铭暄:《中国刑法学》,中国人民大学出版社 1989 年版,第 169 页。

④ 参见吴富丽:《过失危险犯的立法基础探析》,载《中国刑事法杂志》2005 年第 6 期。

搜索中国裁判文书网,即会发现我国实务是有使用“实行行为”概念的。进一步研究其所涉及的案件或争议焦点,则可发现多用于故意犯竞合问题、故意犯之正犯与共犯之区分、故意犯之共同正犯实行行为之认定、故意犯之构成要件是否为同一行为等问题,并且可以推知,实务所谓之实行行为,事实上系指构成要件之行为。从而应该可以推论出我国实务所谓之实行行为主要用于故意犯的问题。进一步限缩以“过失犯的实行行为”为关键词搜索裁判文书网,则可以发现所出现的判决虽有提及实行行为,但如就涉及实行行为部分案例事实加以观察,则可以很清楚地看见之所以会出现“实行行为”四个字,基本上皆是为了处理故意犯或故意共同正犯等前述与故意犯罪相关的认定,而无就过失犯实行行为认定的判决。

综观当前我国司法实务处理过失犯罪的方式,法院在进行过失犯责任归属判断时,通常的做法是从已经发生的实害结果出发,回溯去找寻实害结果与行为人的行为之间在刑法上的因果关系,之后依据主观心态上的过失来判定是否成立过失犯罪。由此可见,我国实务确有运用“实行行为”概念,同时,主要适用的案例类型是故意犯、共同犯罪的情况,除此之外,就过失犯的部分,实务中过失犯判决向来不运用或者不强调实行行为概念。

二、过失犯实行行为必要论的立场重申与理论深化

近年来,刑法学界关于过失犯实行行为的理论研究逐渐展开,掀起了一股实行行为概念必要性的纷争,对此,中外刑法理论存在不同的见解,目前肯定论占据主流地位,笔者试析之。

(一)过失犯实行行为必要论的立场重申

客观主义刑法坚持“无行为则无犯罪”的自由保障理念,要求归责过失犯罪就必须归责过失实行行为,从而承认过失犯实行行为的存在;罪刑法定主义的要求以行为为中心设定犯罪构成来认定犯罪是一种限制司法权滥用的理念。故否定过失实行行为的存在或将实行行为置于构成要件之外作为构成要件该当性、违法性与有责性判断对象的思路是值得反思的。

1. 过失犯实行行为不要论之否定

实行行为理论经历了从形式性实行行为论向实质性实行行为论的转变,形式性实行行为认为实行行为指符合构成要件的行为,实质性实行行为认为实行行为是指具有侵害法益的现实危险、在形式上和实质上都符合犯罪基本构成要件的行为。① 有学者否定传统实行行为的概念,其认为在构成要件该当性的判断上,实行行为要件并非先验性的独立出现,在构成要件该当性的独立判断上,只有行为与构成要件结果之间是

① 参见[日]大谷实:《刑法总论讲义》,黎宏译,中国人民大学出版社2008年版,第125页。

否具备刑法上的因果关系或客观归属,才是问题。[①] 此说认为,包含了结果的行为才是构成要件评价的对象,与结果惹起区别开来的实行行为要件并无独立的意义,并且认为行为除了作为带来结果的危险的出发点此一意义之外,并无其他意义,从而,将行为独立出来评价,即有理论上的疑义,行为与结果惹起应该一并判断。[②] 就此一立场而言,即使运用实行行为或构成要件该当行为的用语,事实上也仅只有意味着该行为因为招致结果的发生而成为处罚的对象,只不过代表结果的归属点,实行行为在犯罪论上并无特殊意义。

过失犯实行行为不要论认为不应出现过失犯实行行为这一概念,因为从过失犯的行为构成来看,找不到实行行为,自然也就不存在过失犯是否具有独立于故意犯的实行行为的问题。日本学者提出,实行行为不要论的展开,认为构成犯罪最重要的是法益侵害之结果,并且认为单独以实行行为本身为议论的问题,并不适当。简单来说,学说上认为,危险判断必须在与特定结果的关系之中才能进行,而无法在未设任何前提的情况下,仅观察行为而判断是否具有实行行为性。[③] 国内亦有观点认为,从实行行为的特征和过失犯的行为构造来看,应当认为,过失犯没有实行行为。"过失行为并不具有实行行为所要求的主观上的有意性,也不是一种完整的独立行为。过失心理的不完整性和过失行为的他行为性突出表现于只有在过失犯罪的构成结果发生之后,才能将过失行为从目的行为中抽象出来,才能认为行为人对构成结果的发生存在过失心理;如果没有发生这种结果,过失行为和过失心理就无从体现。"[④]

过失行为不等于过失实行行为。实行行为与行为是两个不同的概念,犯罪是行为,并不意味着构成犯罪非得有实行行为。[⑤] 作为犯罪成立要件,只需有行为,实行行为的概念是不必要的。我国刑法中的实行行为概念,应当是指符合刑法分则具体犯罪构成规定的对构成要件预定的法益侵害具有现实危险性的行为。如果以现实危险性来认定过失犯实行行为,在实害结果发生前只能通过结果发生的可能性来判断,但在风险社会的背景下该论断难以实现逻辑自洽。如在教唆犯、帮助犯的场合,是否意味着教唆行为、帮助行为的实施便意味着成立教唆犯、帮助犯的实行行为?

否定论中的目的行为评价实际是参考了目的行为论的内容,论者否定过失犯实行行为的根本原因在于基于目的行为论的立场认为,人的行为不单纯是由意志支配的因果过程,而是有目的的活动。在过失犯情况下,行为人并没有某种目的性,所以过失犯只是对发生了伴随结果的目的行为的一种评价,过失行为不能判断为刑法上的行为。

---

① 参见[日]山口厚:《问题探究刑法总论》,成文堂 1998 年版,第 5 页。
② 参见[日]山口厚:《问题探究刑法总论》,成文堂 1998 年版,第 5 页。
③ 参见[日]高山佳奈子:《实行行为概念的问题性》,载《法学论丛》2008 年第 162 卷。
④ 周铭川、黄丽勤:《论实行行为的存在范围与归责原则的修正》,载《中国刑事法杂志》2005 年第 5 期。
⑤ 参见周铭川:《论过失犯的行为构造》,载《中国刑事法杂志》2008 年第 6 期。

虽然威尔哲尔提出了现实目的与潜在目的,认为故意的行为是被现实的目的性所支配的,在过失的情形下则是潜在的目的性,以此来说明过失行为仍然是行为。[①] 例如,甲在擦枪时碰到扳机误伤了旁边的乙,甲不具有伤害乙的目的,其目的行为就是擦枪行为本身,而发生的碰到扳机的行为只是其无意识的附随行为。但是从存在论的角度来看,这里的潜在的目的性是不能成立的。在犯罪论中处于核心地位的行为,归根结底是对造成犯罪结果的违反注意义务的行为,任何在犯罪构成要件以外来讨论行为的学说在刑法上都是没有意义的。因此,目的行为论无法否定过失犯的实行行为性,目的行为不是过失犯罪评价的对象,过失行为都是指行为人的行为本身,而不是某种表征为具有目的的志向性行为。过失行为的主观面,不应从目的性而应从仅仅产生其态度的主观心情上求得。[②]

与此同时,随着社会的发展,各种工业产品在给人民生活带来便捷的同时,也带来了风险。在风险社会的语境下,几乎所有的行为都有实害结果发生的可能性,典型的如驾驶机动车,众所周知,如果不谨慎驾驶就有发生交通事故的可能性。由此,任何行为只要在结果发生的时候都可以认定该行为具有实质危险。但是,通过实质化从行为中抽离出来实行行为的认定标准无疑会不当地扩大过失犯的成立范围,限缩意外事件的成立空间,体现出了一种结果责任主义的倾向,与当前学界通说的规范责任主义背道而驰。另外,理论应当服务于实践,任何理论工具的提出都必须符合我国现行立法规定,不符合我国现行立法规定的理论工具必然不能合理地解决现实问题。在我国的立法模式之中,过失犯不存在过失危险犯而只存在过失实害犯,因此,以现实危险性来认定过失犯实行行为存在违背我国过失犯仅限于实害犯这一立法模式的嫌疑。

对此,笔者认为采纳这一概念还存在一些根本上的问题。首先,过失犯实行行为不要论违反了刑法的信条——行为主义原则。法谚有云:“无行为则无犯罪”,我国《刑法》第13条关于犯罪的法定概念,将犯罪界定为危害社会的、依照法律应当受刑罚处罚的行为。可以看出,这一犯罪概念具有行为刑法的特征,认为行为是犯罪的基础,也是犯罪的本体性要素。[③] 行为主义原则是刑事立法、认定犯罪、理论研究和司法实务所必须坚持的一项基本原则,没有行为,无从认定犯罪,无从发动国家刑罚权。贯彻行为主义这一刑法准则是对罪刑法定原则的捍卫、坚守和落实。因而,任何犯罪都必须具有犯罪行为,才能进行刑事追责和刑事处罚。因此,作为刑事立法类型化抽象出的两大犯罪类型之一过失犯,必须遵守这一准则。换言之,过失犯罪也必须具有犯罪行为即实行行为才能进行刑事处罚,这是行为主义的必然要求。因此,实行行为的

---

① 参见[日]大塚仁:《犯罪论的基本问题》,冯军译,中国政法大学出版社1993年版,第29页。

② 参见[日]大塚仁:《刑法概说(总论)》(第3版),冯军译,中国人民大学出版社2003年版,第99页。

③ 参见陈兴良:《教义刑法学》(第3版),中国人民大学出版社2017年版,第70页。

有无不仅在刑事实体法层面具有重要的意义，对刑事程序法亦有不可磨灭的重要价值。如果认为过失犯罪不具有实行行为，缺乏考察的起点，对其进行刑法规制和刑事处罚将无从谈起，也将面临合理性和正当性质疑。其次，否定过失犯存在实行行为，违背了刑法的客观主义立场，可能陷入主观归责的泥潭。目前学界在定罪过程中都普遍认为主客观相统一原则的适用应以客观要素为基础，并大多赞成事实判断应优于价值判断，客观判断应优于主观判断这样一种基本的刑事思维路径与方法。易言之，刑法基本立场存在客观主义与主观主义之争，现代刑法已逐步倾向于客观主义立场，摒弃主观主义立场。正如日本有学者指出，犯罪论体系通过阶段性的深入，即由形式的判断进入实质性判断，由客观性要素的判断进入主观性要素的判断，从而确保裁判官的判断的正确、适当①。我国也有学者认为，若要体现刑法的法益保护机能，实现罪刑法定原则，就应当优先考虑行为的客观面，再评价行为的主观面。例如，在甲基于希望乙死亡的主观心理，劝说乙出差时乘坐飞机，乙恰巧死于该航班的航空事故中，若先评价行为的主观面认为甲具有杀人的故意，无疑就会忽略甲劝说乙乘坐飞机行为的非实行行为性，进而认定甲成立故意杀人罪既遂。但若先考虑行为的客观面，就会分析得出行为性质不是由故意、过失决定的，而是由行为本身决定，故甲的劝说行为并非实行行为的结论。因此，对于过失犯的认定，必须从客观的行为角度切入，在确认具有实行行为的前提下，才能进一步判断主观罪过，进而实现整个犯罪的证成。承认过失犯的实行行为，不仅是在风险社会的现实背景下严格依法认定过失犯罪的重要手段和出发点，也体现和贯彻了刑事立法限制过失犯处罚范围，避免结果责任的内在要求，符合罪刑法定原则的根本精神。最后，过失犯认定所具有的结果依附性并不是绝对的，不可将其与行为的独立判断混为一谈。刑法理论中的主流观点认为过失犯成立的前提就是实害结果的发生，所有的过失犯都是结果犯，但是“虽然犯罪的过失行为是以结果的发生为转移的，但在司法判断上，犯罪的过失行为还是可以在逻辑上独立于结果而单独予以判断的。”②排除过失实行行为的明确化、定型化的指引，仅从结果出发进行刑事归责，无法为全体国民提供行为预测可能性判断标准和保障，抑制行动自由，不利于发挥刑事立法的一般预防作用。与之相反，即使肯定结果对于过失犯成立的重要性，由于因果关系要判断的是行为与结果之间的关系，在没有实行行为的逻辑前提下，如何判断因果关系，又如何将结果归属于行为人是存在问题的。因此，从犯罪的逻辑结构和犯罪论体系的逻辑思维出发，否定过失犯的实行行为，过于强调过失犯的结果犯特征，容易不当扩大过失犯的处罚范围。

---

① 参见［日］西田典之：《日本刑法总论》，刘明祥、王昭武译，中国人民大学出版社2007年版，第45页。

② 陈兴良：《判例刑法学》（第2版），中国人民大学出版社2017年版，第311页。

2. 过失犯实行行为必要论之立场重申

与过失实行行为不要论相对立,过失犯实行行为必要论则认为过失犯具有实行行为。在具体个案中,如在雷雨中邀请恋人上山看星星的行为,可以以无实行行为来排除其构成要件该当性。但是如果让被害人前往野兽非常多的原始森林,从实行行为角度考虑,则不能在构成要件阶段排除其犯罪性,仍应承认犯罪的成立。但是过失犯的实行行为是否独立于故意犯的实行行为,中外刑法理论存在不同的见解。

(1)故意与过失实行行为同一论

同一论认为过失犯与故意犯在构成要件符合性和违法性两个层面是相同的,仅在责任阶层存在差别。过失仅仅是责任阶层的责任要素,与故意一样都是犯罪的主观心理要素,易言之,过失犯没有区别于故意犯的实行行为,二者共用一个实行行为概念,否定过失犯实行行为的独立性价值。认定过失犯与故意犯的区别在于行为人对实害结果发生所持的主观心理态度,从而在责任层面认定行为人主观上具有可非难性。例如,丈夫试图杀害妻子,于是将毒药混入矿泉水中,打算在妻子下班回来之后拿给妻子喝,于是将水放置于壁橱中,但没想到妻子提前下班回来,在丈夫不知道的情况下自己喝了有毒的矿泉水之后身亡。在此情形下,首先能肯定丈夫的行为同妻子的死亡之间具有相当因果关系,因为丈夫并没有实施故意杀人的实行行为,所以只能认定丈夫构成故意杀人罪的预备或者过失致人死亡罪。由此可见,故意犯与过失犯的实行行为是可以相同的,本案中丈夫的行为既可以是故意杀人罪中的预备行为,同时又因为造成了妻子死亡的结果,也可以认定是过失致人死亡罪中的实行行为,通过该行为,可以分析出丈夫主观上所具有的故意或过失心理,进而认定丈夫的行为构成故意杀人罪或者过失致人死亡罪。这在我国传统刑法理论和德日等大陆法系国家的刑法理论中占据着优势甚至支配性地位。主要是旧过失论坚持这一观点。

传统刑法理论在构建犯罪论体系之初,主要以故意犯为蓝本和模型,未能深入研究和发现过失犯犯罪构成的独特性、特殊性及其与故意犯存在的差别,这也为过失犯与故意犯实行行为同一论提供了理论和条件。仅将过失作为责任阶层的责任要素看待,并将过失犯的实行行为与故意犯的实行行为完全混同,合二为一,虽然形式上保存了过失实行行为存在的概念和空间,但在事实上却在一定程度上抹杀了过失犯实行行为的独立性与特殊性,纯粹沦为构成要件符合性阶层的摆设,没有任何实际意义。伴随经济社会和新兴科技的迅猛发展,人类社会生活发生了巨大变化,刑法理论呈现日益深入、精细化的发展趋势,在过失犯刑法归责法定化、明确化、限定化、严谨化的现实背景下,原有的故意犯蓝本之犯罪论体系出发点和先天背景面临着挑战。

(2)故意与过失实行行为区分论

故意与过失实行行为区分论认为过失不仅是责任阶层的责任要素,还是构成要件符合性和违法性两个阶层的考察对象,是一种与故意并列的主观构成要件要素。可见,过失不只是责任的问题,同时也是违法性及其构成要件的问题。① 过失犯要进行独立的构成要件符合性判断和违法性判断的逻辑前提是过失犯具有实行行为,而且这种实行行为不同于故意犯。换言之,过失犯实行行为是一种独特的行为类型,与故意犯实行行为属于并列关系。过失犯的实行行为性比故意犯的实行行为性要弱,这是因为刑法往往没有严格地规定过失犯的实行行为。针对过失犯理论的发展,笔者结合各种学说的主要观点和基本立场做了如下总结,见表1:

表1 学说主要观点和基本立场

过失犯	旧过失论(预见可能性说)	新过失论(基准行为说)	新新过失论(不安感说/危惧感说)	修正的旧过失论	客观归责理论
体系论	责任要素	责任要素+违法要素+构成要件要素	责任要素+违法要素+构成要件要素	责任要素+构成要件要素	构成要件要素
注意义务	以结果预见义务为中心	以结果回避义务为中心	以结果回避义务为中心	注意义务(预见义务+回避义务)	创设法所不容许的风险
预见可能性	具体的	(具体的)	(抽象的)不安感	具体的	抽象的(争议)
处罚范围	扩大	限制	扩大	限制	限制
理论基础	法益侵害说;结果无价值	规范违反说;行为无价值	规范违反说;行为无价值	法益侵害说;结果无价值	结果无价值
过失犯的实行行为	必要论;同一论	必要论;区分论	必要论;区分论	必要论;区分论	必要论;区分论

从表1可以发现,在过失犯的实行行为问题上,刑法理论上虽然存在不要论与必要论的争议,必要论内部又存在同一论与区分论的对立,但是,必要论及其阵营下的区分论仍占据主流地位。本文赞同过失犯实行行为必要论,而且认为在构成要件符合性和有责性两个阶层中,存在双重的故意(构成要件的故意和责任的故意),那么也同样存在双重的过失(构成要件过失和责任的过失)。在此基础上,过失作为一种主观构成要件要素,也需要与之对应的客观构成要件要素。因此,过失犯具有独立的、区别于故意犯的实行行为。

首先,我国当前通说是从认识因素和意志因素两方面来界定行为人的主观心理状态,但在大多数情况下行为人的主观心理状态是难以证明的,例如,在间接故意和过于自信过失的区分上,从认识因素层面,两者都认识到自己的行为会发生法益侵害的结

① 参见[日]山中敬一:《刑法总论》(第3版),成文堂2015年版,第388页。

果;在意志因素层面,间接故意表现为放任危害结果的发生,过于自信的过失表现为轻信能够避免而没有避免从而导致结果发生。由于既有理论研究对二者的区分尚有困难,因此,我国司法解释主张通过行为人的客观行为的具体表现来推定行为人主观上是故意还是过失,将行为人的主观认识建立在客观行为之上,从而可以发现故意行为与过失行为很多时候是不一致的,否则将无法对其进行责任客观化的判断。其次,实行行为是指构成要件该当、具有法益侵害危险的行为。法益侵害的危险性是故意犯实行行为的实质内容,这一实质内容是以形式上具备构成要件该当性为前提的。刑法学界多是从具有"法益侵害的危险性"这一角度对故意犯的实行行为进行理解,并从法益保护的角度对故意犯的实行行为进行实质性的定义。而所谓的过失犯的实行行为,一般认为是指行为人违反注意义务实施的具有导致危害结果发生的现实危险性的行为,即认为过失犯实行行为的本质是"违反注意义务",从这一点上看,过失犯实行行为与故意犯实行行为的本质存在明显的差异。

区分论强调过失犯实行行为与故意犯实行行为在体系地位上的平等性,并且增加了注意义务,凸显了过失实行行为本身的特殊性,使其与故意犯实行行为产生一定的区分度,但是"法益侵害的危险性"这一概念本身欠缺明确性,使过失犯实行行为的认定欠缺可操作性,问题在于,现实的危险究竟要达到何种程度才满足要求?由于过失危险犯理论构建的基础就是为了维护公共安全这一超个人法益,所以相关罪名(《刑法》第133条、第302条、第330条等)设计集中于公共安全领域是其应有之义。此举也可最大限度上减少过失危险犯罪对公民权利的侵犯,发挥其秩序维护功能。

(二)实行行为区分论视域下的过失实行行为类型论

实行行为是一种具有侵害法益现实危害性的定型的行为,类型化的规范是其存在前提。具体的行为是类型化的规范被特定化的素材,行为自体独立地蕴含的能够导致法益受到侵害和现实紧迫危险的属性,是决定具体行为成为实行行为的内在规定性,亦即实行行为性。对故意犯罪而言,由于行为人具有积极的反规范态度,行为人在特定犯意支配下实施的行为往往具有较强的类型性,而且其构成要件的客观方面要素,通常是明确的或者是可以通过法律法规的援引明确化的,因此很容易判断其符合何种构成要件所预设的行为类型;对过失犯罪而言,结合我国现行刑事立法的规定,我国刑法中的过失包括过于自信的过失和疏忽大意的过失,理论上也称为有认识的过失和无认识的过失,但这种集中于主观要素差异的分类无助于过失实行行为的界定。因此,在对过失犯进行研究的时候,应当对其进行科学分类。[①] 根据行为样态和规范类型,过失犯的实行行为可以进行以下分类。

① 参见陈兴良:《纯正的过失犯与不纯正的过失犯:立法比较与学理探究》,载《法学家》2015年第6期。

1. 作为型过失犯、不作为型过失犯与竞合型过失犯

在旧过失论特别是修正的旧过失论看来，过失实行行为是行为在具有结果预见可能性的基础上怠于履行结果预见义务导致危害结果发生，这种危险行为既包括作为也包括不作为。新过失论则认为根据社会基准行为及其规范准则的要求，过失实行行为就是偏离了社会基准行为而没有采取结果避免措施的不作为。例如，行为人在限速40公里的道路上以60公里的速度行驶，由于不注意将行人A撞死，新过失论认为本案的过失实行行为是行为人不按照基准行为即以时速40公里行驶的要求，不从60公里减速到40公里的不作为，（修正的）旧过失论则认为本案的实行行为是行为人以60公里这种危险速度行驶的作为。[①] 个别新新过失论者如日本学者高桥则夫在坚持故意过失实行行为相同的基础上，则认为过失实行行为是作为而不是不作为。

过失犯不仅有实行行为，而且有作为与不作为之分。但是，学术界对于过失犯的实行行为的讨论，往往会走向不作为的误区，尤其是新过失论将结果回避义务设定为客观上一定的行为标准，即客观地注意义务，常常将过失犯与不作为犯混同起来。从刑法规范的性质上区分，违反禁止性规范的常常是作为型过失犯，违反命令性规范的常常是不作为型过失犯。所谓作为型的过失犯，是指违反以禁令形式为内容的构成要件规范时，构成作为型过失犯罪，诸如过失致人死亡、交通肇事罪等，是刑法中常见形态的过失犯罪；所谓不作为型的过失犯，是指违反以命令形式为内容的构成要件规范时，构成不作为型过失犯罪，诸如逃税罪、拒不履行裁判判决罪等，常常也同时是纯正形态的过失犯；所谓竞合型过失犯，是指过失犯的实行行为既可以解释为作为，也可以解释为不作为，诸如将油门当刹车踩而引起交通事故的行为，我们既可以解释为踩刹车的不作为，也可以解释为踩油门的作为，单纯立足于行为毫无价值，应当优先解释为不作为。[②]

2. 纯正的过失犯与不纯正的过失犯

从作为犯与不作为犯的区分角度出发，可以将过失犯分为纯正的过失犯和不纯正的过失犯，所谓不纯正的过失犯是指，类似于既可能由作为构成，又可能由不作为构成的不纯正的不作为犯，某种犯罪既能由过失构成又能由故意构成；所谓纯正的过失犯是指，类似于只能由不作为构成，而不能由作为构成的纯正的不作为犯，某种犯罪只能由过失构成而不可能由故意构成，则其过失犯可称为纯正的过失犯。[③] 结合我国刑法规定，不纯正的过失犯居于多数，纯正的过失犯相对较少，主要有交通肇事罪、危险物

① 参见陈家林：《外国刑法理论的思潮与流变》，中国人民公安大学出版社、群众出版社2017年版，第239页。

② 参见胡洋：《论过失犯实行行为的不作为犯解释》，载《甘肃政法学院学报》2016年第5期。

③ 参见陈兴良：《纯正的过失犯与不纯正的过失犯：立法比较与学理探究》，载《法学家》2015年第6期。

品肇事罪、教育设施重大安全事故罪等22个罪名。① 对此,应当区分纯正过失犯与不纯正过失犯两种过失犯类型,分别予以分析。由于不纯正的过失犯有与其规定一致的故意犯罪相对应,且二者的罪状描述基本相同,因此,二者共用同一构成要件,具有相同的实行行为,对于不纯正的过失犯实行行为之界定,可以采取与故意犯之实行行为相同的规定。更需关注的主要是纯正的过失犯,由于不存在与之对应的故意犯,因此其实行行为无法参照故意犯认定,定型化程度较低,具有一定的特殊性,对此需要进一步区分为普通过失和业务过失两种情形分别讨论。

对于普通过失类型的纯正过失犯,由于日常生活中的注意义务复杂多样,且不具有成文性和类型化特征,笔者认为采取新过失论的基准行为说具有合理性,对于违反注意义务、偏离社会一般规范的基准行为作为第一步的形式判断;然后进行该行为是否具有实质上不被允许的引起法益侵害危险的实质判断,从而确立实行行为。陈兴良教授认为"过失犯和间接故意犯罪一样,在结果没有发生的情况下,其行为不具有犯罪性,因而不存在脱离结果的实行行为。过失犯的实行行为具有被结果决定的属性。"亦即其认为还要考察过失犯的结果来确认过失实行行为的存在,笔者认为这不仅减损了过失实行行为的独立性价值和研究必要性,事实上也可能阻碍和限制过失犯理论发展,导致过失犯局限在过失结果犯范畴,导致过失行为犯、过失危险犯甚至过失未遂犯没有容身之处,而且这一判断可以通过信赖原则和被允许的危险原理适用予以解决。对于业务过失类型的纯正过失犯,既包括一般的业务领域,也包括职务领域,主要包括事故型过失和渎职型过失犯罪。笔者认为是否违反包括内部操作规程守则在内的行政法等前置法规范确立的义务准则和要求是第一步的形式判断,然后进行是否具有实质上不被允许的引起法益侵害危险的实质判断。

三、过失犯实行行为的定型性问题

如前所述,刑法理论上过失犯的实行行为被视为与故意实行行为相并列的特定行为类型,具有独立的存在意义,跳脱了将过失仅限于责任要素进行研究的旧过失理论。学界一般认为,过失实行行为缺乏定型性,或者说过失实行行为的定型性比故意犯罪实行行为的定型性要缓和得多。② 过失实行行为之所以在很长一段时期内没有被关注,一个重要的原因就是由于其类型的宽缓性难以定型,只能通过过失心态或者危害结果来间接界定。③ 客观主义刑法不仅要求罪与非罪、此罪与彼罪之间要有明确的界限,对于个罪本身也应该有一个较为明确的范围,否则就会违背罪刑法定主义。因此,

---

① 参见陈兴良:《纯正的过失犯与不纯正的过失犯:立法比较与学理探究》,载《法学家》2015年第6期。

② 参见张明楷:《刑法学》(第5版)(上),法律出版社2016年版,第292、294页。

③ 参见高洁:《过失犯实行行为研究》,载陈兴良主编:《刑事法评论》第20卷,北京大学出版社2007年版,第416页。

具备基本要素功能、界限要素功能、结合要素功能的实行行为只有在其具有定型性的时候才能实现这些重要的功能。[①] 问题在于过失犯的实行行为应该如何判断认定?针对这一问题,学界形成了两大阵营,即德日刑法理论通行的"注意义务违反说"和借鉴客观归责理论界定过失实行行为说。笔者将通过观察过失犯的不同案例类型,尝试对过失犯实行行为的认定方法提出初步设想,力图将过失犯的实行行为从逻辑上的概念转化为事实上的归责规则。

(一)事实层面:基于违反注意义务的过失犯实行行为

德日刑法理论通行的"注意义务违反说"将注意义务的违反界定为过失犯的本质和过失实行行为,过失犯实行行为被理解为行为人怠于履行或者违反注意义务。据此,行为人怠于履行或者违反客观上被要求的注意义务而实施的一定作为和不作为是过失犯的实行行为。无论是旧过失论还是新过失论,抑或新新过失论和修正的旧过失论,实际上都围绕注意义务这一概念及其内涵展开理论阐述。因此,在认定违反注意义务的时候,首先应当明确什么是注意义务。

注意义务是以结果预见力和结果回避力为前提的结果预见义务和结果回避义务。结果预见义务是规制行为人内部侧面的义务,而结果回避义务则是规制行为人外部侧面的义务。[②] 法律只能规制人的外部行为而不能规制人的内心世界,因此,注意义务是要求行为人进行一定行为或不进行一定行为的客观要求,但绝不能把界定犯罪过失的注意义务违反与犯罪过失画等号,也不能把注意义务违反与过失实行行为画等号。注意义务违反应该是过失实行行为的下位概念,是过失实行行为最重要的属性之一,其自身不具有实行行为性,不能独立担当起过失实行行为的功能与责任。

新过失论和修正的旧过失论通过对注意义务的含义进行扩充解释,克服了旧过失论的一些缺陷,在过失论的发展的进程中成为两种较有影响力的理论,能够妥善解决大部分案例。但是在少部分案件中,适用注意义务违反说仍然存在一些问题,仅以注意义务的违反作为过失犯实行行为的认定方式不能做出合理的解释。如在交通肇事犯罪中行为人即使采取避免措施仍然无法避免结果发生的案件中仍然要以该罪论处;在日常生活中行为人实施的轻微殴打行为,即作为故意伤害甚至故意杀人的实行行为,或在主观故意难以证明的情况下径直认定为过失致人重伤、死亡行为,进而以过失致人重伤罪、过失致人死亡罪追究行为人的刑事责任。其存在的问题不容小觑:首先,注意义务违反说由于注意义务的内涵和解读不同,导致学说内部观点林立,进而导致判断标准不明确,是否需要对注意义务进行规范限缩以及如何限缩有待解决;其次,将客观的实行行为的判断求之于本身具有较强主观性的"注意义务"一词,使得主观心

---

① 参见陈子平:《刑法总论》,中国人民大学出版社2009年版,第84页。

② 参见[日]西原春夫:《犯罪实行行为论》,戴波、江溯译,北京大学出版社2006年版,第73页。

理态度作为实行行为认定标准难谓妥适;最后,在一些行为人看似违反注意义务但却不具有可罚性的过失案件中,此时注意义务违反说基于行为无价值立场仍然将行为人的行为认定为过失实行行为使之该当构成要件符合性,有违强调自由民主、个人主义、权利本位的社会价值观和立法导向。如何尽早地排除对不成立过失犯实行行为的违法性评价,从而避免行为人和全体国民行动自由和可预测性受到不应有、不妥当的限制,可能是注意义务违反说亟须解决的课题。

当然,需要指出的是注意义务违反说虽然存在一些疑问和不足,但在过失犯实行行为认定中仍然存在一些价值和意义,基于规范违反说和行为无价值立场,其在规范和指引包括行为人在内的全体国民行动方向和行动自由选择层面的考虑仍然是值得肯定并予以坚持的。

(二)规范层面:基于违反客观归责理论的过失犯实行行为

客观归责的概念最早由拉伦茨提出,而拉伦茨的概念源于黑格尔的归责思想,拉伦茨在该归责思想的基础上演绎出了客观归责理论,之后,经过霍尼希等学者对该理论的进一步发展,最终在罗克辛教授那里得到系统地完善。① 罗克辛教授认为,过失性犯罪的构成要件,只要其不包含一种额外的举止行为的说明,就只有通过客观归责的理论才能得到满足:一个被归责于客观构成要件的结果,就是过失造成的,不需要其他标准。对于一种过失的构成要件实现的确定,是不需要那种在客观归责的理论之外所获得的标准的。② 实际上,客观归责理论迄今为止最大的贡献,正是在于过失犯领域及其要件体系化的重构。③ 其认为过失的实行行为应当被界定为创设具有实质性危险或为法所不容许的风险,并通过判定结果可否归责于该行为来认定其是否具有实行行为性。④

以注意义务违反说为核心来认定过失实行行为因缺乏更为具体、类型化的判断规则遭遇困境,而客观归责理论通过将传统归责的诸要素加以整合,并通过创设法所不允许的风险、实现法所不容许的风险、构成要件的规范保护目的三大判断规则的层次化递进以及一系列下位规则的检验,使得过失实行行为的认定在客观层面有了更为精细化的判断标准。正如学者所言:"客观归责理论将传统归责的诸归责加以体系化,用一个更上位的概念统摄起来,这种重新表述本身就具有思想性、建构性和创新性。"⑤

---

① 参见王政勋:《犯罪论比较研究》,法律出版社2009年版,第200页。

② 参见[德]克劳斯·罗克辛:《德国刑法学总论》(第1卷),王世洲译,法律出版社2005年版,第713页。

③ 参见林钰雄:《新刑法总论》,台北,元照出版有限公司2018年版,第507页。

④ 参见高洁:《过失犯罪实行行为研究》,载陈兴良主编:《刑事法评论》第20卷,北京大学出版社2007年版,第418页。

⑤ 李波:《规范保护目的理论与过失犯的规则限制》,载《中外法学》2017年第6期。

客观归责理论践行的判断路径是从行为到结果,由事前的判断到事后的判断。换言之,在具备因果事实关系的情况下,从规范上对过失实行行为进行考察,进而决定是否对行为人归责。据此,其认定过失实行行为的思路体现为:第一步,运用“制造法所不允许的风险”这一判断标准对过失实行行为进行正面认定,也即对已经发生的损害事实进行分析,判断客观上是否具有法益侵害的紧迫性(法所不容许的风险);第二步,通过未制造风险、风险降低、制造容许的风险、参与被害人自我危害的行为、危害结果超出注意规范保护目的范围等一系列归责排除情形对是否制造了法所不容许的风险进行反面认定;第三步,通过“实现法所不容许的风险”和“构成要件的效力范围”对前述两个环节进行实质解释和检验。三个条件均满足则认定过失实行行为存在,从而进一步解决归责问题。这种判断路径使得过失不法有了更精细化的标准,在行为层面就可解决过失犯的归责问题。

客观归责理论基于对注意义务违反说的反思和批判,突破并解决了既有过失理论对过失实行行为认定的困境。突出表现在以下几点:一是客观归责理论尝试将虽然违反注意义务,创设不被允许的危险但却不存在引起法益危害结果的危险的行为,通过实质判断的手段排除在构成要件之外,为过失实行行为的认定提供了精细化、体系化的判断的依据,使得过失实行行为的内容不至于过于宽泛和不合理,从这一点上看,客观归责理论实际上意图限制过失犯的成立范围,使得构成要件中的过失实行行为认定实现尽早出罪,从而体现人权保障的根本精神;二是过失犯的实行行为具有被结果决定的属性,因而不能完全在切除结果的条件下单独判断过失犯的实行行为,注意义务违反说基于行为无价值论,片面强调过失实行行为的独立性是不够的,客观归责理论在吸收“注意义务”这个核心词汇的同时,立足于结果无价值论,结合危害结果对过失实行行为进行认定。

然而,理论上仍然存在批评的声音:第一,我国当前实务界通行的依然是四要件的犯罪构成体系,但客观归责理论是在德日刑法三阶层视域下展开的,在进行进一步思考和研究的同时,应当做好理论的对接与融合,为实务工作扫清理论障碍。第二,客观归责理论立基于鲜明的结果无价值立场仍然重视危害结果之于过失犯的重要意义,罗克辛教授甚至将过失实行行为的认定等同于可归责于该行为的结果的出现本身,这不仅导致过失犯的解释无法扩展延伸至过失危险犯、过失行为犯甚至过失未遂犯,而且也弱化了过失实行行为的独立性。第三,客观归责理论剔除结果回避义务,保留结果预见义务,但这无法成为判断外在的法益侵害危险的资料,只能作为判断主观瑕疵意思的基础,[①]与其秉持的结果无价值立场可能自相矛盾。最后,在因果关系的基础上发展起来的客观归责理论,其注意义务规范保护目的存在模糊性,即使把创设不被允

① 参见王海涛:《行政法规范之违反与过失实行行为之认定》,载《法学研究》2011年第2期。

许的危险的行为作为过失犯的实行行为来理解也会扩大过失犯实行行为的范围,从而有可能认定过失犯存在未遂等,扩大对过失犯的处罚范围。

(三)理论证成:在过失实行行为类型论视域下探讨

综合考察前述注意义务违反说和客观归责理论,笔者认为各有优劣,这和各自理论的出发点和理论基础存在紧密制约关系。如果立足于规范违反说,坚持行为无价值论(不论是一元的还是二元的),实际上意图在行为人行为时的事前或事中确立进行刑法归责的举止,这不仅有助于行为人认识到自己行为的危险性和可能引发的危害后果,实现特殊预防,而且对于其他社会公众而言,也可以提供一个相对具体的模型,从而保持对于行为后果的可预测性,进而提醒自己保持必要的甚至高度的注意,指引自己的行为选择以避免危害结果的发生,从而实现一般预防。尤其是将过失实行行为理解为违反结果回避义务的新过失论,在其框架下,通过整理行政法规范或者积累司法判决,推动刑法上注意义务的类型化,不仅使得刑法要求一般民众遵守的行为准则明确化,有利于保障民众的预测可能性,而且能够引导一般人避免实施侵害法益的行为,通过积极的一般预防促进对法益的保护。如果立足于法益侵害说,坚持结果无价值论,实际上不可避免地受制于结果,结果的发生与否仍然会较大程度地影响和制约对于实行行为的判断,这在一定程度上减损了实行行为独立性的价值,而且这一观点更多的是从事后的角度进行判断,很有可能将行为人行为时无法认识的素材加入事后判断范围,造成归责失当;同时难以在事前为社会公众提供行为预测和指引。对此,本文认为认定过失犯的实行行为不仅是一个事实判断,也是一个法律评价意义上的规范判断;不仅需要做形式判断,也需要做实质判断。必须坚持事实判断和规范判断、形式判断和实质判断的双层判断模式。因此,立足于行为无价值与结果无价值的二元论立场,过失犯的实行行为可以被界定为违反注意义务且具有实质上不被允许的引起法益侵害的危险的行为。

1. 作为型过失的场合

如前所述,过失实行行为应该从事实和规范两个层面上得到准确的把握。例如,在一列正在运行途中的火车上,一位未获取医师执照的医学院学生为一名重症病人紧急医治,而且当时的环境只能依赖于这名学生,但最终还是碍于消毒条件以及技术条件的不足,导致了病人的死亡。[①] 法院认为,学生对于有可能导致病人死亡的结果具有预见可能性,而且其行为也导致了危害结果的发生,为法规范所禁止,因此成立过失,这是旧过失论的理论立场。

从客观事实层面考察,学生的紧急医治行为导致了病人死亡的结果,由于紧急医治行为与死亡结果相关联因为被认定为过失实行行为的载体,离开紧急医治行为就无

① 参见杨丹:《医疗刑法研究》,中国人民大学出版社 2010 年版,第 200 页。

法从规范层面对死亡结果为学生设定结果预见义务和结果回避义务，学生的注意义务就成了无源之水、无本之木。从规范层面考察，紧急医治行为在取得医师执照的情况下就是一个日常生活中的行为，但从经验的角度看，未获取医师执照的医学院学生实施的医疗行为本身就有可能引发危害结果，因而从规范的角度就应该科以行为人结果预见义务和结果避免义务，该义务成为医治行为的一种负担，如果该注意义务没有充分加担于医治行为，在该行为引发规范不能容忍的结果时就会成为过失实行行为。

2. 不作为型过失的场合

在过失不作为的场合，从事实层面考察，由于不作为是指对阻止构成要件的结果发生具有原因力的事实，故在该层面过失实行行为的成立有赖于特定身份或者特定作为义务的"行为人"，而不是依赖于物理意义上的"行为"。在规范层面上，行为人的结果预见义务和结果回避义务无法加担于行为人应有的作为行为，即行为人的结果预见义务和结果回避义务由于事实层面的不作为成了无源之水，而无法加担于"事实层面应为的行为"，在无法避免构成要件结果发生的场合，便成立不作为的过失实行行为。如铁道工应该扳道而忘记扳道的不作为导致火车倾覆的行为。由于不作为无先于注意义务引起构成要件结果发生，故铁道工的结果预见义务和结果避免义务没有能够加担于扳道行为。易言之，铁道工的结果预见义务和结果回避义务由于其不作为无法加担于扳道行为从而成立不作为的过失实行行为。由于事实层面的不作为断绝了规范层面注意义务的加担，从而提前实现了注意义务的充分不加担。如前述铁道工因睡过头应该定时扳道而忘记扳道的情况下，基于铁道工身份而没有扳道的行为首先是没有履行作为义务，在此情况下，就断绝了其扳道时应当争取扳道和合理扳道的结果回避义务的履行。故在过失不作为的场合，行为人没有履行义务，从而也无法履行结果回避义务。

3. 竞合型过失的场合

如果因铁道工扳道错误(将A路线误认为B路线)的行为引起火车倾覆，则过失实行行为既可以解释为A线路扳道的作为，也可以解释为没有为B路线扳道的不作为。对此，山口厚教授明确指出，以上案例都是不作为。① "作为的背后，总是同步附随着不作为，作为只是一种现象，不作为才是本质"，②因此，在作为与不作为竞合的场合，应该参照不作为过失的场合，认定过失实行行为。

四、结语

近年来国内刑法学知识面临转型，方向是以德日为代表的阶层犯罪论体系，但是

① 参见[日]山口厚：《刑法总论》，付立庆译，中国人民大学出版社2011年版，第67页。

② 胡祥：《论过失犯实行行为的不作为犯解释》，载《甘肃政法学院学报》2016年第5期。

由于阶层体系内部也存在理论分支和制度分野,我国刑法学尽管承袭于德日刑法学,但是根据本国国情和司法实践进行本土化构建已是当务之急。对此,本文通过观察我国立法和司法层面中的过失犯的实行行为,探讨两者交错背景之下存在的问题,并在尝试解决问题的同时建构过失犯实行行为特定所需的判断方法,并针对可能的批评与疑问加以回应:过失犯的本质是法定犯,作为与故意犯相并列的构成要素,过失犯罪具有不同于故意犯罪的实行行为。除了作为的过失和不作为的过失,竞合的过失同样在存在论上存在立足空间。社会风险与刑法的关系形成了风险刑法理论,在对犯罪构成及违法性判断中,仅考虑结果无价值或者行为无价值已然不能满足风险社会对刑法提出的要求,立足于行为无价值与结果无价值的二元论具有相当的科学性与时代性。基于事实判断和规范判断的统一性,从行为无价值与结果无价值二元论出发,过失犯的实行行为可以被界定为违反注意义务且具有实质上不被允许的引起法益侵害的危险的行为。

违法性认识的实践认知与理论回应

周树超*

【内容摘要】实证研究显示，违法性认识与违法性认识可能性在我国法定犯的审判实践中分别发挥着影响量刑和定罪的机能。以德日阶层论体系为平台，我国刑法学者对违法性认识的立场和地位问题展开了学术论争，但由于忽视了违法性认识和违法性认识可能性不同的法律功能，以至于不能形成供给实践的定论。结合我国语境，应当分别从犯罪论和刑罚论中寻求违法性认识可能性和违法性认识的理论归宿。在犯罪论体系内，将违法性认识可能性作为影响犯罪成立的责任要素，采取缓和的区别说；在犯罪论体系外，将违法性认识理解为影响刑事责任的酌定量刑情节，从而为违法性认识争议案件提供合理可行的实践进路。

【关键词】违法性认识错误　违法性认识可能性　实践认知　理论回应

关于违法性认识，学界围绕违法性认识的内容、立场、地位和判断等基本问题已有较为深入的讨论。不过，这些理论争议尚未尘埃落定，并转而进入长期僵持阶段，使理论的实质性进展缓慢。有学者认为，目前关于违法性认识的研究，的确应该进入更加具体深入的阶段，为司法实践提供切实可行的方案。[①] 但问题是，既然理论上尚无定论，那么如何确保所谓的司法可行方案不是一家之言？事实上，与其在封闭的理论演绎中得出指导司法实践的方案，不如反观司法现状并抽象和改造出契合中国语境的违法性认识理论，唯此，才能真正扭转违法性认识的实践命运和理论前途。本文试图通过对司法案例样本的分析，真实反映违法性认识理论在司法实践中的适用现状，并在此基础上进行理论审视与回应，为违法性认识争议案件的解释适用提供参考。

一、违法性认识的实践认知与问题意识

（一）违法性认识争议案件的总体情况

笔者在威科先行法律信息库，以“违法性认识”为关键词检索到 1299 份刑事裁判

---

* 周树超，四川大学法学院 2021 级刑法学专业博士研究生。

① 参见车浩：《法定犯时代的违法性认识错误》，载《清华法学》2015 年第 4 期。

文书。如表1所示,违法性认识争议案件呈现逐年递增趋势,且案件数量在近年有较大增加。检索发现,违法性认识争议案件集中于《刑法》第三章“破坏社会主义市场经济秩序罪”和第六章“妨害社会管理秩序罪”,分别占比49.53%和24.88%。可见,在法定犯领域,违法性认识的争议案件并不鲜见且逐渐增多。

表1　案件数量分布

年份	案件数量/件	占比/%
2016年及以前	194	14.93
2017	138	10.62
2018	209	16.09
2019	320	24.63
2020	365	28.10
2021	73	5.62
总计	1299	100.0

注:2021年案件数量较少是由于较多案件尚未审结或公布。

(二)对违法性认识及可能性的运用情况

1.对违法性认识的运用情况

为了充分反映违法性认识在司法实践中的现实情况,笔者以“近一年”为时间范围限定,筛选出了300个判例样本,除去其中系概念误用的45份样本后,得到255份有效样本。

分析得出:(1)辩护方提出违法性认识错误的意图在于减少行为人的刑事责任(包括从轻、减轻、缓刑、免于处罚)。在255份样本中,仅有25份样本显示辩护方提出违法性认识错误的辩护理由旨在出罪,只占比9.8%。(2)辩护方在论证违法性认识错误时缺乏说理。在有效样本中,单纯提出没有违法性认识而没有阐述理由的,以及以法律意识淡薄、文化水平较低等笼统理由来论证没有违法性认识(或者违法性认识不清楚)的,有178份,占比69.8%。(3)法官对于非法定的违法性认识事由重视程度较低。在255份提出违法性认识错误抗辩的样本中,有166份(占比65.1%)没有得到任何回应。值得注意的是,法官的回应率与辩护方的说理程度有较大的关联,在77份对缺乏违法性认识有一定说理而不是单纯或者笼统提出缺乏违法性认识的案件中,只有24个没有得到法官的回应,占比仅31.2%。(4)违法性认识错误难以影响裁判结果。在得到法官回应的89份案例中,有21份裁判理由直接认为“违法性认识错误不影响定罪量刑”;在255份有效样本中,最终因为违法性认识错误影响定罪量刑的仅有24件,占比仅9.4%。相似地,在最终影响定罪量刑的24个案件中,有19个具备较为充分的辩护说理,占比79.2%,可见,对违法性认识错误的说理情况与结果关联密切。

2. 对违法性认识可能性的运用情况

实践中普遍认为违法性认识错误不足以阻却犯罪，例如，有判例提道“违法性认识错误不是阻却犯罪构成的事由，因此，无法讨论类似问题，也无法采纳辩护人的意见。”①但是，不少判例提及，当违法性认识错误不可避免（没有违法性认识可能性）时则可以阻却犯罪。例如，在刘某、黄某妨害信用卡管理案中，法官认为“成立犯罪不要求行为人认识到行为的违法性，行为人有违法性认识的可能性就具备了责任要素。”②换言之，该案法官认可不具备违法性认识可能性就不构成犯罪的观点。为了分析实践中对违法性认识可能性的运用情况，笔者从上述 255 份有效样本中，逐个梳理得到了 19 份述及“违法性认识可能性”的裁判文书。

分析显示：(1)辩护方提出缺乏违法性认识可能性的意图主要在于出罪。在 19 份样本中，希望以此出罪的有 10 份，占比 57.9%。(2)法官对于违法性认识可能性的抗辩重视程度高，回应率达到 100%。(3)辩护方在论证时说理更为充分，没有论述理由或者笼统论述理由的，只有 5 件，占比仅 26.3%。(4)缺乏违法性认识可能性更可能影响裁判结果。法官对违法性认识可能性的判断进行较为详细说理的案件有 10 份，超过半数，最终实际上影响定罪量刑结果的案件有 4 件，占比 21.1%。

3. 对违法性认识及可能性运用的特点

违法性认识（可能性）在实践中的运用情况，可以反映违法性认识（可能性）的实践认知。经分析，违法性认识及其可能性在司法实践中主要呈现如下两个特点：

其一，违法性认识已经深入实践，知法推定的传统思路已然动摇。尽管从整体回应率来看，辩护方提出行为人产生违法性认识错误的抗辩理由后，有 65.1% 的案件都得不到回应，但这主要是由于辩护方仅仅是将其作为一种辩护技巧，作为补强说明行为人系初犯、偶犯或者主观恶性小的附带理由，往往缺乏说理（只是单纯提出缺乏违法性认识），或者论证单薄（大多数是由于文化水平低、法律意识淡薄等），甚至妄图以单纯的不知法来逃脱或者减轻罪责。对这样的抗辩理由，要么已经采纳了“主观恶性小”等酌定量刑情节，而无须正式回应缺乏违法性认识的抗辩，要么当然地不值得回应。而在辩护方认真阐述行为人缺乏违法性认识情有可原的情形下，近 7 成法官作出了正式回应，而没有正式回应的案件也不意味着对量刑没有任何影响。正如有学者抽样研究也发现，“尽管实务界不（明确地）承认错误的合理与否可能对刑事责任产生的影响，不过，真诚的法律错误尤其是合理的法律错误，显然影响了量刑。尽管法院的判

---

① 江西省上饶市中级人民法院刑事裁定书，(2020)赣 11 刑终 238 号。

② 吉林省长春市中级人民法院刑事判决书，(2020)吉 01 刑终 169 号。

决书在从轻处罚的事由中并未提及认识错误,但其对量刑的作用显然不容否认。”[①]不知法不赦的自然犯时代已经过去,尽管违法性认识并非法定的定罪量刑事由,但是在常识常理常情理念的影响下,早已经逐步影响司法实践。相反,不顾违法性认识对罪责的影响,往往会引发舆论的质疑和批判,“王某军收购玉米案”和“赵某华持枪案”等奇案即是如此。

其二,违法性认识错误只影响量刑,违法性认识可能性影响定罪。从提出角度来看,辩护方一般只期待违法性认识错误影响量刑,只有当缺乏违法性认识可能性时才主要期待影响定罪(或是获得免予处罚、缓刑等极轻的量刑)。从审查角度来看,法官也认为没有违法性认识可能性才能阻却犯罪,可避免的违法性认识错误只可能影响量刑。例如,后述的“何某州等滥伐林木案”中,法官指出“一般而言,行为人违法性认识错误不可避免的,行为人没有责任,对其行为不能以犯罪论处;行为人违法性认识错误可以避免的或者行为人没有思考行为的违法性的,行为人有责任,但非难可能性有所减少,应当或者可以从轻处罚。”[②]

(三)违法性认识及可能性的理论课题

在相当长的时间里,违法性认识争议案件在我国审判实践中寥若晨星,学界难以从鲜活的案例中汲取理论素材,是故,以引介德日刑法理论为主的研究成为必然的潮流。以犯罪论体系变革为契机和三阶层理论体系为平台,违法性认识理论研究一度进入活跃期。但随之而来的不是契合我国的违法性认识判断方法与规则,而是研究停滞不前和低水平重复的弊象,正因如此,数年前就有学者呼吁,违法性认识的研究应该进入更务实的技术建构阶段。[③] 尽管,这是为了避免理论与实践两张皮的必然要求,但笔者认为当时的时机并不成熟,究其根本原因,在于与中国语境互动与融合的素材不足。其一,由于当时我国实践中出现的违法性认识争议案件不多、典型案件也极少,缺乏认知违法性认识的社会环境和审判实践。其二,尽管学界理论研究炽热,但是理论研究影响实践的时间较短,缺乏实践筛选与认同的过程,在此基础上进行的“技术构建”会不可避免地忽略实践感受与中国国情。其三,当时就提出应该进入务实的技术构建阶段,主要是回应理论研究停滞和重复的局面,而这一论断如今看来并不符合实情,因为此后的多桩案件再次将违法性认识的理论研究推向高潮。

从刑事立法动向来看,我国进一步迈向法定犯时代和微罪扩张时代[④],这一变革仍在持续,违法性认识争议案件也在这种潮流中不断涌现。这为违法性认识之研究提供了丰富的案例素材,事实上,这些素材的涌现亦与近年来的理论研究关系密切。可

---

① 劳东燕:《风险社会中的刑法:社会转型与刑法理论的变迁》,北京大学出版社2015年版,第436页。

② 江苏省宿迁市宿城区人民法院刑事判决书,(2019)苏1302刑初751号。

③ 参见车浩:《法定犯时代的违法性认识错误》,载《清华法学》2015年第4期。

④ 参见梁云宝:《积极刑法观视野下微罪扩张的后果及应对》,载《政治与法律》2021年第7期。

以认为,尽管知法推定的传统思维并未消解,但违法性认识的理论研究和司法实践已经进入互动和融合的阶段,在前期理论启蒙基础上,当下技术构建与理论回应的契机已经较为成熟。正如有学者所指出的,要“尽可能摆脱对德、日理论体系的过度依赖,将法官的问题思考和学者的体系思考结合起来,提炼疑难刑事案件的裁判规则,形成有助于解决中国问题的教义学原理,并在此基础上逐步建构具有中国特色、更加本土化的刑法学。”[①]为此,有必要审视违法性认识与违法性认识可能性的内涵与关系,厘清违法性认识及可能性的体系地位,并以定罪量刑为导向构建判断标准与方法。

二、违法性认识和违法性认识可能性的内涵界定

(一)违法性认识的概念

违法性认识,也称违法性意识或者不法意识,是指行为人主观上认识到自己所实行的客观行为属于违法的情形。[②] 就如何定义违法性认识而言,概念是非常单一的,但其内涵非常丰富,我国刑法理论界对违法性认识概念的阐释已经呈现多样化局面。[③] 探讨焦点集中于:违法性认识与社会危害性的关系问题、违法性认识中的违法性是实质违法性还是形式违法性的问题、违法性认识的对象问题。

实质违法性认识与形式违法性认识之争同社会危害性认识与违法性认识关系之争,本质上是同一问题,因为实质违法性与社会危害性基本能画上等号。对此,陈兴良教授认为“在我国刑法中,应当坚持社会危害性认识与违法性认识相一致的观点。社会危害性认识只不过是我国刑法使用的特定用语,其法理上的含义应当是指违法性认识。”[④]不过这种观点遭到了普遍反对,有学者认为,“将两者合二为一的观点,其实是要用社会危害性认识的判断替代违法性认识的判断,以此消除将违法性认识作为犯罪故意要素所面临的解释困境及证明上的难题。”[⑤]还有学者更是一针见血地指出,“违法性认识和社会危害性认识作一致解释的做法,导致违法性认识不被评价,其实是不要说。”[⑥]质言之,违法性认识中的违法性应理解为形式的违法性,否则违法性认识的讨论将缺乏实际意义。在承认脱离形式违法性从实质违法性出发的观点不可取的前提下,有学者提出二者并不相互抵牾、彼此对立,应一并加以考量才能理解违法性。[⑦]

---

① 周光权:《论中国刑法教义学研究自主性的提升》,载《政治与法律》2019 年第 8 期。

② 余振华:《刑法总论》,台北,三民书局 2019 年版,第 301 页。

③ 参见魏东、雷鑫:《影响力案件的刑法教义学实证审验功能——以故意责任中“明知”的法理阐释为例证》,载《法治现代化研究》2019 年第 3 期。

④ 陈兴良:《违法性认识研究》,载《中国法学》2005 年第 4 期。

⑤ 刘之雄:《违法性认识的刑法学理论异化与常识回归——基于解读犯罪故意实质内涵的分析》,载《法商研究》2019 年第 4 期。

⑥ 童德华:《违法性认识在犯罪构成中的地位——两种意义的不要说和必要说的对话》,载《山东警察学院学报》2012 年第 1 期。

⑦ 参见黄翰义:《刑法总则新论》,台北,元照出版有限公司 2010 年版,第 131 页。

但是,笔者认为,即便认为实质违法性与形式违法性不应被孤立、割裂地看待,也没有必要将违法性认识中的违法性理解为实质违法性与形式违法性的统一,因为缺乏所谓实质违法性认识,完全可以在故意的法理中得到解决,需要被重视的是违法性认识本身的机能和体系地位。

违法性认识的对象仍存在争议。对认识对象或内容"法"的理解,关乎这一概念的外延范围,按照从宽松到严格的顺序,可以分为"反社会认识说""违反前法律规范认识说""违反法律规范认识说""违反刑法规范认识说""可罚的违法性认识说"。[①]前两种观点将违法性认识的对象理解为道德伦理规范(只不过前者更为彻底),由于模糊了道德伦理与法律规范的区别,使得违法性认识丧失了其本身的机能,因此并不合适;最后一种观点将违法性认识理解为可罚的违反刑法的认识,即认为法律效果也是违法性认识的对象,然而反对动机的产生并不以认识到刑罚为必要,也没有理由保护那些期待受到轻的处罚(法定刑认识错误)而实施重罪的人[②],所以此观点也缺乏认同。那么,仍有争议的问题是,这里的认识对象是所有法规范的违法性,还是仅指刑法规范的违法性?德日主流观点认为,违法性认识的对象包括民法、行政法等规范的违法性。[③] 其理由在于违法一元论和法秩序统一性原理,即认为多个法域所构成的整体法秩序中并不存在矛盾,法域之间也不应当作出矛盾冲突的解释。[④] 认识到违反整体法秩序或者任何法律规范就能认识到刑事违法性,因此并不需要特别地将违法性认识之对象限于刑法规范。有批评意见指出,"违法一元论仅仅意味着,刑事违法性必须以民法、行政法为前提,但是这并不意味着只要是民法、行政法上的违法行为就必然具有刑事违法性。"[⑤]换言之,违法性具有相对独立性,由此可以自然地推论出违法性认识的对象只能是刑法规范。随着国内研究的不断深入和刑事推定技术的运用,担忧"违反刑法规范认识说"范围过于狭窄而可能放纵犯罪的观点被认为是混淆了实体和程序[⑥],支持该说的学者逐渐增多,可谓是当前的通说观点。

需要明确,只有在采取违法性认识必要说(严格故意说为主)的前提下,违法性认识对象才是一个有探讨重要性的问题,因为只有在此种情况下,违法性认识才具有影响故意或者责任成立的可能性,换言之,上述"通说观点"限于必要说的范围内。在其他立场之下,这一对象的探讨意义十分有限。详言之,倘若采取不要说,违法性认识不是成立犯罪的要素,那么其外延如何自然无关紧要;倘若采取可能性说(责任说),由

---

① 李涛:《违法性认识的中国语境展开》,法律出版社2016年版,第69~72页。

② 参见张明楷:《外国刑法纲要》,法律出版社2020年版,第216页。

③ 参见[日]大谷实:《刑法讲义总论》,黎宏译,中国人民大学出版社2008年版,第309页;Rudolf Rengier, Strafrecht Allgemeiner Teil, 5. Aufl., 2013, § 31 Rn. 5。

④ 参见[日]松宫孝明:《刑法总论讲义》,钱叶六译,中国人民大学出版社2013年版,第81页。

⑤ 柏浪涛:《违法性认识的属性之争:前提、逻辑与法律依据》,载《法律科学》2020年第6期。

⑥ 参见陈璇:《责任原则、预防政策与违法性认识》,载《清华法学》2018年第5期。

于证明对象趋同,认识对象是什么也就无足轻重了,就如,责任说论者普遍认为违法性认识对象是刑法规范,但实际上,只要能证明行为人认识到自己违反法秩序甚至道德规范,就能认定"可能性"之存在,与广义法规范说唯一的不同之处仅在于他们宣称违法性认识(可能性)之对象是刑法规范。

众所周知,具备探讨重要性的前提——违法性认识必要说,并非我国主流理论观点也不为司法实践所认同,可见,继续在犯罪论体系内探讨其认识对象缺乏实际价值,甚至有些匪夷所思。有学者也敏锐地指出,违法性认识不能在犯罪论之中得到规范评价,在独立于犯罪论的刑事责任论中评价违法性认识比较妥当。① 也有论者认为法定犯的违法性认识错误与犯罪故意的成立无涉,但减免刑事责任。② 这一立足于刑事责任论(刑罚论)来为违法性认识寻求归宿的新见,与前文"违法性认识至多影响量刑"的实证结论不谋而合。但令人费解的是,即便理论界已经清楚地知道违法性认识只能影响量刑③或者认识到"违法性认识具有与否及程度高低是酌定量刑因素之一"④,且可能性说逐渐成为通说(也认为现实的违法性认识不影响定罪),却仍然痴迷于在犯罪论体系内为违法性认识寻求地位。鉴于此,本文试图打破体系内的障碍,从刑事责任论的角度来重新认知违法性认识的对象。

在犯罪论体系内,违法性认识是否阻却犯罪这一争议的症结是"公益"与"私权"的博弈。⑤ 所以,其对象究竟是刑法规范,还是法律规范,抑或是法秩序等内容,不可一概视之。但是,在犯罪论体系之外,基于刑罚论的功能定位,违法性认识对象的外延不必在责任主义与刑事政策的紧张关系中无所适从,因为这一外延的大小不再"一刀切"地决定罪责之有无。由此一来,那些因为刑事政策的理由而不合适的观点,得以在刑罚论的视野下被重新审视,从而释放违法性认识错误的成立空间,发挥刑事责任论的机能以兑现依法治国的承诺。

以最亲和责任主义的"可罚的违法性认识说"为例,在犯罪论体系内,承认法定刑错误事实上便保障了实施轻罪的自由,显然没有任何可接受性。但是,如果认为这一错误至多只能成为一个酌定量刑情节,那么该说也能被普遍认同。实际上,法定刑认识错误的情形并不罕见,但在以往的理论和实践中却无可避免地被无视。有学者实证

① 参见童德华:《违法性认识在犯罪构成中的地位——两种意义的不要说和必要说的对话》,载《山东警察学院学报》2012 年第 1 期。

② 参见丁成:《法定犯违法性认识错误研究》,华东政法大学 2014 年硕士学位论文,第 30 页。

③ 参见高铭暄、赵秉志:《刑罚总论比较研究》,北京大学出版社 2008 年版,第 160 页。

④ 李国权:《违法性认识的实证分析与阶层判断——基于 769 份刑事判决书的分析》,载《新疆社会科学》2021 年第 1 期。

⑤ 参见王志远:《在"公益"与"私权"之间:违法性认识问题再认识》,载《法学家》2015 年第 1 期。

研究发现,我国《刑法》罪刑不均衡的条文占比近1/4。① “大学生掏鸟案”②等案件之所以引发舆论质疑就在于量刑畸重,出离了一般人的理性预测。在承认刑法典罪刑结构不完全合理且国家普法义务履行不完美的情况下,法定刑认识错误对可谴责性之影响也应该被正视。综合以上分析,本文认为,违法性认识是对可罚的刑法规范的认识,圆满的违法性认识既包含对刑法构成要件之认识也包含法定刑的认识。

(二)违法性认识可能性的概念

违法性认识可能性,即行为人主观上认识到客观行为违法性的可能性。有无违法性认识可能性与违法性认识错误可否回避,是本质上相同的问题。③ 采违法性认识可能性说(限制故意说、责任说)的论者否认现实的违法性认识是故意或责任的要素,相应地,应当专门研究违法性认识可能性的概念与体系定位等问题。而以违法性认识错误可否避免这一判断来充当违法性认识可能性的判断,尽管在逻辑上并没有什么问题,但是却导致对这一概念的讨论必须在违法性认识本身的研究上延续,从而在某种程度上限制了对违法性认识可能性的深入分析。基于这种考虑,后文以“违法性认识可能性”为探讨对象。

罗克辛指出,罪责应当理解为不顾规范可交谈性的不法行为。④ 换言之,不能基于极端的国家主义径直进行知法推定,将不知法的风险负担全部落在公民身上,而必须考察行为人是否处于规范呼唤的状态,是否有认识法规范的条件和可能性。质言之,要肯定非难可能性,只需要证明有守法动机的可能性。那么,此违法性认识可能性之“法”是否应如违法性认知之对象一样,理解为可罚的刑法规范呢?并非如此,一方面,守法动机的产生并不以认识到法定刑为必要,反对动机的形成并不是只有通过刑罚威吓才能实现,只需要具备认识到作为禁止规范和评价规范部分的可能性即可;另一方面,即便认为不可能认识到现实的更高的法定刑,至多也只能在此部分内减免刑事责任,无涉犯罪成立与否,以法定刑认识可能性作为判断内容只会导致违法性认识可能性体系地位的不和谐。所以,本文认为,违法性认识可能性是指认识到违反刑法规范的可能性。

有疑问的是,如果能够认识到行为违反民法、行政法规范,也能产生反对动机,那么此处的认识对象为何却限于刑法规范?首先,此种推论不一定真实。基于违法一元论的认知,法秩序具有统一性,那么认识到违反非刑法规范即肯定也认识到违反刑法

① 参见白建军:《犯罪轻重的量化分析》,载《中国社会科学》2003年第6期。

② 2014年7月,河南大学生闫某天和同乡朋友王某军,在新乡辉县市高庄乡土楼村先后掏了两窝小鸟共16只,分别卖给郑州、洛阳、辉县市的买鸟人。经鉴定,16只小鸟均为国家二级保护动物燕隼。闫某天因此获刑10年6个月。

③ 参见张明楷:《刑法学》,法律出版社2016年版,第323页。

④ 参见[德]克劳斯·罗克辛:《德国刑法学总论》,王世洲译,法律出版社2016年版,第568页。

规范。不过,由于刑法规范与民法、行政法规范确实存在质与量的区别(否则也不存在划分法域的依据),这种推定认识到法规范就认识到刑法规范的结论或许并不符合实际情况。其次,此种推论存在逻辑问题。诚然,能够认识到行为违反民法、行政法规范即能产生反对动机,但这种反对动机是不实施违法、侵权行为的反对动机,并不能以此肯定刑法上的责任。最后,如前所述,"可能性"极大缓解了证明困境,将对象限定为刑法规范只是一定程度上提高了证明标准,并不能否认事实上认识到违反非刑法规范就极可能具备违反刑法规范的认识可能性,此种情况下,如果再将可能性的证明对象降低为法规范或法秩序,那么违法性认识可能性的实际机能将被完全掏空。

(三)违法性认识与违法性认识可能性的关系论

有关违法性认识与违法性认识可能性关系的问题,缺乏针对性研究。为数不多的观点反映了学界对二者关系的基本看法:"行为人对法律的无知或者错误是不可避免的,就可以说明行为人缺乏违法性认识可能性。"①"由于对违法性认识可能性的判断前提是缺乏违法性认识,因此,确定是否存在违法性认识具有重要的意义。"②概言之,违法性认识的判断是违法性认识可能性判断的前提,二者以违法性认识错误能否避免而联结起来。实际上,上述命题在论及二者关系的场合下,已经预设了采取限制故意说或者责任说的前提,不利于在各自机能下,准确把握二者的关系。

事实上,违法性认识不必然是违法性认识可能性的判断前提,二者没有必然的联系。一方面,如前所述,基于影响量刑或定罪的不同机能,违法性认识的对象是可罚的刑法规范,违法性认识可能性的判断对象是刑法规范。因此,当只是存在法定刑认识错误时,不需要判断这种错误的可避免性,此时不存在违法性认识可能性的判断问题,也不可能因此影响犯罪成立。另一方面,违法性认识可能性可以直接判断,设置违法性认识判断的前置条件反而阻滞了体系效率,并且违法性认识可能性多被认为是消极的证明要素,在缺乏相当理由时可以直接推定,需要判断的场合才是例外。③ 所以将违法性认识作为判断前提既无必要,也不符合真实的司法证明现状。既然二者并无互为前提的认识和判断上的关联,那么与其寻求二者的联系,不如厘清二者区别,方能清晰地揭示理论轮廓,明确违法性认识和违法性认识可能性的关系。

即便是采取责任说的学者也一致认为"虽然责任谴责条件只是违法性认识可能性,但是现实的违法性认识的有无能够影响责任谴责的程度。"④囿于体系内的思考,论者不得不将违法性认识和违法性认识可能性对犯罪的影响体现在与"责任"的关系

① 付立庆:《刑法总论》,法律出版社 2020 年版,第 248 页。

② [日]松原久利:《未必的违法性认识——关于违法性认识可能性与期待可能性》,赵天琦译,载《南大法学》2021 年第 4 期。

③ 参见王冠:《伪 P2P 类非法集资平台从业人员违法性认识的判断》,载《人民检察》2019 年第 4 期。

④ 柏浪涛:《错误论的新视角》,中国民主法制出版社 2020 年版,第 351 页。

上,但这并不能掩盖作为责任要素的事由只是违法性认识可能性的事实。而所谓对责任程度的影响,其实际上的法律效果也只在犯罪论体系外的量刑上而已。有人可能会质疑,既然采取责任说的学者并不否认违法性认识的有无能够影响责任程度从而也能在实际上影响量刑,那么非要区分体系内外,也不过是文字游戏般的理论演绎。事实上,这一体系区分的价值还体现在其他方面:

一方面,在违法性认识可能性说的范围内,体系内的思考势必导致重违法性认识可能性,轻违法性认识的程式化思维。其一,如前所述,普遍认为违法性认识的判断是违法性认识可能性判断的前提,这实则就是以违法性认识可能性为判断归宿的体现。其二,只是承认违法性认识有无能够影响谴责程度,实际上忽视了在"一刀切"的"有无"判断之外,还存在未必的违法性认识[①]等具体情况也会影响谴责程度。其三,由于证明难度极低(甚至在非例外情况下可以直接推定),违法性认识可能性说本身就是"缓和的违法性认识不要说",在此种几乎无法影响定罪的语境下,应当为违法性认识寻求有别于可能性的体系定位,以彰显其价值。

另一方面,在违法性认识说的范围内,体系内的思考无法避免在刑法规制和责任主义之间摇摆不定的理论困境。其一,必然基于不同考量产生违法性认识不要说、违法性认识必要说、自然犯法定犯区别说等立场,并必然最终都因为无法坚持而不得不另谋出路。其二,在学说内部,对于违法性认识的对象(及其证明要求)也会产生较大分歧,导致即便表面上形成了理论共识,实际上也千差万别,显然不利于供给实践。其三,在体系内思考,违法性认识只能影响定罪不能影响量刑,法律效果单一,并且,这一法律效果从实证上看,正好是无法实现的效果(因为实践中违法性认识只影响量刑)。

综上所述,要理解违法性认识与违法性认识可能性的关系,应当分别在犯罪论体系外和体系内来认识,把握二者区别,突破理论上长期将违法性认识和违法性认识可能性混杂在一起讨论的现象。在厘清二者概念和关系的基础上,接下来本文将审视现有理论观点,进行妥当的理论重构。

三、违法性认识的立场和地位

当前,理论上仍然纠缠于成立犯罪是否需要违法性认识(可能性)、违法性认识在犯罪论上处于何种地位的问题。[②] 在前一个问题(立场问题)上,呈现出针锋相对的违法性认识不要说和违法性认识必要说,妥协折中后的法定犯自然犯区别说和违法性认识可能性说的争议;在后一个问题(地位问题)上,主要存在故意说和责任说两种方

---

① 有采纳严格故意说的学者认为存在未必的违法性认识的情况,这种情况下应认定行为人属于间接故意(实际上降低了非难可能性)。换言之,未必的违法性认识属于有违法性认识,但实际上也影响了量刑,这是采取责任说的学者没有考虑的。参见王俊:《法定犯时代下违法性认识的立场转换》,载《现代法学》2020年第6期。

② 张明楷:《刑法学》,法律出版社2016年版,第317页。

案。对此,已有学者呼吁"对我国刑法而言,问题的关键不在于违法性认识在犯罪论体系中的位置,而是构建或完善能够维护个体正义的制度技术。"①甚至有学者分析后放弃了体系之争,认为"试图借助规范平台为违法性认识提供恰当的容身之所的做法是不恰当的,必然导致客观事实上的不尊重、法律概念上的不兼容、法律效果上的两极化。"②在理论研究出现停滞和反复的局面前,"制度构建"以其务实性成了学术转向的时髦话术,违法性认识研究迎来了研究范式的变革。但不可否认,这种变化本质上并非立场和地位问题没有意义,只不过是讨论不清楚罢了,与其说是转向,不如说是逃避。况且,立场和地位是违法性认识理论的核心和基础,脱离于此的制度技术只会走向任意而不能为实践参考。在继续探讨立场和地位问题之前,有必要澄清两个研究上的误区。

其一,立场问题和地位问题不应混淆。如诸论者所言,受德日刑法阶层论影响,法律错误理论的重心往往围绕违法性认识究竟是故意的要素还是责任的要素展开。③以至于出现无论在前一个问题上采取何种观点都必然讨论体系地位的研究现象。有学者称,关于违法性认识"一边是责任主义的崇高理念,一边是犯罪治理的现实需要,两边都不可偏废。于是,在违法性认识的体系地位上,'故意说'与'责任说'展开了旷日持久的论争。"④但是,"要不要违法性认识"与"违法性认识处于什么地位"并非具有因果逻辑的问题,亦不难理解,倘若采取违法性认识不要说的观点,那么就完全没有必要再讨论违法性认识在犯罪论体系上的地位。

其二,违法性认识和违法性认识可能性概念应该区分。前述研究已经得出初步结论,即违法性认识和违法性认识可能性是不同的概念。但是在违法性认识立场和地位这一基本问题的研究中,普遍笼统地使用这两个概念。譬如,有学者指出"违法性认识不是故意的要素"(应当是责任要素)⑤,但该论者所采取的观点是可能性说。这样一来,究竟是探讨的"违法性认识"还是"违法性认识可能性"的概念并不明确,必然导致体系地位的研究结论不清晰、不深刻。还有学者认为,"对于违法性认识不要说来讲,违法性认识可能性是一个没有任何意义的概念。"⑥换言之,论者认为违法性认识可能性说也是违法性认识必要说,那么必然在采取可能性说的前提之下,继续寻求违法性认识本身的体系地位,或者混淆二者概念,这显然不利于为违法性认识可能性(该论者采取的真实立场)找到准确的体系定位。

① 劳东燕:《责任主义与违法性认识问题》,载《中国法学》2008 年第 3 期。

② 孙继科:《违法性认识体系地位争论否定论》,载《西华师范大学学报(哲学社会科学版)》2021 年第 5 期。

③ 参见陈磊:《违法性认识理论的疑义与辨析》,载刘明祥、张天虹主编:《故意与错误论研究》,北京大学出版社 2016 年版,第 373 页。

④ 田宏杰:《走向现代刑法:违法性认识的规范展开》,载《政法论坛》2021 年第 1 期。

⑤ 周光权:《违法性认识不是故意的要素》,载《中国法学》2006 年第 1 期。

⑥ 丁洪伟:《违法性认识理论研究》,中国人民公安大学出版社 2007 年版,第 136 页。

承上所言,既有理论并没有严格区分立场和地位,有的理论梳理以立场为标准分为不要说、必要说等,有的理论梳理以体系地位为标准分为故意说和责任说等。不过,提前为违法性认识和违法性认识可能性预设体系平台的做法会限制立场问题的展开,也不符合先确定立场再讨论体系的基本逻辑,因此,后文先以立场为主要标尺梳理理论,再进行体系归正。

(一)违法性认识的立场之争

1. 违法性认识不要说和必要说

违法性认识不要说可以追溯至罗马"不允许法的错误"(*error iurisneminem*)的原则和"不知法律不免责"(*ignorantia juris non excusat*)的格言。无限制的不要说认为只要对犯罪事实有故意就成立故意责任,违法性认识不是故意的成立要件。基于心理责任论的认识观,违法性认识既不是故意的要素也不是责任的要素,违法性认识在犯罪成立中不被考虑。但是大多数采纳违法性认识不要说的学者也肯定在极特殊情况下,缺乏违法性认识应当阻却故意(限制否定说),否则将会与常理背道而驰,但正如美国法院在克芒威尔士案的判例中指出:"在某个特殊案件中适用'允许对法的不知'这一原则也许会显得过于苛刻,然而,我们无法表明、甚至无法想象对这一原则的修正"。①

违法性认识必要说,则体现"不知法者不为罪"这一针锋相对的法谚。该说立足于规范责任论,认为要对违法行为负责任,就要有责任非难的依据,从而强调违法性的认识。在其内部,严格的故意说认为,故意的成立以违法性意识的现实存在为必要,违法性的错误阻却故意,如果对违法性认识错误有过失,则以过失犯罪加以处罚。而违法性过失准故意说考虑到大部分犯罪没有处罚过失的情形,根据严格故意说会产生处罚上的间隙,达不到行政取缔的目的,因此认为当行为人因过失而欠缺违法性认识时,可以与故意犯同样地处罚。②

普遍认为,植根于责任主义的违法性认识必要说,不能理所当然地驳倒立足于刑事政策的违法性认识不要说。否则,缺乏文化水平的法盲、规范意识模糊的常习犯、一时义愤的激情犯、错把犯罪行为当作合法行为的确信犯都可以逃脱刑法的制裁。且在许多场合,证明违法性认识存在是困难的,几乎所有犯罪人都会提出自己没有违法性认识,因而就不能作为犯罪来处罚。③ 正因如此,在自然犯时代,几乎一边倒地认为成立犯罪无须考虑违法性认识,因为反对动机之形成并不需要认识到行为的违法性,不知法的杀人者和盗窃者无罪,显然是不可思议的。必要说和不要说的争议是在法定犯

① 参见冯军:《刑事责任论》,法律出版社1996年版,第211页。

② 参见陈家林:《外国刑法理论的思潮与流变》,中国人民公安大学出版社2017年版,第397~399页。

③ 参见田宏杰:《违法性认识研究》,中国政法大学出版社1998年版,第29页。

不断增加的语境中凸显的，正如有学者认为，“大幅高频的法定犯立法，加剧了‘不知法者不免责’的传统观念与责任主义的冲突。但是，刑法日益繁重的规制任务，又不允许追求‘不知法者不为罪’的理想图景。”①

2. 违法性认识区别说和违法性认识可能性说

随着不要说和必要说两派观点的融合和妥协，出现了自然犯、法定犯区别说和违法性认识可能性说。区别说认为自然犯之故意不以具备违法性认识为必要，而法定犯则以该认识为必要。② 事实上，从司法案例来看，违法性认识错误的抗辩理由几乎只在法定犯中被提及，不要说和必要说的争议也是在法定犯时代才被凸显，自然犯和法定犯区别说的价值只在于清晰地指出了对于自然犯不需要考虑违法性认识，而这早已达成共识。

违法性认识可能性说分为限制故意说和责任说。限制故意说认为故意的成立不要求现实的违法性认识，但要求违法性认识可能性，如果没有该可能性就阻却故意。③ 责任说将违法性认识可能性理解为故意犯和过失犯共同的责任要素，没有违法性认识可能性则阻却责任。④ 一来它否定了不要说完全不考虑违法性认识的缺陷，缓和了与责任主义的冲突；二来违法性认识可能性的认定更具有客观性，不会导致打击犯罪的松弛从而影响刑事治理效果，顾全了刑事政策。从这个意义上看，可能性说确实起到了一定的融合和折中作用。不过，违法性认识和违法性认识可能性是两个不同的概念，就违法性认识的角度看来，可能性说实际上是违法性认识不要说，没有考虑违法性认识对于定罪量刑的影响。

以上基本呈现了学说诸相，即违法性认识不要说、违法性认识必要说（严格故意说、违法性过失准故意说）、违法性认识可能性说（限制故意说、责任说）。这事实上也印证了立场选择与体系地位之间的先后关系，例如，违法性认识必要说的体系结论必然是故意说，不言自明，既然过失犯也是刑事责任的形态之一，那么就不可能将现实的违法性认识作为肯定责任的必备要素。又如，违法性认识可能性说虽然有故意说和责任说之分野，但是限制故意说将“可能性”这种过失的要素加入故意当中，这一点是有明显问题的，即认为违法性一方面不可能被行为人所认识，另一方面又只能阻却故意（有过失）的观点，显然存在悖论，因此这一体系定位观点业已式微。由此，即便认可违法性认识或违法性认识可能性在犯罪论体系中的地位，也至多分别在故意和责任中寻求归宿（不可能在责任论中为违法性认识寻求归宿，也不必在故意论中为违法性认识可能性寻求定位），任何交叉或者混淆的探讨都是冗余的，但是以往的学术研究往往对此乐此不疲，不得不说是一种研究弊相。

---

① 车浩：《法定犯时代的违法性认识错误》，载《清华法学》2015 年第 4 期。

② 参见陈子平：《刑法总论》，中国人民大学出版社 2009 年版，第 239 页。

③ 参见张明楷：《刑法学》，法律出版社 2016 年版，第 320 页。

④ 参见［日］山口厚：《刑法总论》，付立庆译，中国人民大学出版社 2018 年版，第 264 页。

(二)违法性认识的立场地位之新见:缓和的区分说

1. 宏观上坚持缓和的违法性认识区别说

实证结论显示,违法性认识的真实争议案件只会体现在法定犯中,且违法性认识的理论价值也在立法行政化现象大量涌现的背景中凸显。企图构建一套及于自然犯和法定犯的违法性认识理论,除了获得观念上的自洽性和满足感之外,不仅不会有任何价值,还会凸显刑法规制和责任主义的冲突,使得理论认同进程艰难缓慢,毕竟谁也不愿意承认"杀人犯"有任何逃避处罚的理由。从理论现状上讲,区分自然犯和法定犯的基本思路能够获得基本认同,否认违法性认识区别说的学者,要么是否认违法性认识必要说而采取不要说或可能性说,要么是认为将违法性认识的判断建立在"自然犯、法定犯"这一模糊的术语上并不妥当。[①] 对于采取不要说或者可能性说的学者而言,他们显然不反对不考虑自然犯的违法性认识,只不过基于采取其他立场而否定了此说;而对于后一批判,则是因为只注意到了自然犯和法定犯区分标准事实上的多样性,并没有聚焦于违法性认识问题来确定合理的标准。正如有学者所言:"刑法理论未必只能以一个标准区分自然犯与法定犯。换言之,我们完全可以在不同的场合根据不同的需要以不同的标准来区分二者。"[②]不可否认,即便如此,也不可能有完全明确的界分观点,如果有,反而不可信,因为绝对的观点往往是以牺牲个案合理性为前提的。本文认为,以能否容易地认识法益侵害性为标尺,即可起到较好的裁判指引作用,例如,杀人、抢劫、强奸、毒品犯罪等显然能容易地认识到法益侵害性。况且,不考虑模糊地带,区别说也能缓和理论争议、提高判断效率。

进一步讲,如果只是从量刑角度来考虑违法性认识,这一标准的精确必要性就更下降了不少,无须大费周章地精密划分。前述研究结论认为,无论是裁判实然结果还是辩护理由的期待,违法性认识错误(不包含不可避免的情形),只能发挥影响量刑的作用,对犯罪成立没有影响。可见,违法性认识必要说和传统的法定犯自然犯区别说没有实践土壤,继续鼓吹需要说不适于我国国情,从量刑角度来进行违法性认识之理论构建,更具有现实意义。所以从犯罪论体系上看,违法性认识不存在体系地位问题,区别法定犯和自然犯之意义在于明确:在自然犯场合,不必考虑违法性认识的问题(既不考虑定罪也无须考虑量刑)。质言之,本文认为,对违法性认识争议问题的研究,应当限于法定犯范畴。

2. 微观上坚持缓和的法定犯违法性认识可能性说

违法性认识可能性应作为犯罪成立之要素,这一观点既符合理论共识(即便是违法性认识必要论者,也当然地认可缺乏违法性认识更不成立犯罪)又能迎合实践认

---

① 参见陈金林:《法定犯与行政犯的源流、体系地位与行刑界分》,载《中国刑事法杂志》2018年第5期。

② 张明楷:《自然犯与法定犯一体化立法体例下的实质解释》,载《法商研究》2013年第4期。

知。在采纳违法性认识可能性说的立场之后，究竟是坚持故意说的立场还是责任说的立场呢？

其实倘若从犯罪成立角度来看，自然就应当采取责任说，因为限制故意说并没有否认过失犯罪的成立空间，换言之，此时违法性认识可能性发挥的不一定是阻却犯罪的机能。况且前述已及，限制故意说并不合理。不过，有学者认为责任是建立在德日刑法理论之上的，在德日犯罪论体系中才有生存和发展的土壤，在我国四要件的犯罪论体系里，还没有正式为“责任”这一概念提供合适的生存空间。因此，在我国现在的刑法体系中讨论违法性认识可能性是否属于责任要素，没有多大的现实意义。[①] 本文认为，仅从四要件的角度来否认责任说的价值，无异于否认了近20年来我国刑法学基于阶层论平台的研究和对司法实践的重要影响，况且，这一基于四要件在我国司法实践中不可动摇的假设也并不真实。

事实上，在我国司法实践中，责任说更具有实践接受性。在筛选出的19个涉及违法性认识可能性的案例中，表露出体系观点的有且只有两个案例，但均为责任说的体现。

案例一：王某、孙某伟诈骗案。[②] 法官认为，“成立犯罪不要求行为人认识到行为的违法性，行为人有违法性认识的可能性就具备了责任要素，同时其对实施该行为是否构罪的违法性认识错误也不阻碍其犯罪构成。”

案例二：何某州等滥伐林木案。[③] 法官认为，“一般而言，行为人违法性认识错误不可避免的，行为人没有责任，对其行为不能以犯罪论处；行为人违法性认识错误可以避免的或者行为人没有思考行为的违法性的，行为人有责任，但非难可能性有所减少，应当或者可以从轻处罚。判断被告人何某州是否有责任以及责任的大小关键是判断被告人何某州的违法性认识错误是否可以避免以及避免的难易程度。本案中，被告人何某州从事买树砍伐生意多年，亦知道砍伐树木需要办理采伐许可证，在砍伐树木之前其与被告人王某站约定，如果其被林业派出所带走了，王某站付其1000元一天，故其有能力，也认识到无证采伐杨树行为的违法性；村委会是村民自我管理、自我教育、自我服务的基层群众性自治组织，不能代表林业行政主管部门，故村委会口头承诺承担责任，既不是采伐行政许可行为也不是形式合法的其他行政行为，不能发生行政行为的效力，不能适用信赖保护原则。被告人的违法性认识错误并非不可避免，其有责任，但根据本案的实际情况，可以酌情从轻处罚。”

从上述案例来看，违法性认识可能性被理解为责任要素，足以说明“责任”理念并

① 戴小强：《违法性认识可能性在我国刑法语境下之提倡》，载《江西警察学院学报》2018年第3期。
② 河南省商丘市梁园区人民法院刑事判决书，(2019)豫1402刑初623号。
③ 江苏省宿迁市宿城区人民法院刑事判决书，(2019)苏1302刑初751号。

非不能融入我国司法实务。况且,在缺乏违法性认识可能性的情况下,如果只是阻却故意,就不得不说明为什么不成立过失,这显然是阻碍实践运用的。目前,责任说也已经逐步成为通说观点,从这个意义上讲,也没有另辟蹊径的必要。

综上所述,其一,自然犯不讨论违法性认识和违法性认识可能性的问题,二者在此类犯罪中没有任何体系地位可言;其二,从刑法体系上来说,违法性认识属于刑罚论,违法性认识可能性属于犯罪论;其三,就犯罪论(也是以往探讨违法性认识体系地位的平台)而言,违法性认识没有体系地位,其不能作为犯罪成立的要素;而违法性认识可能性属于独立于故意和过失的责任要素。

四、违法性认识争议案件的判断

就判断顺序而言,违法性认识可能性是责任要素,违法性认识则是影响量刑的酌定情节。先判断违法性认识可能性,再判断违法性认识,符合定罪到量刑的逻辑顺序。

关于违法性认识可能性的判断方法和标准,理论上有三种观点:

其一,"区别判断说"。根据违法性认识错误产生的原因,可以分为因不知法律而产生的违法性错误与误解法律而产生的违法性错误。对于这两类违法性错误,判断其认识可能性的标准也不同:在不知法律时,要考虑行为人的身份,考虑是否对自己行为的合法性产生怀疑以及是否认识到其行为具有法益侵害性;在误解法律时,要考虑行为人是基于对非官方个人意见的信赖,还是对官方意见的信赖,或是否基于后来被确认为无效的法规或错误判决的信赖。[①] 该说有一定的可行性,通过区别违法性认识错误产生的原因,将其分成两类,并给予了判断标准,在一定程度上可以适用于裁判实践。但是,实际上这两类判断是难以分开的。譬如,在不知法的情况下,通过考察行为人是否对行为产生合法性怀疑等标准,并不能当然得出有无违法性认识的结论,还要进一步考察行为人是否询问国家机关,是否依赖了有权解释等,又会回到属于误解法律的考察标准中去。

其二,"相当理由说"。行为人认为自己的行为不违法有相当理由时则没有违法性认识可能性。例如,行为人依据政府机关的规范性文件、法院的判决作出的合理判断;根据政府的行政指导、国家机关工作人员的答复所产生的信赖;外国人进入中国时间过短,没有条件了解相关法律;地理位置及其偏僻或者由于自然灾害,相关信息不能进入等。该说给出了一些直观明确的判断标准,似乎可以直接适用,但是实际上,司法实践中最难确定的就是"相当理由"的成立。虽然现在对于因为司法解释、机关答复而误解法律等极少数情形可以作为"相当理由"已成为普遍共识,但是大多数情形则未能形成共识。例如,信赖专家、律师意见是否可以作为"相当理由"就存在三种分

① 参见于洪伟:《违法性认识理论研究》,中国人民公安大学出版社2007年版,第156~162页。

歧:可以、不可以、视情况。可见,学术上“相当理由说”存在丰富的讨论空间,但是学者列举的情形只是个人见解,不能代替司法实践中的具体认定。

其三,“契机说”。有学者认为,在认定行为人的违法性是否可以避免时要考虑两个条件:第一,行为人是否有机会对其行为之违法性产生怀疑。如果行为人根本没有机会对其行为是否合法产生合理怀疑,该错误自然为不可避免。有机会的情形如:行为人通过自己或通过他人的提示或通过大众媒体对其行为产生存在疑虑时;行为人是特定行业领域的专业人员时;行为人知道自己的行为会对他人造成损害时。第二,行为人是否利用其机会,为行为违法性之查询做了充分的努力。如果行为人虽然有“机会”,但是如果得到了权威机关的认可或者阅读法律文书仍然产生了违法性认识错误,则认为该错误不可避免。① 一言以蔽之,“契机说”认为没有“契机”则没有违法性认识可能性;“有契机”但为审查违法性作了足够努力仍没有避免违法性认识错误的,也没有违法性认识可能性。

实际上,“区别判断说”中不知法律时的认定标准,实则契机;误解法律时的判断标准,实则有契机之后所作的努力。而“相当理由说”的理由,实际上一部分是没有契机,所以无违法性认识的理由;一部分是有契机但是通过努力查询行为合法性后,违法性认识错误不可避免的理由。可见,三类观点没有矛盾性差异。从司法现状来看,“契机说”与当前司法实践的认知也是契合的,可以改造成为适合审判实践的标准和方法。

案例三:牛某杏危险驾驶案。② 该案法官认为,“鉴于目前法律未对超标电动自行车的属性作出明确规定,有关部门又未对其按照机动车进行管理,行为人牛某杏不具有危险驾驶机动车的违法性认识可能性”。

案例四:李某、姜某非法采矿案。③ 该案法官认为,“被告人李某在开采砂矿前,曾得到满洲里市合作区国土资源局工作人员的口头许可,且 2017 年以前满洲里市砂场采矿存在与国土部门签订采矿权出让合同和矿山环境治理责任书后,受让人即可进行开采的事实,被告人李某在行为时自身没有认识到自己行为的违法性,其存在违法性认识错误。但是被告人李某具有违法性认识的可能性,应当承担 2017 年非法采矿的刑事责任,其原因为:一方面,采矿行业属于国家特别规制领域,被告人李某在法律特别规制领域从事活动时,应当努力收集,并知悉了解采矿行业领域相关法律信息,其在当前信息发达、科技搜索手段如此方便化的时代,并未努力搜集相关法律信息,其违法性的错误系可以避免的错误,行为人的行为具备有责性,其具有违法性认识的可能性。

① 参见李涛:《违法性认识的中国语境展开》,法律出版社 2016 年版,第 177 ~ 179 页。

② 安徽省亳州市中级人民法院刑事判决书,(2019)皖 16 刑终 532 号。

③ 内蒙古自治区呼伦贝尔市中级人民法院刑事裁定书,(2020)内 07 刑终 118 号。

另一方面,合作区国土资源局工作人员的口头答复仅能代表该工作人员的个人对该事项的见解,不能代表主管机关的意见,口头答复也不属于主管机关的正式答复……但对其非难可能性可以减少,可以在量刑时从轻予以考量”。

在案例三中,法官认为由于超标电动车属性不明且行政机关也没有有效管理,行为人缺乏认识到其性质的契机,因此没有违法性认识可能性。在案例四中,法官认为采矿行业属于国家特别规制领域,被告人在法律特别规制领域从事活动即具有违法性认识契机,因此,应当努力收集并知悉了解采矿行业领域相关法律信息。显然,这两则案例切合契机说的观点。

“契机说”将违法性认识可能性的判断分为递进的两个阶段,即判断是否存在认识契机,以及存在认识契机的情况下是否认真履行了合法性查询义务。理论上,违法性认识契机大致可以分为三类:第一,对行为的性质产生合法性疑问的;第二,是特定行业的专业人员;第三,行为直接侵犯个人和社会的基本法益。这基本囊括了实践当中出现的认识契机,因此,对“契机”之判定不必进行理论重构。亟待理论回应的是合法性查询义务的履行标准。当有违法性认识契机时,行为人就被赋予了合法性考察义务,这一义务的履行标准决定着违法性认识可能性的判断标准,从司法实践来看,这一标准显然过于严苛。譬如,在前述4个案例中,行为人采矿前得到了有权机关的口头答复,但法院认为口头答复不是正式答复,不能认为行为人没有违法性认识可能性。

本文认为,应当给行为人的合法性查询义务设定具体标准和边界,当行为人“真诚查询合法性”或“合理理解有关规范”后,即可认为合理履行了合法性查询义务。“真诚查询合法性”的可能情况包括:普通农民询问村干部,行政相对人获得行政机关的口头答复,一般人咨询了律师或者有法律专门知识的人等。对于是否真诚,应当充分考虑“责任是个人的”这一理念,不能用过高标准或者相同标准去要求不同的人。此外,如果要求任何人都需要以“询问”方式来履行合法性查询义务也是不合理的,因为行为人可能并没有去询问有权机关,而是通过自己理解相关判例、法律法规而误认为行为不违法。对于这样的情形,司法实践或者理论一般认为行为人可以查阅更多的判例或者法律法规来避免错误,抑或得到有权答复来避免违法性认识错误。但是,刑法应当具有明确性、司法判例也应当准确,这是罪刑法定原则的应有之义。如行为人通过阅读相关判例或者法律法规当然地产生了认识错误,或者说根据一般的、合理的解释,确实容易产生认识错误,那么这样的违法性认识错误对于一般人来说也是不可避免的,我们不能先用判例或者法律法规去误导行为人,再用其去处罚行为人。除了判例、法律法规之外,还包括规范性文件、权威公告、权威媒体发布的新闻等其他有公信力的文字表现形式。

如前所述,关于违法性认识之判断,其认识对象是可罚的刑法规范,但是倘若要求行为人具体地认识到法律上的构成要件和法定刑,那么必然导致这一量刑事由存在滥用风险。事实上,这一担心是多余的,违法性认识错误作为非法定的酌定量刑情节,必然只可能在其足够真诚和合理的条件下发挥作用。需要重视的是,既然不必在犯罪论体系中探讨违法性认识的作用,就应当彻底革除不考虑违法性认识的传统思维;对于违法性认识的判断,应注重结合量刑的机能来考察,以是否真诚、是否合理、是否影响期待可能性、是否有更轻的主观恶性等角度综合分析其影响。我国 1979 年《刑法》草案第 22 稿中曾规定,“对于不知法律而犯罪的,不能免除刑事责任,但是根据情节,可以从轻或者减轻处罚”。也印证了这一立场,违法性认识对刑事责任之影响并非必然的,而应当综合考虑情节。

五、结语

违法性认识在理论层面已经有了较为深入的探讨,在司法实践中的运用也逐渐增多。违法性认识对于促进个案公平,推动司法正义,回应常识、常理、常情有重要的作用,对其思考不能只停留于理论纷争,也应为司法实践提供合适的理论选择和实现机制。当前司法实践应当避免机械司法和法条主义,树立“依法入罪、以理出罪”的观念,认识到违法性认识及其可能性对定罪量刑的影响,从而推动刑事治理能力和体系的现代化。此外,在犯罪论体系内,判断违法性认识可能性从而实现合理出入罪的机能;在刑罚论体系内,判断违法性认识从而实现影响量刑的机能。

介入因素下的刑法因果关系判断重大作用说及其展开

王德政*

【内容摘要】介入因素下的因果关系判断向来是一个疑难问题。在考察德国、日本关于介入因素下的因果关系判断理论之后，可得出诸多重要启示，其后可据此提出新判断理论：重大作用说。该说的法理依据和内容是：实行行为与结果之间具备因果关系，必然表现为实行行为对结果发生起到了重大作用，如果实行行为对结果发生没有重大作用，就不能认定两者之间有因果关系。实行行为与结果之间的因果流程共有14种模型，在不同的因果模型中，重大作用说都有不同的具体判断理论。面对案例，重大作用说可演变为具有五个步骤的判断程序，以渐进、清晰的思路得出判断结论。

【关键词】介入因素　因果关系　实行行为　结果

引　言

著名华人武侠作家金庸先生在他的封笔之作《鹿鼎记》中安排了这样一个涉及故意杀人罪的桥段："小桂子大惊，大叫：'公公，公公！'抢上去扶，背心正对着茅十八和韦小宝二人。韦小宝轻轻跃起，提起匕首，向他背心猛戳了下去。小桂子低哼一声，便即毙命。"①本案中，刀刺行为与死亡结果之间的因果关系判断简单清晰：根据条件说，刀刺行为与死亡结果之间由于存在"若无前者，即无后者"的关系，两者之间存在因果关系。之所以如此简单清晰，本质上是因为韦小宝的刀刺行为与小桂子的死亡结果之间的因果流程同样简洁明了，可形象地表示为：实行行为→结果（以下简称简单因果流程）。流程中的箭头符号，意味着实行行为与结果之间有"若无前者，即无后者"的条件关系（下文一律以该符号表示条件关系）。以相对简单的条件说运用于相对简单的因果流程，自然没有争议。

不过，若将案情修改为："小桂子大惊，大叫：'公公，公公！'抢上去扶，背心正对着茅十八和韦小宝二人。韦小宝轻轻跃起，提起匕首，向他背心猛戳了下去。小桂子被

---

* 王德政，法学博士后，中南财经政法大学刑事司法学院讲师。

① 金庸：《鹿鼎记（一）》，生活·读书·新知三联书店1994年版，第107页。

刺中背心，倒地翻滚不已。茅十八趁机以掩耳不及迅雷之势，狠踹小桂子一脚，孰料正中伤口。小桂子低哼一声，便即毙命。后经仵作验尸，小桂子因被茅十八踹中刀伤大出血而死。”由于茅十八飞来一脚的介入因素出现，韦小宝的刀刺行为与小桂子的死亡结果之间的因果流程变得复杂起来，呈现如图 1 所示形态：

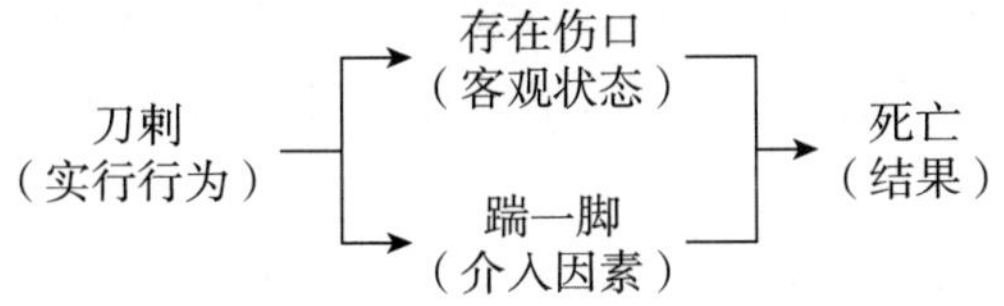

图 1　因果流程

以上因果流程中，与小桂子的死亡直接具备“若无前者，即无后者”条件关系的有两个因素：小桂子有伤口、茅十八踹一脚。少一个因素，小桂子都不会死。而存在伤口是刀刺行为这个实行行为导致的客观状态①，两者之间也有条件关系。茅十八踹一脚则是介入因素②，与刀刺行为之间也有条件关系。正是因为茅十八踹一脚这个介入因素的存在，使得韦小宝的刀刺行为与小桂子的死亡结果之间的因果关系判断，也随之变得复杂起来：刀刺行为与死亡结果之间还有因果关系吗？能否照搬适用于简单因果流程的条件说直接予以判断？还是根据这种因果流程（以下简称介入因素型因果流程）的复杂性而运用其他理论判断？如果进一步思索，又会陷入迷思：其他理论又有哪些，在运用上便利可行还是模糊晦涩，其法理依据是否都合理？还可深刻思索：是否存在一个总揽全域的理论，在宏观上既可作为判断简单因果关系的法理依据，又可成为判断介入因素下因果关系的法理依据，还可根据介入因素型因果流程之下的不同模型，变身为相应的具体判断理论？以上发问，是笔者于下文将要解决的核心问题，但首先应对介入因素下的因果关系理论在德国、日本的研究现状进行梳理并予评析。

一、德国：介入因素下的因果关系判断理论

因果关系判断理论整体上可分为两类：事实判断理论与规范判断理论。两种理论在现有介入因素下的因果关系判断理论中都有体现。不过基于介入因素型因果流程的特点，规范判断理论显得更加多样化、复杂化。由于日本理论基本上以相当因果关系说及其变种理论判断介入因素下的因果关系，而相当因果关系说滥觞于德国，应先考察德国的介入因素下的因果关系判断理论，再梳理日本理论对此的沿承和发展，最

① 所谓客观状态是笔者观察介入因素型因果流程之后提炼出的一个概念，其可被定义为：因果流程中由实行行为或介入因素在条件关系上引起、不同于结果、非人的意志支配下实施的行为之客观事实。

② 介入因素可被定义为：在因果流程中出现的实行行为及其引起的客观状态之外、与结果之间具有条件关系、与实行行为不成立共同犯罪、对判断实行行为与结果之间的因果关系是否存在形成争议的客观事实。

后回到德日理论的启示上。

(一)异常因果关系

德国理论中,异常因果关系是极其常见的概念。“异常”是根据表面感觉进行的描述,对应的是介入因素参与的情形,“因果关系”的描述有问题:因果关系是否存在本来就是判断客体,不能在判断之前先认定因果关系存在,再进行判断,否则会发生逻辑矛盾。其实“因果关系”对应的是“因果流程”。因此,异常因果关系对应的是介入因素型因果流程。

Freund 支持以条件说处理异常因果关系,运用条件说的结局是:“被害人的异常体质是否对结果的发生有推动作用,或者结果经由异常因果流程而发生,对因果关系的存在根本没有影响。”①以条件说处理异常因果关系的功能在于,将介入因素型因果流程中不具备条件关系的情形排除在因果关系之外,但对通过条件说检验的条件却无法进一步筛选。由于德国刑法学中区分归因与归责,以条件说处理异常因果关系的实质是进行因果关系内部事实层面即归因层面的判断,规范层面即归责层面必须交由其他理论来处理。② 因此,以条件说处理异常因果关系,只是对介入因素下因果关系的一个初步判断。

(二)超越的因果关系(中断的因果关系)

超越的因果关系与中断的因果关系在德国刑法学中随处可见。这两个概念是否同义,德国学者有不同看法。

有学者只使用超越的因果关系概念,不使用中断的因果关系概念,但如 Frister③、Krey④、Maurach⑤、Jescheck⑥、Wessels⑦ 却只使用中断的因果概念。更多的学者是将两者混同,如 Roxin⑧、Kühl⑨、Haft⑩、Heinrich⑪。

---

① Georg Freund, Strafrecht Allgemeiner Teiler Personale Straftatlehre, Springer Verlag, 2009, S. 57f.

② Hans – Heinrich Jescheck/Thomas Weigend, Lehrbuch des Strafrecht Allgemeiner Teil, Duncker & Humblot, 1996, S. 280f.

③ Helmut Frister, Strafrecht Allgemeiner Teil Ein Studiebuch, Verlag C. H. Beck, 2013, S. 114f.

④ Volker Krey, Deutsches Allgemeiner Teil, Verlag W. Kohlhammer, 2016, S. 130f.

⑤ Reinhart Maurach/Heinz Zipf, Strafrecht Allgemeiner Teil Teiband Ⅰ Grundlehren des Strafrechs und Aufbau der Strafrecht, C. F. Müller Juristicher Verlag, 1992, S. 261f.

⑥ Hans – Heinrich Jescheck/Thomas Weigend, Lehrbuch des Strafrecht Allgemeiner Teil, Duncker & Humblot, 1996, S. 283ff.

⑦ Johannes Wessels, Strafrecht Allgemeiner Teil Die Straftat und ihr Aufbau, C. F. Müller, 1997, S. 48f.

⑧ Claus Roxin, Strafrecht Allgemeiner Teil Band Ⅰ Grundlagen der Aufbau der Verbrechenslehre, Verlag C. H. Beck, 1997, S. 363f.

⑨ Krisitian Kühl, Strafrecht Allgemeiner Teil, Verlag Franz Vahlen München, 2012, S. 37ff.

⑩ Fritjof Haft, Strafrecht Allgemeiner Teil Eine Einführung für Anfangssemester, Verlag C. H. Beck, 2004, S. 24f.

⑪ Bernd Heinrich, Strafrecht Allgemener Teil Ⅰ Grundlagen der Strafbarkeit Aufbau der Straftat beim Vollendungs – und Versuchsdelikt, Verlag W. Kohlhammer, 2005, S. 72f.

现在有两个问题需要解决:第一,中断的因果关系或超越的因果关系的实质是什么?第二,两个概念是同义的关系,还是下位概念的关系。两个问题可以合并回答。观察所有学者的论述,发现中断的因果关系或超越的因果关系指的都是以下情形:运用条件说,发现实行行为与结果之间没有条件关系,但介入因素与结果之间有条件关系,同时实行行为与介入因素之间没有条件关系的因果流程,图标如下:

实行行为介入因素→结果

明确以条件关系的有无来描述以上因果流程,才是中断的因果关系或超越的因果关系的实质。就此而言,德国学者的定义都存在不明晰的缺陷。但这一概念只是条件说的简单运用,不是归责理论,从而无法真正解决介入因素下的因果关系判断,同时,因果关系的判断必然会运用条件说,那么,不具备条件关系的因果流程自然会排除因果关系的存在,换言之,没有此概念,丝毫不会影响因果关系的判断,所以此概念并无特别创制的必要。超越的因果关系与中断的因果关系同义。

(三)持续作用的因果关系

Kühl 将持续作用的因果关系描述为:"假设尽管有其他条件或邻近条件介入,但初始条件或遥远条件依旧发挥作用,根据条件说则会得出具备因果关系的结论,这称作持续作用的因果关系。因为根据条件说,所有原因都是等价的,同时,这一待检验的行为是导致结果发生的诸多原因中的一个原因。比较典型的是,第三人介入行为人已设定的因果流程中。第三人的行为(或被害人的行为)只在当时起作用,因为它发生在行为人的先前行为之后。"[①]Haft[②]、Maurach[③] 也有类似描述。

持续作用的因果关系跟超越的因果关系一样,也不是新理论,只是运用条件说得出的结论。虽然二者都是条件说的运用,但它们恰好是相对立的一对范畴。前者是实行行为与结果之间有条件关系的介入因素型因果流程,后者相反。[④] 如果说超越的因果关系概念由于不是新理论而应废弃,持续作用的因果关系概念也应废弃。

(四)客观归责

在德国犯罪论体系的客观构成要件中,实行行为与法益侵害之间的联系可划分为因果关系与客观归责两个领域。[⑤] 客观归责理论是一个带有纯粹性德国刑法标签的宏大理论,完全致力于解决一个问题:如何将结果归责于行为人。对介入因素型因果

---

① Krisitian Kühl, Strafrecht Allgemeiner Teil, Verlag Franz Vahlen München, 2012, S. 37ff.

② Fritjof Haft, Strafrecht Allgemeiner Teil Eine Einführung für Anfangssemester, Verlag C. H. Beck, 2004, S. 24f.

③ Reinhart Maurach/Heinz Zipf, Strafrecht Allgemeiner Teil Teiband Ⅰ Grundlehren des Strafrechs und Aufbau der Strafrecht, C. F. Müller Juristicher Verlag, 1992, S. 260f.

④ 林钰雄:《新刑法总则》,中国人民大学出版社 2009 年版,第 122 页。

⑤ Weyma Lübbe, Kausalität und Zurechnung: über Verantwortung in komplexen kulturellen Prozessen, de Gruytor, 1994, S. 53f.

流程的处理,条件说是归因判断,归责判断完全被放置于客观归责中,具体地讲,是通过容身于客观归责理论中的一个判断标准来进行,尤其是风险实现理论。

Roxin 支持风险实现理论:“条件关系的异常性对因果关系的存在是没有影响的。行为人虽然制造了侵害法益的风险,但该风险没有现实化为结果,而是偶然出现的,这就无法实现客观归责。”[①]若以客观归责理论中“制造法所不容许的风险”和“实现法所不容许的风险”两个具体理论完整地运用于一个介入因素型因果流程的案例,再分析其运用过程,可更形象地确定风险实现理论的内容和本质。例如,甲知道丙会在特定时间对某医院纵火,便故意砍伤乙,希望乙被送往医院接受治疗时被火烧死,乙被砍伤后果然被送往医院然后被丙纵火烧死。首先应判断甲砍伤乙制造了什么风险。风险制造理论的判断标准是“客观、事后的预测”:法官必须事后(即诉讼中)置身于一位客观观察者的立场,作为相关社会群体中一位理性者并结合行为人的特别认识,在实行行为实施之前进行判断。[②] 根据该判断标准,由于甲特别认识的事实是乙事后会纵火医院,一般人以其生活经验围绕这个事实来预测,可知甲砍乙的行为不仅可能导致乙被砍死,还可能导致乙被送医然后被火烧死。亦即,甲制造了两个风险:乙被砍死的风险、乙被烧死的风险。后来发生的结果是乙被烧死。那么,甲制造的乙被烧死的风险由于转化为乙被烧死的结果而被认为实现了。乙的死亡结果由此可归责于甲砍乙的行为。从上述运用过程可看出,风险实现理论的内容是:以一般人在行为人实施实行行为时认识的事实或行为人特别认识的事实为判断材料,[③]以一般人为判断主体并以其生活经验为判断依据,来预测实行行为将引起的因果流程。如果事实上发生的因果流程不同于事先所预测的因果流程,结果就无法归责于实行行为。必须指出的是,Roxin 所谓的“风险”有别于传统的概念,本质上是“因果流程”,行为人制造的风险,就等同于行为人通过其实行行为可能引起的因果流程,实现的风险,就等同于行为人通过其实行行为事实上引起的因果流程。由此可见,风险实现理论的实质是:第一步,以折中的相当因果关系说中的判断主体(一般人)、判断材料(一般人认识的事实或行为人特别认识的事实)、判断依据(一般人的生活经验)来判断实行行为可能引起的因果流程。“实行行为可能引起的因果流程”是风险实现理论的判断客体,不同于折中的相当因果关系说的判断客体——实行行为对结果发生的较大可能。这是风险实现理论相比折中的相当因果关系说,针对判断客体作出的修正。第二步,将实行行为可能引起的因果流程与事实上发生的因果流程进行对比,如果二者不一致,则排除对结果

---

① Claus Roxin, Strafrecht Allgemeiner Teil Band Ⅰ Grundlagen der Aufbau der Verbrechenslehre, Verlag C. H. Beck, 1997, S. 362ff.

② Claus Roxin, Strafrecht Allgemeiner Teil Band Ⅰ Grundlagen der Aufbau der Verbrechenslehre, Verlag C. H. Beck, 2005, S. 369f.

③ Urs Kindhäuser, Strafrecht Allgemeiner Teil, Nomos Verlagsgesellschaft, 2009, S. 104f.

的归责。整体来看,风险实现理论第一步中的判断主体、判断材料、判断依据与折中的相当的因果关系说一致,而判断客体和第二步都跟折中的相当因果关系说不一致。可据此得出结论:风险实现理论是折中的相当因果关系说的变种。

然而,折中的相当因果关系中的判断主体、判断依据、判断材料都缺乏客观性,这被风险实现理论完整地继承了下来。此外,判断客体也有缺陷。因为介入因素下的因果流程往往呈现复杂、多样的类型,这使得一般人预见的因果流程与事实上发生的因果流程经常不一致,由此导致以该理论处理介入因素下的因果流程,一般都会得出结果无法归责于实行行为的结论,这会得出大量不合理结论。例如,被害人特殊体质的情况下,行为人出于轻伤的故意打被害人头部一拳,由于被害人颅骨异常而导致其死亡。以风险实现理论来判断,由于一般人往往不知道被害人颅骨异常的事实,预测出的风险是被害人被打伤的风险而非被害人被打死的风险,事实上发生的却是死亡结果,那么,得出的判断结论则是风险没有实现。所以 Roxin 才认为"因被害人特殊体质受到伤亡的情形,伤亡结果的决定性原因在于被害人特殊体质"①。为何被害人特殊体质下的伤亡结果一律不能归责于实行行为,恰好是因为,被害人特殊体质情况下发生的因果流程不同于一般人预见的因果流程。但实行行为和被害人特殊体质皆与结果之间有条件关系即都有作用,如果不区分这种作用的大小,一律认为结果无法归责于实行行为,不但没有评价实行行为对结果的作用力,也是简单轻率而没有说服力的。可见,风险实现理论关注的是实行行为可能引起的因果流程与实际发生的因果流程是否一致,但这种立足于表面现象的形式化判断,不能成为处理介入因素型因果流程的判断标准。因为实行行为引起的因果流程在各种连接点的参与下,呈现复杂、多样的形态是常见的事,不能因为实际发生的因果流程只要脱离人的预测,就一律无法对结果进行客观归责。问题的本质是,实际发生的因果流程虽然表面上看不同于事先预测的因果流程,但实行行为经历了实际发生的复杂因果流程之后,是否还对结果有重大作用?这才是深入事物本质而不为表面现象所蒙蔽的合理判断标准。

二、日本:介入因素下的因果关系判断理论

日本关于介入因素下的因果关系判断理论,基本上是相当因果关系说及其变种理论的运用,具体包括相当因果关系说、因果经过的相当性(狭义的相当性)、广义的相当性、广义的相当性+狭义的相当性。

(一)相当因果关系说

相当因果关系说从德国引进到日本之后被发扬光大、深入挖掘,几乎成为介入因

① Claus Roxin, Strafrecht Allgemeiner Teil Band Ⅰ Grundlagen der Aufbau der Verbrechenslehre, Verlag C. H. Beck, 1997, S. 362f.

素下的因果关系判断之唯一理论(虽然有变种理论)。宏观来看,所谓相当因果关系无非是按照人类的社会经验所认识到的在实行行为与结果之间存在的实施某种行为就会由它产生某种结果这种高度的盖然性,①但其内部有不同的派别,可分为主观的相当因果关系说、折中的相当因果关系说、客观的相当因果关系说三类。

主观的相当因果关系说以行为人所认识到的或者可能预见到了的情况作为判断的基础,②该学说现已无人支持。折中的相当因果关系说不仅是当前日本通说,也得到日本高等法院判例的支持,③其内容为:“查明行为当时一般人能够认识或预见的一般事情以及行为人所特别认识或预见的特别事情,并以这些事情为基础,以从社会一般经验来看,是否可以说上述行为能够引起该结果为标准来进行判断。”④客观的相当因果关系说认为:“应当从裁判时出发,将行为当时存在的全部客观事实(以及经验法则上可以预见到的行为后的事实)作为判断的基础,判断能否从该行为中预测到结果的发生(客观的事后预测)。”⑤

虽然相当因果关系说存在不同派别,但它们的共同本质是,在通过条件说筛选出来的条件中,将发生可能性较大者确定为原因。⑥ 条件引起结果发生的可能性是否较大,是判断客体。发生可能性的判断必须通过人的主观思维进行,不能交由计算机操作,这就涉及让谁来判断,此即判断主体。判断主体通过什么准则来判断,这是判断依据。判断主体根据什么材料来判断,这是判断材料。相当因果关系说的所有判断要素——判断主体、判断依据、判断材料、判断客体,就此确定。前文已述,既然相当因果关系的判断必须通过人的主观思维进行,意味着判断方法必定有主观性。但判断目的是得出条件引起结果发生的可能性是否较大的客观结论,因为这才能使行为人承担刑事责任的基础建立在实行行为引起的客观效果而非妄断之罪上。判断方法的主观性与判断目的之客观性存在冲突,解决之道是:使判断方法尽可能客观,即判断主体、判断依据、判断材料都应客观。

判断主体可分为三类:专业人员、一般人、行为人。在专业领域,专业人员的判断明显比一般人更客观。在非专业领域,一般人往往比行为人的判断更客观。相当因果关系说的三类派别都将判断主体确定为一般人,这在客观性上有缺陷。为确保判断依据的客观性,专业人员应将其专业知识、一般人应将其生活经验作为判断依据。相当因果关系说的三个派别都将一般人的生活经验作为判断依据,客观性不强。判断材料

① 参见[日]大塚仁:《犯罪论的基本问题》,冯军译,中国政法大学出版社1993年版,第105页。

② 参见[日]西田典之:《日本刑法总论》,王昭武、刘明祥译,法律出版社2013年版,第86页。

③ 参见[日]大塚仁:《犯罪论的基本问题》,冯军译,中国政法大学出版社1993年版,第102、103页。

④ [日]大谷实:《刑法讲义总论》,黎宏译,中国人民大学出版社2008年版,第203页。

⑤ [日]曾根威彦:《刑法学基础》,黎宏译,法律出版社2005年版,第190页。

⑥ 可能性的大小,可从大到小依次被描述为很大、较大、一般、较小、很小五档。笔者赞同较大的档次,至于很大,似过严苛。

也可分为三类：一般人认识的事实、行为人认识的事实、行为时的客观事实。由于一般人没有认识的事实可能为行为人所认识，折中的相当因果关系说以行为人特别认识的事实作为一般人认识的补充，但客观性依旧不强，因为一般人或行为人认识的事实都可能与客观事实相左，而客观的相当因果关系说以客观事实作为判断材料，这一点值得肯定。至于行为时已存在的客观事实是否需要以行为后可预见的事实为补充，笔者认为大可不必。至于判断时点是否应为裁判时，也同样无必要。

综上，相当因果关系说的三个派别都因其判断主体、判断依据、判断材料缺乏客观性而应进一步客观化，由此可提出新客观相当因果关系说，其内容为：在专业领域，专业人员通过其专业知识，在非专业领域，一般人通过其生活经验，根据 A 发生时已存在的客观事实，判断 A 引起 B 发生的可能性是否较大。如果得出可能性较大的结论，A 与 B 之间有相当因果关系。如果无法得出该结论，A 与 B 之间没有相当因果关系。

（二）因果经过的相当性（狭义的相当性）

曾根威彦提出的因果经过的相当性可被概括为："以客观相当因果关系说判断被害人特殊体质下实行行为与结果之间的因果关系，在实行行为之后介入了某种事实的场合，应根据实行行为与结果之间有无相当性来判断，若两者之间没有相当性，但实行行为与介入因素之间、介入因素与结果之间都有相当性，则认为实行行为与介入因素之间有相当性。"①

曾根威彦将介入因素区分为两类：被害人特殊体质与实行行为后的介入因素，明显暗含一个推定：被害人特殊体质发生在实行行为之前或与之同时发生，在大多数情况下确实如此，但不排除个别情况下被害人特殊体质发生在实行行为之后。假设被害人特殊体质发生在实行行为之后，根据前述划分，只能将被害人特殊体质作为实行行为后的介入因素来处理，这不仅会造成错位处理的怪异格局，还有一个缺陷：以客观的相当因果关系说来处理此情形，会将实行行为时可预测的被害人特殊体质这一实行行为后的客观事实纳入判断材料，会违背行为刑法原则，如果被害人特殊体质无法预测，又不能纳入判断材料，会导致在判断相当因果关系时忽略被害人特殊体质对因果流程的特殊影响，也不可取。只能得出结论，不能以客观的相当因果关系说处理被害人特殊体质，诚宜另寻良方。对于实行行为后的介入因素，因果经过的相当性认为应根据实行行为与结果之间有无相当性来判断，完全排除了在判断时对介入因素的考虑，将介入因素因果关系的判断等同于简单因果关系的判断。可能曾根威彦也自感有问题，将"实行行为与介入因素之间、介入因素与结果之间都有相当性"的情形，判断为实行行为与介入因素之间有相当性，显得突兀而缺乏论证。其实这种情形才真正体现了因果经过的相当性，对应的是以下因果流程：

① ［日］曾根威彦：《刑法学基础》，黎宏译，法律出版社 2005 年版，第 190、191 页。

实行行为→介入因素→结果

此因果流程中,以客观的相当因果关系说来判断实行行为与介入因素之间、介入因素与结果之间是否都有相当因果关系,从而判断实行行为与结果之间是否有相当因果关系,完全评价了整个因果流程,属于正确的判断标准。

(三)广义的相当性

前文提过狭义的相当性,日本判断理论中还有与之对应的广义的相当性。大塚仁指出:"有的立场把相当性区分为广义的相当性与狭义的相当性,前者是指在行为中可以看出发生结果的危险性(行为本身的相当性),后者是指行为具有的危险性通过具体的因果经过使结果发生(因果经过的相当性)。"①根据松原芳博隐晦的阐述,②广义的相当性是指,行为人实施实行行为时介入因素已经存在或实行行为与介入因素同时发生,这种情形下实行行为与结果之间的相当性;狭义的相当性是指,行为人实施实行行为之后介入因素才发生,这种情形下因果流程诸环节之间的相当性。本质上讲,这是相当因果关系说针对介入因素发生时间的不同,对判断客体作出的具体界定。

广义的相当性问题重重。我们知道,实行行为与介入因素之间在发生时间的先后顺序上,有三种情况:实行行为发生在介入因素之前、实行行为与介入因素同时发生、实行行为发生在介入因素之后。如果介入因素发生在实行行为之前或者与实行行为同时发生,此时,如果直接判断实行行为与结果之间的相当因果关系而完全不考虑介入因素的存在,将忽略介入因素型因果流程的特殊构造。因此,运用相当因果关系说来判断实行行为与结果之间的相当因果关系是否存在时,只能运用相当因果关系说中的客观说。因为主观说或折中说以行为人和一般人认识的事实为判断材料,很可能由于认识错误而导致介入因素不被纳入判断材料,从而忽略介入因素的作用。但客观说以行为人实施实行行为时已存在的所有客观事实为判断材料,且行为人实施实行行为时介入因素是存在的,这就正好将介入因素纳入判断材料,从而可百分百确保在判断时考虑了介入因素的作用。此时,运用客观的相当因果关系说进行广义的相当性判断,也未尝不可。然而,如果介入因素发生在实行行为之后,介入因素型因果流程在时间上将呈现以下状态(从左至右的虚线箭头符号表示发生时间的先后顺序):

实行行为→介入因素→结果

根据实行行为与介入因素之间是否有条件关系、实行行为是否与结果之间有直接的条件关系,可分为三种因果流程:

---

① [日]大塚仁:《刑法概说》(总论),冯军译,中国人民大学出版社2013年版,第195页。

② 参见[日]松原芳博:《刑法总论重要问题》,王昭武译,中国政法大学出版社2014年版,第61、63页。

因果流程 1

实行行为→介入因素→结果

因果流程 2

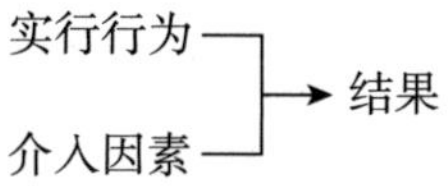

因果流程 3

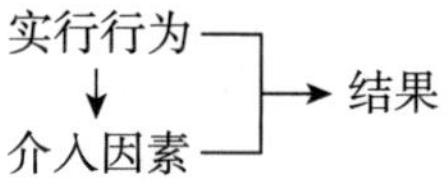

因果流程 1 中,以相当因果关系判断此情形下的因果关系,只能分两步:第一步是判断实行行为与介入因素之间是否有相当因果关系,第二步是判断介入因素与结果之间是否有相当因果关系。不能直接判断实行行为与结果之间广义的相当性。因果流程 2 中,由于介入因素发生在实行行为之后,判断实行行为与结果之间的相当因果关系时,如果将介入因素纳入判断材料,将违背行为刑法原则,如果不纳入,又忽略了介入因素的作用。因果流程 3 中,实行行为通过引起介入因素而间接引起结果,同时又直接对结果发生作用,这两种作用的总和决定了可直接判断为实行行为与结果之间具备因果关系,而无须进行广义的相当性判断。因此,以广义的相当性运用于介入因素发生在实行行为后的情形,是不可行的。

(四)“广义的相当性 + 狭义的相当性”

针对广义相当性的以上弊端,前田雅英教授提出了“广义的相当性 + 狭义的相当性”,①内容是:“在介入了第三者和被害人的行为而发生了结果时,关于能否把结果归属于行为人的实行行为,应该在判断时综合考虑三方面的内容:(1)实行行为中存在的发生结果的概率的大小(广义的相当性);(2)介入事情异常性的大小;(3)介入因素对结果发生作用的大小。”②

前文已论证,广义的相当性仅在介入因素发生于实行行为之前或与实行行为同时发生的情形中才能运用,在介入因素发生于实行行为之后的情形中不能运用,因此,第一个判断标准:“广义的相当性 + 狭义的相当性”不具有判断介入因素下因果关系的普适性。第二个判断标准:介入事情异常性大小的判断,也不适合实行行为与介入因素之间没有条件关系的情形,否则将违背相当因果关系说的运用前提。并且相当因果关系的判断,只应进行有无的判断,无须进行程度大小的判断,否则将进一步导致问

① [日]松原芳博:《刑法总论重要问题》,王昭武译,中国政法大学出版社 2014 年版,第 62 页。

② [日]大塚仁:《刑法概说》(总论),冯军译,中国人民大学出版社 2013 年版,第 195 页。

题:既然精确到程度,就最好以概率形式展示,但概率如何精确计算?第三个判断标准:介入因素对结果发生作用的大小非常模糊。什么是介入因素对结果发生作用的大小?介入因素与结果之间显然是有条件关系的,条件关系不存在大小之分,那么,这是否指相当性程度的大小?如果指的是此意,也存在概率如何精确计算的问题。是否指以下因果流程中介入因素对结果发生的作用力?

如果是指上述因果流程,介入因素对结果发生的作用如果达到某个程度,可被规范地视为实行行为对结果发生的作用没有达到“重大”程度,从而认定实行行为与结果之间没有因果关系。若真是此意,一方面,如何判断实行行为对结果发生的作用是否达到重大程度?如果涉及专业领域,由专业人员通过运用专业知识得出达到重大程度的结论,当然是可行的。但在非专业领域,难道以一般人的感觉去判断是否达到重大程度?另一方面,这就不是相当因果关系说的判断标准了,而是共同条件中重大作用的判断标准,该理论的相当性已被掺杂,不宜被称为“广义的相当性+狭义的相当性”。现在的问题是,介入因素对结果发生的作用大小不知何指,这就为“广义的相当性+狭义的相当性”的支持者运用、解释此理论时留下了自由空间。但作为一个理论,判断标准绝对不容模糊,否则在面临具体运用时会出现各说各话的局面。

“广义的相当性+狭义的相当性”也没有明确指出,该理论能否用于其他种类介入因素下的因果关系判断,如被害人特殊体质、行为人行为、被害人行为、自然事件。此外,实行行为中存在的发生结果的概率、介入因素异常性、介入因素对结果发生的作用这三者大小不一时,如何整体判断因果关系?根据数学上的排列组合公式,三者的大小存在八种情形,如果依次是:实行行为中存在的发生结果的概率大、介入因素异常性小、介入因素对结果发生的作用小,这比较好判断;如果依次是:实行行为中存在的发生结果的概率小、介入因素异常性大、介入因素对结果发生的作用大,也好判断。难以判断的是剩下的情形,比如:实行行为中存在的发生结果的概率大、介入因素异常性大、介入因素对结果发生的作用小,又如何判断?“广义的相当性+狭义的相当性”旨在将判断理论予以多样化、实质化,以合理判断介入因素下的因果关系,却反致该理论在判断标准上模糊化、运用操作上复杂化,最终难以确保结论的合理性。

三、德日理论的启迪与重大作用说的提出

(一)德日关于介入因素下的因果关系判断理论的启迪

全面考察了德国、日本介入因素下的因果关系判断理论之后,可从宏观与细节上发现这些理论中存在的各种问题。如果系统总结并分析这些问题,可为判断理论的革新提供相应教训,让我们站在巨人肩膀上少走弯路,发挥“洋为中用、古为今用”的效果。由于细节上的问题较多,在此无须一一列举,现只列举宏观问题。

宏观上，现有判断理论有九个方面的问题：

第一，所有的判断理论都没有完整揭示介入因素型因果流程的不同模型。介入因素型因果流程有以下连结点：实行行为、客观状态、介入因素、结果。根据不同连结点的组合，可将介入因素型因果流程模型化。如果不具体揭示介入因素型因果流程的不同模型，就无法针对性地为这些因果模型提供合适的判断理论，从而显得粗放有余、细致不足。

第二，不少判断理论试图以一个总览全域的理论去判断介入因素下的因果关系，没有针对介入因素型因果流程的不同模型而提出具体的判断理论。例如，广义的相当性试图以实行行为与结果之间的相当性来判断介入因素下的因果关系，完全忽略了介入因素型因果流程中由于介入因素的存在而呈现的各种因果模型。这产生了两个弊端：一方面，总判断理论不能适用于介入因素型因果流程中的某些模型；另一方面，总判断理论针对 A 因果流程模型可自圆其说，面对 B 因果流程模型却牵强附会。

第三，有些判断理论针对不同种类的介入因素提出不同的因果关系判断理论，缺乏一个总览全域的判断理论。这种只解决问题而不关注体系的做派会损害刑法学的体系性，让刑法学陷入“只见树木不见森林”、各自为政的境地。

第四，有些判断理论即便有总判断理论也有具体判断理论，但两者之间没有逻辑上的必然联系。这会损害刑法学的逻辑自洽性，让人产生疑问：既然总判断理论无法逻辑顺畅地推导出具体判断理论，为何维持前者存在？还不如取消总判断理论，至少会减少一点逻辑龃龉。

第五，创设一些不必要的判断理论，如持续作用的因果关系、超越的因果关系。既然两个理论都是条件说的运用，又何必单独创设概念？这会加大刑法学习者的学习成本，也会误导司法实践工作者以为这是独立存在的金科玉律，而忽视其本源是条件说从而不重视该说的运用，还会扰乱理论研究者的思维，使之迷惑于词汇表面的“专业性”与“高端性”，而不知这根本是多余理论。

第六，没有对介入因素下的因果关系判断区分规范判断与事实判断，并将二者综合运用，表现为三种情形：一是将规范判断混同于事实判断；二是只有事实判断而无规范判断；三是不少判断理论不刻意强调条件说的运用甚至否定条件说。这让因果关系的判断粗糙而错乱。

第七，某些判断理论违背刑法基本原理。其一，运用相当因果关系说时偏离其运用前提——条件关系的存在，即当 A 与 B 之间没有条件关系时也判断两者之间的相当性。德国的判断理论不存在这种情况，而日本对此显得特别严重；其二，违背行为刑法原则。例如，因果经过的相当性将实行行为时可预测的被害人特殊体质这一实行行为后的客观事实纳入判断材料，违背了行为刑法原则的必然要求：相当因果关系说的判断材料只能是实行行为时已存在的客观事实。

第八,针对共同条件型因果流程,即图示:

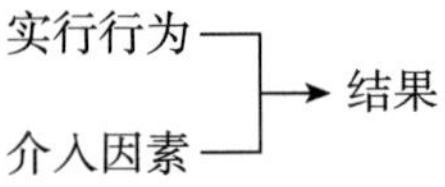

所有的判断理论都没有提出合理的判断标准,以为仅仅判断实行行为与介入因素之间的相当因果关系,就解决了问题,却罔顾实行行为对结果发生的作用只是一部分,如何针对这一部分大做文章,才是正确出路。

第九,某些判断理论为介入因素型因果流程的表面现象所迷惑,纠缠于“异常”“偶然”“偏离常规”等感觉用词,而忽略其真义。

根据以上问题,可发现对提出新判断理论有益的启示:第一,应研究介入因素型因果流程的连结点,并根据它们之间的组合,揭示所有的因果流程模型。第二,不仅要针对介入因素下的因果关系判断提出一个总览全域的理论,还要针对不同的因果流程模型提出不同的具体判断理论,并保证总判断理论与具体判断理论之间必须逻辑自洽而不抵触。第三,将不必要的判断理论全部剔除,还原条件说的真相。第四,在新判断理论中区分事实判断与规范判断,坚持条件说这一事实判断的运用,并结合运用规范判断理论。第五,遵循相当因果关系说的运用前提和行为刑法原则,同时决不抵触其他刑法基本原理。第六,针对共同条件型因果流程,拒绝现有不合理的判断理论,根据其具体特点提出适合自身的具体判断理论。第七,拒绝对介入因素型因果流程及其判断理论进行任何表面现象的描述,只能进行本质性描述,以免混淆视听。

(二)重大作用说的提出

在吸取德日判断理论的教训之后,有必要提出一个新理论去判断介入因素下的因果关系。一个新理论的提出,必须有合理的法理依据,才能让该理论不是出自轻率的推导甚至凭空的想象,从而具备一种深刻的说服力,也才能确保它在战略大方向上不出偏差,防止在根源上误入歧途。

新判断理论的提出必须回到因果关系的宏观范畴上来。因果关系可分为简单因果关系与介入因素型因果关系。简单因果关系由于没有介入因素参与,其因果流程也简单:实行行为→结果,以条件说来判断已足够,无须适用其他规范判断理论。但深层次来看,条件说作为简单因果关系的判断理论只是形式上的标准,只是一种表象,表象的背后其实存在一个实质标准。这个实质标准是:实行行为与结果之间具备因果关系,必然表现为实行行为对结果发生起到了重大作用,如果实行行为对结果发生没有重大作用,就不能认定两者之间有因果关系。不必将重大作用扩大为全部作用,因为规范、价值上的认定不同于自然科学上百分之百的确定性;也不必将重大作用缩小为一般作用或较小作用,否则难以获得将结果归责于行为的足够力量。可见,实行行为与结果之间的因果关系与实行行为对结果发生的重大作用是同时存在的一体两面。在简单因果关系中,实行行为对结果发生重大作用技术性地体现为两者之间的条件关系。介入因素型因果关系既然与简单因果关系同属因果关系的下位概念,就必须满足因果关系等于重大作用的要求,此即重大作用说。但条件说无法理所当然地运用于介入因素型因果关系中,这是因为,在介入因素型因果流程中存在介入因素,这决定了介入因素型因果流程的构造与简单因果流程的构造有差异。“构造有异”决定了不能直接套用条件说来判断介入因素型因果关系,而应区分介入因素型因果流程的不同模型,并根据不同因果模型的具体特点,将重大作用说细化为不同的具体判断理论。值得解释的是,表面上看,“重大作用”的语词似乎较为抽象而缺乏判断上的精确性、简便性,但一旦将该说细化为与不同因果模型相适应的具体判断理论,其判断上的精确性、简便性便可立即呈现。为形象地体现重大作用说的法理依据和内容,可提出四个等式:

等式1:

因果关系=简单因果关系+介入因素型因果关系

等式2:

因果关系=重大作用

等式3:

以重大作用说判断简单因果关系=条件说

等式4:

以重大作用说判断介入因素型因果关系=重大作用说的具体判断理论

有学者试图力拒在判断介入因素型因果关系时提出一个总揽全域的理论,而强调应根据介入因素的不同种类,分别提出不同的具体判断理论。[①] 重视介入因素的不同种类当然是必要的,但对具体判断理论的提出没有可行性意义。因为针对介入因素型因果流程,介入因素的种类不是最深层次、最内在的东西,根据介入因素、实行行为、客观状态、结果这些连接点进行组合,推导出不同的因果流程的模型(以下简称因果模型),才是最深层次的东西,也才能真正对具体判断理论的提出有作用。此外,提出各种具体判断理论不意味着无须提出总判断理论。相反,完全可以采取以下方式:先提出一个大方向上合理的、总览全域的理论,再根据介入因素型因果流程的不同模型,提出与之适应的、不同的具体判断理论。如此一来,既可在判断理论上呈现自上而下的体系化格局,又可针对介入因素型因果流程的不同模型,产生针对性、细致的解决方案,有力、有效响应司法实践中的“接地气”需求。

① 参见刘明、张伟柯:《介入因素下的刑法因果关系》,载《湖南公安高等专科学校学报》2009年第2期。

四、重大作用说的展开

(一)因果流程的模型及其具体判断理论

将思路回到最宏观的层面,所有类型的因果流程可分为两大类:简单因果流程与介入因素型因果流程。简单的因果流程为"实行行为→结果",不属本文探讨范围。介入因素型因果流程中有很多模型,有两类因果模型是最基本的,必须先予讨论:

第一类是间接条件型因果模型,即实行行为与结果之间在条件关系上没有直接引起,而是有中间环节,从而具备间接性、辗转性,可表示为:

实行行为→介入因素→结果

第二类是共同条件型因果模型,即实行行为和介入因素都跟结果之间具有直接的、没有中间环节的条件关系,可表示为:

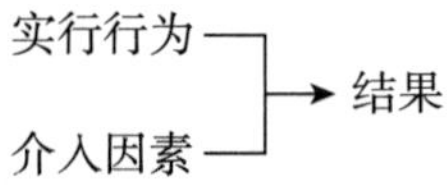

以上两类属于基本因果模型,其他因果模型都是复杂因果模型,完全可由这两种基本因果模型组合而来,其他因果模型的推导方法与基本因果模型一致:根据因果流程中实行行为、介入因素、结果这三个连结点之间条件关系的组合,可以推导得出。笔者将于下文中将推导得出的因果模型一一列举(包括两种基本因果模型),并详尽分析如何将重大作用说应用于每个因果模型,从而推导出适用于每个模型的具体判断理论。

因果模型1

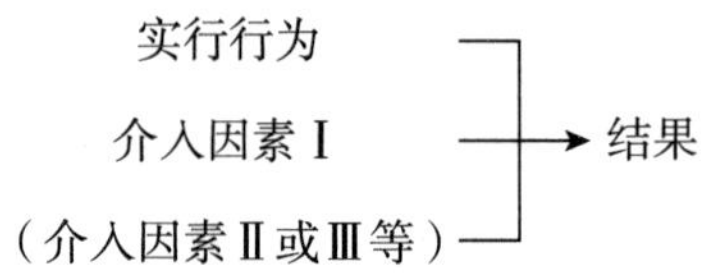

此即共同条件型因果模型。该因果模型中,实行行为、介入因素(可能为两个及以上)都与结果之间有条件关系。[①] 此时,虽然实行行为对结果发生有作用,但由于介入因素也对结果发生有作用,实行行为必须对结果发生具备重大作用,才能认定两者之间具备因果关系。这就"呼唤"提出一个如何判断实行行为对结果发生具备重大作用的理论,亦即,重大作用说在共同条件型因果模型中的具体判断理论。从逻辑上看,实行行为与介入因素中,只要其中一个对结果发生具备重大作用,另一个就肯定不具备重大作用。据此,具体判断理论可转换为:实行行为与介入因素中,谁对结果发生具备重大作用的理论。由于实行行为和介入因素在条件关系上都引起了结果,即具备同

① 应注意的是,实行行为和介入因素都是结果发生的条件,但它们不一定同时发生。

一的结果,而结果的发生昭示了结果无价值,①那么,同一的结果意味着,实行行为的结果无价值等同于介入因素的结果无价值。可见,从结果无价值角度,无法区分两者中谁对结果发生具备重大作用。但考虑不法由结果无价值与行为无价值共同组成,②可换个角度推导,从行为无价值中找寻突破口。实行行为与介入因素中谁对结果发生具备重大作用,实质上是对两者本身所蕴含能量的判断,着眼于两者本身。行为无价值立足于行为本身不法的有无与程度的判断,③也着眼于两者本身。就实行行为和介入因素两者本身而言,可在规范意义上找到一个切合点:谁对结果发生具备重大作用等于谁的行为无价值程度更高。换言之,可根据实行行为与介入因素中何者的行为无价值程度更高,来判断何者对结果发生具备重大作用。由于行为无价值的核心是违反规范(违反义务),④可提出义务违反说予以判断。义务违反说就是重大作用说在共同条件型因果模型中判断实行行为与结果之间是否具备因果关系的具体理论,内容及判断程序如下:

第一,如果涉及专业领域,应由专业人员通过专业知识去判断实行行为对结果发生是否具备重大作用,若得出具备重大作用的结论,实行行为与结果之间具备因果关系;若得不出上述结论,或不涉及专业领域,应进行下一步的检验。

第二,实行行为和介入因素中,若其中一个违反了义务而其他都未违反义务(法律义务、行业义务、道德义务均可),该违反者对结果发生具备重大作用,未违反者对结果发生不具备重大作用。法律义务不限于法律,该国现行有效的法律渊源即可;行业义务是指该国相关行业中明定或约定俗成的义务;道德义务为该国当代大多数人承认或应遵循的主流价值观。

第三,若实行行为和介入因素都违反了义务,谁违反的义务数量最多,谁就对结果发生具备重大作用,其余不具备重大作用。

第四,若实行行为和介入因素都违反了义务且违反义务的数量一致,谁违反义务更为一般人所不能容忍,其对结果发生具备重大作用,其余不具备重大作用。

第五,若实行行为和介入因素都违反了义务且违反义务的数量一致,同时违反义务为一般人所不能容忍的程度也一致或无法区分高低,或者都未违反义务,应由一般人以其生活经验,围绕从实行行为的实施或介入因素的发生(实行行为或介入因素谁先发生以谁为准)到结果发生之时间区间内存在的所有客观事实,判断实行行为和介

---

① Christos Mylonopoulos, Über das Verhältnis von Handlungs - und Erfolgsunwert im Strafrecht, Carl Heymanns Verlags, 1981, S. 68f.

② Diethart Zielinski, Handlungs - und Erfolgsunwert im Unrechtsbegriff, Duncker & Humblot, 1973, S. 129f.

③ Christos Mylonopoulos, Über das Verhältnis von Handlungs - und Erfolgsunwert im Strafrecht, Carl Heymanns Verlags, 1981, S. 25f.

④ Diethart Zielinski, Handlungs - und Erfolgsunwert im Unrechtsbegriff, Duncker & Humblot, 1973, S. 129f.

入因素中谁对结果发生具备重大作用。

第六,如果一般人无法判断实行行为和介入因素中谁对结果发生具备重大作用,有两种解决方案,一是遵循存疑时有利于被告原则①,推定两者都对结果发生没有重大作用,实行行为与结果之间则没有因果关系;二是从法益保护的立场②去做整体观察:既然实行行为和介入因素作为一个整体引起了结果发生,应推定实行行为和介入因素都对结果发生有重大作用,那么,实行行为对结果发生也有重大作用,两者之间有因果关系。笔者以保护法益为重,赞同第二种解决方案。当然,如果行为人的实行行为构成犯罪,在对行为人量刑时,应考虑到其实行行为对结果发生只具备部分作用而非全部作用,应从宽处罚,至于是从轻处罚还是减轻处罚,取决于法官的个案裁量。

因果模型2

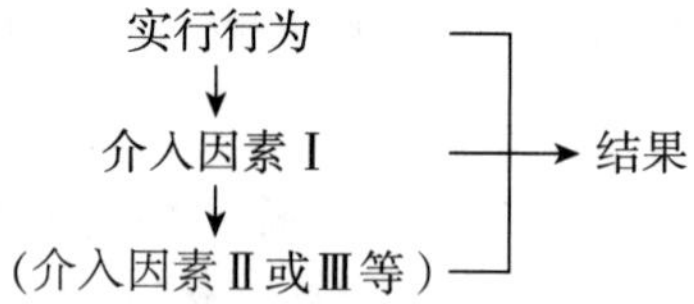

因果模型2中,以条件关系而言,介入因素Ⅰ由实行行为引起,介入因素Ⅰ可能引起介入因素Ⅱ,介入因素Ⅱ可能引起介入因素Ⅲ等,亦即实行行为与所有介入因素之间都有条件关系,实行行为和所有介入因素都跟结果之间有条件关系。规范地看,实行行为不仅对结果发生直接具备作用,同时通过介入因素间接、辗转地对结果发生具备作用。这种直接作用加间接作用的总和,可认定为实行行为对结果发生具备重大作用。无须探讨实行行为对结果发生的直接作用是否达到重大程度,也无须探讨实行行为与介入因素之间(可能的各介入因素之间)、介入因素与结果之间是否具备相当因果关系。

因果模型3

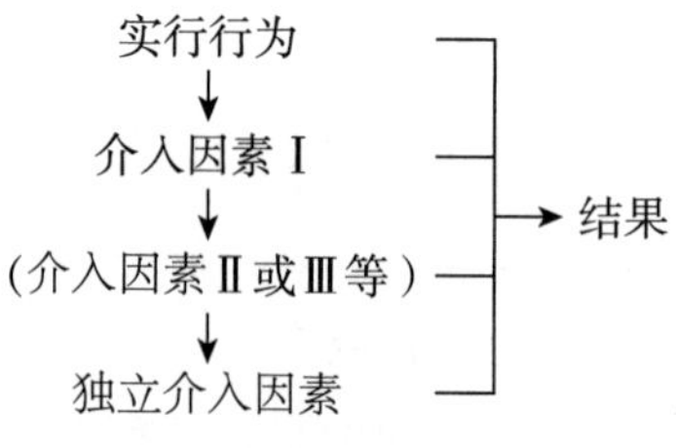

因果模型3跟因果模型2的区别是多出一种介入因素,它只与结果之间有条件关

① Christian Bertel, Grundriss des österreichischen Strafprozessrechts, Manzsche Verlags – und Universitätsbuchhandlung, 2004, S. 242f.

② Gerhard Fiolka, Das Rechtsgut Strafgesetz versus Kriminalpolitik, dargestellt am Beispiel des Allgemeinen Teils des schweizerischen Strafgesetzbuches, des Strassenverkehrsgesetzes (SVG), und des Beträubungsmittelgesetzes (BetmG) Band 1, Helbing & Lichtenhahn, 2006, S. 53f.

系，但与实行行为及其引起的介入因素之间均无条件关系，此即独立介入因素，而其余构造一致。因果模型 3 可分解为三个因果流程：

因果流程 1

实行行为→结果

因果流程 2

实行行为→介入因素Ⅰ(→介入因素Ⅱ或Ⅲ等)→结果

因果流程 3

独立介入因素→结果

可见，虽然实行行为通过因果流程 1 和因果流程 2 对结果发生有作用，却因独立介入因素也对结果发生有作用，使得实行行为对结果发生没有全部作用，所以不能直接认定实行行为与结果之间有因果关系。但因果流程 1 和因果流程 2 都表明了实行行为对结果发生的作用，二者可以规范地合并为一个因果流程：

实行行为→结果

由此，原因果流程可变为：

实行行为 ┐
　　　　　├→ 结果
介入因素 ┘

这是因果模型 1。此时，因果模型 3 的具体判断理论可沿用因果模型 1 的具体判断理论。

因果模型 4

实行行为　介入因素→结果

该因果模型中，实行行为与介入因素、结果之间均无条件关系，只是介入因素与结果之间有条件关系。这就是德国理论中的超越因果关系，但既然在本文中被因果模型 4 取代，就没有必要维持此概念的存在，以免叠床架屋、干扰视听。

由于实行行为与结果之间不存在任何形式的条件关系，可以说对结果发生没有任何形式的作用，更遑论重大作用。因此，实行行为与结果之间没有因果关系。可见，重大作用说在实质上蕴含的第一层判断为事实判断——实行行为与结果之间的条件关系判断，若无条件关系，立即排除因果关系的存在，无须进行第二层判断——规范判断。

因果模型 5

实行行为→介入因素Ⅰ(→介入因素Ⅱ或Ⅲ等)→结果

此即间接条件型因果模型。该因果模型中,在条件关系上,实行行为引起介入因素Ⅰ,介入因素Ⅰ可能引起介入因素Ⅱ,介入因素Ⅱ可能引起介入因素Ⅲ等,因果流程中离结果最近的即无中间环节的那个介入因素引起结果。此构造明显不同于"实行行为→结果"的简单因果流程,在实行行为与结果之间,横插入1个或多个介入因素。此时,如果将条件说贯彻到底,会将历经辗转的结果归责于实行行为,若结果的发生超出一般人的预见可能性,一般人会发出感慨:为何应对如此遥远的后果负责?这会让因果关系的认定缺乏一般人的公平正义感认同,也无法体现实行行为对结果发生的重大作用。当然,也不能以介入因素是否为行为、若为行为时是否出于故意或过失等纯表面化的标准来判断因果关系,否则将落入回溯禁止理论的圈套。因此,欲认定实行行为对结果发生具备重大作用,必须以一般人的预见可能性来限定条件说的适用,这才能使因果关系的认定获得一般人理性与情感上的支持,从而获取判断理论在法理依据上的正当性。[①] 一般人的预见可能性实质上是相当因果关系说,可运用笔者提出的新客观相当因果关系说,不过考虑到该因果模型的构造不同于A与B之间的简单构造,而是有不同成分——实行行为与相邻介入因素之间、各介入因素之间、相邻介入因素与结果之间,判断客体就不能是"A引起B发生的较大可能性",应更换为"实行行为引起介入因素发生的较大可能性、可能的前介入因素引起后介入因素发生的较大可能性、介入因素引起结果发生的较大可能性",亦即在相邻的连接点之间分别进行相当因果关系的判断,如果能形成一条完整无缺、贯彻始终的相当因果关系链,重大作用才能存在,实行行为与结果之间的因果关系也才能存在。如果相当因果关系链出现断裂,实行行为对结果则不存在重大作用,实行行为与结果之间的因果关系就不复存在。以上将新客观相当因果关系的判断客体根据因果模型5的构造特点修正后得出的判断理论,是重大作用说在因果模型5中的具体判断理论,可被称为相当因果关系链说,具体内容是:在专业领域,专业人员通过其专业知识,在非专业领域,一般人通过其生活经验,根据实行行为发生时已存在的客观事实,判断实行行为引起介入因素发生的可能性是否较大,再根据前介入因素发生时已存在的客观事实,判断前介入因素引起后介入因素发生的可能性是否较大,最后根据跟结果相邻的介入因素发生时已存在的客观事实,判断相邻介入因素引起结果发生的可能性是否较大。如果都得出可能性较大的结论,实行行为与结果之间有因果关系。如果无法得出该结论,实行行为与结果之间没有因果关系。

应警觉的是,新客观相当因果关系说的判断客体不能是实行行为有无引起结果发

① 在"实行行为→结果"的简单因果流程中,即便结果的发生超出一般人的预见可能性,也不能认为两者之间没有因果关系,此时,条件说的运用没有例外,但为何在因果模型3中,必须考虑一般人的预见可能性而对条件说的运用进行限定?归根结底是因为一个终极法理根据在起作用:一般人的公平正义感。

生的较大可能性,理由有三:其一,这会忽略中间成分的存在(实行行为与介入因素之间、不同的介入因素之间、介入因素与结果之间),可能让判断缺乏客观性,首先在方法上是错误的;其二,实行行为既然历经1个或多个介入因素的影响,其相当性也在不断变更,变更至最后的相当性才能真正体现实行行为与结果之间的相当性,而直接判断实行行为与结果之间的相当性则忽略了中间的流变,不一定是真正的相当性;其三,承上,即便直接判断实行行为与结果之间的相当性得出的结论与运用相当因果关系链说得出的结论一致,那也是偶然,不代表直接判断的方法是正确的。

因果模型6

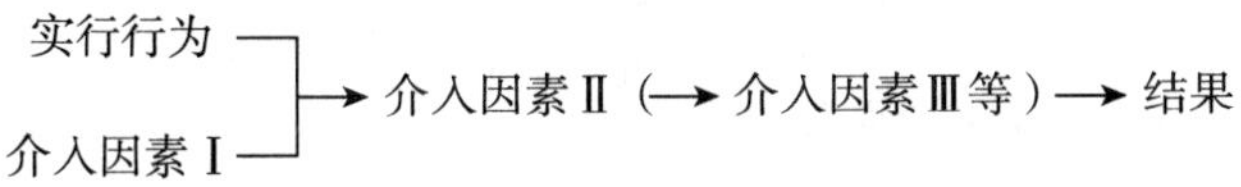

因果模型6中,就条件关系而言,实行行为和介入因素Ⅰ共同引起介入因素Ⅱ,介入因素Ⅱ可能引起介入因素Ⅲ等,相邻结果的那个介入因素引起结果。与因果模型1不同的是,因果流程中存在介入因素Ⅱ这个中间环节,而其余构造一致;与因果模型5不同的是,实行行为并非单独而是和介入因素Ⅰ共同引起结果发生,其余构造也一致。可以说,因果模型6是因果模型1和因果模型5的组合。因此,因果模型6的具体判断理论既不能照抄因果模型1的具体判断理论,也不能照搬因果模型5的具体判断理论,必须综合运用两个因果模型的具体判断理论:一方面,应运用义务违反说,来判断实行行为和介入因素Ⅰ中谁对介入因素Ⅱ发生具备重大作用;另一方面,还应运用相当因果关系链说,对实行行为与介入因素Ⅱ之间(以及可能的介入因素Ⅱ与介入因素Ⅲ之间)、相邻结果的介入因素与结果之间进行相当因果关系的判断。如果同时得出实行行为对介入因素Ⅱ发生具备重大作用、实行行为与结果之间有一条相当因果关系链的结论,实行行为与结果之间有因果关系;如果得不出这样的结论,实行行为与结果之间没有因果关系。

因果模型7

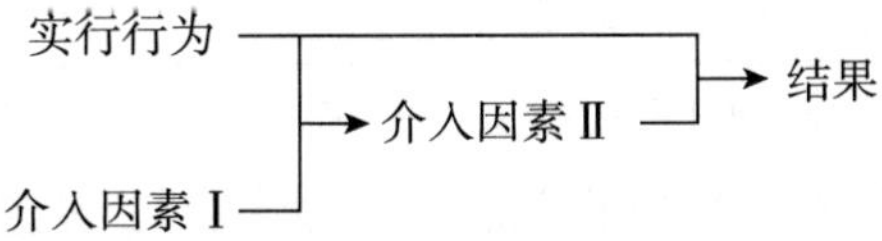

因果模型7与因果模型6的区别是,实行行为与结果之间另有直接的、无中间环节的条件关系,而其余构造一致。实行行为与结果之间的条件关系有两种:一是以介入因素Ⅱ为中间环节的、间接的条件关系,二是直接的条件关系。因果模型7可分拆为两个因果流程:

因果流程1

实行行为→结果

因果流程2

可见,实行行为通过因果流程1对结果发生具备直接作用,又通过因果流程2对结果具备部分、间接的作用,这两部分作用的总和可视为重大作用,因此,可直接认定实行行为与结果之间具备因果关系。

因果模型8

因果模型8与因果模型6的区别是,实行行为和介入因素Ⅰ都与结果之间有直接的、无中间环节的条件关系,其余构造一致。因果模型8可分拆为三个因果流程:

因果流程1

实行行为→结果

因果流程2

介入因素Ⅰ→结果

因果流程3

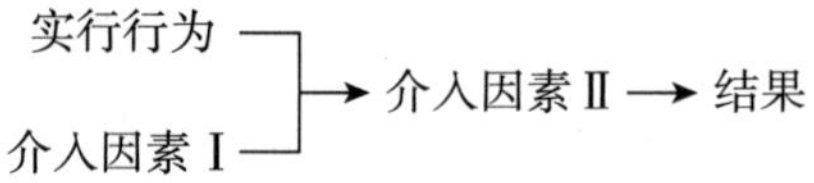

因果流程1与因果流程2又可组合为因果流程4:

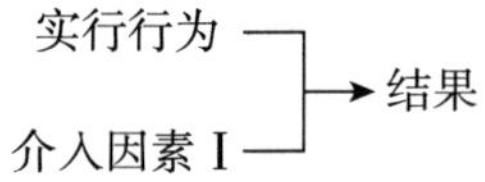

现在必须考察因果流程3与因果流程4中,实行行为对结果发生的重大作用如何认定。如果在因果流程3中,实行行为对结果发生有重大作用,在因果流程4中也有重大作用,整体来看,因果模型8中的实行行为对结果发生自然有重大作用;如果两个因果流程中的实行行为对结果发生都没有重大作用,那么,因果模型8中的实行行为对结果发生也就没有重大作用;如果在其中一个因果流程中,实行行为对结果发生有重大作用,但在另一个因果流程中没有,只能说在作用大小上实行行为与介入因素Ⅰ打了个平手,那么,因果模型8中的实行行为对结果发生也就没有重大作用。此即双重重大作用说,是重大作用说在因果模型8中的具体判断理论。因果流程3对应的是因果模型6,因果流程4对应的是因果模型1,双重重大作用说的内容为,综合运用因果模型1和因果模型6的具体判断理论，但考虑到因果模型6的具体判断理论涵括了因果模型1的判断理论，沿用因果模型6的具体判断理论即可，即一方面，应运用义务违反说，来判断实行行为和与介入因素Ⅰ中谁对介入因素Ⅱ发生具备重大作用；另一方面，还应运用相当因果关系链说，对实行行为与介入因素Ⅱ之间、介入因素Ⅱ与结果之间进行相当因果关系的判断。如果同时得出实行行为对介入因素Ⅱ发生具备重大作用、实行行为与结果之间有一条相当因果关系链的结论，实行行为与结果之间有因果关系；如果得不出这样的结论，实行行为与结果之间没有因果关系。

因果模型9

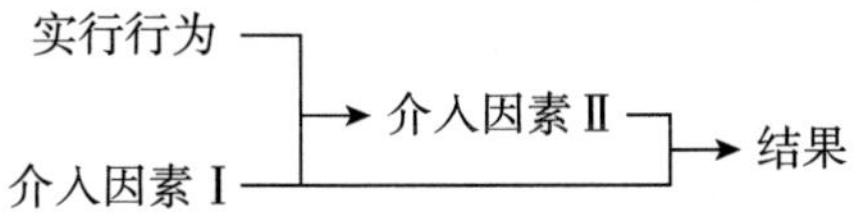

因果模型9与因果模型6的区别是，介入因素Ⅰ与结果之间有直接的、无中间环节的条件关系，其余构造一致。因果模型9可拆为两个因果流程：

因果流程1

介入因素Ⅰ→结果

因果流程2

可见，介入因素Ⅰ通过因果流程1对结果发生有直接作用，同时通过因果流程2对结果发生有间接作用，这两部分作用的总和可认定为重大作用，因此，实行行为与结果之间没有因果关系。

因果模型10

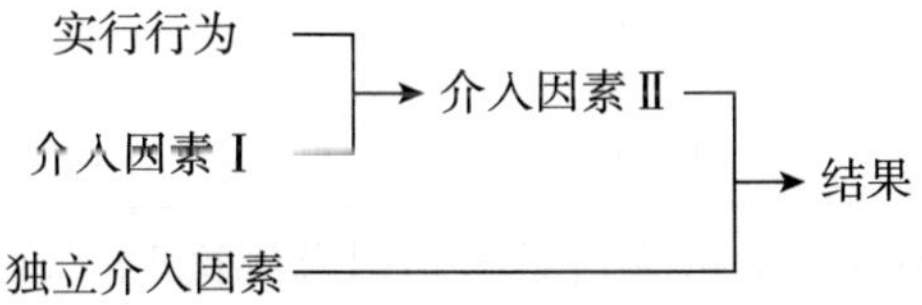

因果模型10与因果模型6的区别是，存在与实行行为、其他所有介入因素之间都没有条件关系的独立介入因素，独立介入因素与结果之间有直接的、无中间环节的条件关系，其余构造一致。因果模型10可分拆为两个因果流程：

因果流程1

因果流程2

独立介入因素→结果

经观察可知,实行行为对结果发生的作用经过两次淡化:一方面,通过因果流程1,实行行为对结果发生的作用被介入因素Ⅰ分担、冲淡;另一方面,通过因果流程2,实行行为对结果发生的作用被独立介入因素分担、冲淡。基于以上淡化,整体来看,该作用无法达到重大程度。因此,实行行为与结果之间没有因果关系。

因果模型11

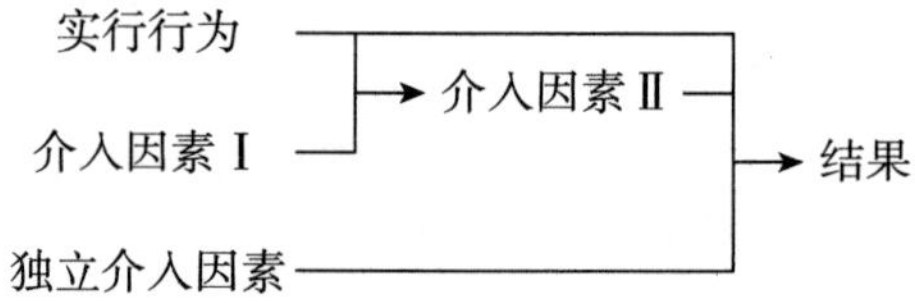

因果模型11与因果模型10的区别是,实行行为与结果之间具备直接的、无中间环节的条件关系,其余构造一致。因果模型11可分拆为三个因果流程:

因果流程1

实行行为→结果

因果流程2

独立介入因素→结果

因果流程3

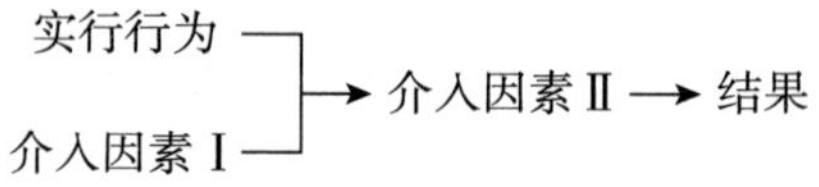

因果流程1与因果流程2可组合为因果流程4

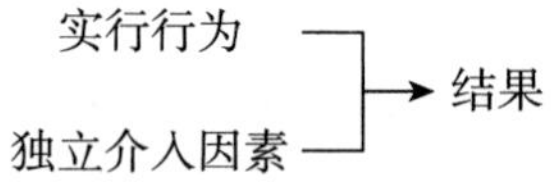

因果模型11的构造演变为因果流程3和因果流程4。跟因果模型8一致,也应适用双重重大作用说:如果在因果流程3中,实行行为对结果发生有重大作用,在因果流程4中也有重大作用,整体来看,因果模型11中的实行行为对结果发生自然有重大作用;如果两个因果流程中的实行行为对结果发生都没有重大作用,因果模型11中的实行行为对结果发生也没有重大作用;如果在其中一个因果流程中,实行行为对结果发生有重大作用,但在另一个因果流程中没有,整体来看,因果模型11中的实行行为对结果发生也没有重大作用。由于因果流程3对应的是因果模型6,因果流程4对应的是因果模型1,该说内容为:

首先,应判断因果模型6中实行行为对结果发生的作用。一方面,运用义务违反说,来判断实行行为和介入因素Ⅰ中谁对介入因素Ⅱ发生具备重大作用。另一方面,运用相当因果关系链说,对实行行为与介入因素Ⅱ之间、介入因素Ⅱ与结果之进行相当因果关系的判断。如果同时得出实行行为对介入因素Ⅱ发生具备重大作用、实行行为与结果之间有一条相当因果关系链的结论,实行行为对结果发生有重大作用。如果得不出这样的结论,实行行为对结果发生没有重大作用。

其次,应判断因果模型1中实行行为对结果发生的作用。应运用义务违反说,来判断实行行为与独立介入因素中谁对结果发生具备重大作用。

最后,如果因果模型6和因果模型1中的实行行为都对结果发生有重大作用,实行行为与结果之间有因果关系,如果得不出这种结论,实行行为与结果之间没有因果关系。

因果模型12

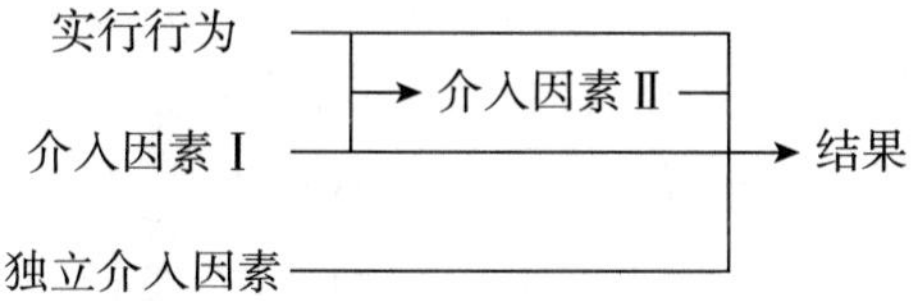

因果模型12与因果模型10的区别是,实行行为和介入因素Ⅰ都与结果之间有直接、无中间环节的条件关系。因果模型12可分拆为四个因果流程:

因果流程1

实行行为→结果

因果流程2

介入因素Ⅰ→结果

因果流程3

独立介入因素→结果

因果流程4

因果流程1、因果流程2、因果流程3可规范地组合为因果流程5

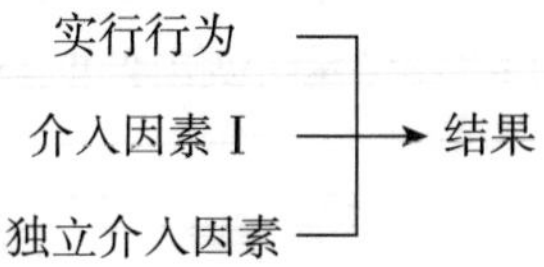

因果模型12就演变为因果流程4和因果流程5。跟因果模型8一致,也应适用双重重大作用说:如果同时在因果流程4和因果流程5中,实行行为都对结果发生有重大作用,整体来看,实行行为对结果发生有重大作用。如果只在一个因果流程中有重大作用,还不能整体上认定实行行为对结果发生有重大作用。如果在两个因果流程中都没有重大作用,实行行为对结果发生当然没有重大作用。由于因果流程4对应的是因果模型6,因果流程5对应的是因果模型1,双重重大作用说的内容是:

首先,应判断因果模型6中实行行为对结果发生的作用。一方面,运用义务违反说,来判断实行行为Ⅰ和介入因素中谁对结果发生具备重大作用。另一方面,运用相当因果关系链说,对实行行为与介入因素Ⅱ之间、介入因素Ⅱ与结果之进行相当因果关系的判断。如果同时得出实行行为对结果发生具备重大作用、实行行为与结果之间有一条相当因果关系链的结论,实行行为对结果发生有重大作用。如果得不出这样的结论,实行行为对结果发生没有重大作用。

其次,应判断因果模型1中实行行为对结果发生的作用。应运用义务违反说,来判断实行行为、介入因素Ⅰ、独立介入因素中谁对结果发生具备重大作用。

最后,如果因果模型6、因果模型1中的实行行为都对结果发生有重大作用,实行行为与结果之间则有因果关系,如果得不出这种结论,实行行为与结果之间没有因果关系。

因果模型13

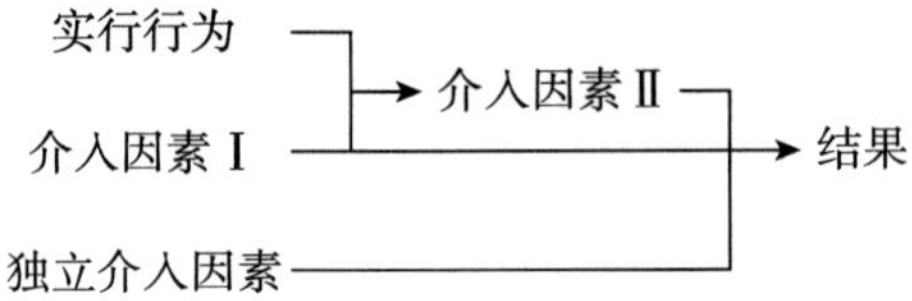

因果模型13与因果模型10的区别是,介入因素Ⅰ与结果之间存在直接的、无中间环节的条件关系。因果模型13可分拆为三个因果流程:

因果流程1

介入因素Ⅰ→结果

因果流程2

独立介入因素→结果

因果流程3

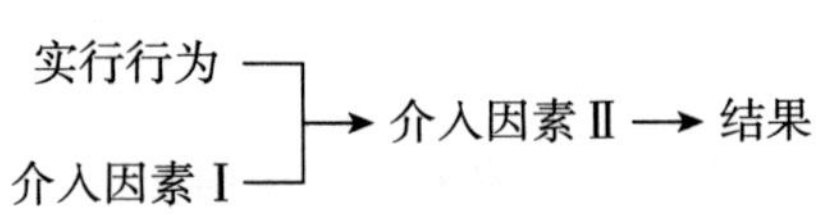

因果流程1和因果流程2可组合为因果流程4

因此，因果模型11演变为因果流程3和因果流程4。可见，即便在因果流程3中，实行行为对结果发生有重大作用，却由于因果流程4中介入因素Ⅰ和独立介入因素对结果发生作用的分担、冲淡，整体来看，该作用无法达到重大程度。因此，实行行为与结果之间没有因果关系。这跟因果模型10的判断结论一致。

因果模型14

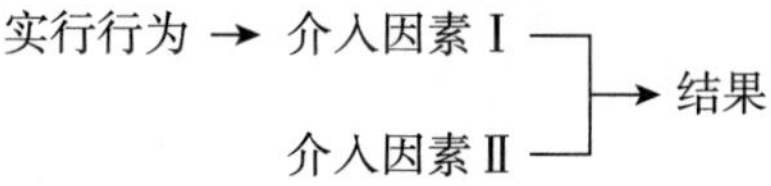

因果模型14具备特殊性，因其内部含有不同的具体因果模型。宏观来看，该因果模型中，介入因素Ⅰ和介入因素Ⅱ跟结果之间有共同的条件关系，介入因素Ⅰ与实行行为之间有条件关系。该因果模型的特点是，在条件关系上，实行行为引起的只是部分介入因素，但引起结果的是所有介入因素。

在引起结果发生的介入因素为1个以上，实行行为只引起了其中一部分介入因素的情况下，如何判断实行行为对结果发生是否具备重大作用呢？此时，应先根据义务违反说，在所有的介入因素中，找出对结果发生具有重大作用的介入因素，可简称为重大介入因素，那么，在逻辑上，其余介入因素对结果发生则不具备重大作用，可简称为次要介入因素。义务违反说的内容应针对性地修正为：

第一，如果涉及专业领域，应由专业人员通过专业知识去判断哪个介入因素对结果发生具备重大作用，若能判断，以其判断结论为准；若无法判断，或不涉及专业领域，应进行下一步的检验。

第二，所有介入因素中，若其中一个违反了义务而其他都未违反义务（法律义务、行业义务、道德义务均可），该违反者对结果发生具备重大作用。法律义务不限于法律，该国现行有效的法律渊源即可；行业义务包括该国现存所有行业中明定或约定俗成的义务；道德义务为该国当代大多数人承认或应遵循的主流价值观。

第三，若所有介入因素都违反了义务，谁违反的义务数量最多，谁就对结果发生具备重大作用。

第四，若所有介入因素都违反了义务且违反义务的数量一致，谁违反义务更为一般人所不能容忍，其对结果发生具备重大作用。

第五，若所有介入因素都违反了义务且违反义务的数量一致，同时违反义务为一般人所不能容忍的程度也一致或无法区分高低，或者都未违反义务，应由一般人以其生活经验，围绕从介入因素的发生（所有介入因素中谁先发生以谁为准）到结果发生之时间区间内存在的所有客观事实,判断所有介入因素中谁对结果发生具备重大作用。

第六,如果一般人无法判断所有介入因素中谁对结果发生具备重大作用,应从法益保护的立场做整体观察:既然所有介入因素作为一个整体引起了结果发生,应推定它们都对结果发生有重大作用。那么,介入因素Ⅰ也对结果发生有重大作用。因果模型14据此转化为:实行行为→介入因素Ⅰ→结果,即因果模型5:实行行为→介入因素→结果。根据因果模型5的具体判断理论——相当因果关系链说,如果实行行为引起介入因素发生的可能性较大,同时介入因素引起结果发生的可能性较大,实行行为与结果之间有因果关系,如果不能形成上述完整的相当因果关系链,两者之间没有因果关系。当然,如果行为人的实行行为由此构成犯罪,在对行为人量刑时,应考虑到其实行行为引起的介入因素对结果发生只具备部分作用而非全部作用,应从宽处罚,至于是从轻处罚还是减轻处罚,取决于法官的个案裁量。

运用义务违反说之后,如果实行行为与重大介入因素之间有条件关系,因果模型14具体化为:

因果模型14-1

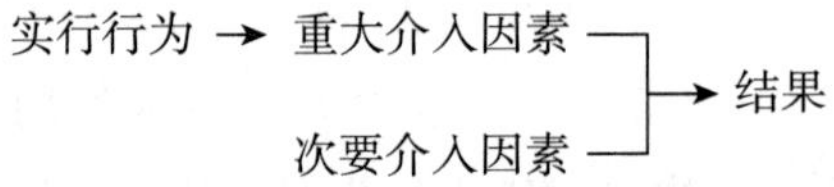

由于重大介入因素对结果发生具有重大作用,实行行为对重大介入因素发生又具有简单因果流程中条件关系的重大作用,在重大作用层面,因果模型14-1可以转换为:实行行为→重大介入因素→结果,对应的是因果模型5,应运用其具体判断理论——相当因果关系链说:在专业领域,专业人员通过其专业知识,在非专业领域,一般人通过其生活经验,根据实行行为发生时已存在的客观事实,判断实行行为引起重大介入因素发生的可能性是否较大,然后根据重大介入因素发生时已存在的客观事实,判断重大介入因素引起结果发生的可能性是否较大。如果都得出可能性较大的结论,实行行为与结果之间有因果关系。如果无法得出该结论,实行行为与结果之间没有因果关系。

然而,若实行行为与次要介入因素之间有条件关系,因果流程14具体化为:

因果模型14-2

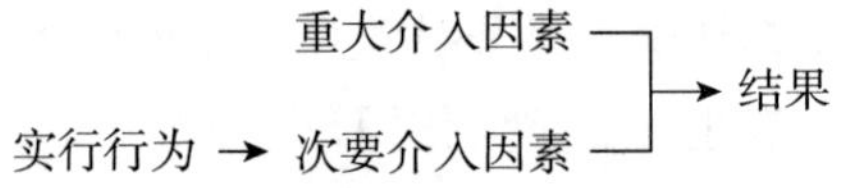

此时,要判断实行行为对结果发生有无重大作用,要分两种情况讨论:

情形一:行为人实施实行行为之时,对重大介入因素发生的客观事实,有所认识并且意欲利用它引起结果发生，从而实施实行行为。在条件关系上，实行行为引起次要介入因素的发生，重大介入因素也确实发生，重大介入因素和次要介入因素共同引起结果发生。虽然实行行为没有引起重大介入因素的发生，但是行为人有意利用它的发生来引起结果。有意利用重大介入因素的发生，与引起其发生，都旨在加功于因果流程以最终引起结果发生。因此，在“加功于因果流程以最终引起结果发生”的抽象层面，有意利用重大介入因素与引起重大介入因素在功能上是等效的，即有意利用重大介入因素发生等于引起重大介入因素发生，并且，为凸显对“有意利用”的归责，应将“引起”解释为同时具备条件关系和相当因果关系，①此即等效说。因果模型 14－2 由此转化为：

因果模型 14－2－1

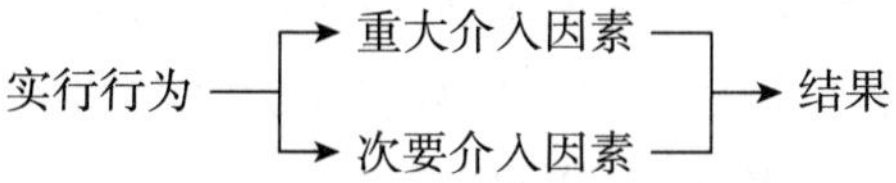

既然实行行为在条件关系上引起了所有介入因素的发生，两个介入因素可规范地合并为一个整体介入因素，因果模型又可进一步简化为：

实行行为→介入因素→结果

这是因果模型 5，应根据其具体判断理论——相当因果关系链说，来判断实行行为与结果之间是否具备因果关系。

情形二：行为人在实施实行行为之时，若没有“重大介入因素发生并且意欲利用它以引起结果发生”的认识与意志，从而实施实行行为。在条件关系上，实行行为引起次要介入因素的发生，重大介入因素和次要介入因素共同引起结果发生。从客观上看，实行行为既未引起重大介入因素的发生，也未有意利用重大介入因素而引起结果发生，其与重大介入因素之间的条件关系已然断裂。实行行为只引起了次要介入因素的发生，没有引起重大介入因素的发生，而对结果发生有重大作用的恰好是重大介入因素。因此，实行行为由于对结果发生没有重大作用，两者之间没有因果关系。此情形的因果模型如下：

因果模型 14－2－2

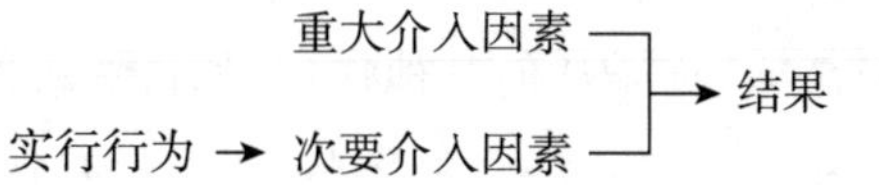

由于实行行为引起的是对死亡结果发生没有重大作用的次要介入因素，所以实行

① 将“引起”解释为同时具备条件关系和相当因果关系，只是规范的推定，不必在事实上遵循条件说中“若无前者，即无后者”的要求，也不必在事实上遵循相当因果关系说中前者引起后者发生的可能性较大之要求。

行为对死亡结果发生没有重大作用,两者之间没有因果关系。

(二)判断程序

根据介入因素型因果流程中连接点的组合,列举所有的因果模型并针对其特点将重大作用说转化为不同的具体判断理论之后,有必要系统总结一下重大作用说的判断程序,才能在处理待判案件时,有条不紊、逻辑清晰地运用重大作用说得出判断结论。如果缺乏一个清晰、体系的判断程序,将影响案件判断的效果与效率,进而影响重大作用说面临司法实践的可操作性与说服力。

重大作用说的判断程序如下:

第一,确定因果流程。根据条件说"若无前者,即无后者"的要求,确定引起结果发生的所有无中间环节的直接条件,再根据条件说确定引起直接条件发生的所有(对结果而言的)间接条件,层层确定直至无确定必要为止,最后形成一个因果流程。要注意的是,确定条件时,为保证条件关系的真实性,在发生时间的先后顺序上,必须从后者反推前者——立足于后者,确定满足"若无前者,即无后者"要求的连结点,将之视为条件。

第二,将因果流程中除结果外的所有连接点确定为实行行为、介入因素或可能存在的客观状态。这里需要根据介入因素和客观状态的定义。确定因果流程是重大作用说判断程序的初始步骤,还没有进入接下来的规范分析步骤,而是处于事实展现的步骤,此时,必须保留客观状态的存在,以体现完整、客观的因果流程原貌,为接下来的规范分析鉴定基础,这反映了重大作用说的判断程序从事实到规范的渐进、二元、严谨、有序的方法论特点。

第三,在因果流程中去除客观状态。这是因为:其一,客观状态承载了实行行为或介入因素所蕴含的所有行为无价值和结果无价值,彻头彻尾属于它们在不法层面的外在展示,从而对它们具备从属性,这意味着可将客观状态等同于实行行为或介入因素。其二,客观状态既然为实行行为或介入因素所引起,就应该归责于它们,取消它在因果模型中的存在意味着由实行行为或介入因素承担它的地位,承担它的地位意味着将客观状态归责于实行行为或介入因素,自然在规范意义上消解了客观状态在因果模型中的存在。其三,客观状态表明了实行行为或介入因素对结果发生的作用,取消它之后,在因果模型中不影响该作用的存在。其四,客观状态是实行行为或介入因素对外界带来的客观变动,本身没有融入、掺杂任何其他作用,如自然事件、人的行为,亦即本身是纯粹的,所以在因果流程中不是真正独立的环节,所以没有独立存在的必要。其五,如果不去除客观状态,会让因果模型的种类异常浩繁,徒增列举难度。因此,在因果模型中,若实行行为或介入因素引起了客观状态,可将客观状态在因果模型中去除,即实行行为或介入因素→客观状态=实行行为或介入因素。

第四,将修正后的因果流程放入现存所有种类的因果模型中进行比对,看它属于哪种因果模型。

第五,根据已确定好的因果模型,运用其具体判断理论,得出实行行为与结果之间是否有因果关系的判断结论。

结　语

刑法学中,介入因素下的因果关系判断向来是一个疑难问题。在考察德国、日本关于介入因素下的因果关系判断理论之后,可得出诸多重要启示,其后可据此提出新判断理论:重大作用说。该说的法理依据和内容是:实行行为与结果之间具备因果关系,必然表现为实行行为对结果发生起到了重大作用,如果实行行为对结果发生没有重大作用,就不能认定两者之间有因果关系。实行行为与结果之间的因果流程共有14 种模型,在不同的因果模型中,重大作用说都有不同的具体判断理论。面对案例,重大作用说可演变为具有五个步骤的判断程序,以渐进、清晰的思路得出判断结论。

【外国刑法学】

作为宪法规范的刑法*

——纪念克鲁特·阿梅龙**

[德]托马斯·冯鲍姆*** 著　黄礼登**** 译

【内容摘要】防止刑法扩张，限制国家权力是学术界的共识，但人们并没有在实体法层面达成一致，于是在形式和程序层面去寻找解决途径不失为一种创新思路。冯鲍姆教授提出了一套方案并探讨了其在实体法和程序法上的后果影响。他要求以修改宪法所需的绝对多数来通过刑法法规并赋予其宪法位阶。但由此必须要解决的问题是，对于减轻或排除处罚的刑法条款，是否也需要这样的绝对多数。从技术上、刑法的透明性和罪刑法定原则角度看，应当将此类规范纳入基本法的附件。就可纳入基本法附件的罪名而言，冯鲍姆方案采用分级的做法，将所有配置了自由刑的罪名强制性纳入，而对没有配置自由刑但是达到了绝对多数门槛的罪名选择性纳入，其他没有纳入基本法附件的犯罪构成只需要简单多少通过即可。附属刑法的规范也应如此。由此人们可以把两类不同位阶的刑法规范分为犯罪法典和违警法典。这种分类会对原来刑法总则和分则的原则带来一定影响。

【关键词】刑法纳入宪法　绝对多数　基本法附件　犯罪法典　违警法典　刑事政策

本文尝试对“以绝对多数的比例通过刑法”的提议——对此人们的表达各不相

---

* 原文标题为：Strafgesetze als Verfassungsgesetze，载《法学家报》(Juristen Zeitung)2018年第73期。

** 克鲁特·阿梅龙(Knut Amelung)，生于1939年2月13日，2016年1月26日逝世，德国著名刑法学家。

*** (原文注)作者为哈根远程大学刑法、刑事诉讼法与法制当代史教席的执掌人，一直到退休。作者2011年在莱比锡刑法学者大会上作了一场报告(参见《历史和教义学上的片段性刑法》，载《整体刑法学杂志》2011年第123期)，很多人要求我对报告的观点作进一步的阐述，我尝试通过本文的思考就其中一个问题进行展开。作者电子邮箱为：thomas. vormbaum@ fernuni - hagen. de。(译者注：冯鲍姆教授的《历史和教义学上的片段性刑法》一文已由黄礼登翻译成中文并将在《刑事法评论》第44卷上发表)。

**** 黄礼登，西南财经大学法学院副教授、法学博士。

同——探讨其实现可能性及其后果。除了技术问题和规制范围之外,本文还将探讨实体法和程序法上的后果问题并提出相应的建议。

一、问题的提出

200 多年以来,讨论围绕着世俗的、实质的犯罪概念进行:侵害社会契约——权利侵害——法益侵害——义务违反是其中最重要的立场,它们相互交替占据优势地位。今天通行的保护法益的观点又分为内部(方法论上的)法益和外部(批判的)法益两种表现形式,后者又分为不同的方向,部分是有争议的。到现在我们还看不到讨论何时结束,毋庸置疑的是,人们不会停留在这些立场上。但无论如何,有一点是共同的,那就是希望给国家权力预先确定一套规则,防止其任意动用刑罚——尽管这种希望的强烈程度各不相同。① 既然人们无法在实体层面达成哪怕暂时的一致,那么可以考虑从形式层面或者程序层面找到一条路径——不考虑要谈到的实体争议,以此来达到事实上限制国家权力的共同目标。这种思路下的一种办法就是:要求刑法法规②以修改宪法那样所需要的绝对多数通过。

克鲁特·阿梅龙(Knut Amelung)——本文就是为了纪念他——曾说过,这个建议最初由俄国刑法学家亚林斯基(Jalinski)提出;③在意大利,该国刑法学者吉乌塞皮·洛萨皮奥(Giuseppe Losappio,来自巴里大学)也曾对他表达过这样的观点;④乌尔斯·金德霍伊泽尔(Urs Kindhäuser)2009 年在汉堡刑法学者大会的专家论坛上也提过这样的建议,莱纳·扎克兹克(Rainer Zaczyk)在 2011 年刑法学者大会上对此做了分析⑤。我本人在该次会议上也提出了这个问题并建议对此进行深入探讨。⑥

落实这个建议就意味着对国家的刑罚设定限制标准,同时也意味着引入了增强刑法合法性的实质性因素,虽然后者只是一种效应。因为刑法对公民权利的干预具有特别的强度,这让人们思考,在这个领域应扩大其合法性的基础并由此来限制政治上的随意性。确实,如果 50.1% 的选民代表就可以有法律效力地宣布某一行为应当受到谴责,而 49.9% 的代表并不认为其应受刑法处罚,这种情况是成问题的,这会给相关

---

① 对于所谓的内部法益的概念,需要一定的限定才成立。内部法益概念将实证法规范作为构建法益的出发点,然后将所得出的结论反过来作为规范应遵循的标准。对于循环论证的责难可以用诠释学上的认知螺旋来回应。Vgl. *Hassemer*, Tatbestand und Typus, 1968, S. 104 ff.; *ders.*, Juristische Hermeneutik, ARSP 73 (1986), S. 195.

② 对于"刑法法规"的特殊问题参见下面第四章。

③ *K. Amelung*, Der Begriff des Rechtsgutes in der Lehre vom strafrechtlichen Rechtsgüterschutz, in: Hefendehl/Wohlers (Fn. 1), S. 155 ff.

④ 曾提示,以绝大多数的票数通过刑法总归是符合传统的,但这在 1976 年以后是否仍然被认可,还需要检验。

⑤ *R. Zaczyk* ZStW 123 (2011), 691 ff.

⑥ *Th. Vormbaum* (Fn. *), S. 660 – 690 (a. E.)

公民的自由和名誉带来相应的后果。

虽然一段时期以来有相当多的学者公开表示他们赞同这个建议——我把那些和我当面交流时对该建议持肯定态度的人也算了进去,但是显然至今还没有谁尝试过对于其实践上的问题进行深入思考。简单想一想就很清楚,这不是单单要求提高法定人数的问题,更重要的是,这个建议在一系列具体问题上乃至结构上都会引发一定的后果,对此我们需要详细地讨论。本文接下来的思考就是我深入探讨该建议的第一个尝试,主要讨论其在实践层面的实现可能性。

二、修改宪法的多数

"修改宪法的多数"这个表达对于修改法律来说会有不同的含义。没有疑问的是,它追求基本法第 79 条第 2 款规定的联邦议会和联邦参议院的 2/3 多数,但在具体落实时,它的意思可能不尽相同。

它可以仅仅意味着一项政治实践上的要求,即应当以这样的多数来通过刑法。但即便这种实践成为一项传统,它也不具有约束力,人们可以随时偏离这样的传统。虽然我们也可以设想将其写进联邦议会的议事规则,但它即便由此具有了一般法律的性质,也不能超越基本法关于立法的规定,所以这样的议事规则也不算是对这种传统的书面确认,更不用说那些想摆脱传统做法的人可以使用简单多数来修改它。无论如何,政治实践不具有法律上的约束力,就算达到了绝对多数,联邦议会和联邦参议院也不能以一般法律来束缚住未来的立法者,要求其采用绝对多数。即便是一致通过的法律,将来也可能以简单多数就废除了。此外,这里也会出现后面要谈到的后果问题。一份如此不一样的立法资料——就像将要阐述的那样,如果仅仅立足于习惯之上,亦即仅仅以取得政治上的一致为基础,是并不合适的。

要想更具有约束力,就应当在基本法中作出规定,亦即在基本法第 103 条下新创设一款,规定刑法需要联邦议会和联邦参议院代表 2/3 的多数才能通过。从规范技术上看,不考虑这里的变化,其他方面将不会改变。"修改宪法的多数"将仅仅意味着修改宪法需要必要的议员或投票的多数而已,并不代表宪法本身会发生修改,因为根据基本法第 79 条第 1 款修宪还需要基本法文本的修改。以这样的多数通过的刑法规范并不会获得宪法的位阶,它仍然是一般法律规范。但这样会失去基本法第 79 条第 1 款希望带来的清晰性的优点,从魏玛时期一般法律突破宪法的历史经验看确会如此。最后这里还是会出现前面提到过的后果问题,第一个就是:废除刑法条款是否也应当需要绝对多数。这些形形色色的原则性问题,应该得到有约束力和清晰地规范,并且要站在比所要处理的具体问题更高的层面之上。

因此我们要在技术意义上将"修改宪法的多数"理解为修改宪法所需要的充分条件,而刑法则应被吸收入基本法。最好是以基本法附件的方式让其具有宪法位阶。

三、基本法文本的修改

第一步我们可以对基本法所需修改之处进行试验性的表述,然后在此基础上进行完善,这样做是合理的。实质性规定可以放置在司法基本权利的框架下(差不多可以作为基本法第 103 条第 4 款),内容可以如下:

"刑法(替代性表述:设立、消除可罚性或者加重、减轻、免除刑罚的法律)需要纳入基本法的附件。附件是基本法的组成部分。"

通过第二句话,基本法的规范[①]就延伸到其附件上,因此后续修改就是多余的。也就是说,如果谈到基本法,那么也包括附件。由此第二句话暗含着一层意思,即将一般法律纳入基本法的附件,就需要满足修改宪法的条件。另外一个后果就是,迄今为止作为异议法(Einspruchsgesetz,基本法第 77 条第 4 款)的刑法变成了批准法(Zustimmungsgesetz)[*]。

增加基本法第 103 条第 4 款的建议中括号里的文字带来了第一个大问题:是否相反的行为,即废除刑法条款和降低、排除可罚性,仍然需要修改宪法的多数?我们对此要深入探讨。

四、修改的对象

将刑法升格为宪法级法律的目的在于让颁布刑法规范变得困难,这必然让人追问,2/3 多数的票数要求是否也包括废除罪名或使得犯罪构成轻缓化的情形,是否也包括这样的条款,其通过新的罪名所威吓的刑罚同时包括减轻或者免除刑罚的可能性。第一眼看上去,这种做法可能会与起初的目的相抵牾(起初看到了刑罚的加剧和扩张),尤其在我们考虑这种扩张的做法最终会导致可罚性加剧的时候。也就是说,对新罪名有了所要求的绝对多数,但是对于减轻或者排除后果的条款却只达到简单多数,这样就会创设或维持一种总体上更为严苛的效果,而这种效果可能是违背民众代表意愿的。

但更多的观点是赞成所有刑法条款都适用绝对多数的要求,包括减轻条款和排除条款。虽然人们不用担心一个以 2/3 多数通过的条款马上就可能以简单多数重新被废除,因为 2/3 多数中就包含了简单多数,但确实存在下面这种情况,我们可以想象,一部分议员会表达支持某个罪名,使得 2/3 多数变得可能,但他们同时又想让该罪名具有减轻和排除刑罚的可能性,并且想让简单多数就能实现这种减轻和排除处罚的可

① 比如基本法第 19 条第 1 款和第 2 款。

* 异议法指的是不需要联邦参议院批准但是其可以提出异议的法律;批准法指的是需要联邦参议院批准同意的法律。——译者注

能性。但这种做法对于后者的合法性来说实际上没有什么帮助。

将各种条款包括在适用绝对多数要求之内的做法是值得推荐的,因为若非如此则会出现规范技术上的问题:仅仅以简单多数通过的条款无法成为基本法的一部分。虽然我们考虑再通过修改基本法来解决这个问题,也就是说让以简单多数通过的限制刑罚的条款成为基本法的附件。但是在宪法政策上这种回避基本法修改所需的绝对多数的做法让人疑虑。另外一种可能的做法是,对于条款在技术上做二元处理,即对于包括减轻和排除内容的整体规范放置于刑法典,但是将创设可罚性和加重处罚的条款另外再放进基本法的附件。但这种做法与刑法内在的规则透明性要求相矛盾。透明性要求十分重要,它也反映在“法无规定不得罚、法无规定不为罪”的原则之中。如果在基本法中吸纳了达到绝对多数的减轻处罚的条款,但是却没有吸纳那些只达到简单多数的减轻条款,就会造成更大的混乱。

最终从刑事政策的角度看,那些追求新设罪名或加重处罚条款的议员,他们同时又希望对其补充减轻以及(或者)排除处罚的可能,所以他们赞成将各类刑事条款包含在一起①。那么就必须要问他们,如果没有这些补充,他们是不是就不追求这些新条款了?如果是这样,那么这种做法有可能导致,绝对多数的要求对于整个刑法规范来说都是一种错误,或者反过来说,对于补充条款也要有绝对多数,这样才不会危及初始条款的通过。

是废除罪名和取消加重条款造成了这种局势下特殊之处。其特殊之处在于,构建减轻条款并没有与构建可罚性条款同步进行,前者是时间上发生在之后的反向行动。基于这种区别,我们很难在规则技术中进行区分化处理。就像所展示的那样,废除一个加重处罚的条款,不需要与引入减轻处罚的条款采用不一样的处理方式。前述的特殊之处使得包纳各种刑法规范的做法具有明显的优点,因为它让对基本法的再次修改成为多余。如果附件成为基本法本身一部分,那么对附件的每个修改,包括废除其中一部分,也需要基本法第 79 条第 1 款和第 2 款规定的宪法修改。要让刑法条款的废除不受上述约束,应当在基本法第 103 条第 4 款增加一句话。此外,这句话是宪法规范,它不需要基本法第 79 条第 2 款的程序,这就会导致产生宪法条款等级化的问题。

由此我们可以得出如下结论:以绝对多数通过和纳入宪法附件(由此就纳入了宪法)的要求原则上适用于各种类型的刑法条款,亦即不仅仅适用于创设可罚性和加重处罚的条款。

五、修改的范围

将各种类型的刑法条款延伸到宪法层面,这种做法实际上并没有回答一个问题:

① 这与吸收“所有刑法条款”并不完全相同;dazu gleich unter IV。

是否应当要求所有刑法条款都这样处理?

1. 分级

有一种思想是将附属刑法包含进来——下文将详述——其认为,通过对所有刑法规范的全球化观察可以发现,要求绝对多数并没有解决问题。虽然人们不能说,与刑法典相比,附属刑法规定的都是或者基本上都是些不严重的犯罪,但是通过观察所有附属刑法规范我们可以发现,它们不仅涉及的主题非常广泛,而且与犯罪的严重程度相适应。因此我们就要追问,这种提高门槛的做法是否对于所有刑法条款都合适。

这种分级的做法会带来不同寻常的规范技术上的问题:现行刑法犯罪构成的主要部分是否应当分割在两个法典中,它们的区别是其中一个法典具有宪法位阶而另一个没有,或者是否可以处于一部法典中但同时存在有和没有宪法位阶的规范?我们应当采用第一种模式,这样不会有规则体系混乱难辨的风险。附属刑法的扩展让体系分明付出了代价。对刑法典进行分割的做法虽然打破了近代刑法史上的立法习惯,但这种分级的思想对我们来说却也不是完全陌生。新问题只是不同的宪法位阶以及两个体系的合法性。重罪与轻罪的划分(后面还要详谈)充分证明这种分割的倾向的存在。法国刑法比德国刑法更加坚定不移地贯彻了这种划分,并且在诉讼法上和法院组织法上做了相应的安排。回顾法制史,我们还可以看到奥地利1803年关于"重罪和严重的违警罪法"的例子。巴伐利亚王国在1861年除了颁布了新的刑法典,还颁布了一部新的警事刑法典(Polizeistrafgesetzbuch)。20世纪50年代,巴伐利亚州政府在讨论交通刑法时还提出过增加"严重地违反秩序行为"这个新类别的建议。① 在刑法学界,沃尔夫冈·劳克(Wolfgang Naucke)1985年在法兰克福科学联合会上的报告中还提出在刑法和秩序违反法之间增加干预法(Interventionsrecht)的想法——之后再未提及。② 西班牙刑法学家J. M. Silva Sanchez曾对刑法的扩展作过深刻的分析,它提出"两种速度的刑法"(Strafrecht der zwei Geschwindigkeiten)的要求。③

从刑法政策上和程序上看,这种分级决定具有优势,不必对犯罪构成提升到宪法层级做一个整体的决定,而是要对每个具体的犯罪构成进行检查,以决定将其放置在哪一类别,或者决定将其废除。当然这会引发人们对大量犯罪构成的分级问题进行争论。④

那么有没有可以进行分级的标准呢?在必要时怎么去处理那些不再需要宪法修

---

① *M. Asholt*, Straßenverkehrsstrafrecht. Reformdiskussion und Gesetzgebung seit dem Ausgang des 19. Jahrhunderts. 2007, S. 227 f.

② *W. Naucke*, Die Wechselwirkung zwischen Strafziel und Verbrechensbegriff. (Sitzungsberichte der wissenschaftlichen Gesellschaft an der Johann Wolfgang Goethe – Universität Frankfurt am Main. XXI, Nr. 5), 1985, S. 40f.

③ *J. M. Silva Sanchez*, Die Expansion des Strafrechts, dt. 2003, S. 79 ff.

④ 这样会有机会至少消除新的刑法立法上那个最严重的产品错误,即所谓的1998年第6个刑法改革法。

改的绝对多数的刑法规范?

2. 核心刑法/边缘刑法①

首先可以考虑为属于“核心刑法”的条款设置更高的门槛,“核心刑法”这个概念广为人知,但在我们的语境中它只是形式上的、实用主义的规则。所以我们不能依靠那些基于不同实质内容——比如以哲学或者宪法法学为基础——而形成的区分标准②。可以接受的是,在各种标准中找到一个差不多具有兼容性的原则,同时把精准设定的任务交给政治家去讨论。

这可以让各种观点都以其为基础,因为将绝对多数要求压缩到只应用于核心刑法并不能实现绝对多数要求所追求的目标。这个目标就是要为几十年来刑法持续地扩张设置一个更高的门槛。问题在于,刑法的扩张恰恰没有主要发生在核心刑法领域。就像所定义的那样,核心刑法主要包括那些没有争议的刑法条款——如果人们对刑法本身不提出疑问。这种区分所产生的唯一可感知到的影响就是,要废除相关规范会变得困难——虽然废除要求从来没有现实发生过。如此一来,“为刑法条款设置绝对多数”的立法设想就会空转。更何况人们会说,恰好是那些非核心刑法规范需要绝对多数,或者反过来说,核心刑法规范恰好最不需要绝对多数的门槛,因为它们已经承载了广泛的共识。

3. 重罪/轻罪

如果分级沿着重罪和轻罪这条路线进行,那么这依据的是现行刑法的形式特征。众所周知,现行刑法对这两种犯罪类型的区分是依据其最低刑罚来决定的(《刑法典》第12条)。从第12条第1款和第2款的定义看,重罪和轻罪的规定仅仅涉及相关犯罪的初始规定,我们简单看看分则规定就可以发现这一点。刑法典本身还包括加重或者减轻处罚的事由,它们会让犯罪的性质发生变化。比如第244条就是从作为轻罪的盗窃罪演变而成的重罪,第216条是从作为重罪的杀人罪演变成的轻罪。③ 所以两个范畴的界限是变动的,这种分类只是将相互关联的一个整体分割开。但它们是法定的分类,并且由于其类型特征影响有限④,所以它们并没有招致多少质疑。如果将其作为是否纳入绝对多数的标准,它们的影响将会增强和扩大:重罪罪名将获得宪法位阶,而与之接近的轻罪罪名则不能上位。二者将接受不同的法典的规制。这种分级的做法无论如何都会遭遇到质疑,即便按照犯罪行为的严重程度进行分级,我们也不能放

① 我并不坚持使用“边缘刑法”的说法。这种说法暗示核心刑法触及范围之外有一个“非A”意义上的整体性“非核心刑法”。欢迎提出更准确的说法。

② W. Nacke (Fn. 1); T. Walter, Der Kern des Strafrechts, 2006.

③ 这个问题独立于那个“传统的”教义学上的争议问题,即杀人罪犯罪构成情况有哪些种类。

④ 由于对未遂犯可罚性的详细规定,比如《刑法典》第216条第2款和第242条第2款,使得《刑法典》第23条第1款所规定的后果部分被抵销了。否则《刑法典》第30条等以及第45条以及属于处遇规则的第66条第3款的后果会在实体刑法的总则部分得到保留。

弃一个系统的和相互关联的整体,因为我们一方面要确保犯罪构成与刑罚威吓之间不要失去比例,另一方面还要确保刑罚框架和法官的量刑裁量空间不能过度扩张。

刑法典还有一类未命名的刑罚改变事由("特别严重情形"和"较轻情节"),根据第 12 条第 3 款的规定,这类事由的存在不会改变犯罪类型,即便超过或者低于第 12 条第 1 款和第 2 款规定限度也不会导致犯罪类型的改变。这样一来,重罪和轻罪的界限实际上不仅是变动的,而且也是具有渗透性的。这种分级办法如果运用到本文所说的项目,那就意味着同一个犯罪的刑罚既可以高于也可以低于界限,这是常态,无论如何这都不会是一种例外情况。通过引入绝对多数机制,那些超出界限但紧靠边缘的刑法条款以及对于编撰刑法的组织来说就会有了一个界限,鉴于绝对多数机制带来的这种价值,以重罪轻罪标准进行本项目所说的分级的做法并不合适。

此外,重罪轻罪的划分,虽然从目前的规定看它们在起始点上形式上的分界是非常清晰的,但实质上却并不特别牢固。我们可以援引一句人们熟知的话来形容,即"立法者轻轻一笔就会带来显著的后果"。删除或者添加"不低于一年"或者"一年以上"这样的语句就可以决定其是否拥有宪法位阶、是否需要绝对多数。如果我们再考虑到当下的刑事立法非常轻松的现实——再次重蹈历史覆辙①,分级的界限将更加随意。

总体上看,在分级问题上采用重罪轻罪的二分法并不值得推荐。

4. 自由刑/罚金刑

前面已经论述过了,以犯罪的实质特性和刑罚的高低为标准来确定哪些刑法规范应该具有宪法位阶,仍然不是令人满意的分界线,因此我们可以考虑,使用威吓的刑罚种类来划分界限或许值得推荐。基于现行法律规定,自由刑和罚金刑可以作为划分标准。从规范上讲,基本法的重要性显然更大,这是对依刑罚种类来划分的一种支持。如果说基本法第 103 条,特别是其第 2 款,总体上适用于犯罪行为,那么基本法第 104 条(同时也适用于刑法)是对剥夺自由的特别规则,它规定了形式法律保留的原则。即便就本文的尝试来看,也有很多理由支持以刑罚种类作为分类的标准。

即便这样问题仍然存在,即一个实质性相互关联的规则体系可以在程序技术和规则技术上相互撕裂。但这个问题在任何一种分类时都是不可避免的,就像在以重罪轻罪为标准进行分界时所遇到的那样。和其他分界不一样的是,以刑罚种类为标准只会在一个方向上发生变动和渗透:虽然人们可以为一个以自由刑相威吓的初始条款补充进罚金刑或刑罚排除的后果,并且是以命了名的或未命名的刑罚减轻、排除或者刑罚

---

① 教科书级范例:1986 年将《刑法典》第 129 条 a 升格为重罪(BGBl. I, S. 2655):根据最初的考虑,它是为了配合刑事程序中的不起诉特别规定而制定出来的实体法上的规范,但 1986 年基于大众主义的犯罪政策被提升为重罪。该罪所关联的犯罪如果并没有以正犯或参加犯的形式被实施或者被认定,它本身才有被实质规制的需要,所以其原始版本将其规定为轻罪本来是正确的。

取消事由的形式进行的补充,但是反过来,“绝对多数”的理性并不会让位于界限以下的加重处罚条款的处罚上升到自由刑。要达到自由刑必须创设新的独立的被命名的犯罪构成——这样做是有好处的,并且这样的罪名应当上升到宪法位阶。

以刑罚种类作为分级的标准还有一个理由,那就是它被用于刑法最严重地干预公民自由领域的地方。罚金刑虽然在法律层面与秩序违反法上的罚款有不少区别,但在现象学上以及从实际负担——当然是经济上的——来看,它们的区别并不大。人们实际上从自由刑(以及死刑,如果还存在的话)开始才能看清刑法的本质特性,这样最开始提到的绝对多数方案的合法性元素(50.1%对49.9%)就被充分考虑到了。

如果说自由刑比罚金刑要更为“痛苦”,在一些具体案件中是有疑问的,有些人宁愿坐牢也不愿意接受经济上的处罚,此外自由刑还可以有缓刑。但无论如何更喜欢自由刑的人毕竟是少数例外,更何况自由刑一般不会低于6个月的期限(《刑法典》第47条第1款),这会让坐牢意愿大为削弱。如果判处缓刑,那么会同时要求其承担一定的义务和完成一定的指令,义务承担首要又是支付金钱。此外,从整个刑法体系看(不仅是德国刑法),自由刑是被理解为最严厉的刑罚的。

从操作层面以及考虑到规则的效能,这种分级方法也是值得推荐的。如果说“核心刑法”的标准实际上会找不到分级的对象,“重罪轻罪”的标准被证明实际上是具有随意性的,那么最后所说的标准就是要求立法上作出“痛苦”的决定:想让刑法条款达到以自由刑相威吓的程度,就应当在组织上要求达到修改宪法的多数;如果没有达到这样的多数,在坚持入罪决心时,就应当放弃以自由刑相威吓。即便是废除可以低至罚金刑的刑罚减轻以及或者刑罚排除条款(就像对它们的引入一样,参见前面第四部分),也应当遵循绝对多数的要求。

5. 扩展

如果根据刑罚种类来分级被证明值得优先考虑的话,界限具有变动性和渗透性的提示显示,对于所有刑法条款都提出绝对多数的要求是充分的条件,对没有配置绝对多数要求的刑法条款来说,对其不配置自由刑是必要的条件。简单地说,所有依据基本法第79条第2款以绝对多数通过的并且由基本法(包括附件)对其进行修改的刑法规范(不仅仅是那些配置了自由刑的),都获得了宪法位阶。没有获得此位阶的规范,不能配置自由刑。

将没有配置自由刑的刑法规范提升到宪法位阶的做法应当反对——这是一个值得思考的反对意见,它意味着(可能属于异质的)绝对多数使得不法内容较低的罪名(经过在犯罪化的不同追求之间讨价还价)也进入基本法附件并让其修改变得困难。相反的意见认为,如果吸纳进基本法附件是以配置自由刑为必要条件的话,那么这样的多数是符合条件的并可以配置自由刑,只是它可以没有配置而已。但我们要追问的是，在刑法领域，就那么容易得到前面提到的“交易(Do－ut－des)”多数*吗？因为接受并不欢迎的刑法规范作为对价去设立所希望的刑法规范始终都是一种痛苦的代价。并且，在这样一个时代，即“去犯罪化”这个词汇已经不仅仅是语言学上的外来语时，通过简单多数来引入一项刑法规范，其撤销也是需要同样的多数——如果人们要求一个特别多数则更是如此(下面马上谈这个问题)。

但还存在将没有配置自由刑的刑法规范纳入基本法的附件的可能性，这种做法会引发规范技术上的后果，我们需要对其进行详细探讨。

6. 另外的门槛

如果没有配置自由刑的刑法规范不用强制性纳入基本法附件，那么就应当追问，没有配置自由刑的刑法规范，如果它们没有基于第四章陈述的理由或者基于可选择的绝对多数通过修改宪法表述而被纳入的话，是否可以以任意一种形式被颁布，或者即便它们低于基本法第79条第2款的规定标准，但仍然为它们提高一个门槛。

根据上面提到的理由，我们不希望在一般法律之内还划分不同的等级(就像提到过的那样，在宪法内部我们也不希望)。但是基本法确实存在这样的要求，它既涉及宪法性修改的法律，也涉及一般法律和决定——这些要求有时候对一种情况始终适用，而对另一种情况只是在一定条件下适用。这个要求就是“联邦议会成员”多数和“联邦参议院票数”多数——在联邦议会也被称为“总理多数”。基本法第77条第4款第1句对一般法律的立法有这种要求，[①]而基本法第79条第2款对宪法的修改规定的此种要求。刑法具有对公民权利特别强力的干预性，即便不涉及自由刑这种最强力的形式，在刑事立法中也应当适用上述条款所规定的在场成员要求和参加投票要求。如果在这种情况下可以以50.1%作出决定，那么它事实上就应当是这样。这也符合基本法第79条第2款体现的基本思想——通过要求法定人员人数的(绝对)多数来避免出现偶然性的多数。公众有时批评议员出席人数过少，有时甚至在一些重要的投票表决时也是如此，虽然对此存在一些可以理解的工作效率的原因，但我们可以要求在对刑法条款进行全体投票的时候支持者应至少动员多数人民代表出席，让他们支持这种对公民权的严重干预。

六、小结

对于落实刑法条款需要修改宪法那样的多数的思想，我们可以提出了如下一些建议：

---

* 即前面所说的异质的多数。——译者注

① 仅仅对于联邦议会参见基本法第63条第2、3款以及第4款第2句(选举总理)；第67条第1款(结构性的不信任投票)。

1. 配置了自由刑的刑法条款,其通过、减轻处罚①和其废除都需要联邦议会成员以及联邦参议院票数的2/3多数。

2. 这些法条以及通过这种多数通过的刑法法条被吸纳进基本法的附件,该附件属于基本法的组成部分。

3. 其他刑法条款需要联邦议会成员以及联邦参议院票数的简单多数。

七、对建议的调整

在第三部分提出的建议应当作如下的修订或者调整:

第103条第4款(新):

以自由刑相威吓的刑事条款,对其确立、废除或者加重、减轻或排除处罚,需要将其纳入基本法的附件。该附件是基本法的组成部分。以罚金刑相威吓的刑法条款,对其确立、废除或者加重、减轻或排除处罚,可以纳入基本法的附件。没有纳入基本法附件的刑事条款,需要联邦议会成员以及联邦参议院票数的简单多数。

八、一般的后果问题

上面所建议的新体系会带来形式和实质意义上的后果问题。

1. 结构化

基本法的附件不能只是由刑法条款大杂烩组成,它需要结构化。谈到具体的犯罪构成与其变形后的犯罪构成编排问题,其结构化取决于哪些是基于绝对多数的议会的,即政治上的决定而被纳入基本法的附件的。换句话说:分则的具体塑形应当与其相关。但现行刑法典的基本结构还是应当被保留:1870年的立法者做得很聪明,他们对刑法分则没有进行严格的系统性编排,即便不能说是很随意但也编排得相对松散。在接下来几十年的修法讨论中,只有1909年的预备草案没有遵循这个编排原则,其他草案都可以追溯到帝国刑法典的轮廓上。赞成帝国刑法典的风格以及反对分则部分进行系统分类的理由在于,对分则系统分类的做法会带来一种危险,即司法判决和理论界都会尝试通过系统性的论述去填补体系上可能的漏洞,并由此破坏刑法的片段性特性和忽视罪刑法定的原则。

但是我们可以考虑对基本法附件的分则内容划分为两个部分。上面所论证的决定激发了这种设想,即不仅仅将配置了自由刑的刑法条款(包括加重、减轻和排除处罚的条款)纳入该附件[义务性宪法法(obligatorische Verfassungsgesetze)],而且将其他符合形式条件(绝对多数,对基本法的修改)的刑法规范也纳入附件[选择性宪法法

---

① 专门提及"加重处罚"显得多余,因为那是不言而喻的,此外它还可以涵盖在"通过"这种形式中。但提及它无论如何都是可以的。

(fakultative Verfassungsgesetze)]。

我们要问的是,这种两分的结构是否适合作为法律体系性分类的基础。从根本上说,此处要解决的是同一个问题,这个问题出现在重罪和轻罪界限的"可变化"和"易渗透"这两个关键词上,它与下面这个问题紧密相关:哪些刑法条款应当强制性地被纳入基本法附件?如果我们不仅仅选择将所有配置了自由刑的条款纳入,而且也将减轻和排除处罚条款强制性纳入,同时允许对其他条款选择性纳入,那么将最后提到的条款与其他条款相区别的做法将导致规范之间关联性的撕裂——更何况选择性纳入的做法本来就是依据本质上的关联性做出的。这会造成一个结果,除了配置了自由刑的犯罪构成因减轻处罚而向下进入罚金刑领域之外,那些基本犯罪构成中没有配置自由刑,但可通过加重处罚而向上抵达自由刑的规范,同样也处于罚金刑领域之内。这样一来,基本法附件的内部结构其实也是和今天刑法分则的结构一样是可变动的。鉴于此种相似性,采用这样的划分标准显得更为合适。

基本法附件结构化更重要的问题是总则的构建。这个是可以与现行刑法总则相适应的,但应当对刑法规范新结构所产生结果进行检查。这是大量细节工作所要求的任务,因此下面只在一些重要的问题上对此进行探讨。

适用于基本法附件的原则也必须适用于那些不能进入基本法的规范。在它们这里也应当实现结构化。它们的分则部分原则上可适用基本法附件分则的要求,但它们的总则部分会经历缩小意义上的巨大修改。因为从一开始,所有与自由刑相关的条款都被排除于它们之外了。由于(最低)配置自由刑是重罪的特性,因此所有与重罪相关的条款(比如对力图的法定的可罚性,根据第30、31条的前置性处罚)也都会被排除。

2. 名称

在讨论其他后果问题之前,我们应当对一个属于形式上的,但对刑事政策具有象征意义的重要问题作出决定:应当用什么名称来称呼这两个新产生的规范综合体?基于他们体系上的结构可以考虑适用"法"(Gesetz)或者"法典"(Gesetzbuch)。这两个规范综合体在名称上应当有什么区别呢?

第一眼看上去,在取名时应当与"重罪"和"轻罪"这两个类别相联系(名称当然应当与现行刑法典内的名称不一样!)。此处我们应当注意到上面提到过的一个后果问题,基本法附件同时也对那些没有配置自由刑的规范是开放的,因此这个规范综合体除了首要包含配置了自由刑的规范,同时也包含那些没有此项配置的规范。对于后者,"重罪"的名称显然是不合适的。如果对于这些规范运用刑法典中只适用于重罪的规则(比如根据《刑法典》第30条对于力图的自动的可罚性和前置的可罚性),以及将可罚性扩大到一个更广泛地犯罪圈,这也是与此处所追求目标的基本思想是相违背的。因此有必要对此做一个区分,可以考虑的是保留现行的名词术语。基本法附件相应地就同时含有“重罪”和“轻罪”。

另一方面,没有配置自由刑的刑法规范与它的具有宪法位阶的兄弟们不同,它是封闭性的。它的总则可以适用于它所包含的所有犯罪构成而不需要作出区分。对它的名称可以从一开始就是统一的。在对这两类规范综合体的名称作出最后决定之前,我们应当看一下它们在法律上、政治上和象征意义上的含义。

在将刑法分成两个规范综合体后,它们的区别在于是否在形式上具有宪法的位阶,那些没有配置自由刑的规范如果仅仅具有普通法律的位阶,那么它就处于(核心上)规制严重犯罪的综合体与违反秩序行为的综合体的中间。在为它选择名称时应当附带注意一个问题:这个中间状态的综合体应该更贴近其上下的另一个综合体,还是它就是一个独立的综合体或者“中立的”中间层级?

如果采用贴近上面综合体的解决方案,那么可以把吸纳进上面综合体的轻罪称为“严重的轻罪”(schwere Vergehen),把这个规范综合体叫作“重罪和严重的轻罪刑法(典)”,而把处于中间层级的规范综合体叫作“轻罪刑法(典)”。这种做法我们还是可以找到历史先例的,1803年奥地利就出台过“重罪和严重的违警罪法”(Gesetz über Verbrechen und schwere Polizeiübertretungen)。与之相反,如果我们采用更贴近秩序违反法的解决办法,可以把这个中间层级的规范综合体叫作“严重的秩序违反法”(Gesetz über schwere Ordnungswidrigkeiten),20世纪50年代拜仁州的一项法律建议就是这样命名的。

而如果采用中立的解决办法则可以重新激活20世纪60年代刑法改革时被抛弃的“违警罪”(Übertretung)的叫法,这样一方面可以表达出这些规范仍然含有的犯罪性质,另一方面也可以突出与这个概念相关联的犯罪程度较轻的状态。由此就可以并列存在两类刑法典,一是“重罪与轻罪刑法典”,二是“违警罪刑法典”。也可以更加简洁地叫作“犯罪法典”(Krimialgesetzbuch)和“违警法(典)”[Übertretungsgesetz-(buch)]。①

上述三种叫法都各自有很好的理由,笔者认为最后一种方案更有说服力。如果要区分“严重的”轻罪和“纯粹的”轻罪,就需要对这两个范畴在内容上进行界定。但根据此处的模式,却并不一定能界定清楚。虽然人们可以呼吁立法人员在选择性将刑法条款纳入宪法附件时注意,纳入宪法附件的罪名应当比一般法规综合体内的罪名的犯罪性更高。但由于怎么归类是基于政治上的思考,所以归类是否遵从了所呼吁的法律标准是难以检查的,因此这种语言上的分级标准实际上并不合适。反过来选取贴近《秩序违反法》的模式也是有问题的,因为所有做法的目标最终都是一个,即(通过形

① 我们可以参照《秩序违反法》将“典”字去掉。但是要注意到《秩序违反法》明显不是使用了法典的编撰模式,在总则之外只包括了分则的主体躯干,而《违警法典》是规制没有配置自由刑的大部分犯罪;其具体范围与人们怎么设计附属刑法有关。对此参见后面的论述。

式上的标准来)阻止刑法的膨胀,语言上要求贴近《秩序违反法》的做法会导致入罪的心理门槛会降低到违反秩序行为的这个领域。此外人们还要担心这种做法会让被指控人的诉讼权利降低到违反秩序程序的权利标准。

“中立”方案也有其支持的理由,因为新产生的中间阶层规范综合体综合了上下相邻领域的要素:《秩序违反法》只有金钱方面的制裁,①而宪法附件内的刑法规范则宣示了其行为的犯罪性质。但我们还不需要对此作出一个最终的决定,因为这对于其他后果问题关系不大。基于前面所分析的理由,笔者个人更倾向于最后的“中立”方案,并赞成使用“犯罪法典”和“违警法典”的名称。

九、影响若干实体法规则的后果问题

1. 未遂

现行刑法典中大部分关于未遂的规定都可以被吸收进两部新的法典。人们对未遂的规定当然可以进行批评,比如批评其思想刑法的(限制的)主观性构造以及不能犯具有原则上的可罚性。但这些批评点对于此处的新模式来说是中性的,并不触及新模式本身。但犯罪法典和违警法典的区分确实会带来两个问题:未遂原则上的可罚性及对未遂的制裁后果。

(1)未遂的可罚性

现行法律对于未遂的可罚性采取了区别处理方式:重罪的未遂总体上可罚,轻罪的未遂只有在明文规定的情况下才可罚。犯罪法典中既含有重罪也含有轻罪,因此相应地就应当包含不同的规则。人们可以考虑将重罪和轻罪的界限重新划分,即将有自由刑配置的犯罪与无自由刑配置的犯罪的界限作为重罪和轻罪的界限,也就是说以强制性宪法法与选择性宪法法的界限为界。在《刑法典》第 23 条第 1 款规定不变的情况下,这样的划分可能会导致强制性可罚情形明显地扩大。

但这也并不一定会发生。我们考虑一下作为轻罪的盗窃罪和诈骗罪——从统计上它们几乎占到所有犯罪的 2/3——它们的未遂今天都是可罚的,如果加上重罪,那么我们对今天的法治状况就可以得出一个结论,实践中至少有 3/4 犯罪的未遂都是可罚的。如果我们把盗窃罪和诈骗罪强制性地纳入犯罪法典(因为它们都配置了自由刑),那么那里的百分比将显著提高,因为迄今为止大部分的轻罪,特别是那些未遂已经不可罚的轻罪,要被放进违警法典中去。这使得在犯罪法典中规定未遂皆可罚是合理的。

但人们也会问,仅仅统计数据是否足以作为推出这种规定的依据。对于未遂的可罚性问题,除了犯罪的严重程度外,还有其他因素也发挥着作用。在重罪和轻罪的关

① 或者——考虑到“禁止驾驶”这个附加处罚　　叫“非剥夺自由的制裁”。

系上,立法者的确是以严重程度作为划分标准,但在轻罪内部,立法者并没有只以不法程度为依据,而是同时考虑了结构上的特点。比如背信(《刑法典》第266条)的未遂之所以不可罚,就是考虑到它的犯罪构成已经极为宽泛,不应当再将可罚性扩展到未遂领域。未经宣誓的虚假陈述(《刑法典》第153条)的未遂不可罚也是因为同样的理由。我们不能因为目前的状况而限制立法者在犯罪法典内作出另外的评价。因此迄今为止的划分标准,即强制性可罚的未遂情形与法律有规定时才可罚的未遂,是可以继续保留的,这样第23条第1款的规定就不需要改变。

在违警法典内部,从一开始就不存在这种根据犯罪类型来区分对待的问题,因为这里规定的是统一的犯罪类型。但这里的问题是:迄今为止对于轻罪进行不同处理的做法是否可以纳入违警法典领域,或者说违警行为的未遂是否都应当不可罚——与《秩序违反法》的做法一样。我们可以像思考哪些刑法规范应当强制性纳入犯罪法典这个问题那样,进行类似的刑法政策上的分析:立法者以修改宪法多数的代价通过配置自由刑的规范,在这种情况下,同样可以问他是否应将犯罪未遂置于刑罚处罚之下。但这种情况更倾向于支持违警法典范围内排除未遂的可罚性。

(2)制裁后果

以上最后谈到的立场使得我们只限于在犯罪法典中去讨论处罚未遂的后果。众所周知,现行法律从1934/1943年①开始就规定对未遂仅仅是可以减轻处罚(今天《刑法典》第23条第2款)。1870年的帝国刑法典和1933年以来的所有修正草案——只有一个例外②——都规定了对于未遂应减轻处罚。这里我们不用详细讨论教义学上的细节问题也可以确定,人格行为概念和目的行为概念都没有要求以主观未遂理论为基础,从主观未遂理论我们几乎必然可以推导出单纯的可以减轻处罚的规定。③

这个新模式提供了一个契机,即对未遂的处罚通过强制性减轻来代替选择性减轻,因为后者并不符合法治国的要求。当然,对于更具体的问题,即减轻处罚的幅度是否交给法官自由裁量,或者像1870/1872年帝国刑法典规定一个固定的比例,抑或由法律规定一个确定的减轻量,我们在这里就不用继续探讨了。

---

① 首先1939年12月5日的《暴力犯罪人法令》(Gewaltverbrecherverordnung)进行了规定并具有普遍效力,然后通过1943年5月29日的《刑法协调法令》(Strafrechtsangleichungsverordnung)(RGBl. 1943, S. 339)将其纳入刑法典。Vgl. *K. Marxen*, Juristische Vergangenheitsbewältigung am Beispiel der Versuchsbestrafung im deutschen Strafrecht, in: Staatsverbrechen vor Gericht, in: Festschrift für Christiaan Ruter, Amsterdam 2003, S. 138 ff., und *Th. Vormbaum*, Die strafrechtsangleichungsverordnung vom 29. Mai 1943, 2011, S. 16 ff.

② Regierungsvorlage von 1922 (sog. Entwurf Radbruch); näher *Vormbaum* (Fn. 26), S. 17 f., mit Machw.

③ *H. J. Hirsch*, Die Subjektive Versuchstheorie, ein Wegbereiter der NS – Strafrechtsdoktrin – Zur Abgrenzung von Tat – und Gesinnungsstrafrecht, in: *S. Seminara/ders.*, Zur strafrechtlichen Versuchslehre im 19. Und 20. Jahrhundert, 2008, S. 61 ff.

2. 正犯与共犯

如果说没有必要在犯罪法典中去改变现行刑法典关于共犯的规定，那么对人们会追问，这些规定以及《秩序违反法》中的相关规定在违警法典中是否也应当得到遵守？众所周知，《秩序违反法》采用的是统一正犯的概念（《秩序违反法》第 14 条）。统一正犯概念会因为《刑法典》第 27 条第 2 款第 2 句被删除的原因至少导致帮助者可罚性加大，而此处是要追求限缩可罚性领域，因此把统一正犯概念运用到违警法典中就会引发异议。但对这种异议是可以回应的，《秩序违反法》是针对轻微“犯罪”的法律领域，它本来就以这种理念为其根基的。它轻缓化的特征只能是相对于制裁后果而言，因为《秩序违反法》没有规定剥夺自由的制裁方式。“罚款”作为金钱制裁形式，它可以根据行为构成的不同而超过《刑法典》第 40 条第 1 款、第 54 条第 2 款第 2 句规定的“罚金”的额度。这种不区分正犯和共犯的规则明显强化了纯粹的预防效果，这正是《秩序违反法》的基础，它只允许在有责性方面（秩序违反法第 12 条）做出区分。这种基础理念和做法并不能嫁接到违警法典上的，因为它也包含了犯罪行为，并且不单单强调预防。在违警法典中，《刑法典》第 25 条及其以下所规定的区别对待的规则都应当得以保留。

3. 附属刑法

鉴于附属刑法处于不断扩张之中，因此前面所建议的新规则并不只是限于运用到刑法典上。所有配置了自由刑的附属刑法的规定，也应当强制性纳入基本法附件。附属刑法一大特点是它的犯罪构成大多含有空白规范，将所涉及的特别法上专门的命令和禁止条款配置上刑罚制裁。可以想象，我们是要把这些犯罪构成包括填充空白罪状的具体规范都纳入基本法附件。但是，从刑事政策上讲，更好的做法应当是将刑法规范从相应附属法律的上下文中剥离出来并独立起草①——这样无疑有助于编排的清晰性，至少比现在的状态更能满足罪刑法定的要求。② 在某些情况下，这种独立起草的做法可以使得新设计的犯罪构成更加具体（和更加具有片段性），而不是像现在这样总体依赖于刑法外的规范。

此处可以提出如下批判性的反对意见：刑法规范依赖于刑法外的民法或行政法规范（附属性），恰好属于还原论式（reduktionistisch）刑事政策的要求，并由此满足片段性刑事立法的要求。③ 对刑法附属性的要求，在此处不能有丝毫退缩。它与之前提示

---

① 就像破产/支付不能的犯罪构成（《刑法典》第 283 条及其以下）那样。Vgl. *Th. Vormbaum*, Probleme der Gläubigerbegünstigung, in: *ders.* Beiträge zum Strafrecht und zur Strafrechtspolitik, 2011, S. 259 ff.

② *K. Tiedemann*, Tatbestandsfunktionen im Nebenstrafrecht, 1969.

③ Vgl. *Th. Vormbaum* (Fn. 1), S. 668.

过的疑义也并不矛盾。一方面,此处可以对必要和充分的条件做出区分,[①]刑法应当只将那些在刑法外就已经呈现了不法性的行为方式纳入刑罚处罚范围,但是即便出现这种情况时,刑法也不应当总是要介入;另一方面,上面提到的疑义并不是附属性的问题,而是附属刑法的立法技术问题,为了支持援引刑法外规范这种立法技术,对犯罪构成进行积极描述的做法也放弃了(这样就没有可能对刑法规范做比刑法外规范更严格的设计)。

根据前面的论述,与犯罪构成紧密相关的刑罚减轻条款和刑罚排除条款也应当被纳入附件,所以它们也应当遵守修改宪法的条款规定。如果立法者想避免撕裂那些与犯罪构成邻近的、与其有实质关联的刑法规范,它就应当让这些犯罪构成选择性地纳入宪法,去经历基本法第71条第1款和第2款所规定的程序。

十、程序上的后果

上面的思考和建议希望能够在形式层面对重要刑法领域进行限制或者至少加大刑法扩张的难度,但其本身并不会必然对诉讼程序产生影响。在刑事诉讼领域虽然不乏一些有问题的发展状况——并不少见的是干预权力的扩大和被指控人权利的限缩,值得对其进行批判和讨论。不考虑纯粹的程序问题,也要想到实体刑法的膨胀会自动导致刑事追诉机构活动范围的扩张,它们会呼吁简化刑事司法或者为其减负。[②] 就上面提到的建议而言,艾·康塔里奥(E. Contrario)赞成减少刑事诉讼上一些重要内容。在现在这个主题框架内,我们应当讨论的是所提出的实体刑法上的建议是否会对程序法产生结构上的影响——同样尽可能在形式层面,要求其进行修改或者导致其修改发生。

就所谈到的犯罪法典而言,笔者不认为有存在这种修改的需求。不管是干预性权力还是被指控人的权利,都可以保持原样。对于违警法典,程序后果问题并不体现在结构上所需的或者所建议的修改上,而是体现在对如此修改的担心。将刑罚的法典限于针对配置自由刑的罪名,可能会导致人们将的轻微犯罪视作是较轻微的法域,特别是考虑到相关程序权利保护时更会如此,比如有关反偏见权或者证据申请权。但这种推论或者要求是应当被反对的。

这个结论可以从文章一开始表明的立场中推导出来,即具有刑事应罚性和需罚性的行为范围应当受到限制。但如果相应的程序权利被压缩的话,这个目标就很难实现。从内容上也推不出这种程序上的结果,因为提高刑法规范的门槛的做法并不会让

---

① 此处所谈的与刑法与道德的关系很相似:行为仅仅违反道德还不是将其置于刑罚制裁的充分条件,但尽可能只将违反道德的行为置于刑罚制裁之下却是一个很有意义的要求。

② 人们从刑事立法总结出司法将增加负累的情况,但如果说要通过集中司法资源的方式来解决该问题,立法权和行政权对此并不积极。人们反而热衷于采取"司法减负"法的方式,结果通常是压缩程序环节或者(以及)减少被指控人权利,《刑事诉讼法》第153条a就是一个典范。

犯罪构成的规定发生结构上的变化。根据是否强制性或者选择性纳入基本法附件来划分刑法规范的做法，以及那些只需要"总理多数"的规范本身，人们并不能看出未纳入基本法附件的刑法规范具有显著轻微的性质。而相反的结论反而是正确的，因为门槛提高经常会导致不法内容较小的罪名就被放弃了。[①] 就是在违警法典内也有很多罪名适用现行刑事诉讼法上的干预或者保护条款。与犯罪法典内的罪名相比，它们的程度相应较轻，但这并不能成为改变其相应刑事诉讼权利义务的理由。

十一、法院组织法上的后果

另一个问题是，将实体刑法的罪名划分在两个法典中的做法是否会给法院组织法带来变化。就本文所建议的体系来看，对于两类一审程序，即州政府所在地在州高级法院辖区内(《法院组织法》第 120 条)的州高级法院的一审，以及州高级法院所在地在州法院辖区内(《法院组织法》第 74 条 a)的州法院的一审，我们没有必要去改变法院组织法的规定。

根据现行《法院组织法》第 24 条和第 74 条关于管辖权划分的规定，可以明确得出结论：地方法院(Amtsgericht)应当负责审理所有规定在违警法典中的犯罪。但反过来我们不能得出这样的结论：州法院负责审理所有规定在犯罪法典中的犯罪。基于本文所建议的模式[②]，没有必要对管辖权的划分进行修改。

十二、分类

根据此处所建议的对制裁法的三级体系(犯罪法典—违警法典—秩序违反法)，人们应当对现行两级体系下的具体罪名划分到哪一级作出犯罪政策和刑事政策上的决定。

可以明确的是，配置了自由刑的罪名(并由此所有的重罪)以及关于其加重、减轻或者排除处罚的条款都应当属于犯罪法典的内容。由于笔者建议将其他罪名选择性的纳入犯罪法典，这样就为立法者的决策打开了权衡空间。其标准属于实体层面的问题，所以我们在此处就不再深入探讨。是否设置这样的标准，以及是否将意识形态的考虑以及(或者)客户条件(Klientelbedingung)的考虑放置在前，这同样是一个政治问题。此外，归类还有赖于能否成功组织到修改宪法所需要的绝对多数，这样被纳入违

---

① 扩张《秩序违反法》第三部分，尽管其是以压缩刑法为代价，但这是本文所提建议非常乐意看到的结果。

② 从 1924 年艾明格法案(Lex Eminger)以来不断持续的、由司法减负法带来的一审管辖权"下沉"以及相应的审判庭组成缩小的做法在此是否会部分回头，这是一个超出本文主题的问题。

警法典可能只是一个受到政治影响的“紧急方案”。① 对处于违警法典与秩序违反法边缘罪名的归类,在结构上也与此相似。从我所建议的形式层面的解决模式并不能推导出什么,起作用的还是之前提过的政治特性。

如果上面所建议的模式(或者其变化的版本)成功使得科学和刑事政策上的对象成为研究主题,那么刑法学无论如何都要完成一个任务,即在大量刑法理论认识上去取得丰硕成果,德国刑法理论界对此已经积蓄了很长时间了。这样我们就可以在确定高阶层和中阶层之间的分类时探讨,涉及的是否是那些罪责平衡思想超越预防思想占据主导地位的罪名,或者后者超越前者而占据主导地位。在确定中阶层和低阶层之间的分类时可能会出现这样的问题,即犯罪构成是否还包含罪责平衡的成分,或者它只是有义务维持国家和社会的运转并单纯以威吓性预防为目标。②

十三、执行

前面谈到,把刑法作为宪法来组织的建议在形式层面上会引发许多后果问题,这需要立法者进行大量的工作。贯彻它需要的不是仅取得一小步的成功,因为一个问题会带来另一个问题。有经验的读者也会发现一些不同于本文所建议的要点并倾向赞成这些要点。但最后都要回答一个问题,在贯彻形式层面建议时难道不应当去尝试一下对实质问题取得一致意见吗?这同样适用于上面提到过的规范综合体的二分法,它的实现需要决定将罪名归于此类还是彼类。根据德国的立法传统,所有这些只需要建立一个委员会,由它来提出一个条款草案。在那里人们还可以讨论是否删除不需要的罪名并对此作出决定——这是一种最不需要理论以及(或者)意识形态前见就可以作出实质决定的工作。③

十四、结论

每个熟悉德国刑法(以及其他法律)现状及其氛围的人都知道,本文提出的建议并不是不现实的,但它终将会在一个异于当下的时期变得具有现实意义,当下的问题与刑事立法者和支持他们(好在并不多)的学者有关。他们的观点是显而易见的:最

---

① 如果申请修改宪法因为缺乏必需的绝对多数而失败,即便已经达到纳入违警法典所需的多数(“总理多数”),也不会自动进入违警法典,而需要启动一个新的程序。是否存在这种可能,即修改联邦议会议事规则引入改变分类的简化程序,这是一个需要熟悉议会法的专家回答的问题。但这是值得怀疑的,因为申请修法的人在宪法修改计划失败后往往完全放弃入罪的努力,而不是接受“降级”处理。

② 刑事政策上这种思想与伦理上完全“无色”的犯罪构成应属于秩序违反法的思想是一致的。

③ 2016年11月伊莉莎·霍温(Elisa Hoven)与托马斯·魏根特(Thomas Weigend)在科隆举办了一场以此为主题的会议,会议的论文收录在整体刑法学杂志2017年第129期,从第334页开始。霍温解释了某些犯罪多余的理由:违宪、预防上的前置、缺乏法益(去保护道德和心理感觉)、冗余和纯粹的标志性、体系性矛盾、(过时的、无用的、对司法实践无意义的)死罪名、轻微罪名、家长式罪名、“院外游说”罪名。

好的社会政策就是最好的刑事政策，因此他们的任务在于发现和弥补“保护性漏洞”（Schutzlücken）。但是笔者赞赏这样一种尝试，即在现实世界进行具体思考时，倾听一下多年来仅在刑法理念世界回荡的声音。

但笔者要强调一下本文的思考只是一种尝试，只是想“将一枚石子投入水中”。“如果本文能推动更多的讨论，那么就达到目的了”。一般而言，尝试通常做到这样的分上就够了，即能够逃过批评或者避免肤浅。但笔者的意思是，像本文讨论的这样的题目，尤其期待的是走出第一步，实际上也没有做更多的期待。本文是为了纪念阿梅龙这位伟大的刑法学家，对笔者而言，能去着手研究并发扬他的思想——无疑还不完善——已经足够了。他本人鼓励过我进行这方面的研究，这使得我的疑虑减轻了很多。欢迎批评指正！

稿　　约

《刑法解释》是四川大学法学院和刑事政策研究中心主办、法律出版社出版发行、专题研究刑法解释学和刑法方法论的连续出版物，由法学界学术泰斗和知名学者、司法实务界专家共同组成编辑委员会，由赵秉志教授和李少平大法官担任编委主任，魏东教授担任主编，暂定每年出版2卷。《刑法解释》以登载学术底蕴深厚、理论创新性突出或者实践指导性强、字数在2万字以上的原创性长篇大作为主，设置的主要专栏有"特稿""专论""刑法判决""刑法原理""外国与比较刑法""书评"等。

《刑法解释》作为严肃的学术性连续出版物，主张严守学术规范，择善而从，择优而用。来稿请以Word文档附件形式，发送邮件到以下邮箱地址：xingfajieshi@163.com；纸质文稿可寄送以下通信地址：四川省成都市双流区川大路四川大学江安校区法学院办公室3007室，魏东（收），邮编：610207。

《刑法解释》热切期待刑法学同人不吝赐稿，并请遵从下列写作技术规范：

一、论文的体例和标题的用法

（一）原则上不使用"章""节"等细目。

（二）一级标题编序原则上使用汉字表达，如：一，二。另行，前空两字。

（三）二级标题编序原则上使用汉字表达，如：（一），（二）。另行，前空两字，行末不带标点。

（四）其他层次，用阿拉伯数字表达，如：1、2、(1)(2)。另行，前空两字。

正文标题排序中原则上不使用①、②等，如出现需以①、②等为标题层次时，即需对正文结构进行调整，避免层级过多。

（五）在自然段内出现要点列举时，可为：(1)，(2)；第一；其一；一般情况下接排。

二、注释的用法

（一）注释采用当页脚下注，注释号每页重新起算排序，用圆圈加阿拉伯数字①、②等。

（二）除特殊情况外，文中注号置于注处标点外右上角。

（三）引用资料非来自原始出处者，注明"转引自"。

（四）引文出自同一资料相邻数页者，采用注释例：第28页以下、第28～31页。

（五）引注作品重复出现时，需注释完整，不采用"同上注""同前注"等形式。

（六）作者为三人或三人以上的作品，首次引用时应显示全部作者，重复出现时可在第一作者之后加“等”字样。

（七）书名、论文题目、期刊名、报纸名等，均采用书名号表示。

注释例一（著作类）：

《马克思恩格斯选集》（第 2 卷上册），人民出版社 1972 年版，第 35 页。

柴成文等：《板门店谈判》，上海人民出版社 1989 年版，第 45 ~ 48 页。

国务院发展研究中心：《中国农业报告》，中信出版社 2001 年版，第 35 页。

注释例二（期刊类）：

赵白辰：《建构新经济制度》，载《中国社会科学研究》1993 年第 2 期。

注释例三（文集类）：

王民：《价格理论》，载张可主编：《经济学论集》，经济出版社 1992 年版，第 33 ~ 39 页。

注释例四（报纸类）：

王启东：《法制与法治》，载《法制日报》1989 年 3 月 2 日，第 2 版。

注释例五（网站类）：

吴汉东：《论范式民法典中的知识产权制度》，载 http://www.privatelaw.com.cn/cgi-bin/ztyj/view.asp? id=38，2015 年 1 月 1 日访问。

注释例六（译作类）：

[德]拉伦茨：《德国民法通论》，邵建东译，法律出版社 2003 年版，第 1 页。

[澳]依凡·谢瑞尔：《国内法院对国际法的查明和适用》，尤明青译，载《法商研究》1997 年第 5 期。

注释例七（外文类）：

从该语种的通常注释习惯。

三、法律法规等的用法

（一）法律名称前不需要加“中华人民共和国”字样，如不用《中华人民共和国刑法》，只需为“《刑法》”即可；但外国刑法名称除外。

（二）在专指某法典时，加书名号，其他叙述时不加书名号，如：《刑法》第 5 条规定……我国刑法所规定的故意杀人罪……

（三）涉及条款时，表述（示例）为《刑法》第 292 条第 1 款第 3 项。

（四）如文中多处出现名称较长的法律法规、规章、司法解释等，可于文前附缩略语表，文内统一使用简称。

（五）引用法条原文时，如和原文毫无差别，加引号；如有差别，不加引号。

四、数字的用法

(一)使用汉字的情况

定型词汇,如:八国联军,五四运动,白发三千丈,二八年华,五省一市。

民族纪年,如:腊月二十三,咸丰六年九月十日,日本平成七年。

概数和约数,如:七八十个,几千年,三十多个省份,约三千人。

非物理量,如:一个人,三本书,六条意见,五个百分点。

(二)使用阿拉伯数字的情况

统计数字,如:48　69%　1/4　1:50　-25.6　3.875。

时间,如:公元前8世纪　1949年10月1日　20世纪80年代。

法条号,如:《刑法》第292条第2款,有期徒刑9年。

物理量,如:12m　100kg　45.8万元　11个月　4.9万册　12.4亿人。

《刑法解释》编委会
2021年9月1日